U0892649

Why Are International Financial Centres Different?

A Comparative Study on Financial Market and Financial Regulation in Hong Kong and Shanghai

国际金融中心因何不同？

——港沪金融市场规制比较研究

沈　伟／著

法律出版社 | LAW PRESS·CHINA

序　言

国与国之间经济竞争的一个维度是国际金融中心的竞争。通过国际金融中心的构建,国家可以集聚和分配金融资源,获取低成本的融资,进而促进企业和经济的发展。由于国际金融中心在国别竞争中的重要性,关于国际金融中心的研究不胜枚举,视角多元。

本书以沪港金融市场规制机制比较为视角,通过对核心金融市场监管模式、工具和特性的比较,系统梳理港沪两个金融中心主要金融市场的金融规制和监管的范式、规则、属性、优劣以及对金融市场的正负作用。具体考察的金融市场及其监管制度包括:沪港两地的证券市场监管制度比较、债券市场监管制度比较、金融衍生品市场监管制度比较、黄金交易市场监管制度比较、保险市场监管制度比较、证券投资基金监管制度比较、外汇市场监管制度比较以及金融纠纷解决机制比较。除最后一个分论题属于程序法范畴外,其余的分论题均属于实体法范畴。

本书的研究说明即使同为国际金融中心,监管范式和路径也会有很大差别。这为国际金融中心的法治和监管路径设计提供了比较和实证的视角。具体而言,多层次的资本市场中的不同金融市场的监管路径和工具也不相同。

以各章所涉金融市场的监管路径和工具为例,第二章研究证券市场监管制度。对证券市场监管制度进行比较后可以看到:第一,内地应完善证券市场监管的法律体系;第二,严格民事赔偿责任,重视投资者保护,以加大责任刚性;第三,明确监管权限划分;第四,推进自律监管,减少行政干预。

第三章在对证券投资基金监管制度进行比较后,可以看到:第一,有效的基金监管制度应包括私募基金公司必须有牌照或注册并具备所需的技术和能力;基金投资的自由度必须得到适当限制,对投资比例和方向要严格限制;基金资产必须由受托人或托管人持有,而这些则是上海现阶段应重点突破的方面；第二，香港证券投资基金业的发展特色在于市场推动，管理采取政府准入监管与行业自律相结合的方式，上海因发展起步较晚，行政干预的色彩仍然较浓，但证券的投资基金化比率不高，还无法像香港一样成为市场的稳定力量，为此上海一方面要保证行政不能替代市场的作用，另一方面要推进利于行业发展的税制改革、基础设施建设和专业人才培养。

第四章在对债券市场监管制度进行比较后，基本的结论是：第一，从承销发行来看，上海银行间债券市场在市场化方向上虽已经取得明显进展，但制约市场发展的首要问题仍然是法律法规限制过度，因此，为适应发达经济体市场发展的一般趋势，需对相关法律法规进行适当调整，提高债券发行承销市场化水平；第二，从中介机构来看，内地中介机构专业化程度有待提高，应以与国际接轨的高标准来进行建设；第三，从清算保管系统来看，同香港“多币种支付及交收基建”相比，内地债券市场存在托管机构管理体制没有理顺，交易、清算、托管结算系统没有实现一体化管理，场外与场内市场相对割裂等问题，为此，需要进一步加强与香港的跨境联网，完善交易系统；第四，在投资者结构方面，香港的投资者范围较广，内地对投资者范围限定严格，因此，应丰富债券市场机构投资者的类型，并注重对投资者的教育，提高投资者素质。

第五章研究保险市场监管制度，基本的结论是：第一，香港以风险为导向，基于保险期间的长短，将险种分为长期和一般两类，以此为基础设立不同的监管标准，内地基于保险标的把保险业务划分为商业保险和政策性保险两大类（成果主要集中于商业保险市场监管制度的比较研究），以风险为导向与以标的为导向的监管制度相比，更有利于发现和防范保险业中潜在的法律风险和市场风险；第二，在市场准入方面，香港的注册门槛要比内地低，但是，香港对于拟设立商业保险公司非资产性准入标准的监管标准十分严格，这值得内地学习；第三，在保险公司投资方面，香港对于商业保险公司投资的监管采取负面清单管理，而内地采取的则是正面清单管理。负面清单管理的好处是会扩大保险公司的投资范围，减少政府的行政干预，内地应当借鉴。

第六章黄金交易市场监管制度的比较显示：第一，沪港两地黄金市场的监管体制均采用了分业监管体制，但在混业监管的大趋势下，两地都应该改革现有体制,在行业监管方面,内地应重点学习香港金银业贸易场的经验,以促使主要监管组织——中国黄金协会发挥应有的作用;第二,就法律体系而言,香港体系协调、时效性强,而内地则相反,《金银管理条例》颁布年月已久,且一直未做修订,在这种情况下,为了适应市场需要,一些部门规章突破了该条例的规定,造成部门规章大于法律的尴尬局面;第三,香港黄金市场的法律位阶较高,也具有可操作性,而内地直接相关的法律法规位阶较低,属于行政规章层级;第四,香港的黄金交易立法很好地衔接了场内交易规则和场外交易规则,而内地则出现脱节。

第七章金融衍生品市场监管制度的比较说明:第一,就监管模式而言,香港的金融衍生品在混业经营前提下,仍然采用分业监管模式,内地的金融衍生品则实行分业经营、分业监管的原则。从世界范围内看,混业监管是未来金融监管的发展趋势,所以,港沪两地现有的金融衍生品监管模式都应向混业监管模式转变。第二,在信息披露制度方面,港沪两地都采用了国际通行的会计准则,但香港的国际化更彻底,上海的缺点在于内地上市金融机构和非上市金融机构信息披露标准和衍生品交易量的计算方法尚未统一,没有对新会计准则做细化规定,金融衍生品立法层级较低等,这是亟需改进的。第三,就结算模式而言,现有的金融衍生品结算模式有两个:金融衍生品结算与基础证券结算独立模式和金融衍生品与基础证券结算结合模式。内地采用后者,香港则采用前者。独立结算模式的好处在于有利于更加彻底地防控潜在金融风险和摸清基础证券及其衍生品体量,内地的金融衍生品市场在近年的野蛮生长之后,为了防范危机的发生,采用独立结算模式当属必要。

第八章外汇市场监管制度的比较说明:第一,香港准中央银行外汇基金的货币政策相对被动,而中国人民银行则具有更为独立和主动的实施货币政策的权力,这是内地值得肯定的地方;第二,港沪两地市场主体种类并无太大区别,但是对市场准入的条件以及不同主体的业务范围,内地进行了冗繁的规制,限制了发展;第三,香港的货币经纪由金融管理统一专员核准,内地的货币经纪业务准入程序较为烦琐;第四,从组织性质上看,中国外汇交易中心是中国人民银行直属事业单位,同时又是上海国际货币经纪有限责任公司的控股股东,角色转换带来的利益冲突容易使监管的中立性被经济利益俘获,因此,外汇中介制度去行政化是内地将来制度完善应注意的方向;第五,香港的金融业立法是市场导向的,而上海属于政府主导型,政府意志下的立法与市场有天然的距离,未必能充分适应市场发展,对于促进金融法制而言,必须建立起市场敏感型的法制。

第九章和第十章分别对香港的金融纠纷解决机制和上海的金融纠纷非诉讼解决机制进行了研究。在对金融纠纷解决制度进行比较后不难看到:第一,就诉讼而言,基于判例法的香港和基于实定法的上海对金融业纠纷的裁决有着极大的不同,金融创新是金融发展的内在规律之一,金融法制也应该服从于这种规律,显然,相较于上海,香港的金融审判理念更符合金融市场的内在规律;第二,就非诉解纠方式而言,香港的金融纠纷解决制度更多元,在2008年后,香港金融纠纷解决机制的标志性事件是成立金融纠纷调解中心,上海非诉解纠的重要做法就是在上海仲裁委内部成立了金融仲裁院。比较研究发现,香港的非诉解决机制覆盖全面,而上海的非诉解纠机制主要是超越行业层面的。所以,长远来看,上海应设立行业型的金融申诉专员模式(Financial Ombudsman Syscem,FOS),再将各个行业的金融申诉专员模式进行合并,成立独立于各个行业协会的真正中立的金融申诉专员模式机构。

第十一章主要讨论三个金融试验区。学界关于自贸区的研究集中于政策维度和比较方法。政策维度的研究目的是检视自贸区政策的实现度,从而肯定自贸区的设计功能和应然理性。比较视野的研究方法意在分析自贸区的现实功能和全球化视野中的规则制定逻辑,从而确立自贸区的正面作用和改革意义。本书采取更为宏大的叙事语境,将自贸区和其他两个同时期设立的试验区放在金融改革的框架中,以便审视自贸区和其他金融试验区在推进金融自由化方面的内在逻辑。以此为起点,本书认为,地方性试验在金融自由化改革的框架中已经难以起到有效的“消滴”效应,“边缘”变革的局部性改革范式也无法解决整体性的金融抑制市场及与之呼应的金融监管框架难题。实现包括自贸区在内的三个金融试验区的金融改革目标需要“核心”变革,真正触及抑制型金融市场的抑制维度,从而实现金融自由化和自贸区终极改革的目标。

第十二章聚焦讨论上海金融法院。上海国际金融中心建设已历经近十年,出现的大量金融纠纷案件反映出涉诉金额高、诉讼保全多、涉案利益主体多、案件执行难等特性,加之新型金融纠纷案件的出现,给司法审判的专业性和复杂性提出更高的要求。在传统金融审判难以适应现实需要，替代性争端解决机制受可仲裁性所限，仲裁司法化、行政化、执行难等明显不足的情况下，设立上海金融法院是金融市场发展对司法保障提出的必然要求。按照中央决定设立的上海金融法院，既有法与金融理论的理论依据，也应对了上海国际金融中心建设的现实制度需要。如何结合金融市场的发展实际解决制度创新中的难点，同样是迫切需要探讨的命题。

本书通过研究得出以下几个初步的结论：

关于金融市场模式。上海金融市场的建设是典型的"行政主导"模式，坚持"政府主导""行政万能""自上而下"的监管逻辑和理念，坚持国家意志、大手笔、大机构、大银行、大财团的思路建设金融市场，人为推动金融中心的建设和发展。香港金融市场采取的是政府不干预的自由主义经济政策，只有当市场无力解决问题时政府才进行干预。以资本市场为核心的香港金融体系所表现出的经济活力和风险收益额配置能力超过以商业银行为主导的上海金融体系。

关于市场与监管之间的互动。香港是市场自律，市场主体自治；上海是立法和行政主导，市场主体缺乏自治。上海的金融中心建设无法实现自主决策；香港金融中心的建设可以取决于自行决策。与沪港两地金融市场监管架构区别相对应的是：香港金融市场存在自发性和自导性，许多金融产品和金融市场的发展都先于上海。上海监管模式的特点是后发发展，快速赶超，但缺点是这种发展模式造成金融市场活动主体对市场反应迟钝，与国际金融市场存有天然隔阂。

关于上海建设国际金融中心可资借鉴的内容与路径。现阶段，上海最重要的任务应该是建立和完善市场导向型的金融法制和规制体系，在金融服务和产品的发行制度、上市制度、交易制度、退市制度、结算制度、信息披露制度、托管结算制度和金融纠纷解决制度等方面积极借鉴香港的成功经验，特别是在机制、规制、监管方面的制度经验。试验性和地方性监管是上海国际金融中心建设的重要方面，上海自贸区的一个重要功能是为金融自由化提供经验，成败与否有待检验。

本书的研究采用以下的研究方法，这些方法有利于我们探究国际金融中心规制体系和工具。

比较研究分析。比较研究是本书采用的研究方法之一。古罗马著名学者塔西陀曾说："要想认识自己，就要把自己同别人进行比较。"仅从概念上来说，比较研究法就是对物与物之间的相似性或相异程度进行研究与做出判断的方法。建设国际金融中心的实质是强化比较优势，促进本土金融市场体系现代化与国际化的发展过程。采用比较研究，既可以全面摸清沪港两地金融法制"是什么"（实然）这一基础性问题，为探讨"为什么"（应然）的问题奠定基础；又可以有力回击沪港彼此取代的论调，将有限的研究精力集中在沪港两地该如何求同存异上，最终促进两地金融发展走上一条有各自特色的差异化发展路径。本方法贯穿于沪港两地各个金融产品的发行、上市、交易、退市、结算等各个方面。

法经济学分析。本书运用新制度经济学的研究方法。依据新制度经济学理论，政府的功能在于为包括金融在内的市场提供博弈的基本规则，提供包括稳定性和可预测性在内的公共产品，建立和维持特定的产权制度及其他各种重要的制度，降低市场的交易成本和信息成本。政府在创建和维持特定的产权制度和其他重要制度时，受到多方面的约束，往往不能提供最有效率的制度。从公民自由、经济发展诸多目标来看，没有政府是不行的，而有了政府一旦处理不好与市场和市场主体之间的关系，又会造成更多的麻烦。前述新制度经济学原理被运用至对沪港两地金融监管制度与金融市场互动进行分析的方方面面。

法社会学分析。本书具体研究香港金融市场自律，市场主体自治的法律文化传统，以及上海缺乏这一法律文化传统的现实。但是，从我国当前的政策导向来看，上海的政府主导发展模式正在向香港的市场主导模式靠近。最典型的例证就是上海自贸区的设立，其重点改革的领域之一就是金融改革，最终发展目标就是让市场在金融资源配置中起决定性作用。从这个角度来看，香港应是上海学习的榜样，尤其是相关的法律文化更应为上海所借鉴。通常，我们可以把文化分为三个维度，即器物之维、制度之维和观念之维。与此相应，作为文化的法律现象也可分为器物形态之法、制度形态之法和观念形态之法。课题将对沪港两地金融法制的器物形态之法、制度形态之法和观念形态之法进行了深入考察。

尽管很多国家都声称自己拥有国际金融中心，但举世公认的世界级的国际金融中心其实就是纽约和伦敦。在国际金融中心的竞争中，各大城市前赴后继,但是都没有超越纽约和伦敦。法与金融学派的法律起源说似乎揭示了其中的奥秘,产权保护水平高的普通法系自然可以吸引更多的投资和资金,为国际金融中心和国际金融市场的形成提供制度性基础。这为上海国际金融中心的建设路径提供了学理依据。

是为序。

沈 伟

于安娜堡

2019 年 3 月 21 日

目　录

第一章 是什么建构了金融中心？

——以香港、上海两个市场及监管机制的比较为视角*

世界主要国际金融中心建设和发展大致可划归为两种模式：自然形成模式和政府主导模式。① 但这一界分并不绝对，因为国际金融中心作为一个由路径依赖主导决定但同时又不断受到外部冲击影响的复杂系统，在“刺激——反应”原理的支配下，其形成、演化和变迁并非完全因其自身的主动建构，在多数情况下，外部冲击也会对其产生影响。② 总体上看，就中国的两个金融中心来看，香港大致属于历史自然形成模式，上海基本属于政府主导模式。根据伦敦金融城发布的“全球金融中心指数（Global Financial Centers Index，GFCI）”来看，香港仍属世界级金

---

* 本节为作者在上海交通大学安泰经管学院世界经济研究所的内部讨论会上的发言。苗菁、余涛进行了文字整理，并增加了相关脚注。

① 自然发展模式的典型代表有伦敦、纽约等，政府主导模式的典型代表有东京、迪拜等。参见中国生产力学会主编：《2009—2010中国生产力发展研究报告》，中国统计出版社2011年版，第177页。

② 杨小军、薛波：《国际金融中心比较研究——基于路径依赖与蝴蝶效应的分析》（上），载《新会计》2009年第5期。

融中心，上海总体实力大幅攀升。[①] 相较于伦敦、纽约、新加坡及香港等国际金融中心，上海在商业环境、人力资源基础设施、金融业务发展情况、声誉等方面都排在末位，而金融业务发展情况更是排在5名之外。这说明上海虽然已成为国际金融中心之一，但是，离最顶级的金融中心仍然有很长的路要走。[②] 在建设国际金融中心的进程中，上海和香港最大的不同在于上海是整个中国改革进程的一部分，上海的国际金融中心定位更应注重服务国内，香港则相对注重服务国际。[③] 目前，上海和香港应致力于人民币国际化目标的实现；未来，两者可以在提升金融效率、金融协同创新、金融基础设施建设、金融监管、高端金融人才培训等方面有更加深入的合作。上海和香港应该成为中国金融走向世界这“一架飞机上的两个引擎”。[④]

一、从比较沪港两地金融市场监管架构开始

沪港两地金融市场监管制度的差异主要体现在以下方面：

1. 香港是市场主导，上海是政府或行政主导。

上海金融市场的建设是典型的“行政主导”模式，坚信“政府主导”“行政万能”“从上而下”的监管逻辑和理念，始终抱着国家意志、大机构、大银行、大财团造就金融中心的理念。这种管理模式和理念的特点是管理和决策机构繁多，体制壁垒多，金融市场之间资金流动性弱。行政管制的结果是市场主体参与有限，自主创新能力有限。上海应该更加积极地以市场为导向，以产品开发为重点，推动金融市场的发展。金融体系在合理配置资源的同时，实现风险的分散。金融市场建设要避免过分的政策扶持和干预。

香港金融市场的管理体现出很强的市场主导的特征。香港的金融监管模式明显带有英国的影子。英国在1986年“大震荡”之后，放松了金融监管，增加了金融市场的竞争性。1986年的《金融服务法》建立了

① 2019年3月15日发布的第25期全球金融中心指数排名显示，香港位列第三，上海位列第五。参见至诚财经网，http://www. zhicheng. com/n/20190315/2536. html，2019年6月30日访问。

② The Goboil Financial Centres Lndex 25，载 http://www. Lorgfinance. wet/media/documents/GFCI. 25_Report. pdf，2019年6月30日访问。

③ 张祥：《京沪深：大金融中心比较》，载人民网财政频道，http://finance. people. com. cn/2014/040/4/c383324 - 24829911. html，2019年6月30日访问。

④ 屠光绍：《沪港可共同推动人民币“走出去”》，载《上海证券报》2010年7月22日，第F02版。

一种新的投资者保护体制。伦敦金融监管的模式是政府不干预政策,只有当市场无力解决问题时政府才进行干预。香港金融业监管模式基本承袭了英国的模式,市场主导,政府不干预,市场主体自律。香港金融体系所表现出的经济活力和风险收益额配置能力超过以商业银行为主导的金融体系。

2. 香港是市场自律,市场主体自治,而上海是立法和行政主导,市场主体缺乏自治。

3. 市场准入机制存在较大差异。

金融自由化程度低也是影响国际金融中心建设的一个决定性因素。美国传统基金会公布的2010年经济自由指数排名中,中国内地列于100位。[①] 金融自由化程度低导致了市场交易规则和资金配置功能的滞后,国际国内两种金融资源无法在同一平台上流动。麦金农和肖的发展模型表明,金融自由化会加快经济增长的速度,而金融抑制对经济增长会产生严重的消极后果。[②] 放松管制是提高金融竞争力的重要手段。放松管制可以形成金融资源聚集效应,提高金融市场的活跃程度,形成金融市场规模效应,进而提高金融业和金融中心的整体竞争力。上海金融中心建设的重要障碍是中国金融业的国际化不足。

市场准入指标是金融中心建设的重要软指标。"市场准入指标包括资本准入制度、国际金融活跃程度、证券化程度以及金融机构的聚集程度等方面。"[③]香港金融中心建设已经完成了市场开放的阶段,比如,逐渐取消了外资银行在香港开设分行的数目限制;推动了市场利率化的进程;加快金融市场的改革。

与香港相比,上海金融业的开放程度仍然不高。例如,目前我国对人民币的国际兑换仍有非常严格的限制,国内对资本走出去设有严格限制,要经过层层审批。上海金融业联合会将上海金融业的开放程度也即上海金融业的国际化分为四个子指标:市场国际化、机构国际化、人才国际化和

---

① 《2019年全球经济自由度指数排名:香港第一、新加坡第二、中国大陆第100、美国第12》,载htpp://www.qqjjsj.com/show630056725,2019年6月30日访问。

② 陆红军:《发展我国国际金融中心的战略思考》,载《上海金融》2008年第1期。

③ 高山:《国际金融中心竞争力比较研究》,载http://www.fgw.gov.cn/fgwjsp/jjfz_content.jsp?docid=326093,2019年6月30日访问。

人民币国际化。在推进国际化的进程中，上海面临的挑战有债务风险增加、竞争加剧、监管资料分散等问题。[①]

对外资金融机构或外资投资金融机构实行国民待遇具有重要意义，这在我国香港和新加坡银行业竞争中可见一斑。香港一直是纽约和伦敦之外外国银行最多的第三大银行中心。我国香港对亚太地区的贷款居于重要地位，亚太地区的银团贷款有70%以上在香港签订。这主要是因为香港对内外资银行一视同仁，而新加坡则区别对待，这种差别决定了香港银行业的优势，即香港银行业在外资银行数量、银行业规模和银行业国际化方面都明显优于新加坡。相比，中国在金融业的开放程度方面比较欠缺。开放程度低又导致了跨境交易少。上海银行业的资产规模和香港相比仍然有一定的差距，但优于新加坡。

4.上海的金融中心建设无法实现自主决策；香港金融中心的建设可以取决于自行决策。这也导致了上海金融中心的建设缺乏准确定位。香港拥有独立的立法权，而上海的立法权要受制于中央政府，这虽保证了国家法制的统一，但却不利于上海国际金融中心的建设。众所周知，法律本身就具有滞后性，再加上中央到地方的时滞，这就更加剧了政策法规赶不上现实的矛盾。尤其在市场瞬息万变的金融领域，这一矛盾会更加突出。此外，在中国这一地缘政治色彩浓厚的国家，上海在这方面甚至竞争不过北京、天津等城市。例如，由于北京是所有宏观调控部门、金融决策和管理机构所在地，轻易地聚集了中国约45%的金融资产。[②] 事实上，在金融聚集度方面，上海的经济总量占全国比重也比较低。而聚集度标志是国际金融中心的独特指标或核心要素。为了提高上海的金融自主决策话语权和金融聚集度，应当提高上海在金融政策方面的影响。例如，早些年有学者认为，上海在制定金融法规方面，“凡涉及国际金融市场范畴的，在浦东综合实验后经人大讨论通过，可成为相当于国家级的法规”。[③]

上海推进金融中心建设的定位和目标仍然不甚清晰。反观其他立志推进金融中心建设的城市都有比较明确的定位。例如，韩国首尔的发展定

① 刘帅：《我国金融业国际化问题研究》，载《环渤海经济瞭望》2018年第11期。

② 黄斌：《北京金融资产全国占比45%正谋划新一轮服务业扩大开放》，载网贷之家网，http://www.wdzj.com/hjzs/pts/20181202/900730-1httml，2019年6月30日访问。

③ 陆红军：《国际金融中心竞争力评估研究》，载《新会计》2009年第1期。

位是“东北亚的金融资产管理中心”。香港目前的定位基本准确,即发展人民币离岸中心。

香港和上海两个金融中心的监管架构和模式基本上可以分为两类:强制性变迁和诱致性变迁。主要金融中心大多是诱致性变迁,主要靠市场自发而成,市场在一定程度的发展之后,法律适应市场发展的需要进行规范。这样的发展模式走的是“发展—规范—发展”的路径。东京和新加坡可能介于两者之间。东京是政府主导模式下发展本国金融业的典范。新加坡金融中心的建设过程中政府也积极干预,在撤销外币利息税,放宽对外资持有银行股份的限制方面,政府是最大推手。上海、迪拜和孟买等后发型的金融中心的发展路径是强制性变迁。上海金融中心的建设就是在国家金融法律制度的框架下发展,同我们国家改革的整体路径吻合。政府主导有利于加速后发型金融中心的形成和发展。但是,政府主导型的金融中心发展需要时常调整政府主导的边界。更重要的是,金融法制需要约束市场参与者和行政执法者。与之相反,香港基本上同伦敦和纽约的情形更为接近,属于诱致性变迁的结果。

与沪港两地监管架构区别相对应的是:香港金融市场存在自发性和自导性,许多金融产品和金融市场的发展都先于上海。这也决定了香港金融市场同国际上的其他金融中心存在同质性。上海监管模式的特点是后发展,能快速赶超,但缺点是这种发展模式造成金融市场活动主体对市场反应迟钝,与国际金融市场存在隔阂。

上海金融市场与其他金融市场相比,金融服务的多样性不足。这主要表现在金融衍生市场和产品的发展比较滞后,同国际市场的分离比较明显。上海 2010 年 4 月才开始有股指期货交易,而韩国和印度的金融衍生品市场品种齐全,包括股指、利率、货币的期权、期货、互相交易的规模增长迅速,投资者结构多元化。伦敦金融城发布的国际金融指数 IFI,主要用以衡量一个金融中心提供的服务在国际市场上的重要性。该指数包括两个子项目 IFLQ 和 IFDI。“IFLQ 是一个国家在全球金融服务中的比重与其 GDP 比重之比;IFDI 衡量一国在国际金融服务方面的多样性与开放程度”,“中国在这两项指标上低于韩国”①。上海的经济与金融业发展快,但

① 储峥:《借鉴韩国和印度经验推进上海国际金融中心建设》,载《财会月刊》2011 年第 2 期。

是金融机构数量、总资产、金融市场容量与发达国际金融中心相比仍然有一定的差距。近年来，中国金融业在GDP占比持续维持年8%左右，香港在回归以后，金融业占GDP比重已接近20%。[①] 上海金融业务相对单一，金融创新能力贫乏，缺乏完善的金融中介服务。金融创新是国际金融中心提高竞争力的动力。创新可以加强金融中心系统各要素的联系和整合。金融创新包括金融制度方面的创新，如利率制度创新、金融市场体制改革，消除市场效率低下的障碍，从而提高金融活动的活跃程度；金融组织创新，如金融机构的改革，金融集团的组建，以便提高金融机构的市场竞争能力和抗风险能力；金融业务创新，开发新型的金融产品，丰富产品种类，提高金融市场容量，拓展金融市场深度和广度，以便最终优化市场参与者的结构。金融技术和产品的创新可以增强金融中心在分配技术、中介技术以及风险处理方面的能力，提高资金分配效率，化解金融风险，增强金融中心的实力。在这些方面香港具有比较明显的优势。

二、沪港两地金融监管合作的可能领域

由于两地属于两种法律体系，法律或法制方面的合作难度甚高，比较可行的是金融市场融合。资本市场的合并是国际金融中心资本优化和重新配置的重要方式。经济全球化使企业和投资者可以在全球范围内低成本和有效率地筹集和配置资源，给交易所之间的竞争带来了压力。交易所之间的并购成为规模扩张的重要途径。此外，交易所的并购可以争取使更多场外交易的衍生品进入交易所交易。交易所之间的合并会巩固交易所的竞争优势。例如，伦敦交易所和多伦多交易所的合并造就了全球上市企业最多的交易所，德意志交易所和纽约交易所之间的合并造就了全球市值最大的交易所，新加坡交易所和澳大利亚交易所的合并使上市公司数量在亚太区超过东京和香港交易所。上海或深圳交易所的市场开放度不高，而香港交易所在衍生品交易、债券等方面还需要进一步拓展，或许可以效仿德国和美国证券市场合并的做法，考虑上海和香港证交所的合并。

① 宋亮华：《为何中国金融行业GDP占比较高》，载东方财富网，http://finance.eastmoney.com/news/1371,20180922951002149.html，2019年6月29日访问；香港贸发局：《香港金融服务业概况》，载http://hongkong-economg-research。

关于香港在改善上海金融监管效率方面的积极作用的讨论,有必要了解 Race to the Top 和 Race to the Bottom 理论。根据这个理论,香港应该保持已有的法律和监管制度,从严治市,订立较高的准入制度,实行严格的执行制度。保持制度引领,避免与上海同化,进行同质化的发展。这就是对上海最积极的作用。

同时,香港制度的"溢出"效果。不同于法律移植(transplant),这在上海和香港很难发生,"溢出"效果反映在越来越多的国内商业主体通过在香港上市、设立控股公司而实现法律借鉴,提升公司治理水平,最后将香港在市场治理方面的先进经验引入内地。从这个意义上讲,"返程投资"模式是值得鼓励的。

此外,美国特拉华州现象也为我们提供了经验。为什么这个州成为美国公司法最发达的州?究其原因,司法和法院发挥了很大的作用。在香港和上海的竞争中,香港的法院可以继续发挥作用。特拉华州的公司法院的经验,国内已经有很多文献可以参考。①

金融法治环境建设是上海建设国际金融中心的重要环节,这在今后相当长的时间内都会如此。上海金融法治环境的薄弱凸显了香港金融法治环境的完善和制度优势。香港在金融法治引领方面可以提供示范和样本,特别是在三个方面。首先,完善的金融法律、法规、规章体系,特别是完备的交易规则,上海的金融立法应该跳出"行政主导"的模式,更加关注市场主体和市场活动的需要;其次,金融活动中的权利保护机制,金融立法要特别为金融资本和金融投资者提供权利保护手段,比如小股东的保护,散户投资者等,明晰的产权保护可以降低不确定性带来的金融风险,减少金融业自身发展的弊端,诸如行业垄断、防范系统性风险等;最后,公平、公正和高效的金融司法和仲裁体系,为金融类纠纷的解决提供有效的司法保障和司法执行机制。金融法治环境的重要性必须上升到市场经济发展的高度。不良的法治环境在一段时间内可能不会成为阻碍经济和金融市场发展的主要制约因素,但从长远看,必定会是制约市场经济和社会发展的"瓶颈"。

与金融中心建设息息相关的是税收制度,后发城市建设国际金融中心

① 罗培新:《特拉华州公司法的神话与现实》,载《金融法苑》2003 年第 4 期。

的一个重要推手和磁场效应是对市场主体和市场活动提供的优惠税收制度。但是,这也不是地方立法和行政机关可以决定的事项。没有税收制定权,上海就缺少了推手。比如在2012年2月,我国监管机构原则上同意全球对冲基金在中国内地募集人民币资金,条件有两个:其一,基金必须在上海进行备案登记;其二,所募集资金则必须投向境外市场。① 然而,当前对冲基金的发展仍受到过于严格的监管,其面临的挑战之一就是税收问题。合伙人所得税间接提高获益成本。按照国家有关税收规定,合伙企业应当“先分后税”,投资者作为合伙人在投资盈利的情况下还需要缴纳5%～35%的合伙人所得税。这会间接提高对冲基金获益的成本,②阻碍相关产业的发展。我国香港则对金融企业不收间接税。同时,内地个人所得税税率偏高,最高税率为45%,也不利于吸引金融人才,而香港的个人所得税标准税率为15%。③ 在这些方面,上海没有优势,香港有自己的优势。上海金融法治的建设在目前的阶段可能重在立法,在以后,重点可能是高效公正的行政和司法执法,构筑公平正义的软环境。

资本市场的建设应该不断提高市场透明度。哈耶克说过,如果人们获取某些信息的渠道是畅通无阻的,那么市场过程的运行也将因此变得更为有效。④ 良好的社会信用体系也是市场有效运行的重要环节。社会信用体系构建了一个适合信用交易发展的市场环境和机制,保证了基本的交易安全和信用经济。内地的信用基础薄弱,信用秩序紊乱。缺少稳定和健全的社会信用关系也会制约金融业的发展。

上海的司法环境能否为金融中心建设提供支撑?客观地说,上海金融司法环境虽然在全国处于比较领先的地位,但与其他国际金融中心相比存在差距。涉外金融争议解决选择在上海进行仲裁的案件不多,上海法院受理的涉外金融案件也不多,这些都表明国际投资者对上海乃至中国的法院和仲裁机构的认受性不高。

监管环境是决定金融中心竞争力的主要因素。有效率的监管会推动

---

① http://finance.ce.cn/rolling/201203/31/t20120331_16853409.shtml,2019年6月30日访问。

② 上海金融业联合会编:《上海金融景气指数报告》(2011年),上海交通大学出版社2012年版,第107页。

③ https://mp.weixin.qq.com/s?_bi2=M2AwN2M5M2MwMA%3D%3D&idx=1&mid=2653543326&sn=c0a4b32c5000661be919eec38f67928d,2019年6月10日访问。

④ [英]哈耶克:《法律、立法与自由》,邓正来等译,中国大百科全书出版社2000年版,第357页。

金融中心的创新和维护金融稳定。政府制定的监管规则和程序是市场参与者选择经营场所的重要因素。好的监管环境有利于消费者和金融市场的发展。自20世纪80年代,美国和英国推行金融自由化和放松监管之后,金融监管模式和理念在是次金融危机之后有了新的变化,金融政策制定者更加重视金融监管,监管当局的风险忍受程度在不断下降。同时,监管当局意识到金融业监管必须有跨境合作,共同检讨审慎监管规则、会计准则,推动国际标准、场外衍生品市场管理、跨国联合监管及跨境风险处置。各个金融中心之间的监管要求和标准在趋同,差距和套利在减少。依赖轻监管和低税收的监管模式发展金融中心的路径和空间更加狭窄,在金融危机之后处于夹缝状态。这样发展起来的金融中心在税收和反洗钱等国际合作努力下前景堪忧。市场参与者的逐利本性仍然对监管模式和监管套利存在本能的反应,会选择那些有利于金融机构落户和监管宽松的市场作为投资目的地。

监管技术、理念和手段方面的创新具有重要意义。随着金融业混业经营程度的加深,英国政府下定决心将英格兰银行的金融监管职能分离出来,使其专注于货币政策,同时成立英国金融服务管理局(Financial Services Authority,FSA),逐渐将分散的金融监管职能集中到英国金融服务管理局。英国金融服务管理局以风险管理为核心,监管资源配置和量体裁衣式的监管风格,提升了英国金融市场的竞争力。

后发型或强制性变迁要求在制度设计上有新的动作。迪拜国际金融中心就是特别立法。《阿拉伯联合酋长国宪法》得到了修改。2004年又有了《金融自由区法》,并通过《迪拜国际金融中心法》。此外,在民商事领域,也配合专门使用金融中心的立法,如《公司法》《合伙企业法》《企业破产法》《涉外民事关系法律适用法》。[①] 通过立法,迪拜将自己定位为区域性金融中心,其专业分工为建设离岸金融中心,金融服务市场的目标是辐射东西方之间的25个国家。[②] 2009年迪拜金融泡沫发生后,使得我们不得不反思迪拜建设国际金融中心的做法——过度的人为干预虽然能够在制度设计上有新的突破,但是违背了基本经济规律的人为构建也是相当危险的。

---

① 吕炳斌:《金融消费保护法律制度之构建》,载《金融经济》2010年第3期。

② 冯邦彦、覃剑:《国际金融中心圈层发展模式研究》,载《国际金融》2011年第4期。

上海的金融业监管体制是垂直领导的金融分业监管体制。一方面，上海的金融业监管机构权力有限，离决策核心遥远，反应迟钝，无法应对市场创新、防范金融风险。另一方面，国家的金融监管机制对金融创新的鼓励和支持有限，分业监管无法应对金融业的整合和综合经营趋势。这方面香港要避免走分业管理的老路，可以探索"双峰制"的监管模式，在市场准入和资本充足率两个方面分别管理。在分业经营和分业监管体制下，金融机构的业务种类会受到限制，金融创新受到严重约束。

三、什么造就了金融中心？

美欧的金融中心地位在2008年全球金融危机之后受到了挑战，金融市场份额有所下降。2010年美国和欧盟大西洋经济对话组织（Trans Atlantic Business Dialogue）发布的《欧盟、美国金融市场在困难时期需要更多合作》报告，提出中国以及中东是美欧金融中心潜在的竞争者，美欧在全球金融中心的领导地位会有所弱化。报告进而建议，美欧之间在G20平台上紧密合作。2016年6月，欧美企业界宣布成立欧美金融监管一致性联盟，以加强大西洋两岸金融服务。[①] 沪港两地也应加强金融合作，特别是应在规则制定上加强主导。上海和香港都要增加定价权和话语权。上海银行间同业拆放利率（Shanghai Interbank Offered Rate，SHIBOR）的推出为人民币汇率产品，如远期汇率、汇率期权及人民币利率衍生产品如利率互换、债务远期、远期利率协议等提供定价基准。[②] 上海要促使上海银行间同业拆放利率在国内金融市场起到类似伦敦同业拆借利率（London Interbank Offered Rate，LIBOR）的定价功能。上海国际金融中心应当成为人民币及人民币计价资产的定价中心，拥有人民币及人民币计价资产的定价权。中国现在是亚洲和世界重要的经济体系，中国的崛起必然导致人民币业务和中国金融产品需求的上升，这就需要中国对这些业务和产品有定价权。

国际金融中心建设中的制度建设一直处于重要地位。这主要是因为国际金融中心以金融自由化为前提和基础，而金融自由化的前提又是完备的法律和监管框架。金融中心同金融法治之间的紧密联系在西方金融中

① 《欧美金融监管连贯性联盟就TTIP金融监管一致性谈判发布立场报告》，载http://www.sccwto.org/post/2432?locale=zh-CN，2019年6月12日访问。

② 参见熊元莲著：《场外金融衍生产品法律监管研究》，复旦大学出版社2014年版，第180页。

心建设的经验中得到了印证。伦敦金融中心的地位也间接证明了经济实力固然重要,但经济实力不决定是否成就一个世界级的金融中心。尽管如此,法学界和金融界对法律和金融业发展的内在互动关系一直没有定论。国际金融中心之间的竞争是金融中心此起彼伏的兴衰史。国际上有两个学说已经耳熟能详:一是"金融地理学说",强调金融中心地位的确立取决于经济总量和信息聚集度;①二是时区理论,即用时区划分金融市场,以便投资者掌握实时信息和产品定价权,建立真正的国际金融中心。"纽伦港"的概念就是运用"时区理论"的结果。依据时区、经济总量和金融地理学说理论,亚洲经济体系必然会有一个与纽约、伦敦比肩的国际金融中心和交易平台。

关于法律在金融中心建设中的作用学界一直没有定论。通说认为,健全的法律制度、强大的执法体系是建设国际金融中心的基本保障。② 从关于国际金融中心的评价指标或体系来看,健全完善的法律环境一般是评价和评估国际金融中心时必须具备的一个要件。

国内外关于国际金融中心竞争力的研究指标主要分为硬指标和软指标两大类。硬指标包括金融机构数量、金融机构资产总额以及金融市场交易量等;软指标包括人力资源、经营环境、政策环境、体制环境等。③ 商业环境指标包括行政管理制度、经济自由度、腐败程度、制度执行情况、企业税率,等等。从广义上说,这些因素都是法治的一部分。Mark Yeandle 等人在比较研究伦敦、纽约、法兰克福和巴黎四个国际金融中心后,认为人力资源素质、监管环境、商务成本与商务环境、政府效率、税收优惠以及法制环境等应该是国际金融中心竞争力的评价指标。④ 2019 年《伦敦城全球金融中心指数报告》指出决定国际金融中心地位的因素主要有商业环境、人力资

---

① See X. B. Zhao, L. Zhang & T. Wang, "Determining Factors of the Development of a National Financial Center: The Case of China", *Geoforum* (2004) 35 (4), 127 – 139; X. B. Zhao, "Special Restructuring of Financial Centers in Mainland China and Hong Kong: A Geography of Finance Perspective", *Urban Affairs Review* (2003) 38 (4), 535 – 571; X. B. Zhao, J. M. Cai and L. Zhang, "Information Flow and Asymmetric Information as Key Determinants for Service and Finance Center Development: A Case on Socialist China", *China Economic Review* (2005) 16 (3), 20 – 30.

② 参见王力、黄玉华等编著:《国际金融中心研究》,中国财政经济出版社 2004 年版,第 89 页。

③ 参见高洪民:《经济全球化与中国国际金融中心的发展》,载《世界经济研究》2008 年第 8 期。

④ 参见吕炳斌:《上海国际金融中心的法制建设探讨》,载《新金融》2009 年第 6 期。

源、基础设施、声誉、金融业发展情况。其中，商业环境是被外界提及次数最多的要素。商业环境中监管环境、腐败可能性、法治实施是最关键的问题。[①] 从国际上公认的国际金融中心的经验看，纽约、伦敦、新加坡、香港等金融中心无一不拥有良好的法治环境。这说明国际金融中心和法治环境之间存在一定的因果或逻辑关系。良好的法治环境是国际金融资本和市场参与者进入市场的基本条件。良好的法治环境包括健全的法律体系、透明的监管制度、公正的司法体系、高效廉洁的行政执法制度、完善的金融法制、健全的社会信用体系、充分的权利（财产权和所有权）保护机制，等等。这些要素充分保障了投资者的权益，能够使投资者作出正确的风险评估。无法想象一个法治不健全的城市或国家会有一个真正意义上的金融中心。同时，投资者因为利益驱动，对法律风险的抵御能力和对非最优环境的适应能力也可能降低对法律保护机制的要求。

1998 年，来自美国布朗大学、芝加哥大学的四位学者 La Porta、Lopez-de-Silanes、Shleifer 和 Vishny（以下简称 LLSV）研究认为，法律起源决定金融发展，法律、执法机制和法律制度支配着金融交易。之所以会如此，是因为合同安排是形成金融活动的基础，强调保护投资者和履行合同且司法体系能更激励金融发展。[②] 在此种观点下，金融在法律的规定内发展，法律成了一种自我生成与发展的自给自足的系统。该研究路径由于独特而被称为 LLSV 范式或法律起源理论，其核心是强调法律制度的决定作用。[③]

LLSV 范式解释了法律体系对金融中心发展的作用。世界上主要存在美法系和大陆法系两个法系。大陆法系以法典为基础，以立法权为中心，重视法条和法典，法官适用法律追求细节，判决僵硬，具有理性主义的精神气质；而英美法系以判例为依据，公平、公正、公开和公义的司法准则和社会风俗、习惯和道德等一般原理都会对司法活动和财产保护产生重要影响。法院独立进行审判，不受政府任何干涉，司法人员履行职责，兼具司法和造法功能。由于判例的作用，法院的司法活动具有相当的灵活性，散

---

① The Global Financial Centres Index 25，载 http://www.longfinance.net/media/documents/GFCI_25_Report.pdf.

② 严继超、刘瑞涵：《控股股东掏空、投资者保护与企业价值综述——基于 LLSV 研究范式的视角》，载《财会通讯》2014 年第 36 期。

③ 史晨煜：《LLSV：法与金融学研究领域内的“四剑客”》，载腾讯网，http://finance.qq.com/a/20080428/000264.htm，2019 年 6 月 29 日访问。

发出自由主义的风气。两大法系的差别对金融中心在全球的分布产生重大影响。[①] 这是因为由于法律体系的理念不同,法系所属国的行政监管模式也有不同。英美主要坚持行业领导监管型的治理模式,而欧陆国家主要实行政府主导型的监管模式。行业监管的重点是保护中小投资者和行业利益,有利于建设金融中心,因为市场会发挥有效的融资功能,保障各方参与者的合法利益。大陆法系下的市场受制于强势的政府监管,即政府监管局限了市场的发展。从这点上说,普通法系对企业运营和盈利更为有利。不同的监管和司法模式造就了不同的金融市场。英美法系出现了证券市场主导的金融中心,而大陆法系通常是银行主导的金融市场。晚近三四十年,以证券市场为主的金融市场基本上是英美法系为主,而欧陆金融市场主要靠银行及债券等方式发展。这种不同市场主导的金融中心的特点并不是偶发或自然形成的,与法律制度和监管模式有很大的关系。

当然与 LLSV 范式的法律起源论决定金融发展的观点相反,英国剑桥大学法律系柴芬斯(Cheffins)教授和美国哥伦比亚大学法学院科菲(John C. Coffee)教授分别从不同角度进行研究并得出了与 LLSV 范式不同的结论,他们认为,是金融发展导致了法律变革。柴芬斯 2000 年的研究发现,"尽管英国的司法制度提供了稳定的争端解决方式,但该法律制度在 20 世纪前期的大多数时候并没有为中小投资者提供很好的保护,而市场却产生了保护投资者利益的很好替代方式,如自律监管体制,它们在保护中小投资者的过程中起到了一种替代性的作用"。[②] 因此,法律不决定市场的发展,是市场的发展催生了法律。科菲在 2001 年的研究中提出这样的观点,"法律变革总是滞后于金融发展的实践,法律改革需要大量社会公众股股东相应利益需求的支持,只有他们在政治上提供修改法律、增加有关投资者保护法律条款,有关投资者保护的法律改革才具有实践中的可取性。按照这个逻辑,英国式的金融发展中,实践是因,法律变革是果,这恰恰与 LLSV 的理论相反"。[③] 尽管这些研究从某些方面对 LLSV 研究范式和基

---

① See R. La Porta, F. Lopez-De-Silanes, A. Shleifer, "The Economic Consequences of Legal Origins", *Journal of Economic Literature*(2008)46(2),285 – 332.

② 北京益正伟业投资:《法律变革与金融发展的因果关系:对 LLSV 的驳论之一》,载新浪博客,http://blog.sina.com.cn/s/blog_811cc6ff0100x53b.html,2019 年 6 月 29 日访问。

③ 北京益正伟业投资:《法律变革与金融发展的因果关系:对 LLSV 的驳论之一》,载新浪博客,http://blog.sina.com.cn/s/blog_811cc6ff0100x53b.html,2019 年 6 月 29 日访问。

本结论提出了挑战和修正，特别是对包括法院、仲裁等法律机制和股东权保护制度等在内的法律体系提出了挑战，但其对金融市场形成和演化过程中的作用显然不可忽视。

无论LLSV范式存在何种缺陷，其所揭示的法律和法治对金融起到某种程度上的促进作用是毋庸置疑的。如果把该理论应用到上海国际金融中心的建设或香港国际金融中心的推动进程中，自然会得到这样的结论，即法律和法治会为金融中心的发展提供不可或缺的推动力，并产生积极的作用。1994年诺贝尔经济学奖获得者诺斯在制度分析中提出了“路径依赖”，将历史因素纳入研究范畴，即制度、风俗习惯对行为人决策的影响。同样，由于上海和香港两个金融市场存在先天的差异，这个差异在相当长的时间内会存在。

香港成为金融中心是路径依赖的结果。在回归之前，它可以被视为是伦敦金融中心的外伸和扩展。然而，港币的非世界本位货币特性影响了香港成为真正世界级或全球性的国际金融中心或长久性国际金融中心的可能性。同时，历史经验表明，一个发展中国家的城市不能成为世界级的金融中心。一种新兴货币的国际化会吸引金融中心加入竞争，争取此类货币的离岸金融市场主导权。人民币的跨境结算已经吸引了中国香港、伦敦、中国台北和新加坡争夺人民币离岸市场的主导权。新加坡推出了针对中国A股的指数期货以及无本金远期外汇交易(Non-deliverable Forwards, NDF)人民币远期产品，就连芝加哥商业交易所也在2006年推出人民币兑日元以及欧元的外汇期货产品。[①] 因此，中国的崛起和人民币成为国际性货币为香港提供了新的机遇。上海和香港可以发展为中国的“纽伦港”，北京发展金融决策和监管，上海进行交易运营，而香港提供资金和管理。

金融市场的发展还需要同实体经济转型和升级联系起来。这在此次金融危机中得到了进一步的印证。韩国金融市场的发展和证券市场的国际化进程与韩国进行结构调整的过程相契合。韩国经济从政府主导向民间和市场主导的过程中，产业结构从传统的工业化向高新技术转变，而资本市场和金融市场也在这个过程中得到了加速发展和提升。[②] 金融业与

① 孙国峰、邓婕、栾稀：《后2020时期上海国际金融中心建设的远景目标》，载《上海金融》2019年第3期。

② 储峥：《借鉴韩国和印度经验推进上海国际金融中心建设》，载《财会月刊》2011年第2期。

实体经济的正面关系在上海也有过例证。上海在商品期货交易额上居于领先地位，期货市场发展迅猛，这与上海强有力的工业基础有关。

金融市场需要有复杂的高级的金融产品。上海期货交易所上市品种是清一色的商品期货，而全球期货及期权交易的主流是金融产品。随着经济、金融市场化程度的提高和市场在金融资源配置中基础性作用的增强，期货、期权、互换、掉期等各类金融衍生产品将越来越多地现身于金融市场之中。上海应着力“推动投资银行、基金管理公司、资产管理公司、货币经纪公司、融资租赁公司、企业集团财务公司、汽车金融公司等各类新型金融机构和业务的发展”①。

金融市场需要有相当的开放度。上海金融市场的开放程度是全国最高，但是与其他国际城市的金融市场相比，上海市场化程度仍然不高，主要表现为：②第一，开放度比较低。既然是国际金融中心，市场开放度至关重要，否则就不可能成为世界级的中心。上海金融市场在资本市场、外汇市场方面的开放度非常有限，与纽约、东京、法兰克福、香港等市场差距较大。第二，结构不合理。国际金融中心的另一个重要指标是金融产品和市场结构达到一定的复杂度。公司、企业募集资金的债券市场发展程度非常低，不仅难以与其他国际债券市场相比，也远不如国内的股票市场。第三，市场深度不够。金融衍生产品的整体规模、复杂度、监管水平仍较低，尤其是涉及汇率的衍生产品比较欠缺。

金融市场特别需要优质的法律和法律机制。上海的法治环境总体上可能优于全国平均水平，但受制于整个国家的法治建设水平，在司法公正、地方保护主义、行政和司法机关腐败等方面仍然存在诸多问题。上海的司法质量和执行能力受到其他地区法院司法执行能力的影响。一个金融机构即使在上海法院胜诉也未必能够得到完全的保护，因为被告的财产可能在异地，判决的完全执行还有赖于异地法院的执行。我国民商事法律较多地借鉴了大陆法系的立法，而金融法律又比较多地借鉴了英美法系，但是权利的法律保护又比较多地保留了自己的特色，这样的混合体制同其他金融中心的法律和权利保护水平相比存在很大的差距。另外一个突出的问

---

① 上海金融业联合会编：《上海金融景气指数报告》(2011 年)，上海交通大学出版社 2012 年版，第 125 页。

② http://news.hexun.com/2012-10-23/147106080.html，2019 年 6 月 29 日访问。

题是，金融立法基本上属于《立法法》中法律制定的范畴，金融立法权限属于中央，地方没有立法权，但金融法治最前沿的是地方当局，而不是中央政府，因此，上海推进国际金融中心建设最大的立法问题是没有立法权。立法权的缺失决定了法律会滞后，金融创新缺乏法律规范和保障。

金融服务业的自由化是金融中心形成的必经环节。金融中心是金融发展和发达到一定程度后出现的，国家或地区的金融系统功能不断完善，金融工具和金融机构多样化，金融市场成熟和完善，这样才能推动金融中心的成熟度和层次的提升。英国早在 1986 年就开始了一场“大爆炸”式的金融业改革，促进金融服务业的自由化。伦敦证券交易所于 1997 年 10 月进行了规模宏大的股票交易改革，核心内容是管理证券投资业务，废除证券交易的固定手续费制度及证券自营商与证券经纪商之间的业务樊篱，严禁内线交易，建立以市场为中心的股票交易自动报价系统。美国也于 1973 年首先取消了资本流入限制，对外国公司进入美国国内金融市场实行了自由化，同时放松了对美国金融机构向外国公司提供贷款的管制，并于 1980 年放松了利率管制，1986 年 4 月存款利率上限的限制全面取消，实现了利率自由化，并形成了以联邦基金利率为基准利率的市场利率管理制度。20 世纪 70 年代中后期开始，日本也着手进行金融自由化，于 1973 年放松外汇管制，鼓励金融资本的海外流动，80 年代后日本的金融自由化步伐加快，多层次的金融市场相继建立，包括银行承兑汇票市场、无担保融资市场、商业票据市场等。1996 年日本推行“金融大爆炸”，对日本原有金融制度进行纠正，政府取消外汇管制，逐步实行利率市场化，以便强化东京金融中心的地位。新加坡金融自由化进程开始于 1968 年 10 月准许美国银行新加坡分行发行亚洲货币单位。自 20 世纪 80 年代以来，新加坡进一步放宽对外资持有银行股份的限制，大量外资金融机构争相进入，各类金融工具在当地市场得到创新，亚洲美元市场终于在新加坡获得发展。

第二章　沪港证券市场监管制度比较

香港和上海两地的证券市场在规模、成熟程度、监管模式和内容上都大有不同。从比较中可以看出,上海证券市场目前的不足之处主要是监管制度跟不上市场发展的速度,监管与市场难以互动,行政干预过多,因此造成市场监管法规和政策缺乏稳定性、连续性、系统性和前瞻性。本章旨在通过比较学习借鉴香港的有效经验,完善上海证券市场监管制度,进一步放开行政管制,重视市场和自治组织的力量,建立更符合市场需求的成熟而独立的监管体系,发挥证券市场在上海建设国际金融中心中的重要作用。

一、沪港证券市场的概况

香港证券市场的历史可以追溯到1891年第一家证券交易所——香港经纪协会的成立,香港证券市场至今已有一百多年的历史。在1969年至1972年的4年时间内,又相继成立了3家证券交易所——远东交易所、金银证券交易所、九龙证券交易所,形成四家交易所并立的局面,这也使香港成为全球主要证券市场之一,证券交易迅速增加。1986年,这些交易所合并为联合证券交易所,证券市场进一步发展。进入20世纪90年代,新股市场准入标准的放宽,加之联交所决策层逐步允许外资进入,以及内地改革开放的深化,推出的各项政策和香港回归等因素的刺激，香港股市又一次得到了快速发展。

其中，香港交易及结算所有限公司（香港交易所①）是香港证券交易及结算系统的市场营运机构。香港交易所受香港证券及期货事务监察委员会监管，设有主板及创业板供投资者进行股票买卖。除股票外，香港交易所的现货市场亦供投资者买卖衍生权证、交易所买卖基金（Exchange Traded Fund，ETF）、房地产投资信托基金（Real Estate Investment Trust，REIT）、股票挂钩投资产品、牛熊证（Callable Bull/Bear Contract，CBBC）及债务证券等。香港交易所的衍生市场交易非常活跃，当中包括指数期货、股票期货、指数期权及股票期权的交易。②

上海是中国内地最先出现证券、证券交易和证券交易所的城市。证券交易可追溯到19世纪60年代，而最早的雏形是19世纪90年代建立的证券掮客公会。1920年和1921年，上海证券物品交易所和上海华商证券交易所开业。到了30年代，上海成为远东的金融中心，通过经纪中外投资者均可买卖中外企业证券、债券、政府公债与期货等金融产品。1946年，在华商证券交易所的基础上，上海证券交易所股份有限公司成立，并于1949年停业。自1980年以来，随着改革开放和社会主义市场经济的发展，中国证券市场逐步成长起来，以1990年11月26日上海证券交易所成立为标志，并于同年12月19日正式开业。上海证券交易所是国际证监会组织、亚洲暨大洋洲交易所联合会、世界交易所联合会的成员。经过多年的持续发展，上海证券市场已成为中国内地首屈一指的市场，上市公司数、上市股票数、市价总值、流通市值、证券成交总额、股票成交金额和国债成交金额等各项指标均居首位。

二、沪港证券市场的规模和成熟度

（一）香港

以资本市值计算，香港证券市场目前是全球最大的证券市场之一。截至2013年底，在香港交易及结算所有限公司（香港交易所）挂牌的上市公

---

① 香港交易所网，http://www.hkex.com.hk，2014年8月28日访问。

② 上海证券交易所官网，http://www.sac.net.cn/tzzyd/tzzs/201407/t20140710_97937.html，2014年8月28日访问。

司有1643家,主板市值总额达24.08万亿港元。[①] 2014年前11个月的平均每日成交金额为668.95亿元,较去年同期的630.97亿元上升6%;有105家新上市公司,较去年同期的78家上升35%;首次公开招股集资金额为1410.15亿元,较去年同期的965.58亿元上升46%;2014年首十一个月的总集资金额(包括首次公开招股集资金额)为7288.36亿元,较去年同期的2726.97亿元上升167%。[②] 具体来说,香港证券市场由于有较长的发展历程和开放的国际化环境,是一个比较成熟有序的证券市场,具体表现在如下几个方面:

第一,香港是资本主义的自由经济体系,监管体系延续了高度开放、严格规范的特点,可以为广大的投资者和中小股民提供全面的投资保护服务,以保障其权益明显优于上海证券市场。[③]

第二,香港证券市场的金融产品类型丰富,资金可自由流通。香港股市是一个开放的国际金融市场,投资者不仅可以买卖香港股市的所有股票,还可以交易香港市场的债券、基金、认股权证和其他衍生工具。另外,香港实行T+0的交易制度,停牌制度较内地更为灵活,没有涨跌停板限制,有灵活的做空机制,在新股的发行和认购过程中进行公开配售,且拥有全方位的金融服务体制,同时具备高度严格、规范的监管法律体系,明显强于其他市场,有效地保护了中小投资者。

第三,港股的交易征费、交易费与股票印花税三项费用合计为0.109%,再加上0.25%的佣金,投资者交易港股单向交费标准为交易额的0.359%,双向则为0.718%,而内地A股市场印花税为0.3%,再加上券商佣金收取比例0.2%,目前A股单向交易费用为0.5%,双向则为1%,即使考虑内地券商佣金收取大多会有所优惠,目前行业平均水平为0.16%左右,A股双向交易成本仍达0.92%,高于香港的0.718%。[④]

第四,香港证券市场的国际化程度和开放性较高,投资者除了可以购买本地证券产品外,还可以投资伦敦、纳斯达克和纽约等海外市场,也可以投资深圳和上海的B股市场。在证券产品选择上,除了股票还可以投资

① 参见香港联合交易所官网,http://www.hkex.com.hk,2014年4月2日访问。

② 参见香港联合交易所官网,http://www.hkex.com.hk,2015年1月5日访问。

③ 参见高培道著:《香港证券的发展及监管经验》,法律出版社2009年版,第17页。

④ 参见http://www.55188.com/thread-4674377-1-1.html,2014年12月22日访问。

基金、权证、债券或者其他衍生工具。

第五，香港作为人民币离岸金融中心，可以为缓解高额的外汇储备及其对人民币造成的压力，从而为政府的宏观调控政策和人民币国际化提供服务。香港股市流通的主要是中国资产，并且是优质的和廉价的资产，此种方式可以将国家外汇储备分解转移到民间，提供更大的国民福利。另外，现在的香港股市处于合理价格，借次级按揭市场风暴带来的股市波动，可以提供给中国政府和国民大规模增持的机会。[①]

（二）上海

上海证券交易所成立以来，中国内地证券市场迅猛发展，证券市场在社会经济发展中所起的作用和影响日益增强。到2019年6月底，上证所已有1478家挂牌上市公司，证券市场总市值约达32.79万亿元。[②] 尽管上海证券市场近年来取得了长足发展，但是，在发展的过程中也暴露出不少问题，具体表现如下：

第一，《证券法》虽然规定了上市公司终止交易（退市）的制度和条件，[③]但并未能得到完全执行。上海证券市场中靠包装造假上市者颇多，“资历深”的如当年的大庆联谊，“资历浅”的如江苏三友、绿大地；也有一些因为造假被发现而被挡在证券市场大门之外的，如苏州恒久、胜景山河等。[④] 使造假者对于资本市场趋之若鹜的原因，除了被资本市场巨大的利益吸引外，现存监管制度方面存在致命性缺陷也是一个重要的原因。

第二，上海的证券市场不能良好地反映经济预测，没有起到“晴雨表”的作用，证券市场发展与经济发展出现了背离。20世纪90年代初，中国正处于改革开放初期，经济增长较为缓慢，GDP的涨幅在60%左右，而上证指数的涨幅却高达400%；1999年至2001年股市领先走出了上攻行情；而2001年到2006年间的GDP在10%处反复不前时，股市则进行了大调整；由于经济危机影响，中国GDP增长率在2007年发生逆转，也同时导致

---

① 参见http://www.55188.com/thread-4674377-1-1.html，2014年12月22日访问。

② 参见上海证券交易所官网，http://www.sse.com.cn，2019年6月29日访问。

③ 《关于修改〈关于改革完善并严格实施上市公司退市制度的若干意见〉的决定》（中国证监会第146号令）。

④ 《关于修改〈关于改革完善并严格实施上市公司退市制度的若干意见〉的决定》（中国证监会第146号令）。

了股市的大崩盘;GDP 在 2009 年 3 月出现下跌,股市却已经在 2008 年 10 月开始反弹,而 2009 年 3 月则开始了大幅上攻行情。

第三,专业人员水平和金融服务体系不健全。在中国证券市场快速发展的有利条件下,证券公司普遍采取粗放式的经营模式,各项传统业务高速增长,仅满足于提供通道服务,专业化水平和服务能力普遍不高、业务同质化现象明显、行业形象不突出等局限性已经开始制约证券公司的可持续发展。长期以来建立在单边市场机制培养了证券公司专业人员多头的思维定势,从而产生了对证券投资的盈利预期意识远远高于风险预期意识,风险意识薄弱和风险管理能力低下。[①] 从证券公司现有的业务分析,证券公司专业化水平较低的服务现状,与证券行业所处的市场环境密不可分,专业化水平实际受到了不成熟的市场环境的制约。

第四,股民风险意识比较薄弱,金融知识相对缺乏。[②] 股民在选择股票时,跟风的心理比较普遍,缺乏对证券市场风险的正确认识,主要表现在投资者金融知识普遍较为欠缺,难以理性分析与决策;收益与风险配比意识不强,易受高收益诱惑,对风险关注不足;投机性较强,存在博傻意识;契约精神缺失,风险自担能力薄弱,易采取过激行为。虽然上海证券市场曾数次出现证券热的现象,但市场的活跃并不必然带来市场发展的进步,相反,如果投资者能力不能匹配市场发展的要求,将会成为证券市场发展的一大阻碍。

三、沪港证券市场监管的法律规范比较

(一)法律体系的比较

1. 香港

香港证券市场的监管法律主要由两大类构成,一类是条例,包括《证券及期货条例》和《公司条例》。其中,香港《公司条例》由香港立法会通过,是香港制定法中篇幅最大的条例,具有广泛的适用效力。无论是本

① 参见张华东:《专业化是证券公司的核心竞争力》,载《上海证券报》2010 年 5 月 14 日。

② 李欣欣:《多数散户新股民风险意识薄弱》,载新华网,http://news.xinhuanet.com/video/2007-06/26/content_6291444.htm,2014 年 12 月 22 日访问;项峰:《金融消费权益保护与风险教育不可或缺》,载股城网,http://stock.gucheng.com/201412/2910687.shtml,2014 年 12 月 22 日访问。

地公司还是海外公司，私人公司还是公众公司，单一公司还是公司集团，控股公司还是附属公司皆适用。《公司条例》虽不是针对证券市场制定的，但和包括公司注册、股票及债券的发行及企业的日常运营在内的业务密切相关。同时，《公司条例》(包括附属法例)处理与公司有关的事宜，赋予证监会认可股份或债权证的销售章程或授出相关豁免的权力。另外，2003年4月1日生效的《证券及期货条例》是香港有史以来第一个全面覆盖金融和投资产品、监管证券和期货市场以及保障投资者的法律条例。

另一类监管法规是守则与指引，包括《香港联合交易所有限公司证券上市规则》《公司收购合并与股票回购守则》《证券交易规则》等。守则和指引是香港证监会为协助业内人士遵守法例，在法例框架下制定的具体监管证券市场行为的规范。如《证券及期货条例》(第169条)赋权证监会发表操守守则，就中介人及其代表须遵守的常规和标准提供指引。业内人士如违反操守守则，可能会遭受纪律处分。不过，这些守则及指引并非附属法例，违反有关规则不会招致任何司法后果或其他法律诉讼。守则及指引旨在协助中介人遵守适用的监管规定，例如有关适当人选资格的规定，从而继续获得发牌或注册。

2. 上海

随着《公司法》《证券法》的颁布实施，我国证券市场初步形成了以《证券法》为核心，包括250多件法规和规章在内的证券市场法律法规体系，奠定了证券市场规范发展的法律基础。①

上海证券市场的监管法律法规主要分为四类：一是法律，如《中华人民共和国证券法》(全国人大常委会通过，1999年7月1日起施行，经过2004年、2013年、2014年三次修正，2019年12月28日修订)、《中华人民共和国公司法》(全国人大常委会通过，1994年7月1日起施行，后于1999年、2004年、2005年、2013年和2018年多次修改)；二是法规，如《首次公开发行股票并上市管理办法》(2016年5月18日施行)、《企业债券管理条例》(国务院发布，1993年8月2日起施行，2011年1月8日修订)；三是规章，如《股份有限公司境内上市外资股规定的实施细则》(国务院证券委发

---

① 参见尚福林著:《证券市场监管体制比较研究》，中国金融出版社2006年版，第30页。

布,1995 年 12 月 25 日起施行)、《证券投资基金管理公司管理办法》(中国证券监督管理委员会发布,自 2011 年 11 月 1 日起施行)、《证券交易所管理办法》(国务院证券委发布,1997 年 12 月 10 日起施行,2019 年 1 月 1 日再次修订并实施)、《证券市场禁入规定》(中国证监会发布,自 2006 年 7 月 10 日起施行);四是自律规则,如《上海证券交易所规则》(上海证券交易所发布,2006 年 7 月 1 日起施行,2016 年 1 月 1 日再次修订实施)。

但是,以上海为代表的内地证券市场的发展从 1981 年发行国库券算起只有 30 年的时间,加上内地证券市场法律、法规的匮乏,使内地证券立法和监管相对滞后,证券监管法律体系尚不完善,一些法规条文与当前资本市场发展的状况已不相适应。一些重要领域缺少专门的法律规范,比如,针对国债、期货、投资基金、债券证券投资咨询等尚未出台专门的法律规范,严重影响了金融市场的规范化发展。

(二)法律责任的比较

香港对于民事责任的规定详细而具体,如《证券及期货条例》第 213 条"强制令及其他命令"规定,若香港证监会认为或者怀疑任何人违反了该条例的任何条款,即有权请求高等法院发出多项命令,包括强制当事人采取法庭指示的步骤,使交易各方恢复他们订立交易之前的状况,[①]这意味着香港证监会可以针对任何市场不当行为主动积极地发挥自身作为市场秩序维护者的作用。同时,香港证券市场的法律责任分为三类,即民事法律责任、行政法律责任和刑事法律责任。其中对于民事责任的规定很详细,规定了对于违反信息公开义务的行为需承担三种民事责任,即支付赔偿金、撤销合同和恢复原状。就对象的角度而言,将内幕交易产生的民事责任分为对公司的责任和对股东或其他人的责任。前者是公司可要求内幕人士归还通过内幕交易而获得的利益;后者则将公司成员们的整体利益作考虑。[②] 另外,香港《证券条例》第 135 条、第 136 条、第 137 条规定了市场操纵行为:制造虚假交易、制造虚假市场、不涉及以拥有权转变的证券交易、流传或散播资料、使用欺诈或欺骗手段、证券价格的限制。第 141 条对

① 参见《我们该向香港〈证券及期货条例〉第 213 条学什么?》,载新华网,http://news.xinhuanet.com/fortune/2014-09/20/c_127009034.htm,2014 年 12 月 22 日访问。

② 参见侯水平著:《证券法律责任》,法律出版社 2005 年版,第 15 页。

相应违法行为作了民事损害赔偿的规定。[①]

上海证券市场的法律责任同样分为民事法律责任、行政法律责任、刑事法律责任。不同的是，其对于民事责任的规定限于原则性规定。例如，我国大陆证券法规有些条款涉及民事责任，[②]但是，这些条款没有更进一步的规定，使涉及证券侵权行为的损害赔偿机制难以落到实处。

（三）法律规范的特点比较

沪港两地证券立法在基本内容上差异不大，但是，在证券法律体系的层次性、完整性、系统性和可操作性等方面存在较大差别。

1. 香港

首先，香港证券法律法规的层次明晰，互为补充。虽然总体数量少于上海，但是，法规具有完整的体系性，不会产生冲突和重叠。香港没有综合性的证券法，有关证券的法律主要包括条例、附属法例、规则及一系列守则，如《公司条例》《证券条例》《证券（内幕交易）条例、保障投资者条例》《证券（公开权益）条例》《证券（在交易所上市）规则》。除了以上法律法规之外，还有香港《公司收购及合并守则》《香港公司购回本身股份守则》和香港《单位信托及互惠基金守则》等法律。[③]

其次，香港法例综合性、完整性较强。1999 年香港政府推出证券市场的法例改革，草拟的《证券及期货条例草案》于 2000 年 11 月提交立法会审议，于 2003 年 4 月生效。该条例合并、革新了香港过往 10 条规管证券期货市场的法例，为香港建立了公平、高效率及高透明度的市场，提供了清晰的监管框架，也保障了投资者的权益。该条例将每名投资者就买卖证券及期货合约的赔偿上限分别定为 15 万港元，并规定设立赔偿基金制度，明确了私人民事诉讼权的法律定位，完善了纪律制裁，建立了新的投资者赔偿机制，设立独立且全职运作的证券及期货事务上诉审裁处。[④] 反观上海，《证券法》的规定过于笼统，有不少应该明确规定的事项没有做出规

① 参见郭琳广、区沛达著：《香港公司证券法》，法律出版社 1999 年版，第 235 页。

② 参见储峥：《借鉴韩国和印度经验推进上海国际金融中心建设》，载《财会月刊》2011 年第 2 期；陆红军：《国际金融中心竞争力评估研究》，载《新会计》2009 年第 1 期。

③ 参见中顾法律网：《浅析我国证券法律制度中存在的问题》，载中顾自媒体，http://news.9ask.cn/jrzq/zjft/201307/1801810.shtml，2014 年 12 月 22 日访问。

④ 参见刘海平：《内地与香港证券市场的比较分析》，载《经济与管理》2008 年第 3 期。

定,有的则是留待其配套法规来明确。与香港证券监管的综合性法律相比,不但内容和详细程度差了很多,可操作性也较差。

2. 上海

上海证券市场监管规范性文件数量庞杂,较高层次的法律、法规较少,现行《证券法》和《公司法》调整范围也较窄,相关部门规章在立法形式上不够规范,在内容上存在重叠、交叉甚至冲突的现象。[①] 目前已颁布并正在实行的证券法律、法规和规范性文件已有三百多个,从内容上看,许多规范性文件都是为某一事项的管理而颁布,或者是在事后采取的补救措施,带有明显的滞后性,有的则是具有明显行政干预色彩的政策性文件。《证券法》颁布以后,证券监管部门对这类规范性文件进行了分期分批的清理,几年来已明令废止了五十多件。[②] 但我国目前除《证券法》之外,与之相配套的相关法律如《证券信托法》《证券信誉评价法》等几乎空白。由于我国不具备统一完整的证券法律体系,导致我国在面临一些证券市场违法违规行为时较为无力;另外,我国现有的证券市场法律、法规过于抽象,缺乏具体的操作措施。导致在监管中无法做到"有章可循"。

四、沪港证券市场监管的比较

(一)监管主体的比较

证券市场离不开监管主体的有效监管,国家对证券市场的运行,需要采取一定的监管措施。通常,不同国家和地区对证券市场进行监管的监管主体都是各有特色的。在香港证券市场,监管主体包括多个机构。香港证券及期货事务监察委员会(以下简称香港证监会)是香港证券市场的最高监管机构,而香港交易所是《证券及期货条例》认可的授权监管机构,在香港证监会的授权下,通过其拥有并营运的香港唯一的股票交易所(联交所)及期货交易所(期交所)以及相关的结算所对香港证券市场实施最基本层面的监管,香港证券业协会也以自律的形式为维护香港证券行业的利

① 曹龙骐、张渝敏:《深港股市一体化:现实要求、制度比较和路径选择》,载《深圳大学学报》(人文社会科学)2007 年第 4 期。

② 李巧宁:《驶上依法治世快车道》,载新浪财经频道,http://finance. sina. com. cn/t/20021022/0711269446. html,2013 年 6 月 12 日访问。

益和秩序积极活动。[1]

上海证券市场的监管主体包括中国证券监督管理委员会(以下简称中国证监会)和上海证券交易所。中国证监会为国务院直属正部级事业单位,依照法律、法规和国务院授权,统一监督管理全国证券期货市场,维护证券期货市场秩序,保障其合法运行。中国证监会机关内设20个职能部门,1个稽查总队,3个中心。根据《证券法》第21条的规定,国务院证券监督管理机构依照法定条件负责证券发行申请注册的基础上,取消发行审核委员会制定。这意味着"把控"国内A股上市发行26年之久的发审委将退出历史舞台。中国证监会在省、自治区、直辖市和计划单列市设立36个证券监管局,以及上海、深圳证券监管专员办事处。

证监会有特色的监管在于其设立的派出机构,即在省、自治区、直辖市和计划单列市设立证监局,作为证监会的派出机构。派出机构的主要职责是:根据证监会的授权,对辖区内的上市公司,证券、期货经营机构,证券、期货投资咨询机构和从事证券业务的律师事务所、会计师事务所、资产评估机构等中介机构的证券、期货业务活动进行监督管理;查处监管辖区范围内的违法、违规案件。上交所由证监会直接管理,其主要职能包括:提供证券交易的监督证券交易;对会员、上市公司进行监管;管理和公布市场信息。[2]

(二)监管模式的比较

香港证券市场的行政性监管机构为香港特区政府和香港证监会,其中,香港证监会于1989年成立,主要负责监督香港的证券期货市场的运作,是独立于政府公务员架构职位的法定组织,其主要职责包括制定及执行监督市场的法规、实施市场参与者发牌制定并进行持续的监督、监管市场经营机构(包括交易所、结算所等)、审批投资产品的销售文件、监察上市公司的企业活动、投资者教育等。同时,香港证券市场的自律性监管机构为香港证券经纪业协会[3]及联交所。此外,香港证券市场设有"证券及

---

① 香港证监会:《香港证券市场的监管》,2002年,第10页。

② 上海证券交易所官网,http://www.sse.com.cn,2014年8月26日访问。

③ 香港证券经纪业协会为一非谋利机构,其成立宗旨为促进证券行业之业务,保障同业之切身权益及专业地位,提高会员之财经知识,推广、关注和协助整体证券行业之长远发展。该组织不定期地向香港金融当局提供有关证券业运作架构的建议及咨询。摘自香港联合交易所网,http://www.hkex.com.hk,2013年6月20日访问。

期货事务上诉审裁处”，由一名高等法院法官担任全职主席，主席有权对证监会做出的所有纪律处分决定进行全面复核，有权推翻证监会的决定或做出新的裁决。[①]

上海证券市场采取集中管理模式。上海证券市场的行政性监管机构为国务院、中国证监会及派出机构，自律性监管机构为中国证券业协会[②]及上交所。上海证券市场对证监会也有监督条款，[③]但没有类似香港证监会的部门，可以作为执行部门职能的独立法人团体，不受财政司的权力管辖，直接向行政长官负责。另外，上海证券市场的监管存在着重审批、轻监管的现象。投资者更为关注的不是与上市公司有关的市场风险而是政府行为风险，同时证监工作缺乏系统性与规划性，多层次监管体系功能发挥不充分，政府监管的三级监管体系虽已建立，但分工不明，自律管理有待加强，与香港相比，同业协会的作用及舆论监督不力，交易所不够独立。具体来说，上证所的监管模式具有以下特点：

第一，证券业协会是非营利性的社会团体，其人员不固定，监管的能力弱。中国证券业协会是目前我国证券监管领域主要的自律性监管组织。虽然随着证券市场的改革，该组织在证券自律监管方面取得了一定的成绩，但由于自身的法律定位和性质不明确，导致其缺乏应有的权威性，在整个证券监管体系中也缺少和其他机构的协调配合，在监管能力上存在很大问题。

第二，上海证券交易所难以有效行使自律监管职能。根据《证券交易所管理办法》（2017 年 11 月 17 日发布，自 2018 年 1 月 1 日起试行）的规定，证券交易所在法律上拥有自律监管职能，但在实践中，这种职能却难以

① 参见王春阁著：《内地公司香港上市及两地监管合作研究》，北京大学出版社 2005 年版，第 137 页。

② 中国证券业协会（Securities Association of China, SAC）是依据《中华人民共和国证券法》和《社会团体登记管理条例》的有关规定设立的证券业自律性组织，属于非营利性社会团体法人，接受中国证监会和国家民政部的业务指导和监督管理。摘自中国证券业协会网，http://www.sac.net.cn/newcn/home/index.html，2013 年 6 月 20 日访问。

③ 《中华人民共和国证券法》第 227 条：“国务院证券监督管理机构或者国务院授权的部门有下列情形之一的，对直接负责的主管人员和其他直接责任人员，依法给予行政处分：（一）对不符合本法规定的发行证券、设立证券公司等申请予以核准、批准的；（二）违反规定采取本法第一百八十条规定的现场检查、调查取证、查询、冻结或者查封等措施的；（三）违反规定对有关机构和人员实施行政处罚的；（四）其他不依法履行职责的行为。”

得到有效的发挥，因为上海证券交易所的成立主要依靠的是政府的推动，属于官方的筹划。这也就从源头上决定了上海证券交易所难以独立运行，受到政府监管的制约。在治理结构方面，上证所的权力机构——理事会近半数成员由政府直接委派。此外，对于理事单位的选举，会员大会也无任何实质性的决定权力，担任理事的单位都由政府进行指定。

第三，上海证券交易所的经营大权受政府控制，内部规则由政府制定。与香港证券交易所不同的是，无论是如 T+1 制度、涨停板制度等具体的交易规则，还是上市公司上市的审核批准权，这些在发达的证券市场一般都是由交易所决定的内容，在我国却是由证监会行使决策权。在证监会的指挥下，交易所一线监管的直接优势难以发挥，基本上成为一个证监会指令的执行机构。

第四，上海证券交易所的权威性不足，难以对证券违法行为进行制裁。实践中，由于交易所在法律上没有被赋予足够的证券监管权力，对一些重大违规行为如中科事件、[①]银广厦造假案[②]显得无能为力，使中小投资者的权益难以得到有效保护，制约上海证券市场的发展。

（三）监管内容的比较

1. 对证券发行的监管比较

（1）发行审核制度

香港联交依据发行人的信息披露资料判断发行人是否符合法律法规要求的公开发行股票条件，同时也审查发行人信息披露资料的全面、真实、准确、完整性。在申请上市时，联交所再对发行人申请上市的信息披露文件进行审核，并根据审核意见作出是否发出批准上市通知书的决定。[③]

上海在这方面与香港不同。《首次公开发行股票并上市管理办法》第 37 条规定："中国证监会依照法定条件对发行人的发行申请做出予以核准或者不予核准的决定，并出具相关文件。自中国证监会核准发行之日起，

---

① 郑小伶：《中科事件引爆新一轮股市结构危机？》，载搜狐财经频道，http://business.sohu.com/94/98/article13619894.shtml，2014 年 12 月 22 日访问。

② 张栋、张伟建：《银广夏造假案审理　六名嫌疑人被提起公诉》，载搜狐财经频道，http://business.sohu.com/48/01/article205130148.shtml，2014 年 12 月 22 日访问。

③ 周莉著：《香港证券市场攻略》，清华大学出版社 2008 年版，第 78 页。

发行人应在6个月内发行股票;超过6个月未发行的,核准文件失效,须重新经中国证监会核准后方可发行。”

所以,香港联交所并不会像中国证监会一样出具一份核准发行文件,只以同意刊发招股书通知的形式出具发行批准。

(2)发行审核委员会

香港证监会委员会由不少于10名成员组成,其成员包括最少5位来自证监会的代表以及最少5位由香港证监会委任的具备香港市场经验的个人(需为非证监会董事或雇员),证监会代表不受任何固定的委任期限所限制。市场代表一般任期为1年,并可在任期结束时获再度委任。①

上海证券市场方面,发审委委员为21名,部分发审委委员可以专职。其中,12人来自证监系统、5人来自律所、3人来自会计师事务所。② 发审委委员每届任期一年,可以连任,最长连任不超过3届。③

2. 对证券上市的监管比较

(1)上市审核制度

证券在香港上市由联交所审核,不需要香港证监会核准。根据《香港联合交易所有限公司证券上市规则》第九章股本证券中的申请程序及规定前言,即“9.03(1)为使本交易所有充足时间根据有关的文件考虑上市申请,新申请人通常须在上市委员会预期举行会议审批有关申请的日期至少足25个

---

① 《香港联合交易所有限公司证券上市规则》第38.06条规定,证监会(香港交易所上市)委员会由不少于10名成员组成,其成员包括最少5位来自证监会的代表以及最少5位由香港证监会委任的具备香港市场经验的个人(需为非证监会董事或雇员,而每位此等人士均为“市场代表”)。证监会代表由不时获委任的所有证监会执行董事(证监会主席及主管企业融资部的执行董事除外)及证监会不时委任的证监会的所有或任何部门(主席办公室及企业融资部除外)的高级总监或总监组成。证监会代表不受任何固定的委任期所限制。市场代表一般任期为1年,并可在任期结束时获再度委任。出席证监会(香港交易所上市)委员会事务所需法定人数为3人,包括至少1名执行董事及1名市场代表。出席证监会(香港交易所上市)委员会的任何会议的成员人数一般不得多于5名。至于证监会(香港交易所上市)委员会审议本身较早时所作决定或裁决的会议[证监会(香港交易所上市)在履行相等于上市(复核)委员会角色时],则需包括那些未有出席作有关决定或裁决之会议的成员。

② 程丹:《新一届发审委委员定了,人数缩减2/3至21人》,载新浪财经频道,http://finance.sina.com.cn/stock/marketersearch/2019-02-01/doc-ihrtazka3040223.shtml,2019年2月1日访问。

③ 《中国证券监督管理委员会发行审核委员会办法》第6条:“发审委委员由中国证监会的专业人员和中国证监会外的有关专家组成,由中国证监会聘任。发审委委员为66名,部分发审委委员可以为专职。发审委设会议召集人”,第7条:“发审委委员每届任期一年,可以连任,但连续任期最长不超过2届。发审委委员每年至少更换一半。发审委委员和并购重组委委员不得相互兼任。”

营业日前，填具附录五 A1 表格制定的上市申请表格提交本交易所”。在“9.04 为维持发行新证券的市场秩序，本交易所保留拒绝新的上市申请，或修改上市时间表的权利”中进一步明示了香港联合交易所的审批权限。

证券在上海上市由上交所审核，证监会核准。目前，科创板实行注册制。《证券法》第 48 条规定，“申请证券上市交易，应当向证券交易所提出申请，由证券交易所依法审核同意，并由双方签订上市协议。证券交易所根据国务院授权的部门的决定安排政府债券上市交易”。《公司法》第 134 条规定，“公司经国务院证券监督管理机构核准公开发行新股时，必须公告新股招股说明书和财务会计报告，并制作认股书”。

(2)保荐人制度

《香港联合交易所有限公司证券上市规则》第三 A 章保荐人及合规顾问中的 3A.02 规定，“新申请人必须委任一名保荐人，协助其处理首次上市申请”。该规则 3A.05 中规定，“新申请人及其董事必须协助保荐人履行其职责，及必须确保其主要股东及联系人亦有协助保荐人”。

《证券法》第 13 条、第 16 条规定，在申请上市交易的过程中，无论是申请股票、可转换为股票的公司债券，还是根据法律或行政法规规定需要实行保荐制度的其他证券，都需要聘请具有保荐资格的机构担任保荐人。同时《证券法》第 10 条第 2 款还规定了保荐人的义务，即对于发行人的信息披露资料和申请文件要进行审慎核查，在此过程中要遵守业务守则和行业规范，勤勉尽职，诚实守信，督导发行人规范运作。《上海证券交易所股票上市规则》(2018 年 11 月修订)在第四章保荐人中规定“本所实行股票、可转换公司债券、分离交易的可转换公司债券上市保荐制度”。

3. 对证券交易的监管比较

(1)信息披露监管

香港信息披露监管体系由香港证监会、香港交易所、香港联合交易所有限公司组成。证监会是法定监管机构，联交所是主要执行机构。各机构机能构架完整而成熟，行业自律力量较为独立。另外，香港信息披露的方式已经基本实现了网络化，不再是单一地通过报刊发布信息。在香港联交所和指定的相关网站上可以查阅上市公司发布的相关公司信息，这为投资者查阅资料提供了较大便利。香港证券市场信息披露渠道的拓宽，也意味着香港证券市场已进入电子披露时代。

上海信息披露监管体系由中国证监会、上海证券交易所构成。证监会及上交所均负责执行披露法规,可对违规行为实施制裁或纪律处分。各机构机能构架基本完整,但行政监管过于强大,行业自律等较为灵活和市场化的力量仍十分孱弱。[①] 目前而言,纸质披露仍为主要渠道,电子披露起辅助作用。发行人需要在指定媒体发布相关上市信息,并且在发布前要将准备报送的临时报告和备查文件送至交易所进行登记。进行重大信息的披露时,上市公司和相关信息披露人不能在指定媒体公开信息前在其他媒体公开发布信息,也不能够采取记者问答会或者新闻发布会的形式来代替信息披露或公开重大信息。[②]

(2)内幕交易监管

香港证监会依据《证券及期货条例》可以对内幕交易启动法律诉讼程序。2007 年 6 月,首次有市场失当行为被转交到审裁处审理,而首宗刑事检控则发生于 2008 年 1 月。[③] 香港对于内幕交易的处罚较为严格,但为了避免行为人受到双重处罚,法律规定对于同一人不能既受刑事程序又受民事程序的审理,并且审理程序一经确定,不能中途终止或者更换。

中国证监会可以对行为人实施行政处罚,情节比较严重的,将交由公安机关进行刑事调查并对其提起诉讼。具体的处罚标准是:没收违法所得,并处以违法所得 1 倍以上 10 倍以下的罚款。没收违法所得或者违法所得不足 50 万元的,处以 50 万元以上 500 万元以下罚款。[④] 相较于行政处罚,刑事处罚则更加严厉。对于责任人除了需缴纳最高五倍的非法所得的罚金外,还需处以最高为十年的有期徒刑。

4. 退市制度比较

上市公司退出机制的目的是保持证券市场的总体质量,把不合格的上

① 《中国证券监督管理委员会发行审核委员会办法》第 6 条:"发审委委员由中国证监会的专业人员和中国证监会外的有关专家组成,由中国证监会聘任。主板发审委委员为 25 名,部分发审委委员可以为专职。其中中国证监会的人员 5 名,中国证监会以外的人员 20 名。创业板发审委委员为 35 名,部分发审委委员可以为专职。其中中国证监会的人员 5 名,中国证监会以外的人员 30 名。发审委设会议召集人",第 7 条:"发审委委员每届任期一年,可以连任,但连续任期最长不超过 3 届。主板发审委委员、创业板发审委委员和并购重组委委员不得相互兼任。"

② 《上海证券交易所股票上市规则》第 2 条。

③ 李衡:《香港和内地信息披露制度的比较研究》,中国政法大学法学专业 2011 年硕士学位论文。

④ 《中华人民共和国证券法》第 191 条。

市公司淘汰出局。这是一个吐故纳新的动态调整过程，可以为证券市场注入新的生机和活力，促使资源从低效率的劣质公司流向高效率的优质公司，实现资源的合理有效配置。[①]

（1）香港

在退市标准上，香港联交所规定的上市公司退市标准相对较为笼统。香港《证券条例》第六章第55条规定，公司出现以下情况时，公司股票将被暂停交易，并进入退市程序：①公司出现财务困难，严重损害其持续经营能力，或导致其部分或全部业务中止经营；②公司资不抵债。另外，上市公司出现下列情况之一时，将被联交所终止上市资格：①公司已被清算或被勒令停业；②公司资产的接受人或管理人已被任命；③公司已停止营业；④公司应交纳的行政费用未如数上交；⑤公司已与其债权人达成妥协或计划安排；⑥无论是在香港或其他地区，公司有董事已被判定触犯法律，且判决中提及该人有贪污或欺诈行为；⑦公司任何董事中具有违反证券法的情形；⑧依照证券法必须进行的登记未获批准或已被撤销或暂停，如董事、秘书及其他有关管理人员的登记。

在退市程序上，香港联交所关于上市公司的退市程序包括停牌程序和除牌程序。第一，停牌程序。如果股票发行人出现财务困难，以致严重损害了发行人的持续经营能力，或导致其部分或全部业务停止运作，或发行人在结算日出现资不抵债的情形（发行人的负债额高于其资产值），发行人自行提出停牌要求或者按交易所指令而停牌。第二，除牌程序，该程序包括下列四个阶段：第一阶段，在停牌后的头6个月内，公司须按照有关规定定期公告其当前的进展情况。第二阶段，第一阶段结束后，如公司仍不符合上市标准，交易所向公司发出书面通知，告知其未能符合持续上市的标准，并要求公司在其后的6个月内，提供重整计划。在6个月期限结束后，交易所将决定有关个案是否能进入除牌程序的第三阶段。第三阶段，第二阶段结束后，如果公司仍不符合上市标准，交易所将发出公告，列出该公司的名称，并声明公司已经因失去持续经营能力，将面临退市，并向公司发出最后通知，要求其在一定期限内（一般是6个月）再次提交重整计划。公司在此阶段须按月向交易所呈交进度报告。第四阶段，若公司没有在第

① 参见中国证券监督管理委员会官网，http://www.csrc.gov.cn/pub/hunan/xxfw/hbgzjx/201208/t20120803_213470.htm，2014年9月15日访问。

三阶段结束后提供重整计划,交易所将宣布取消公司的上市地位。届时,交易所和该公司都应发出相应公告。①

(2)上海

在证监会的指导下,上海证券交易所积极推进退市制度改革。2012年4月29日,上海证券交易所对外发布了《关于完善上海证券交易所上市公司退市制度的方案(征求意见稿)》,向社会公开征求意见。5月20日征求意见期限截止后,上海证券交易所对退市制度改革方案进行了修改完善,2012年6月28日正式发布《关于完善上海证券交易所上市公司退市制度的方案》(以下简称《退市方案》)。②

上海证券交易所在《退市方案》的修改过程中,坚持退市制度的市场化改革方向,合理吸收了各类市场参与主体的意见,既着眼于保护投资者的整体利益,也在具体制度安排上适当兼顾投资者的局部利益。在具体内容方面,一是坚持完善退市指标,简化退市程序,建立顺畅的退市机制;二是做好衔接新旧制度的安排,稳定现有投资者的合理预期;三是创新制度安排,通过引入风险警示板来加大对重大风险公司的警示力度,通过设立退市公司股份转让系统来满足退市公司投资者合理的股份转让需求,通过建立重新上市制度为符合条件的退市公司回到集中交易市场预留空间。改革的具体内容如下:

第一,将净资产指标的退市期间由原定2年改为3年,增加净资产指标暂停上市的环节,规定净资产连续3年为负者应终止上市。

第二,将营业收入指标的退市期间由原定4年改为3年,对最近一年营业收入低于1000万元的上市公司予以退市风险警示,相应地其退市期间由原定的4年改为3年。

第三,增加因追溯重述导致净资产为负、营业收入低于1000万元的退市风险警示情形,增加上市公司因追溯重述导致净资产为负、营业收入低于1000万元的退市风险警示情形。

第四,增加B股的股票交易量和股票收盘价指标,即①在上海证券交

① 参见中国证券监督管理委员会官网,http://www.csrc.gov.cn/pub/hunan/xxfw/hbgzjx/201208/t20120803_213470.htm,2014年9月15日访问。

② 参见上海证券交易所官网,http://www.sse.com.cn/ps/zhs/sjs/hotspot/hotspot20120628d.html,2014年9月15日访问。

易所仅发行 B 股的上市公司的股票出现连续 120 个交易日累计成交量低于 100 万股或者连续 20 个交易日每日收盘价均低于股票面值的，其股票应终止上市；②对于既发行 A 股也发行 B 股的上海证券交易所上市公司，如其股票交易量或者股票收盘价同时触及 A 股上市公司和 B 股上市公司的退市标准，公司股票应终止上市。

第五，恢复上市的申请条件有所变动，适度提高已暂停上市公司恢复上市的条件，要求上海证券交易所上市公司的股票因净利润、净资产、营业收入或者审计意见类型触及规定的标准被暂停上市后，公司申请恢复上市应符合扣除非经常性损益前后的净利润均为正值、净资产为正值、营业收入不低于 1000 万元、财务会计报告未被出具否定意见、无法表示意见或者保留意见的审计报告等条件。同时，上海证券交易所对申请恢复上市的公司也提出了持续经营能力、公司治理、规范运作和内控等方面的要求。

第六，对风险警示板和退市整理板的设置为：①增加设置交易限制措施；②增加市场监控措施；③加强投资者适当性管理；④强化信息披露监管要求。①

2014 年 10 月 17 日，中国证监会正式发布了《关于改革并严格实施上市公司退市制度的若干意见》（以下简称《退市意见》）进一步完善了主动退市的内部决策程序，将相关内容修改为“须经出席会议的股东所持表决权的 2/3 以上通过，并须经出席会议的中小股东所持表决权的 2/3 以上通过”。同时，《退市意见》明确了重大信息披露违法的判断标准。

2018 年 3 月 2 日，中国证监会表示将对《退市意见》进行修改，包括强化沪深交易所对重大违法公司实施强制退市的决策主体责任。增加一条，明确规定“上市公司构成欺诈发行、重大信息披露违法或其他重大违法行为的，证券交易所应当严格依法做出暂停、终止公司股票上市交易的决定。证券交易所应当制定上市公司因重大违法行为暂停上市、终止上市实施规则”。

五、香港证券市场监管对上海证券市场监管的启示

尽管上海和香港都是金融中心，享有资金充足和产业丰富等优势，但

① 《沪深交易所发布上市公司退市制度完善方案》，载和讯网，http://stock.hexun.com/2012-06-28/142972537_1.html，2014 年 12 月 22 日访问。

无论是从法治环境、开放程度还是自由兑换货币和资本的流通程度来看，上海都稍逊于香港，尤其在金融产品创新、公司治理以及监管模式等方面。当前，法律制度不健全、证券市场透明度较低、信息化水平不足、对投资者的保护力度不够，以及监管技术水平和素质不高的现状，严重制约着上海证券市场的发展。

（一）完善信息披露制度

上海证券市场由于起步较晚，制度尚不健全。众多上市公司层次不一、对信息披露重要性的理解不一、遵守规则的自觉性不一，因此既存在因客观原因（如制度不完善）造成的披露不及时或不完整的问题，也存在因主观原因如出于自身利益而推迟、隐瞒或扭曲需披露信息的漏洞，导致上市公司信息披露没有完全发挥应有的作用。有一百多年历史的香港证券市场无论是在发展的时间、制度的完善、市场的成熟，还是与国际的接轨程度上，都远在上海证券市场之上，所以，其可作为上海证券市场颇具参考价值的可比较和借鉴的对象。

具体而言，内地停牌制度的主要缺陷在于停牌过于频繁、停牌时间过长、停牌的警示性和及时性不够、停牌形式重于实质、后续监督措施及处罚措施不力等。在信息披露渠道方面，内地传统的指定信息披露制度虽然有助于信息披露的公开、公平、公正，但随着市场的快速发展，其局限性也日益显现，并成为证券市场进一步发展的"瓶颈"。爆炸式增加的信息量使传统的纸质披露方式显得力不从心，跟不上现代社会对信息披露及时性、有效性、广泛性的要求。同时，信息量骤增导致的过于频繁的停牌也严重影响了证券市场效率，稀释了停牌的警示性效果。

通过比较上海与香港证券市场，建议上海证券市场尝试进行局部改进。在停牌制度方面，笔者建议取消部分停牌，设立不需停牌的"公告登载时段"和"登载媒体"，以提高停牌的警示性和市场效率；加强对股份异动和信息泄露的监控，提高停牌及时性；加强对停牌期限的制约和停牌期间的监管；加强异地同时上市公司的同步停牌；远期以实行弹性管制以致放松管制为最终目标。另外，在信息披露渠道方面，中国的证券信息电子化披露系统的构造及建立过程应在考虑中国国情的情况下，部分借鉴海外市场，如海外电子化信息披露的设计理念及采纳设立过渡期的做法。整个系统开发可分阶段进行，第一阶段以纸质为主电子为辅，第二阶段电子与纸质并重，第三阶段则步入电子为主纸质为辅。笔者建议，保持多元化的信息披露渠道，电子化方式与纸质形式以共存为佳。在不同阶段，电子模式和传统模式的相对地位可有所不同，但不能“一刀切”地用电子模式完全取代传统模式。①

(二)严格民事赔偿责任，重视投资者保护

如前文所述，我国证券立法中存在轻民事而重刑事的倾向，这对于正确实现证券监管的目标，保护中小投资者在合法权益遭受侵害后得到合理补偿是不利的。因此，我们必须重视证券民事诉讼制度的完善和建设，不能仅仅依靠行政执法进行处罚。

具体来说，可就以下内容进行改进。首先，对于民事责任的规定应该更加细化，范围也应有所扩大，避免对于民事责任的规定仍然只停留在框架性和原则性的层面。其次，目前在上海证券市场方面，对于证券违法行为的赔偿案例较多集中于虚假陈述行为，而对于操纵市场和内幕交易等行为的违法责任的认定则不够明晰，尤其是相关的具体可操作规则不清晰，如在举证责任、因果联系、损失计算等问题上都存在着争议。鉴于此，证券法律体系应加强对于中小投资者实体权利的全方位保护，从保护主体、形式、救济方式、责任承担等方面做出具体规定，从而避免过去相关法律规定过于分散的问题。此外，还可以通过设立投资者权益保障基金、完善集团诉讼制度、加强公司保险制度来保护小股东免受大股东的侵害。

(三)明确监管权限划分，加强监管主体监督

对于监管主体缺乏有效的制衡机制，可从以下两个方面进行改进：一方面，通过监管主体内部机构间的相互制衡，科学规划工作流程，合理分配职权设置，实现权责统一，来加强监管主体的内部治理；同时提高内部治理的标准，推行严谨的操守准则，提升治理人员的职业操守，并明确禁止监管人员在被监管企业兼职。另一方面，强化外部制约机制，如国家权力机关的制约和公众舆论的监督；通过建立健全对于监管机构的投诉处理机制，

① 香港大福证券集团课题组孔广文、邵劼：《沪港上市公司信息披露制度的比较与分析》，载《上证联合研究计划第17期课题报告》。

加强证监会的独立性，提升专业监督机构的业务处理能力和水平，来切实有效地侦查和处理证券监管违法行为。此外，投资者作为证券活动的主要参与者，也要提高对于证券监督机关工作能力和职业操守的监督意识，通过加强对于投资者专业知识和风险评估水平的教育，发挥投资者在证券监督活动中的主动性。另外，在证券监督规则的制定中要特别注意赋予投资者在处罚或纪律处分前请求听证的权利。

(四)推进自律监管，减少行政干预

对于上海证券市场来说，在学习香港证券市场先进管理经验时，最需要加强的就是自律性组织内部的建设，通过明确自律性监管机构的法律地位，赋予其惩处部分证券违法行为的权力，来促进自律性监管机构在证券监管中有效地发挥作用。对于自律性监管组织来说，其除了日常的业务管理工作，还应参与到证券市场规范制定、市场规划和市场规则的执行中去。对于证券交易所和证券公司，政府应该通过设立市场监察部来强化内部的管理；对于证券业协会，则可以通过扶持其监督市场交易活动、认定从业人员资格、管理市场参与者和证券业务相关培训等，促使其发挥监管作用，以改变目前证券业协会多由政府机关人员兼任负责人的局面。另外，对于各地隶属的证券业协会，应当形成统一的管理体系，来进行合理的分工和配合。具体可从以下方面着手：

首先，上海证券交易所方面则应找准自己的定位，明确自身的性质，改变目前既非会员制又非公司制的尴尬处境。未来改革的重点应该在于增强交易所的独立性，减少证监会对于交易所内部管理的干预作用，转为发挥会员大会的核心决策作用，在此基础上，进一步完善和优化治理结构，明晰产权，从而为交易所发挥自律监管的作用提供真正的动力。

其次，应合理配置职权。由于自律传统的缺乏，上海证券市场自律组织权力的不足在某种程度上已经成为制约其发展的“瓶颈”。笔者认为，应通过法律赋予自律组织明确的监管地位，以有效促进其自律监管作用的发挥。证监会要适度放权，但也要坚持限权，让处于证券领域监管一线的证券交易所主要调节或仲裁会员和客户之间发生的纠纷，根据自身的章程和业务规则对会员实施自律监管。

最后，应加强政府监管与自律监管之间的协调。就目前而言，首先应该明确的是两者监管职责的划分。在这一点上，可以借鉴香港证券市场的模式，即通过签署备忘录的形式来协调两者之间的关系。其次，应协调证券业协会和上证所这两个自律性组织之间的关系。由于两者的构成人员存在着交叉重叠的现象，在监管中容易出现多门监管或者监管空白的现象，因此需要根据两者自身的特点来确定不同的重点监管领域，具体也可以通过谅解备忘录的形式来进行协调。

六、结论与反思

2014 年 4 月 10 日，中国证监会及香港证监会发布联合公告，宣布决定原则批准上交所、港交所、中登公司、香港中央结算有限公司开展沪港股票市场交易互联互通机制试点，简称“沪港通”。

沪港通即沪港股票市场交易互联互通机制，指两地投资者委托上交所会员或者联交所参与者，通过上交所或者联交所在对方所在地设立的证券交易服务公司，买卖规定范围内的对方交易所上市股票。沪港通包括沪股通和港股通两部分：沪股通，是指投资者委托联交所参与者，通过联交所证券交易服务公司，向上交所进行申报，买卖规定范围内的上交所上市股票；港股通，是指投资者委托上交所会员，通过上交所证券交易服务公司，向联交所进行申报，买卖规定范围内的联交所上市股票。另外，中国结算、香港结算相互成为对方的结算参与人，为沪港通提供相应的结算服务。[①]

比较沪港两地证券市场差异，有助于加深市场参与者对沪港通业务的理解。平安证券 2014 年发布的《沪港通研究专题系列研报》指出，沪港通的背后是资本市场制度红利的逐步释放。[②] 这既是沪港两地证券市场的利好信息，也对今后证券市场跨境执法提出了新课题。

香港证券市场是一个相对健康成熟的证券市场。通过本章对两地证券监管制度的比较，可以看出两地证券监管机制既有相同之处，也有不同之处。因为一国或某个地区证券监管制度的形成，既受其市场发育程度的影响，又有本地监管文化的影响；既要吸收国际通行的惯例，又要兼顾本地的具体情况，因此，很难用孰优孰劣来评价两者。但从比较中可以看出，上

① 上海证券交易所官网，http://www.sse.com.cn/marketservices/hkexsc/intro/，2015 年 1 月 5 日访问。

② 参见股城网，http://finance.gucheng.com/201404/2704409.shtml，2014 年 9 月 16 日访问。

海证券市场要想取得进一步发展,证券监管制度还存在不少需要改进的地方,主要表现为监管制度跟不上市场发展的速度,监管与市场难以互动,行政干预过多。一些监管制度受到市场的牵制,造成市场监管法规和政策缺乏稳定性、连续性、系统性和前瞻性。

笔者认为,要推动上海证券市场的市场化,在证券市场的监管制度方面仍需借鉴香港的有效经验,推动监管制度的建设,即进一步放开行政管制,重视自治组织的力量,建立更符合市场需求的成熟而独立的监管体系。通过对香港证券市场监管制度的学习和借鉴,上海证券市场监管制度可以得到进一步完善和改进,更好地发挥证券市场在建设国际金融中心中的重要作用。

第三章　证券投资基金监管制度比较

证券投资基金是在间接融资需求下产生的金融工具，它将众多不特定投资者的资金汇集起来，委托专业的基金管理人进行资产管理，所得收益由投资者按照出资比例分享。[①] 目前国内投资基金的投资对象涉及股票、债券等证券资产。[②] 由于投资基金能够将闲散资金集中起来进行专业管理从而更好地发挥资金用途，该行业在我国有着良好的发展势头。但是，相比成熟市场近百年的发展，我国基金业仍是一个新兴行业，存在行业内部机制及监管法律的缺陷。[③] 因此，本章着眼于沪港两地基金市场的监管比较，分析两地基金法律制度、管理形式和监管效果的差异；并在此基础上，提出内地基金业监管可能的发展方向，以期通过借鉴香港金融法律监管的优势，完善内地的投资基金法律规定。

---

① 参见李曜编著：《证券投资基金学》（第三版），清华大学出版社2008年版，第1页。

② 《公开募集证券投资基金运作管理办法》（证监会令第104号）第30条。

③ 参见中国证券监督管理委员会：《关于大力推进证券投资基金行业创新发展的意见》，载中国证券监督管理委员会官网，http://www.csrc.gov.cn/pub/newsite/zjhxwfb/xwdd/201406/t20140613_256024.html，2014年12月21日访问。

一、沪港两地证券投资基金市场发展现状

(一)香港基金市场

香港的基金市场至今已发展了三十多年,其最大的特色是国际化,无论是成立的基金公司、投资的市场还是资产类别,都有着浓厚的国际特色,多年来对海外投资资金具有很大的吸引力。“2013 年,源自海外投资者的资金增长 42% 至 113820 亿港元,占本港非房地产基金管理业务的资产总值超过 70% 。”[①]香港的基金管理业务在最近几年持续增长,截至 2014 年 3 月 31 日,证监会认可的单位信托及互惠基金数目为 1820 只,截至 2013 年底的基金管理业务合计资产为 12538.93 亿美元,超越了 2007 年金融危机爆发前所创的纪录。[②]

香港基金的资产种类丰富,包括证券、亚洲债券、黄金及商品期货指数等,近年来在广度、深度方面更是均有长足的发展,“由低风险的债券基金或货币市场基金以至较专门的房地产投资信托基金(Real Estate Investment Trust,REITs)及对冲基金”,[③]为不同风险承受能力的投资者提供了多元化的选择。同时,香港基金的投资地域也遍及香港、中国内地、日本、俄罗斯、印度以及其他新兴市场。[④]

从基金的运作方式上看,香港基金市场以开放式基金为主;从基金的组织形态上看,契约型基金占据主要地位;从募集的方式来看,香港的私募

---

① 参见香港证监会:《2013 年调查》,载香港投资基金公会官网,http://www.hkifa.org.hk/chi/Reports-Papers.aspx,2020 年 5 月 15 日访问。

② 参见香港证监会:《分类数据》,载香港证券及期货事务监察委员会官网,http://sc.sfc.hk/web/TC/published-resources/market-and-industry-statistics/statistics-by-topics/,2020 年 5 月 15 日访问。

③ 香港贸易发展局:《香港基金管理业概况(2014 年 12 月 17 日)》,载 http://hong-kong-economy-research.hktdc.com/business-news/article/%E9%A6%99%E6%B8%AF%E8%A1%8C%E6%A5%AD%E6%A6%82%E6%B3%81/%E9%A6%99%E6%B8%AF%E5%9F%BA%E9%87%91%E7%AE%A1%E7%90%86%E6%A5%AD%E6%A6%82%E6%B3%81/hkip/tc/1/1X000000/1X003UUO.htm,2014 年 12 月 22 日访问。

④ 香港贸易发展局:《香港基金管理业概况(2014 年 12 月 17 日)》,载 http://hong-kong-economy-research.hktdc.com/business-news/article/%E9%A6%99%E6%B8%AF%E8%A1%8C%E6%A5%AD%E6%A6%82%E6%B3%81/%E9%A6%99%E6%B8%AF%E5%9F%BA%E9%87%91%E7%AE%A1%E7%90%86%E6%A5%AD%E6%A6%82%E6%B3%81/hkip/tc/1/1X000000/1X003UUO.htm,2014 年 12 月 22 日访问。

基金相当发达；从基金的资金来源和用途上看，香港离岸基金占据主要市场份额，大部分的资金来源于香港之外且主要的投资对象是海外市场。

香港基金业的另一个重要特色是重视长期投资，通过较长时间的投资运作，以获得高于平均水平的投资回报。以富兰克林邓普顿投资公司为例，其亚洲增长基金、中国基金等7只基金分别在20世纪90年代早期和中期成立，最早的已经成立二十年余，这期间遭遇了日本泡沫破产、亚洲金融风暴、“9·11”事件等重大危机，但是，在时间被充分拉长的前提下，以上不利因素被逐渐消解，结果是其收益曲线基本与持有时间呈正比，如1991年成立的邓普顿新兴市场债券基金1年、3年和5年的收益率分别为1.36%、5.05%、6.48%。①

（二）内地基金市场大步发展

内地的基金业起步较迟，但近些年来发展迅速。从1998年第一家基金管理公司成立至今，基金产品数量以差不多年均30%的速度增长，截至2014年12月底，“共有基金管理公司95家，其中合资公司46家，内资公司49家，共有取得公募基金管理资格的证券公司6家；管理资产合计66811.35亿元，其中管理的公募基金规模为45353.6亿元，非公开募集资产规模为21457.75亿元”，②如表3－1所示。

表3－1　证券投资基金规模及结构③

类　　型	产品数（只）	总份额（亿份）	总净值（亿元）
非公开募集资金	—	—	21457.75
公募基金	1897	42011.99	45353.60
封闭式基金	134	1253.71	1363.79
开放式基金	1763	40758.28	43989.82
其中：债券型	409	3039.76	3473.40
股票型	699	10772.46	13142.02
货币型	171	20804.36	20862.43
QDII	89	616.48	486.75

① 《邓普顿新兴市场债券基金总回报率》，载http://www.hk.morningstar.com/ap/quicktake/returns.aspx?PerformanceId=0P00000B14&activetab=TotalReturn，2020年5月15日访问。

② 《证券投资基金市场数据（2014年12月）》，载中国证券投资基金业协会官网，http://www.amac.org.cn/tjsj/xysj/jjgssj/387824.shtml，2020年5月15日访问。

③ 同前注。

续表

类　型	产品数(只)	总份额(亿份)	总净值(亿元)
混合型	375	5525.28	6025.23
合计	5537	124782.29	156154.30

注:统计截止日期:2014 年 12 月 31 日,表格为笔者自制。

截至 2014 年 12 月,封闭式基金共有 134 只,资产净值 1363.79 亿元,市场占比 3.01%;份额规模 1253.71 亿份,市场占比 2.98%。开放式基金共有 1763 只,资产净值 43989.82 亿元,市场占比 96.91%;份额规模 40758.28 亿元,市场占比 97.02%。[①]

新发基金方面"2013 年新发行基金 581 只,新成立基金 594 只,再创历史新高;相比数量上的佳绩,新发基金的募集规模则表现没那么抢眼,全年新发基金募集规模 5435.52 亿元,较于 2012 年整体募集规模有所下降",如表 3 - 2 所示。[②]

表 3 - 2　2007 年至 2013 年基金行业资产净值和份额规模[③]

年　份	产品数(只)	总份额(亿份)	总净值(亿元)
2013	1552	31179.84	30020.71
2012	1173	31708.95	28661.00
2011	914	26510.37	21918.55
2010	704	23955.33	25040.86
2009	557	24535.89	26767.05
2008	439	25741.78	19403.28
2007	346	21430.55	31945.49

注:统计截止日期:2013 年 12 月 31 日,表格为笔者自制。从表中看出,每一年份的总净值变化都是起伏的,而不一定是递进的,且这些数据都是官方统计出来的(见脚注的参考来源)。

---

① 《证券投资基金市场数据(2014 年 12 月)》,载中国证券投资基金业协会官网,http://www.amac.org.cn/tjsj/xysj/jjgssj/387824.shtml,2020 年 5 月 15 日访问。

② 《中国证券投资基金业年报(2013 年)》,载中国证券投资基金业协会官网,http://www.amac.org.cn/researchstatistics/publication/zgzqtzjjynb/201503/t20150310 - 3353.html,2020 年 5 月 15 日访问。

③ 《证券投资基金市场数据(2013 年 12 月)》,载中国证券投资基金业协会官网,http://www.amac.org.cn/tjsj/xysj/jjgssj/385457.shtml,2020 年 5 月 15 日访问;《中国证券投资基金业年报(2012)》,载中国证券投资基金业协会官网,http://www.amac.org.cn/researchstatistics/publication/zgzqtzjjynb/201401/t20140108 - 3352.html,2020 年 5 月 15 日访问。

二、沪港两地基金法律制度的对比

本部分试图比较香港和内地证券投资基金的各项监管制度，包括但不限于立法定义、基金的种类、运作方式、信息披露制度和监管制度，其中着重对比两地投资基金的法律监管制度，分析了不同的监管方式对基金业的发展有着何种不同的推动作用。两地投资基金基本监管制度比较，如表 3－3 所示。

表 3－3　香港、内地投资基金基本监管制度比较

项目		香港	内地
名称和定义	名称	集体投资计划（Collective Investment Scheme）	直接称之为“证券投资基金”
	定义	依据《证券及期货条例》附表 1，香港证监会将“集体投资计划”的内涵总结为： 1. 该类计划必须涉及就财产而作出的安排； 2. 参与者即使有权就该财产的管理获得咨询或发出指示，他们对有关财产的管理也并无日常控制； 3. 该财产整体上是由营办有关安排的人或代该人管理的，及/或参与者的供款和用以付款给他们的利润或收益是汇集的； 4. 有关安排的目的，是让参与者能够分享或收取从取得或管理该项财产而产生的利润、收益或其他回报。① 同时，证监会也可以公报认可一个新的投资产品为集合投资计划。②	1997 年，我国出台的《证券投资基金管理暂行办法》第 2 条曾对基金做过定义。③ 现行的《证券投资基金法》没有明确地给出“基金”的定义，只在第 2 条规定了适用范围为“在中华人民共和国境内，公开或者非公开募集资金设立证券投资基金（以下简称基金），由基金管理人管理，基金托管人托管，为基金份额持有人的利益，进行证券投资活动，适用本法”。④

① 《证监会有关集体投资计划的规管的提要》，载香港证券及期货事务监察委员会官网，http://sc.sfc.hk/edistributionWeb/gateway/TC/news-and-announcements/news/doc?refNo = 13PR84，2014 年 8 月 11 日访问。

② 《香港证券及期货条例》第 393(1)(a)(i)条。

③ 《证券投资基金管理暂行办法》（证委发〔1997〕81 号，已废止）第 2 条：“本办法所称证券投资基金（以下简称‘基金’）是指一种利益共享、风险共担的集合证券投资方式，即通过发行基金单位，集中投资者的资金，由基金托管人托管，由基金管理人管理和运用资金，从事股票、债券等金融工具投资。”

④ 《中华人民共和国证券投资基金法》第 2 条。

续表

项目		香港	内地
当事人	管理人	称为“管理公司” 1. 资格要求：需要证监会接纳（名单载于证监会网站）。① 2. 具体资格标准：已发行及缴足股本及资本储备最少为一百万港元或等值外币；董事、关键人员符合标准。②	1. 资格要求：组织形式可为公司或合伙企业。公募基金的管理人需为设立时经证监会批准的基金管理公司，或者经国务院证券监督管理机构按照规定核准的其他机构担任。③ 2. 具体资格标准：注册资本不低于一亿元人民币且为实缴资本；主要股东应当具有经营金融业务或金融管理机构的良好业绩、良好的财务状况和社会信誉，资产规模达到国务院规定的标准，最近三年没有违法记录。④ 详细的要求、程序由《证券投资基金管理公司管理办法》（证监会令第 84 号）规定。 3. 独立性要求：与基金托管人不得为同一机构，不得相互出资或者持有股份；员工中不得有基金托管人的董事、监事、高级管理人员和其他从业人员。⑤ 4. 公开募集基金的基金管理人应当从报酬中计提风险准备金，侵权时优先赔偿风险准备金。⑥ 具体比例和操作方式由《公开募集证券投资基金风险准备金监督管理暂行办法》（证监会令第 94 号，自 2014 年 1 月 1 日起施行）规定。 5. 对董事、监事、高级管理人员、业务人员有任职资格的要求，以及严格禁止利益冲突的行为，要求其本人、配偶、利害关系人在证券投资时进行申报。⑦

① 《香港单位信托及互惠基金守则》第 5.1 条。

② 《香港单位信托及互惠基金守则》第 5.2 条、第 5.4 条、第 5.5 条。

③ 《中华人民共和国证券投资基金法》第 12 条。

④ 《中华人民共和国证券投资基金法》第 12 条、第 13 条；《国务院关于管理公开募集基金的基金管理公司有关问题的批复》（国函〔2013〕132 号）。

⑤ 《中华人民共和国证券投资基金法》第 15 条、第 17 条、第 18 条。

⑥ 《中华人民共和国证券投资基金法》第 22 条。

⑦ 《中华人民共和国证券投资基金法》第 17 条、第 39 条、第 15 条、第 16 条、第 18 条、第 19 条、第 20 条、第 21 条。

续表

项目		香港	内地
当事人	托管人	称为“受托人/保管人” 1. 适当的主体：(1)据《银行业条例》的规定而获发牌的银行；(2)附属于上述银行的信托公司；(3)根据《受托人条例》注册的信托公司；(4)在香港以外地方注册成立而获得证监会接纳为从事银行业务的机构或信托公司。① 2. 资格要求：获得证监会接纳，即需要持续受到监管机构检查并委任独立核数师定期审核其内部监控措施和制度，以达成维持监控环境、遵守适用的法规、遵守监管政策及程序、妥善保管资产的目标。② 3. 更替：退任需经证监会批准，自新任接替时生效。③ 4. 独立性要求：与基金管理公司需为各自独立的个体，且在二者拥有共同的最终控股公司时有更为严格的要求。④	1. 适当的主体：依法设立的商业银行或者其他金融机构。⑤ 2. 资格要求：商业银行经证监会会同银监会核准；其他金融机构经证监会核准。⑥ 对托管人资格的持续监督由证监会、银监会进行并相应采取整改措施或取消资格。⑦ 具体的监管由《证券投资基金托管业务管理办法》（证监会令第92号）规定。 3. 更替：除被证监会取消资格外，还可由基金份额持有人大会决议并报证监会备案后更换。⑧ 4. 独立性要求：与基金管理人不得为同一机构，不得相互出资或者持有股份；公开募集基金的基金管理人的董事、监事、高级管理人员和其他从业人员不得担任基金托管人职务。⑨ 5. 公开募集基金的基金管理人应当从报酬中计提风险准备金，侵权时优先进行赔偿。⑩ 具体比例和操作方式由《公开募集证券投资基金风险准备金监督管理暂行办法》（证监会令第94号）规定。 6. 对董事、监事、高级管理人员、业务人员有任职资格的要求。同时严格禁止利益冲突的行为，要求其本人、配偶、利害关系人进行证券投资时进行申报。⑪

① 《香港单位信托及互惠基金守则》第4.2条。
② 《香港单位信托及互惠基金守则》第4.1条、附录G。
③ 《香港单位信托及互惠基金守则》第4.6条。
④ 《香港单位信托及互惠基金守则》第4.7条、第4.8条。
⑤ 《中华人民共和国证券投资基金法》第32条。
⑥ 《中华人民共和国证券投资基金法》第32条。
⑦ 《中华人民共和国证券投资基金法》第39条。
⑧ 《中华人民共和国证券投资基金法》第47条、第86条。
⑨ 《中华人民共和国证券投资基金法》第36条、第19条。
⑩ 《中华人民共和国证券投资基金法》第23条。
⑪ 《中华人民共和国证券投资基金法》第18条。

续表

项　目		香　港	内　地
基金的募集、变更及终止	基金的种类	香港的基金种类极其多元化，根据基金的组织形态分为公司型基金与契约型基金；按照募集方式分为公募基金和私募基金。① 香港《单位信托及互惠基金守则》的第八章专门性计划对一些专门性投资基金的定义、操作规范有详细的规定，包括单位投资组合管理基金、货币市场/现金管理基金、认证股权基金、期货及期权基金、保证基金、指数基金、对冲基金、结构性基金、投资于金融衍生工具的基金。	内地基金均为契约型基金，没有公司型基金的存在。② 按照募集方式分为公募基金和私募基金，其中证监会已出台《私募投资基金监督管理暂行办法》（证监会令第105号）。③ 《公开募集证券投资基金运作管理办法》（证监会令第104号）将基金分为股票基金、债券基金、货币市场基金、基金中基金、混合基金和其他类别。④ 除了常规基金，证监会近年批准了一些特殊基金品种，例如可转债基金、杠杆型基金、发起式基金、合格境内机构投资者（QDII）基金、理财基金和交易型指数基金（含单市场、跨市场/跨境ETF）及其联接基金等，这些基金或可豁免部分投资比例要求，或可适用简易程序注册。⑤ 但是尚无系统化的针对不同类型基金操作的规定。

① 重庆市证监局课题组：《借鉴香港经验　完善私募基金法律监管体系》，载凤凰财经频道，http://finance.ifeng.com/fund/smjj/20120211/5563002.shtml，2014年8月30日访问。

② 《中华人民共和国证券投资基金法》第153条为公司型基金的存在留下了空间。该条规定："公开或者非公开募集资金，以进行证券投资活动为目的设立的公司或者合伙企业，资产由基金管理人或者普通合伙人管理的，其证券投资活动适用本法。"

③ 依据《中华人民共和国证券投资基金法》第88条，非公开募集基金向合格投资者募集，且合格投资者的数量不得超过两百。由于对公募基金和私募基金的监管力度及目标有所差异（前者除控制风险外尤为注重对普通投资者的保护及信息披露，后者由于面向合格投资者因此更加注重效益），本文主要内容乃是针对公募基金而言的。

④ 《公开募集证券投资基金运作管理办法》（证监会令第104号）第30条。

⑤ 《关于实施〈公开募集证券投资基金运作管理办法〉有关问题的规定》（证监会公告〔2014〕36号）。

续表

项目		香港	内地
基金的募集、变更及终止	募集	必须向证监会提交申请表格、资料检查表和必备文件，并得到认可。① 证监会认可集体投资计划的权力转授予单位信托委员会、证监会执行董事（中介团体及投资产品）及总监（投资产品）。委员会通常是在考虑新的管理集团或新政策事宜时才行使有关权力，否则有关权力通常由总监（投资产品）行使。	必须向证监会提交必备的文件并经过核准。② 基金的发售期限为收到准予注册之日起6个月内；③募集期限为发售之日起3个月内。④
	变更	交易方法的改变必须获得受托人/保管人批准，顾及持有人的利益，在销售文件中全面披露可能的改变并呈交证监会批准；其中交易方式的永久性改变必须提前1个月通知持有人。⑤ 计划进行合并：需依据证监会的决定，向投资者发出经证监会事先批准的通知。⑥	基金转换运作方式或者与其他基金合并，需要有基金合同的约定或者基金份额持有人大会的决议。⑦ 封闭式基金扩募或者延长基金合同期限，必须报证监会备案且满足：(1)基金运营业绩良好；(2)基金管理人最近2年内没有因违法违规行为受到行政处罚或者刑事处罚；(3)基金份额持有人大会决议通过。⑧

① 《香港证券及期货条例》第104条，香港《单位信托及互惠基金守则》第1章。

② 《中华人民共和国证券投资基金法》第51条、第52条。

③ 《中华人民共和国证券投资基金法》第57条："基金管理人应当自收到准予注册文件之日起六个月内进行基金募集。超过六个月开始募集，原注册的事项未发生实质性变化的，应当报国务院证券监督管理机构备案；发生实质性变化的，应当向国务院证券监督管理机构重新提交注册申请。"

④ 《公开募集证券投资基金运作管理办法》（证监会令第104号）第11条。

⑤ 《香港单位信托及互惠基金守则》第10.4条、第10.5条、第11.1条。

⑥ 《香港单位信托及互惠基金守则》第11.5条。

⑦ 《中华人民共和国证券投资基金法》第79条。

⑧ 《中华人民共和国证券投资基金法》第80条。

续表

项目		香港	内地
基金的募集、变更及终止	终止	应根据证监会的决定,向投资者发出经证监会事先批准的通知。这些通知应载有终止的原因、组成文件内允许终止的相关条文、终止的后果及对现有投资者的影响、投资者可享有的选择(包括,如可行的话,投资者有权免费转往另一认可计划)、终止的估计开支、预计将由谁人支付有关开支。①	基金合同终止的情形:(1)基金合同期限届满而未延期的;(2)基金份额持有人大会决定终止;(3)基金管理人、基金托管人职责终止,在6个月内没有新基金管理人、新基金托管人承接;(4)基金合同约定的其他情形。②基金合同终止时基金管理人应当组织清算组对基金财产进行清算。清算后的剩余基金财产应当按照基金份额持有人所持份额比例进行分配。③
基金的信息披露	要求	不具有误导性并载有准确及充分的资料,使投资者得悉最新资讯。④	披露的信息必须真实、准确、完整。⑤
	途径	派予持有人,公布于香港每日印行的主要中文报章及主要英文报章,设立网站,向证监会作出汇报。⑥	公布于证监会指定的全国性报刊,基金管理人、基金托管人的互联网网站等媒介。⑦

① 《香港单位信托及互惠基金守则》第11.5条。

② 《中华人民共和国证券投资基金法》第81条。

③ 《中华人民共和国证券投资基金法》第82条、第83条。

④ 《香港单位信托及互惠基金守则》第11.2B条。

⑤ 《中华人民共和国证券投资基金法》第75条。

⑥ 《香港单位信托及互惠基金守则》第11.6条、第11.7条、第11.7A条、第11.8条。

⑦ 《证券投资基金信息披露管理办法》(证监会令第19号)第3条。

续表

项目		香港	内地
基金的信息披露	类型	1. 定期的财政报告（一年最少两份）；① 2. 计划最新可知的发售价及赎回价或资产净值（最少每月一次）；② 3. 因销售文件、组成文件的更改或建议更改向投资者发出的通知：包括关于该计划优势持有人需要知道以评估计划情况的任何信息；计划的主要对手方在财政状况或业务方面的任何重大不利变动。证监会就需要批准的事项设定了1个月的最短通知期，对此重大事项更改（如主要投资政策）可以由证监会要求或准许更长或更短的通知期。其他信息应尽快通知。③	1. 基金募集的信息披露；④ 2. 基金运行的信息披露：定期报告、临时信息披露（发生可能对基金份额持有人权益或者基金份额的价格产生重大影响的事件起两日内编制）；⑤ 3. 对价格有误导性影响或者会引起较大波动的信息的澄清。⑥
	违反信息披露要求的责任	作为违反《香港单位信托及互惠基金守则》的事项之一，依据严重程度不同产生如下后果：（1）使证监会考虑到对相关专业人士的资格产生负面影响；（2）使证监会考虑到对该产品的继续认可产生负面影响；（3）使证监会考虑到对相关人士管理的其他基金产品的发行、管理、销售、广告产生负面影响；（4）使证监会施加额外的认可条件，可能包括限制向公众进一步销售该产品。⑦	不依法披露基金信息或者披露的信息有虚假记载、误导性陈述或者重大遗漏的，责令改正，没收违法所得，并处10万元以上100万元以下罚款；对直接负责的主管人员和其他直接责任人员给予警告，暂停或者撤销基金从业资格，并处3万元以上30万元以下罚款。⑧

① 《香港单位信托及互惠基金守则》第11.6条。

② 《香港单位信托及互惠基金守则》第11.7条。

③ 《香港单位信托及互惠基金守则》第11.1～11.2B条。

④ 《证券投资基金信息披露管理办法》（证监会令第19号）第9～12条。

⑤ 对于重大事项，《证券投资基金信息披露管理办法》（证监会令第19号）第23条进行了列举，对此《中华人民共和国证券投资基金法》第74条新加入了对重大关联交易的信息披露，即“运用基金财产买卖基金管理人、基金托管人及其控股股东、实际控制人或者与其有其他重大利害关系的公司发行的证券或承销期内承销的证券，或者从事其他重大关联交易”。

⑥ 《证券投资基金信息披露管理办法》（证监会令第19号）第25条。

⑦ 《香港证监会有关单位信托及互惠基金、与投资有关的人寿保险计划及非上市结构性投资产品的手册》第1节重要通则部分，第1.6条。

⑧ 《中华人民共和国证券投资基金法》第131条、第132条。

续表

项目		香港	内地
基金业的监管	监管目标	维持和促进公平性、效率、竞争力、透明度及秩序;提高公众对证券期货业的了解;保护广大投资者;尽量减少市场罪行及失当行为;减低在证券期货业内的系统风险。①	保护投资者利益为首要目标;保证市场的公平、效率和透明;通过对基金管理机构利益冲突和投资者风险的控制来降低系统风险;推动基金业的规范发展。②
	监管体制	1. 以保护所有投资者为中心的行业自律体系。 2. 政府主管部门对投资基金的管理全权委托给香港证监会,其下属单位信托基金委员会代表证监会具体管理香港基金业,并向证监会负责。 3. 香港投资基金公会作为行业公会,主要负责咨询、推广和教育。③	1. 以政府监管为主,自律监管为辅的综合监管体制。④ 2. 国务院中国证券监督管理委员会依法对证券投资基金活动实施监督管理。由证监会下属职能部门基金监管部具体负责实施各项监管职能。 3. 基金行业协会作为基金业的自律管理组织,依据《证券投资基金法》的相关规定也享有一定的监管权限,其中还包括对私募基金的登记和备案。⑤

① 《监管目标》,载香港证券及期货事务监察委员会官网,http://sc. sfc. hk/gb/www. sfc. hk/web/TC/about-the-sfc/our-role/regulatory-objectives. html,2014 年 8 月 15 日访问。

② 中国证券业协会编:《证券从业资格考试教材:证券投资基金》,中国财政经济出版社 2009 年版,第 227 ~228 页。

③ 《香港投资基金公会——背景》,载香港投资基金公会官网,http://www. hkifa. org. hk/chi/Background. aspx,2014 年 8 月 27 日访问。

④ 郑泰安、钟凯、陈镜著:《证券投资基金法律制度》,四川人民出版社 2008 年版,第 214 页。

⑤ 《中华人民共和国证券投资基金法》第 108 ~112 条。

续表

项目		香港	内地
基金业的监管	相关法律、规范	1. 条例:《证券及期货条例》第104条规定了基金认可地位的有关条款;《信托人条例》规定了基金信托人的委任及运作规范;《保障投资人士条例》规定了基金宣传的规范。 2. 手册、守则、指引:①《单位信托及互惠基金守则》;《基金广告守则》;《集体投资计划互联网指引》等。 3. 香港投资基金公会制定的行业自律性质的《执业守则》。执业守则并不具法律效力,但若有会员违反,将会被取消会员资格。	1. 法律:以《证券投资基金法》为代表,其中没有规定的需遵守《证券法》《公司法》等法律。 2. 部门规章:《公开募集证券投资基金运作管理办法》(证监会令第104号)、《证券投资基金托管业务管理办法》(证监会令第92号)、《证券投资基金销售管理办法》(证监会令第91号)、《证券投资基金管理公司管理办法》(证监会令第84号)、《证券投资基金信息披露管理办法》(证监会令第19号)等。 3. 以《证券投资基金管理公司治理准则(试行)》(证监基金字〔2006〕122号)、《证券投资基金销售机构内部控制指导意见》(证监基金字〔2007〕277号)为代表的规范性文件。

注:表格为笔者自制。

两地投资基金法律框架的比较显示了对基金的定义、分类,基金法律体系和监管框架方面的差异。

(一)定义和命名

香港的投资基金管理体系秉承英国,对投资基金的命名和定义有着浓厚的英国特色。该定义注重投资基金的关键内涵——"集合"及"代理",因此涉及的投资范围极其广泛,既可以投资于各种有价证券,也可以投资于期货合约、房产、未上市企业股权等,并不是单纯的"证券"投资基金,"证券"只是投资组合中的品种之一。

内地的基金法并没有对基金定义作出明确的规定,只是描述了《证券

① 尽管这些规范并不具有法律效力,但是对于它们的遵守与否将直接影响证监会在认可基金时的考量——是否符合公共利益。参见"Regulation of Collective Investment Schemes",载香港立法会官网,http://www.legco.gov.hk/yr12-13/english/sec/library/1213fs31-e.pdf,2014年8月15日访问。

投资基金法》的适用范围为:"在中华人民共和国境内,公开或者非公开募集资金设立证券投资基金(以下简称基金),由基金管理人管理,基金托管人托管,为基金份额持有人的利益,进行证券投资活动,适用本法。"①

值得一提的是,2012 年《证券投资基金法》的修改将私募基金纳入了规制范围,并且不同于公募基金对投资方向的限定用语"基金财产应当用于下列投资",②私募基金对投资方向的描述采用了较为开放的方式,即"非公开募集基金财产的证券投资,包括……"③此番修改使得法律多了一个灵活处理的渠道,即"通过在投资范围上增加国务院监管部门认定的其他证券这一变通方式来纳入私募股权基金"。④

然而,即便新修改的法律适用范围有所扩大,却依然没有脱去"证券"二字的限制,私募基金同样成为证券投资基金的子集之一。如此一来便产生了两方面的弊端。其一,提及证券则必须与《证券法》的用语相协调,否则将在法律体系上出现矛盾,而《证券法》同样未曾明确证券的定义,新修订的《证券法》使用了"股票、公司债券、存托凭证和国务院依法认定的其他证券;政府债券、证券投资基金份额;资产支持证券、资产管理产品"的用语。因此,本意用来限定基金投资方向的用语却成为了一个不确定法律概念,容易引发争议。例如,对于私募股权基金中的非上市公司股权是否属于证券范畴的分歧,便成为私募股权基金纳入证券投资基金监管的障碍之一。⑤ 其二,即使是广泛的证券概念,也无法涵盖投资于贵金属、红酒、艺术品、外汇等其他资产的情形。而在有效解决企业融资需求的刺激之下,我国实际上已经在不断扩大基金的投资对象,例如,房地产信托投资基金(REITs)试点方案首期便有望在北京、上海、广州、深圳四地试点。⑥

在金融快速变革的时代,一个合理的投资基金定义应当能够随着金融

---

① 《证券投资基金法》第 2 条。

② 《证券投资基金法》第 73 条。

③ 《证券投资基金法》第 95 条。

④ 朱少平:《证监会不是"股票会"》,载 21 世纪网,http://www.21cbh.com/HTML/2013-3-14/xNNjU1XzYzOTExNQ.html,2014 年 12 月 21 日访问。

⑤ 郝金:《新〈基金法〉关于法律调整范围规定的评析》,载《证券法苑》2013 年第 11 期。

⑥ 参见吕红涛:《北上广深试水房地产信托投资基金,可做空房地产》,载搜狐财经频道,http://business.sohu.com/20141114/n406022761.shtml,2014 年 11 月 29 日访问。

产品创新的进展而不断扩大。从控制风险的角度看，目前将新型投资方向保留在私募基金当中是有必要的，将来则可以随着试点再考虑是否纳入公募基金。然而，目前无论是公募基金、私募基金都是证券投资基金的子概念，无法包括非证券资产。因此，首先应该解决的是体系融贯问题，即不能简单将私募基金列入证券投资基金的子集之下，而是可以考虑对私募基金或者投资于非证券化资产的基金进行专门立法；以避免由于新型基金归类不明而潜伏的金融风险。

（二）公司型基金

前文提到，香港的基金包括公司型基金和契约型基金，而我国目前虽然在《证券投资基金法》第154条对公司型基金的开设留有余地，但却并未对其运作进行明确规定，并不能很好应对“虽无基金之名但专门从事证券投资”的公司、合伙企业“实践中也往往不严格按照公司法、合伙企业法运作”这一现象。[①] 公司型基金是国际上普遍的基金组织形式，在目前基金业最发达的美国，绝对多数的投资基金为公司型基金。

相对于契约型基金，公司型基金有自己的独特优势，即所有者与管理者在法律主体上的结合能够最大限度减少由代理带来的道德风险。首先，公司型基金是一个独立的法人，不存在同时管理几只不同的基金和专门的代客理财账户的问题，也就不会产生在不同的基金之间厚此薄彼，进行利益输送的问题。其次，公司型基金通过设立自己的董事会可以对基金的运行进行事前监督，不至于如同契约型基金般只能消极地在事后用脚投票。最后，有些公司型基金管理人（投资顾问）既是投资专家又是投资公司的股东（基金持有人），基金管理人投资运作公司基金财产的后果将直接影响自我的经济利益，从而把自我利益和全体股东（基金持有人）的利益捆绑在了一起，一定程度上规避了基金管理人不顾基金持有人利益谋取自我私利的情况。

正是由于公司型基金的优势，我国尝试建立类似利益捆绑的发起式基金。前瞻性地对公司型基金予以试验和规范，同样也需要在监管层面进行引导。

---

① 吴晓灵：《关于〈中华人民共和国证券投资基金法（修订草案）〉的说明》，载中国人大官网，http://www.npc.gov.cn/huiyi/lfzt/zqtzjjfxdca/2013-04/15/content_1872419.htm，2014年12月21日访问。

(三)基金的类型化监管

香港在基金运作及具体要求方面规定了专门性计划,使申请认证的基金能够符合定义下的一种或几种规定,从而针对性地展开审查和监管。而对于这些专门性计划列举之外的申请,证监会亦会比较新申请计划与列举计划,参考已有规定单独认证,并且进一步发展专门性计划类别。[①] 如此一来,不仅监管的严厉程度和风险控制可以依据基金目标投资人群和收益期待的不同区分对待,而且对金融创新的新产品监管也有了一个指导体系。节约单独批准的高边际成本之余,也使基金监管系统具有了"规范上的封闭和认知上的开放",[②]可以快速地应对环境变化。

反观目前内地的特殊品种基金,依旧停留在证监会单独批准的阶段,尽管对于投资比例和简易程序有一定集合化的适用,但特征梳理、监管差异依旧不明显。在基金类型化监管的道路上,可以向香港借鉴的经验居多。

关于监管方面的差异后一章会比较两地监管形式,重点分析香港的自律监管对基金行业发展的推动作用。

三、香港证券投资基金业监管模式与具体内容

(一)香港的自律监管模式

香港基金业的繁荣得益于市场的力量,到目前为止,都没有通过政策扶持的方式来推动基金业的发展;政府的贡献在于通过对基金公司及其产品的监管来维持投资者的信心,为该行业提供一个优良的环境,包括健全的法律体系、低税制度、良好的基础设施和熟练的专业人士等。[③]

相较于政府主导的基金市场构建,香港由独立于政府公务员架构的法定组织——单位信托基金委员会管理和引导香港基金业的发展。同时,香港的基金行业协会——香港投资基金公会更是通过执业守则筛选会员、咨询职责沟通规则和实务、投资者教育三个方面共同组成了香港基金的自律监管模式。该公会的前身是 1986 年 5 月成立的"香港单位信托基金公

① 参见《香港单位信托及互惠基金守则》第 8 章。
② [德]尼可拉斯・卢曼著:《法社会学》,宾凯、赵春燕译,世纪出版社集团 2013 年版,第 426 页。
③ 参见王伟宁:《香港基金业监管及对内地的借鉴》,载《西南金融》2008 年第 6 期。

会”，旨在促进香港基金管理业的整体发展，不断提高业界的专业水平，以达到国际水平；促进香港作为亚洲区主要的基金管理中心，以维持香港的竞争力。[①] 一方面，公会通过《职业守则》严格要求会员不得违反证监会颁布的法律法规，积极协助证监会的监管：确保其下属职员具备应有的知识、所有介绍文件信息充分、及时提供基金持有人咨询所需的有关资料；另一方面，公会代表整个基金行业，收集会员的意见，反馈给监管机构。公会同时还负责香港基金业的推广，印刷各种宣传材料，公布实时的基金数据，以及投资者的教育等事务。

“政府监管的模式有利于金融安全，而自律监管的模式有利于金融创新”，[②]对于投资基金这一灵敏的投资工具而言，自律监管有充分的合理性。首先，自律监管具有效率上的优势，由证券从业人员组成的自律体系更加贴近市场，具有更为丰富的专业知识和实践经验，对于资本市场的运作规则了解充分，因此，可以把握和理解市场问题产生的根源，在规则制定方面及对违法行为的反应方面都更加敏捷。[③] 在如今高速金融创新的时期，由专业人士来保证监管措施的及时更新无疑是一个合适的选择。其次，自律机构代替政府部门执行部分监管功能，将直接避免监管机构变得庞大且成本高昂，减少由官僚主义带来的弊端，从源头处对监管失灵问题进行改善。[④]

自律监管强制力的欠缺则可以通过在审核基金时对自律规则的重视得到补充。在香港，尽管这些自律规范并不具有法律效力，但是对于它们的遵守与否将直接影响证监会在认可基金时的考量——是否符合公共利益。[⑤]

（二）香港基金业监管的主要方面

1. 投资比例的限制

基金的一项基本策略便是通过多样化的投资以达到分散风险的目的，因此对投资比例的限制能够保证这一策略得到贯彻落实，香港基金业的监

① 《香港投资基金公会——背景》，载香港投资基金公会官网，http://www.hkifa.org.hk/chi/Background.aspx，2014年11月29日访问。

② 黄亚玲、赖建平、赵忠义：《我国私募股权基金监管刍议》，载《证券市场导报》2010年第4期。

③ 参见齐萌：《中国证券业自律机制研究》，载《上海金融学院学报》2008年第5期。

④ 参见喻国平、邹达川：《投资基金监管的国际比较与借鉴》，载《当代经济》2000年第2期。

⑤ See “Regulation of Collective Investment Schemes”，载香港立法会官网，http://www.legco.gov.hk/yr12-13/english/sec/library/1213fs31-e.pdf，2014年8月15日访问。

管在这方面的规定有：[1]基金持有任何单一发行人的证券不得超过该基金总资产净值的10%；基金不得持有任何单一发行人的普通股10%以上；基金持有非上市证券不得超过该基金总资产净值的15%；基金最多可将其资产净值的30%投资于最少6种不同发行类别的政府及公共证券；基金投资于非套期保值的认股权证与期权的价值不得超过其总资产净值的15%；提供买入期权不得超过基金总资产净值的25%；基金投资并非用于对冲的期货合约连同所持有的实物商品不得超过该基金总资产净值的20%；基金在未经证监会认可时或投资于另一司法管辖区的基金不可大于总资产净值的10%。[2]

2. 投资方向的限制

为了保护投资人的利益，将投资人的风险控制在一个合理的范围内，对投资基金的投资方向，尤其是投向其他高风险的金融和其他行业，以及有可能引起连带责任的业务，香港的法律也制定了很多细则。例如，只有在经过特别认可和契约文件作出说明的条件下才可以设立的联接基金不能借入超过其资产净值10%的款项，且限于将借款用于应付赎回要求或支付运营费用；基金不可投资于任何类别的地产；基金不可将超过其总资产净值的10%用于卖空；在未获保管公司书面同意的情况下，基金不可进行放贷、承担债务、进行担保等业务；基金不可取得任何可能使其承担无限责任的资产。[3]

3. 禁止性条款

为了避免利益冲突以保护投资人的利益和基金管理的公平公正性，基金不得投资于管理公司董事及高级管理人员持比例超过5%的证券；为了防止财务危机，基金负债率不可超过其总资产净值的25%（其中资本市场基金则不超过10%）；为了保证投资基金名实相符，保证投资人的资产不被变相地挪作他用，基金的非现金资产的70%必须能够反映基金名称所显示的目标、地区或市场。[4]

---

① 此处的限制是对于一般的投资计划而言，对于专门性的投资计划，如认证股权基金、期货及期权基金，则不适用。

② 《香港单位信托及互惠基金守则》第7.1～7.11条。

③ 《香港单位信托及互惠基金守则》第7.12～7.18条。

④ 《香港单位信托及互惠基金守则》第7.19～7.24条。

从上面的分析可以看出,与香港著名的积极不干预的经济政策对应,香港对基金业的监管采取政府准入监管与行业自律相结合的方式,其中以行业自律监管为主。

四、完善内地基金业监管

(一)以内涵定义及类别区分的方式完善基金业监管的对象

如前所述,我国目前的证券投资基金法只是笼统地列举了调整范围,而并未对其监管对象的本质作出规范,证券投资基金的外延和范围难以界定。列举方法最大的缺陷在于无法紧跟金融创新的速度:一来新产品是否会纳入规范管理不得而知;二来产品销售者通过"不以证券投资基金命名却按其方式运作"的手段,可以规避法律监管,追求不正当的利益。这对规范证券市场的投融资行为及其健康稳定的长远发展都是不利的。从香港的基金定义不难看出,其所谓的"集体投资计划"实际上涵盖的范围非常广泛,可以包含市场型的间接金融行为。这种内涵甚至应对我国目前备受关注的民间借贷问题,都不失为一个良方。① 因此,在考虑进一步完善内地基金监管时,首先可以借鉴香港的内涵定义方法。

其次,除了内涵定义之外,还有必要对我国现有的基金品种再次进行梳理、分类,对不同类型基金的特征做出描绘并区别对待,以达到建立类型化体系的效果。类型化思考对于构建完整的监管体系有着明显的助益,"它让类型的构成要素维持其结合的状态,在思想掌握的阶段,也还能够维持类型(借直观取得的)形象上的整体性"。② 同时,借助类型要素的可变性,"一类型可以交错地过渡到另一种类型,而类型间的过渡又是'流动的'"。③ 参考香港专门性计划的方式,内地下一步的基金监管可以考虑从"一般规则中列举特殊基金的例外"过渡到"分门别类安排特殊基金运作方式",逐步对已有的基金类别提取相似度进行总结。如此,不仅监管人员和基金市场主体在监控和操作基金时有章可依、条理清晰,可减少监管及进入市场的成本;而且对于不同性质的基金采取重点差异的监管也能使

① 杨东:《市场型间接金融:集合投资计划统合规制论》,载《中国法学》2013 年第 2 期。

② [德]卡尔·拉伦茨著:《法学方法论》,陈爱娥译,商务印书馆 2003 年版,第 338 页。

③ [德]卡尔·拉伦茨著:《法学方法论》,陈爱娥译,商务印书馆 2003 年版,第 345 页。

得各个基金的特色长处得到发挥，例如货币市场基金与投资于衍生品市场的基金（甚至是对冲基金）的风险完全不同，适应的投资群体也差异甚大，对二者的监管无法也不应该共同对待；更为重要的一点是类型化体系建构对于新产品的包容性，高速金融创新产生的产品可以首先比对已有的类似形态综合进行规制，而后不断吸纳进体系当中实现体系的稳定和成长。

事实上，内地目前的监管已经对类型区分有所考虑，例如对于特殊品种基金在投资比例的规制中允许存在例外，[①]对于商品期货交易型开放式基金开始制定专门指引，但这些类型化意识尚呈现初级、分散的状态。与制定规范同样重要的是对规范的合理规整，因此，在完善内地基金监管的道路上类型化体系的构建有必要贯穿始终。

（二）合理安排基金业协会与证监会之间的权力分配与衔接

基金业协会的自律监管与证监会行使的政府监管是基金管理中的两支主要力量，其中政府监管应该作为唯一最终的监管者，毕竟“行业的自我监管机构，需要权衡行业的诉求和投资者保护的职责，而独立的监管者就可以避免此类利益冲突”。[②] 但是，自律监管的专业性以及自律机构同投资者、销售者的沟通能力都使其成为完善整个内地基金业监管不可或缺的一环。新修改的证券投资基金法在规定中实际上已经越来越走向自律监管的模式。不仅私募基金的登记备案由行业协会负责，而且行业协会的职责与功能也同香港投资基金公会更加相似：主要包括咨询和投资者教育；基金业协会更是在新法规后出台了四则自律细则。然而，内地的投资基金行业在政策鼓励下发展的趋势却没有发生很大的改变，基金发展的风向标并不完全由市场控制。[③]

为了使两种监管的优点均得到发挥，首先，需要合理配置其间的权利分配。将细节化的、前沿性质的常规监管交给行业协会或者交易所，而由证监会来把握宏观的、行政处罚性质的规则。因为现在的证监会依旧在两

① 《公开募集证券投资基金运作管理办法》（证监会令第104号）第32条。

② 《关于全球基金投资者体验的报告（2013）摘译》，载中国证券投资基金业协会官网，http://www.amac.org.cn/xhgg/zlgzfb/386629.shtml，2014年9月7日访问。

③ 相关新闻如：《证监会将推动解决私募基金长期资金来源，吸引社保和险资》，载新浪财经频道，http://finance.sina.com.cn/stock/zldx/20140627/181919546106.shtml，2014年8月27日访问。

方面都大权独揽，包括信息披露指引等过于琐碎的管理都由其负责，这种大量细节化的工作会导致效率的降低和行业协会功能的架空。① 其次，考虑到自律机构强制力的欠缺，一方面可以加强会员资格取消、谴责等自有手段的力度；另一方面可以借鉴香港证监会的做法，将基金管理者是否遵守自律规则作为决定能否通过审核的指标，将政府监管与自律监管在操作上衔接起来，成为一个兼具专业和效力的集合。

（三）通过强化信息披露和投资者教育缩短基金产品与投资者之间的距离

基金本质上仍然是供投资者选择的金融产品之一。相较于实物交易，金融产品对于信息尤为依赖，因此，努力降低投资者与产品之间的信息不对称是基金监管主要的努力方向。此般努力需要从两方面——投资者和销售者共同进行。首先，金融产品的信息来源于其披露，这也是为何香港、美国等国家或地区采取“信息披露为基础”的监管政策之原因，乃至在金融危机之后这般政策也不曾动摇；②然而，除了以往的信息真实、准确、完整外，从信息沟通角度出发，必须尤为强调信息接受者——投资者的便于理解；具体而言，应当符合利于投资者查找、关键信息齐备、篇幅尤其是摘要篇幅不至于过长、格式化披露等条件。③ 值得注意的是，由于基金属于复杂的金融产品，有时要做到在短篇幅内对策略和风险描述殆尽是十分困难的，故而虽然提示、指导信息披露要旨十分重要，但监管时应当尽量避免僵化对待，这也再次呼应了前述专业自律监管的重要性。④

其次，任何金融产品在产生收益的同时，也随着相应的风险，投资者在

① 柯湘：《中国证券市场监管权配置——基于不同监管模式的比较》，载《中南财经政法大学学报》2014 年第 4 期。

② See “Consultation Paper on Proposals to Enhance Protection for the Investing Public”，载香港证券及期货事务监察委员会官网，http://sc. sfc. hk/edistributionWeb/gateway/EN/consultation/openFile?refNo =09CP3，2014 年 9 月 7 日访问。该文件为香港证监会在雷曼兄弟破产后应对香港证券监管的不足给出的建议。

③ 《关于全球基金投资者体验的报告（2013）摘译》，载中国证券投资基金业协会官网，http://www. amac. org. cn/xhgg/zlgzfb/386629. shtml，2014 年 9 月 7 日访问。

④ See Angus Young，Grace Li，Tina Chu，“The Aftermath of the Lehman Brothers Collapse in Hong Kong：the Saga，Regulatory Deficiencies，and Government Responses”，*Company Lawyer*，2010，31（11），pp. 343 – 354.

投资前对市场风险和自身的承受能力必须有正确的认识和评估，这有赖于行业协会和公众媒体对于投资者的教育，包括培育其风险意识。例如，增强投资者对于多种基金类型可接触性的了解、对于基金关键信息获取方式的熟悉程度等。投资者的成长是长期的过程，因此，可以借鉴香港投资基金公会的做法，将推动各方对投资者进行教育纳为基金监管的持续任务，减少目标安排上的时间不一致。

随着“泛金融监管”观点的深入，基金监管也不可能独立于整体金融环境。一个国家的经济实力、政府政策等因素虽然也是建设国际金融中心的重要条件，但是根本决定金融中心地位的，是法律环境。这也是为什么日本、法国、德国等国的经济实力都超过英国，但是，伦敦却是仅次于纽约的世界第二的国际金融中心的主要原因。① 根据最新发布的 2014 年度“新华 – 道琼斯国际金融中心发展指数（IFCD Index）”，上海与香港排名并列第五。②

香港有成熟的金融法律机制，丰富的对外投资理财经验，较为全备的风险管理措施，以及良好的金融产品创新能力和基础设施。在基金市场方面，不仅监管框架完善、制度合理，而且能够有力地执行这些监管措施。③ 内地监管的主要问题是金融法律缺少包容性和灵活性，既没有预留足够的空间去涵盖创新产品，也不曾强化行业自律可以发挥的沟通及快速反应功能。这就导致出现问题后只能够另行处理、强打补丁，条例发文冗杂繁重，无论是监管者还是市场主体都为之所累。香港基金行业起步早，积累了多年的实践经验形成其监管框架。因此，拥有成熟金融法律机制的香港是内地很好的借鉴与学习对象，对比两地的金融法律制度有着重要的意义。

---

① 参见戈建国、王刚：《上海建设国际金融中心的法律与监管环境研究》，载《上海金融》2007 年第 8 期。

② 《新华 – 道琼斯国际金融中心发展指数（2014 年度中文版）》，载新华网，http://news.xinhua08.com/a/20141106/1408851.shtml，2020 年 5 月 15 日访问。

③ 陈海洋：《香港基金业应对金融危机四点启示》，载上海证券报官网，http://www.cnstock.com/index/gdbb/201012/1035847.htm，2014 年 12 月 21 日访问。

第四章 香港和内地债券监管制度比较研究*

——以内地债券监管制度的完善为中心

一、香港和内地债券市场现状概述

(一)香港债券市场概况

香港是世界上重要的国际金融中心之一。香港债券市场虽起步于20世纪70年代,但发展迅速,历经萌芽、发育、突破、成长、成熟等阶段,目前发展已较为完善。① 20世纪90年代是香港债券市场发展的重要转折点,香港特区政府实行税收优惠政策,取消了15%债券利息税,港元及美元债券得到较快发展。同时,随着外汇基金债券发行,香港债券市场吸引了大量国际投资者和投资资金。② 进入21世纪,特别是自2007年之后,中央政府为推动人民币国际化,加大支持香港作为人民币

---

* 本文成文于2015年,收入本书时笔者对相关数据及法律、法规作了必要更新。

① 有关香港债券市场的发展规模和现状,可参见香港贸易发展局2014年9月15日发布的《香港债券市场业概况》,载 http://hong-kong-economy-research. hktdc. com/business-news/香港行业概况/香港债务市场业概况/,2019年7月7日访问。

② 陈俊军、李洪良:《香港债券市场的特点及对内地银行间市场建设的启示》,载《港澳台金融》2011年第11期。

离岸中心的力度，相继出台一系列政策推动香港人民币债券发展。①

总的来说，当前香港债券市场交易日益活跃，交易体系和风险防控体系逐步完善。表4－1展现了2009年至2013年五年间香港债券市场的发行规模情况。从市场规模看，2013年香港债券市场新发债券及存量债券总额已达37762亿港元。从发债主体看，香港债券市场的发债主体多元，包括公债发行主体及非公债发行主体两类。公债发行主体主要指外汇基金和香港政府，非公债发行主体则指本地公司、多边发行银行、法定机构等。无论是公债还是私债，债券发行规模均保持了良好的发展势头。

表4－1　2009年至2013年间香港债券市场规模②　　单位：亿港元

年　份	新发行的债务工具总额			未偿还的债务工具总额			债券市场总规模
	公　债	非公债	总　额	公　债	非公债	总　额	
2009	10532.3	1888.5	12420.7	5410.6	5662.3	11072.9	23493.6
2010	18352.5	1607.2	19959.7	6786.4	5667.1	12453.5	32413.2
2011	18687.8	2025.7	20713.5	7049.1	5557.2	12606.3	33319.8
2012	18775.7	2528.0	21303.8	7258.8	5827.1	13085.9	34389.7
2013	21534.5	2033.3	23567.7	8426.5	5767.7	14194.2	37761.9

注：公债包括外汇基金和政府发行的债券，非公债包括认可机构、本地公司、多边发行银行、多边发行银行以外的发债体、法定机构及政府持有的公司发行的债券。表格为笔者自制。

同时，香港债券市场与银行贷款市场发展均衡，内地出现的银行贷款市场蚕食债券融资市场情况并没有在香港出现。事实上，丰富的结构性和非结构性融资产品、便捷的融资手续使企业可以在香港债券市场及银行贷款市场间灵活选择不同的融资方式。表4－2及表4－3展现了香港银行业资产及机构数量变动情况。香港银行业港元资产规模与债券市场规模（新发债券与存量债券之和）大体均衡，债券融资与贷款融资均为香港私

① 胡长森：《香港债券市场发展历史及现状》，载原创力文档，http://max.book118.com/html/2017/0728/124871002.shtm，2019年7月7日访问。

② 数据来源于香港金融管理局2014年4月发布的《2013年香港债务市场概况》，载http://www.hkma.gov.hk/media/chi/publications-and-research/quarterly-bulletin/qb201403/fa1.pdf，2015年3月8日访问。通过查询香港金融管理局网站，没有发现2014年及《香港市场概况》发生变化，故相关表格及其对应的分类及数据项更新于2013年止。

人及公共机构融资的重要手段。银行业机构数目在香港金融管理局监管下平稳变动，保证了香港债券市场与银行贷款市场的协调发展。

表 4-2 香港银行业资产变动情况(2009 年至 2018 年)① 单位:亿港元

年份	港元资产总额	外币资产总额	外币资产占比/%
2009	43990	62360	58.6
2010	47460	75450	61.3
2011	50290	87130	63.4
2012	54530	94060	63.3
2013	58030	111410	65.7
2014	62880	121540	65.9
2015	68810	123000	64.1
2016	76170	130360	63.1
2017	83820	143150	63.1
2018	89290	151130	62.9

注:表格为笔者自制。

表 4-3 香港银行机构数变动情况(2009 年至 2018 年)② 单位:亿港元

年份	持牌银行		有限制牌照银行			接受存款公司			总计
	香港注册	境外注册	持牌银行附属机构	境外银行附属机构	其他	持牌银行附属机构	境外银行附属机构	其他	
2009	23	122	6	16	4	11	7	10	199
2010	23	123	6	13	2	10	7	9	193
2011	23	129	6	12	2	10	7	9	198
2012	23	133	7	12	2	9	7	8	201

① 数据来源:香港金融管理局 2013 年年报,载香港金融管理局官网,http://www.hkma.gov.hk/media/gb_chi/publications-and-research/annual-report/2013/C18_Annex_and_Tables.pdf,2019 年 6 月 26 日访问;数据来源:香港金融管理局 2018 年年报,载香港金融管理局官网,http://www.hkma.gov.hk/media/gb_chi/pablicatwns-and-reseaich/repslt/2018/C18 - Annex - and Tables.pdf,2019 年 6 月 26 日访问。

② 数据来源:香港金融管理局 2013 年年报,载香港金融管理局官网,http://www.hkma.gov.hk/media/gb_chi/publications-and-research/annual-report/2013/C18_Annex_and_Tables.pdf,2019 年 6 月 26 日访问;数据来源:香港金融管理局 2018 年年报,载香港金融管理局官网,http://www.hkma.gov.hk/media/gb_chi/pablicatwns-and-reseaich/repslt/2018/C18 - Annex - and Tables.pdf,2019 年 6 月 26 日访问。

续表

年份	持牌银行		有限制牌照银行			接受存款公司			总计
	香港注册	境外注册	持牌银行附属机构	境外银行附属机构	其他	持牌银行附属机构	境外银行附属机构	其他	
2013	21	135	7	12	2	9	7	8	201
2014	21	138	7	11	3	9	6	8	203
2015	22	135	7	11	6	7	6	5	199
2016	22	134	6	10	6	7	6	4	195
2017	22	133	6	7	6	7	6	4	191
2018	22	130	5	7	6	6	6	4	186

注:表格为笔者自制。

香港债券交易的市场体制也不断成熟,香港债券市场的市场化程度高,发行程序简单,发行人和投资人之间的权利义务关系主要靠法律文件约束。[①] 发行定价完全市场化,承销商根据市场需求定价,发行人对债券定价的影响力很小。此外,香港债券市场提供了多币种、多期限、多结构债券发行模式供发行人选择,发行人能以较低的发行成本在香港债券市场发行债券。[②] 香港在债券市场风险防控上也可圈可点,已建立起对冲债券承销风险的金融衍生工具市场,如利率掉期市场、货币掉期市场、债券期货市场等。同时,香港监管部门还采取了国际通行的金融监管手段,如压力测试、绩效考核等机制控制债券市场风险。[③]

(二)内地债券市场概况

改革开放四十多年来,中国的债券市场获得快速发展。债券市场从无到有,规模、广度和深度都得到了很大提高,呈现多元化、稳步发展格

---

① 参见陈俊良、李洪良:《香港债券市场的特点及对内地银行间市场建设的启示》,载《南方金融》2011 年第 11 期。

② 参见陈俊良、李洪良:《香港债券市场的特点及对内地银行间市场建设的启示》,载《南方金融》2011 年第 11 期。

③ 参见张汉林、周念丽:《中国内地与香港债券市场整合问题研究》,载《国际经济探索》2009 年第 7 期。

局。从市场规模看，大陆的债券市场规模从1992年的460.78亿元人民币增加到2018年底的86.39万亿元人民币。[①] 从债券品种看，1997年以前，内地债券市场仅有国债和企业债，债券品种单一，1997年以后，我国债券市场产品创新加速，非银行金融机构债券、信贷支持债券层出不穷。[②] 当前，内地的债券市场发展取得一系列进展：一是面向金融机构推出次级债券和一般性金融债券，并进行资产证券法试点；二是为改善社会融资偏重于间接融资的状况，增加企业直接融资手段，国家鼓励有竞争力的企业直接进入资本市场融资，降低融资成本，先后推出了企业短期融资券、公司债券等；三是为推动债券市场改革开放的步伐，推出了国际开发机构人民币债券。

表4－4展现了2008年至2018年间内地非金融企业债券市场历史发行规模情况，十年间，大陆非金融企业债券发行规模呈现了快速增长，其中公司债券规模由2008年的288亿元增长至16629.59亿元，增长达到60倍之多。

表4－4　2008年至2018年间内地非金融企业债券市场历史发行规模[③]

单位：亿元

年　份	企业债券	公司债券	可转换债券	可交换债券	中期票据	短期票据	定向工具
2008	1566.90	288.00	77.20	0.00	1737.00	4338.50	0.00
2009	3252.33	734.90	46.61	0.00	6912.65	4612.05	0.00
2010	2827.03	511.50	717.30	0.00	4970.57	6892.35	0.00
2011	2485.48	1291.20	413.20	0.00	7335.93	10122.30	919.00
2012	6499.31	2623.31	163.55	0.00	8559.32	14222.47	3759.30
2013	4752.30	1699.04	544.81	2.57	6978.59	16134.80	5657.08
2014	6971.98	1407.53	320.99	59.76	9780.70	21849.53	10262.66

① 参见《2018年末中国债券市场余额达86.39万亿元人民币》，载新浪财经频道，http://finance.sina.com.cn/roll/2019－01－17/doc-ihqhqcis6913019.shtml，2019年7月7日访问。

② 参见有关中国债券市场品种的发展阶段和历程，可参见陈坚：《中国债券市场发展存在的问题与改进建议》，载《上海金融》2010年第4期；参见《2018年末中国债券市场余额达86.39万亿元人民币》，载新浪财经网频道，http://finance.sina.com.cn/roll/2019－01－17/doc-ihqhqcis6913019.shtml，2019年7月7日访问。

③ 数据来源于中证鹏元资信评估股份有限公司：《中国债券市场统计(2018年)》，第2页。

续表

年　份	企业债券	公司债券	可转换债券	可交换债券	中期票据	短期票据	定向工具
2015	3421.02	10282.85	98.00	254.55	12779.46	32806.30	8844.55
2016	5925.70	27734.68	212.52	674.29	11448.10	33675.85	5985.65
2017	3730.95	11000.65	949.37	1172.84	10390.45	23775.90	4938.13
2018	2418.38	16629.59	793.12	464.74	16977.15	31275.30	5453.87

注:公司债券包括大公募、小公募和非公开发行公司债券,企业债券不包含铁路总公司所发行的企业债券。

尽管我国债券市场规模与广度逐年扩大,与银行贷款相比,债券融资在金融市场上仍不属主流,银行贷款在资金融通市场上占据主导地位。表4－5展示了2003年至2017年,内地银行业金融机构存贷款情况。我国债券市场规模与银行贷款相比,相差达10倍以上。数量众多的银行类金融机构在金融市场上发挥着越来越重要的作用。经济学实证分析表明,信贷融资与债券融资在企业融资领域具有“互补”作用,两者存在“此消彼长”的关系。① 因此,银行业规模的不断膨胀,在一定程度上制约了大陆债券市场的发展,不利于企业债券市场融资。

表4－5　内地银行业金融机构存贷款情况表②　　单位:亿元

年　份	各项存款	各项贷款
2003	220364	169771
2004	254089	189411
2005	300209	206838
2006	348065	238519
2007	401051	277747
2008	478444	320129

① 参见李湛、曹萍:《银行主导融资下企业债券市场的发展:替代还是替补——从契约期限看银行贷款和企业贷款的选择》,载《当代财经》2009年第6期。

② 数据来源于中国银行业监督管理委员会2017年年报。

续表

年　份	各项存款	各项贷款
2009	612006	425597
2010	733382	509226
2011	826701	581893
2012	943102	672875
2013	1070588	766327
2014	1173735	867868
2015	1397752	993460
2016	1555247	1120552
2017	1692727	1256074

注：表格为笔者自制。

此外，我国债券市场还存在开放程度底、市场结构不合理等问题。对国际投资者来说，中国债券市场管制过严，目前只开放了较小规模的离岸市场。至2018年底，只有澳大利亚、英国、中国香港、新加坡等19个国家和地区的投资者获得人民币合格境外机构投资者配额，配额规模受到人民银行的严格控制，共有233家境外机构获得配额，获批额度为6467亿元人民币。①

中国政府只允许少数国家和地区的金融机构和投资者参与中国的债券市场，市场开放程度较低。此外，我国债券市场还存在市场结构不合理的问题，债券占国民经济总额比例比较低。据统计，截至2018年底我国债券余额68万亿元，仅占同期GDP的86%，与发达国家200%的占比相比，比例还较小。② 我国债券市场实践中出现的这些问题，需要我们从监管角度找到改进路径。

① 参见《证监会就〈合格境外机构投资者及人民币合格境外机构投资者境内证券期货投资管理办法（征求意见稿）〉及其配套规则公开征求意见》，载中国证监会官网，www. csrc. gov. cn/pub/zjhpublic/zjh/20190131_35061. htm，2019年7月7日访问。

② 参见桑彤、杨益仁：《中国债务市场20年：防范风险为要　创新赢向未来》，载新华网，www. xinhuanet. com/fortune/2017 - 07/22/0. 112136344. htm，2019年7月7日访问。

下文将从香港和内地两地债券市场的宏观监管制度和微观监管制度比较出发，运用制度经济学和法经济学的基本原理，剖析大陆债券市场的监管缺陷，并在本章的最后给出监管建议。

二、香港和内地债券市场宏观监管制度比较

鉴于债券市场的高风险性，政府对证券市场的宏观监管不可避免。在监管方式和力度上，香港和内地两地存在一定差异。内地债券市场实施由多部门分散监管的债券市场监管体制。① 这个体制内包括了人民银行、发展改革委员会、财政部、证监会、银保监会等不同部门，其中人民银行和证监会履行市场监管的职能，银保监会和证监会履行机构监管的职能，发改委负责企业债券审批，财政部负责国债的发行和流通。② 香港债券市场监管采取的是一种由证券及期货事务监管委员会主导的政府监管与由证券交易所主导的市场自律监管结合组成的双层监管机制。事实上，香港债券市场监管更多依赖由交易所主导的自律监管，政府监管的原则是引导债券市场参与者自律，通过制定守则而不是立法规范债券市场交易行为。③ 笔者对两地的宏观监管体制作了如下对比：

（一）宏观监管模式对比

内地债券市场监管采取集中监管模式。集中监管模式是指以政府管理为主，设立专门的全国性证券监管机构，制定和实施专门的证券市场管理法规，实行统一监管。④ 尽管内地债券市场存在多部门共同监管现状，但总体来说，监管权力主要集中在人民银行、证监会等政府部门。政府主导了债券市场监管，与此相对应，行政指令在债券市场中发挥了主要作用。以人民银行和证监会为中心的债券监管部门无论是在一级债券发行市场

① 陈宇骁：《我国债券市场监管何去何从？——由债市风暴及 Banksia 倒闭引起的反思》，载《金融与经济》2013 年第 9 期。

② 隋平、罗康编著：《企业债券融资法律业务操作指引》，法律出版社 2011 年版，第 11 页。

③ 《香港证券及期货条例》授权证券及期货监察委员会发表证券市场操守准则，就中介人及其代表所遵守的常规和标准提供指引，而证券及期货监察事务委员会亦明确表示，为协助业内人士遵守法规，证监会将不时订立各种守则和指引。有关香港证券及期货事务委员会制定的守则，可参见香港证监会官网，http://cn-rules. sfc. hk/browse. php?id = 75&type = 0&oldnode = 0，2019 年 7 月 7 日访问。

④ 郑文力：《亚洲债券市场发展研究》，吉林大学 2008 年博士学位论文，第 160 页。

抑或二级债券交易市场都掌握审批大权。证监会对公司债券公开发行管理采取注册制,公司债券在证监会组织和指导下,由上海、深圳证券交易所、中国证券登记结算公司负责具体的交易、上市和托管事宜。市场自律监管普遍受到忽视,证券业协会、证券交易所等行业自律组织的自律功能尚不完善,对监管机构的依赖严重。实践中,自律监管并没有起到债券违法行为的纠错和惩处功能。①

香港债券市场监管总体上属自律性监管类型。自律性监管是指政府除了必要的立法外,较少干预债券市场,对债券市场的监管主要通过证券交易所和证券业协会等自律组织进行,一般不设专门的债券监管机构。②自律组织通过章程和规则来引导和制约会员行为,有权接受会员加入申请,对会员违法行为实行制裁甚至开除会籍。香港证券交易所自1891年成立至1973年的80多年间,一直充当着证券市场的主要监管者角色。直至1987年香港在全球股灾中遭受重创,才开始逐步引入政府监管。③香港政府在1988年效仿美国独立监管做法通过《戴维森报告书》(Iran Hay Davison Report),根据该报告书,香港立法局于1989年通过《证券及期货事务监察委员会条例》(The Securities and Futures Commission Ordinance),成立证券及期货事务监管委员会,统一对包括债券市场在内的证券市场进行监管。④尽管香港已经完成从完全的自律型监管体制向以政府集中管理和证券交易所监管并重的双层监管模式转变,但自律性监管仍然具有重要的地位。

---

① 参见王元鸿:《发展债券市场要坚持市场化方向打破旧格局》,载中国证券网,http://news.cnstock.com/news/sns_jd/201309/2743079.htm,2019年7月7日访问。

② 郑文力:《亚洲债券市场发展研究》,吉林大学2008年博士学位论文,第161页。

③ 冯邦彦著:《香港:打造全球性金融中心——兼论构建大珠三角金融中心圈》,三联书店(香港)有限公司2012年版,第53页。

④ 1988年6月,由英国著名证券专家戴维森(Iran Hay Davison)出任主席的香港证券业检讨协会发表《香港证券业检讨委员会报告》(又称戴维森报告)详尽指出香港证券市场存在的各种问题,其中包括了负责监察整个行业的证券事务监察委员会和商品交易事务监察委员会未能成为有力的监察机构。报告书认为香港要发展成为东南亚地区主要的资本市场,必须推动一系列的改革措施,包括重整证券监察制度等。根据《戴维森报告》香港政府开展了一系列的证券市场整顿,建立起现时的香港债券市场监管体制。参见冯邦彦著:《香港:打造全球性金融中心——兼论构建大珠三角金融中心圈》,三联书店(香港)有限公司2012年版,第84页。

(二)监管机构及其职能对比

当前,多个政府部门同时对大陆债券市场实施监管。人民银行、证监会和国家发展改革委员会在债券市场监管上的分工是功能监管方向上的分工。[①] 功能监管从债券发行和交易入手,对信息披露、交易制度、信用评级等方面进行规范性管理,监管重点在于防范和控制系统性风险。而银保监会、证监会在债券市场监管上的分工则是机构监管方向上的分工。[②] 机构监管根据不同类型金融机构的经营特点,在市场准入、经营业务、市场退出等方面做出限制性规定,对金融机构的内部组织结构和风险管理提出合规性要求。具体来说,各部门的主要职能和监管方向如下:

人民银行负责银行间债券市场和商业银行柜台市场监管,包括了债券发行监管、市场基础性建设监管与市场中介机构监管三个部分。在债券发行监管方面,人民银行负责政策性金融债、金融机构次级债、混合资本债、普通金融债以及信贷支持证券化金融债和国际金融开发机构债等债券品种的发行审批。在市场基础性建设监管方面,人民银行主导出台了一系列规范银行间债券市场的管理办法,强化了银行间债券市场的信息披露和信用评级要求。[③] 在市场中介机构监管方面,人民银行作为中国外汇交易中心和中国债券登记结算中心的业务主管部门,组织、指导了两家机构向市场提供交易、结算服务。

证监会主要负责交易所债券市场监管。在债券一级市场监管方面,证监会主要负责公司债券(这里仅限上市公司发行的公司债和可转债)的发行管理。《证券法》规定,证监会对公司债券发行管理采取注册制。在二级市场管理方面,证监会指导上海、深圳证券交易所、中证登等中介机构制定债券交易、上市和托管结算细则,组织起债券交易市场。此外,证监会作为证券机构的主管部门,还负责证券机构的债券业务资格审批,督促证券

---

① 参见隋平、罗康编著:《企业债券融资法律业务操作指引》,法律出版社 2011 年版,第 15 页。

② 参见隋平、罗康编著:《企业债券融资法律业务操作指引》,法律出版社 2011 年版,第 15 页。

③ 人民银行主导的银行间债券市场管理办法主要包括了《全国银行间债券市场金融债券发行管理办法》《证券公司短期融资券管理办法》《银行间债券市场非金融企业债务融资工具管理办法》《证券公司短期融资券管理办法》《商业银行次贷债券发行管理办法》等,这一系列办法的出台,规范了银行间债券市场的运行秩序,确保了银行间债券市场的平稳运行。参见中国人民银行金融市场司官方网,http://www.pbc.gov.cn/publish/jinrongshichangsi/283/index.html,2019 年 7 月 7 日访问。

类机构完善债券发行风险管理。

国家发展和改革委员会主要负责企业债的发行审批。发改委对企业债的发行审批由原来的“先核定规模,后核准发行”两个环节简化为直接注册发行。中国银保监会作为银行和保险行业的主管部门,监管各自行业金融机构的债券发行。

为了进一步区分各个部门在内地债券市场监管上的职能,表4－6列举了5类债券市场的债券发行和交易监管状况:

表4－6　内地债券市场主要债券类型的发行、交易监管情况①

债券类型	发行审核机构	发行审核方式	交易监管机构
可转换债券	证监会	核准制	证监会
可分离交易可转债	证监会	核准制	证监会
企业债	发展改革委员会	注册制	人民银行、证监会
上市公司债	证监会	注册制	证监会
短期融资债	人民银行	备案制	人民银行

从表4－6可以看出,内地债券市场监管部门繁杂,形成了多头监管格局,这与中国大陆金融业的分业管理直接有关。不同债券由于其不同的期限和交易性质被归属到不同的监管部门监管。如果企业同时发行可转换债券和企业债券,需要经过证监会对可转换债券的发行审核批准,并受到国家发改委、人民银行有关企业债的数额限制。企业不得不同时与三个不同部门周旋,存在较高的债券发行成本。此外,企业债的发行审核机构和交易监管机构并不一致,很可能出现发行审核机构和交易监管机构在债券监管上的冲突。监管“令出多头”,极易引发市场混乱,产生监管盲点,造成监管套利。

与内地债券市场多头的监管不同,香港特区政府于1989年成立了证券及期货事务监察委员会(证监会),统一行使债券市场的监管职能。证券及期货事务监察委员会根据《证券及期货事务监察委员会条例》成立,是法定的独立监管机构,在监管证券及期货领域拥有广泛权力,它的明确

① 数据来源:《中国资本市场发展报告》第六章“法律、诚信环境有待完善,监管有效性和执法效率有待提高”,载中国证券监督管理委员会官网,http://www.csrc.gov.cn/pub/newsite/yjzx/cbwxz/ebook/zgfzbg03_06.htm,2019年7月7日访问。

任务是促进香港证券市场的持续发展。香港证监会作为法定自治机构，不受公众、金融机构和其他政府部门影响，但它需要对行政特首负责，并向财政司报告。[①] 证监会每年的预算呈交立法委员会，并由行政长官审批。香港证券交易所是受香港证券及期货事务监察委员会监督的自律监管机构，它对债券发行人、债券交易商和债券市场中介发挥重要的监管作用。香港债券市场各主要监管机构之间的关系，如图 4－1 所示。

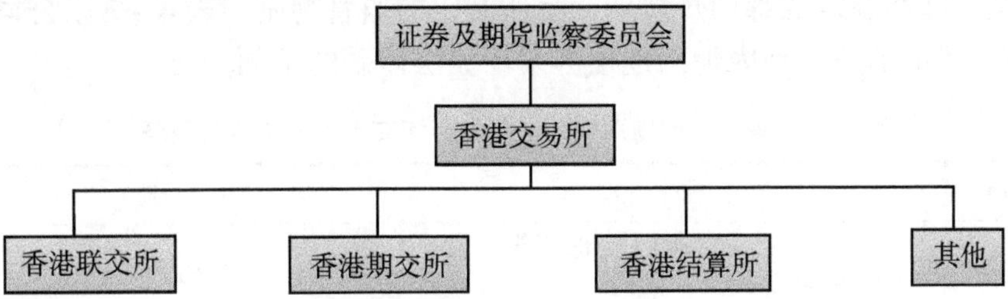

图 4－1　香港债券市场各主要监管机构关系

注：图表为笔者自制。

香港证券及期货事务监察委员会的管理机构为其董事局，由 5 名全职执行董事（包括证监会主席）和 6 名非独立执行董事组成，董事局全体成员均由香港行政长官任命。香港证监会的法定职能由《证券及期货条例》赋予，其主要职能包括：监督香港联合交易所及香港期货交易所以及市场、会员和结算公司运作，监督香港自律机构以外的其他中介机构。具体到香港债券市场，证监会的主要职能有：维持和提高包括债券行业在内的证券行业公平、效率、竞争、透明度和秩序；提高公众对债券市场的了解；对投资和持有债券产品的社会公众进行保护；减少债券行业内的犯罪和失当行为；减少债券行业的系统性风险及维持香港债券市场稳定等 6 项。[②]

香港交易所作为香港债券的公开发行和交易平台，包括了香港联合交易所、期货交易所及三家相关的结算公司（分别为香港结算公司、期货结算公司、联交所期权结算所）。交易所作为市场的中介自律组织，处于香港债券市场监管的第一线，主要肩负债券在交易所上市发行、债券流通及

① 参见周沅帆著：《离岸（香港）人民币债券》，中信出版社 2012 年版，第 193 页。

② 香港证监会对债券市场的监管职责，可参见中国证券监督管理委员会官网，http://www.sfc.hk/web/TC/about-the-sfc/our-role/，2019 年 7 月 7 日访问。

交易、债券托管、结算及交收监察等监管职能。

（三）立法体系对比

香港和内地两地的证券市场法律体系存在较大不同。香港证券法规由香港立法会法例、香港证监会监管规则和交易所规则构成。内地证券法规则包括了全国人大及其常委会制定的法律、国务院制定的行政法规、国务院各部委制定的部门规章和交易所制定的监管规则。表4－7以公司债为例，展示了香港和内地两地债券市场立法体系的不同。

表4－7　香港和内地两地公司债发行和交易相关法规对照表①

立法层次	香　　港	内　　地
法　律	《证券及期货条例》《保障投资者条例》等	《证券法》《公司法》等
行政法规	无	《企业债券管理条例》《公司债券发行与管理办法》等
部门规章	无	《证券交易所管理办法》《公司债券发行与管理办法》等
其他规范性文件	《证券交易规则》②《公司收购及合并守则》③《上市规则》等	《上海证券交易所公司债券业务指南》等

注：表格为笔者自制。

从表4－7可以看出，在香港立法体系中，处于债券市场立法最高级的是由立法会通过的法例。在香港，法例的法律地位相当于大陆由全国人大及其常委会通过的全国性法律。④ 香港债券市场的主要监管法律有《证券

① 本表相关法规资料搜集自周沅帆著：《离岸（香港）人民币债券》，中信出版社2012年版，第239～253页；隋平、罗康编著：《企业债券融资法律业务操作指引》，法律出版社2011年版，第38～73页。

② 香港《证券交易规则》由香港证券交易所制定，任何于香港证券交易所发生的证券交易都必须遵守《证券交易规则》。《证券交易规则》分为联合交易所交易规则和期货交易所交易规则两部分。参见香港证券交易所官网，https://www.hkex.com.hk/chi/rulesreg/regulatory_c.htm，2019年7月13日访问。

③ 香港《公司收购及合并守则》是自愿性守则，依赖于市场参与者的自愿遵守而非作为强制执行的法律。守则由香港证券及期货事务监察委员会企业融资部执行董事负责执行，以确保所有受收购影响的股东都获得公平的对待。任何违反守则者，可能会受到证监会私下谴责、公开谴责、发表涉及批评的公开声明、纪律行动或暂时吊销牌照或撤销注册的处罚。参见香港《公司收购及合并守则》前言。

④ 参见《香港债券市场概要》，载香港证券交易所官网，https://www.hkex.com.hk/chi/stat/research/rpaper/documents/DebtSecMkt_c%28Mar%29.pdf，2019年7月13日访问。

及期货条例》及《公司条例》。《公司条例》主要规范债券发行,《公司条例》根据英国1929年和1948年《公司法》订立,规范公司债券发行、信息披露等各个方面。《公司条例》还区分了债券市场的专业人士和公众投资者,活跃于债券市场的投资者都是有能力照顾自身权益的专业投资者,不需要有如投资大众的保障。[①]《证券及期货条例》则建立起了香港债券市场的监管架构。值得一提的是,2003年《证券及期货条例》引进投资者赔偿基金(Investor Compensation Fund,ICF),每位债券人可获得最高15万港元的赔偿额。投资者赔偿基金的引进,进一步巩固了香港作为国际金融中心的地位。[②] 香港立法体系并无行政规章和部门规章这一划分,规范债券上市、交易的规范性文件主要由香港证监会及证交所制定,包括《上市规则》《证券交易规则》等。根据《上市规则》,在香港证券交易所上市的债券包括公司债券、可转换债券、外汇基金债券和政府及超国家机构债券等几类。[③]《证券交易规则》规定了在香港上市发行债券的报价规则、结算与交收规则、证券户口开设规则、下单与交易规则等制度。

内地债券市场监管的立法体系包括了法律、行政法规、部门规章和其他规范性文件四个层级。处于债券市场立法体系最高级的为全国人大及其常委会制定的法律。对债券市场而言,主要的债券市场监管法律为《证券法》。目前,我国债券市场形成了以《证券法》为核心的证券市场监管体系。依据《证券法》《公司法》等证券市场法律,国务院还先后制定了《企业债券管理条例》等行政法规,人民银行、证监会等监管部门也根据部门自身的监管需要,制定了《证券交易所管理办法》《公司债券发行与管理办法》等一系列债券监管部门规章。债券市场监管基本做到了有法可依。但事实上,债券立法还存在很多的问题,其中最大的问题是各部门各自为政,债券市场立法分割。为贯彻新《证券法》的实施,国务院办公厅于2020年2月29日发布了《关于贯彻实施修订后的证券法有关工作的通知》,要求稳步推进证券公开发行注册制,落实好公司债券公开发行注册制要求。

① 参见《香港债券市场概要》,载香港证券交易所官网,https://www.hkex.com.hk/chi/stat/research/rpaper/documents/DebtSecMkt_c%28Mar%29.pdf,2019年7月13日访问。

② 周沅帆著:《离岸(香港)人民币债券》,中信出版社2012年版,第244页。

③ 参见香港交易所:《常见问题》,载香港证券交易所官网,https://www.hkex.com.hk/chi/global/faq/debt_c.htm,2019年7月13日访问。

随后，发展改革委发布了《关于企业债券发行实施注册制有关事项的通知》(发改财金〔2020〕298号)，指出企业债券发行由核准制改为注册制。按照新《证券法》及相关配套政策的规定，国家发改委是企业债券的法定注册机关，发行企业债券应当依法经发改委注册。国家发改委指定相关机构负责企业债券的受理、审核。其中，中央国债登记结算有限责任公司为受理机构，中央国债登记结算有限责任公司、中国银行间市场交易商协会为审核机构。公开发行公司债券由证券交易所负责发行上市审核，由证监会进行发行注册，要适用《公司债券交易与管理办法》。而金融企业发债实行注册制，主要适用《商业银行法》和银行间市场相关业务规则。不同债券市场主体债券发行适用不同的监管规则，由不同的机构监管，使债券市场立法交叉、功能重叠现象严重。

三、香港和内地债券市场微观监管体制比较

香港和内地两地的债券市场具体组织和运作并不相同，两地债券市场的微观监管体制也相应存在差异，这些差异可概括为市场准入制度的差异、交易市场结构的差异、税收制度的差异、投资者保护措施的差异四类，下面列出了这四项差异的对比：

(一)市场准入制度对比

香港债券市场以其发行主体多元化和渠道来源广泛而得到世界投资者认可。香港债券市场发行人以企业为主，非企业债券比例很小。[①] 就企业发行人而言，主要有香港本地企业、红筹公司、H股公司以及外资公司。[②] 红筹公司指注册在境外，但由中资企业直接控制或持有三成半股权以上的上市公司。H股公司，指在中国内地注册成立并获得中国证券监督管理委员会批准来港上市的公司。

在香港，债券发行实行备案制而非审批制，因此其发行程序相对简单。私人实体可采用公开或私募方式发行公司债券。其中公开发行的信息披露要求较高，对募集说明书的规定更加综合、具体，有利于提高发行公信力

---

① 参见王春阁：《亚洲金融风暴后香港证券监管体制改革》，载《法律适用》2004年第5期。
② 参见王春阁：《亚洲金融风暴后香港证券监管体制改革》，载《法律适用》2004年第5期。

和保证债券持续发行。而私募发行信息披露要求低,程序较简便,发行规模较小,发行文件和发行条款相对简单。此外,债券的发行还区分面向散户投资者和面向专业投资者的发行。如果是面向散户投资者,根据《保障投资人士条例》,只有在发行机构信誉良好、投资者权益可以获得保障的情形下香港证监会才批准证券发行。发行机构必须按《公司条例》草拟一份发售章程,呈交公司注册处登记备案。如果是向专业投资者发行,则无须向香港证监会申请,发行人只需在承销商的协助下,直接面对投资者发行即可。①

内地债券市场的债券种类和审核主体多而繁杂,可分为国债、金融债券和企业公司债券三类。国债即为政府债券,由国务院授权财政部发行,无需经过其他金融监管部门审批。金融债券包括由人民银行决定发行或审核的中央银行票据、由人民银行和银监会共同审核的银行类债券、由保监会审核的保险公司次级债券和由人民银行和证监会共同审核的证券及类债券等四类。作为金融机构补充附属资本的主要融资渠道,金融债券发行需要金融监管部门审批且多采用直接公开募集的方式。② 企业和公司债券包括由发改委审核的企业债券、由证监会审核的公司债券、由银行间债券市场交易商协议注册的短期融资债券等三类。企业和公司债券的发行主体一般为股份公司,2019 年新修订的《证券法》把公司债券主体扩展到了有限责任公司。

不同类型的债券发行适用不同的程序和步骤,一些债券的发行甚至没有明确指引。以企业债为例,与公司债发行程序不同,企业债发行并没有相应明确的规章指引作为参照。通常情况下,债券经由发改委财政金融司审查批准后,由承销商负责发行。企业债发行方式多样,大规模企业债发行主要针对机构投资者,小规模债券发行采取网上发行和网下发行相结合的方式。③

总体而言,内地的债券发行制度与香港相比,不够一贯和明晰。不同的债券发行适用不同的审批手续,需要经过不同监管机构的批准。繁复的程序加大了债券发行人的发债成本,抑制了他们的债券发行动机。香港简

① 参见廖凡:《香港证监会执法机制介评》,载《环球法律评论》2007 年第 3 期。

② 参见王芳:《我国债券市场信息披露的现状、问题与对策》,载《证券市场导报》2013 年第 2 期。

③ 参见温彬、张友先、汪川:《我国债券市场分割问题研究》,载《宏观经济研究》2010 年第 11 期。

明的债券监管手段，宽松的债券准入门槛使市场运作透明高效，香港债券市场准入监管经验值得内地学习。

（二）交易市场制度对比

香港债券交易大多数通过场外交易进行，但仍有多种债券在交易所市场交易，包括公司债券、可转换公司债券、外汇基金票据和债券、政府和超国家机构债券等。债券上市并且在交易所交易后，其买卖价格、到期收益及其他统计信息，比如债券票面利率和到期日期，往往由交易所公布。大多数在香港上市的债券并没有选择在交易所交易，主要通过香港金融管理局的 CMU 系统进行场外市场交易，由双边做市商提供报价，投资者进行买入和卖出。① 非上市债券集中在场外市场交易。如果债券在场外市场交易，任何有兴趣的投资者都可以直接通过大大小小的金融信息提供者（如彭博社和路透社）获取有关信息；或者依靠中介机构，比如承销商获取相关信息。

内地债券交易市场与香港相比，结构更为复杂。内地债券市场由三部分组成，即沪深证券交易市场、银行间债券交易市场和商业银行柜台交易市场。沪、深证券交易所市场均为场内市场，采用集中竞价交易方式，标准化程度较高，适合各类投资者，银行间债券交易市场和商业银行柜台交易市场属场外市场，采用分散交易方式，具有较强灵活性。②《证券交易所管理办法》规定，沪深证券交易所为证券的集中和有组织的交易提供场所、设施，实行自律性管理的会员制法人。在交易所交易的债券品种目前有国债、公司债和企业债券等。银行间债券交易市场受人民银行管辖，经人民银行批准可以在银行间债券市场进行债券买卖和回购，银行间债券市场面向的对象包括商业银行、信托投资机构、金融业集团财务公司、金融租赁公司、农村信用社等金融机构。《商业银行柜台记账式国债交易管理办法》正式推出了面向个人投资者的商业银行柜台国债交易业务。目前，四大国有银行均开办了该项业务，但在银行间柜台交易市场交易的债券品种只有国债。③

---

① 参见周沅帆著：《离岸（香港）人民币债券》，中信出版社 2012 年版，第 248 页。

② 参见李宝峰著：《债券实务操作指南》，中国金融出版社 2013 年版，第 65 页。

③ 参见李宝峰著：《债券实务操作指南》，中国金融出版社 2013 年版，第 37 页。

内地债券交易银行间市场和交易所市场划分，尽管方便了金融机构的债券融资发行，却造成了债券市场人为割裂。[①] 债券市场作为金融市场的一部分，理应是全国统一的。香港债券交易市场并不存在这样的人为障碍，债券和资金能在允许的范围内自由流动，投资者能自主选择交易所。[②] 目前我国债券市场的统一程度还比较低。银行间债券市场的主要交易对象为商业银行和保险公司，交易所市场则不允许商业银行进入，银行间和交易所市场划分给债券和资金在不同交易场所的流动造成了较大得障碍。

（三）税收制度对比

税收方面，香港政府对香港居民和非居民投资者所持有的债券所获利息免征利息税，对公司持有的政府及政府相关实体债券所得免征利息税，但公司的其他利息收入应纳税。[③] 香港政府为了推动香港债券市场发展，推出了一系列税收优惠政策。《税务条例》第14A条对5种债务票据所衍生的利息收入及买卖利润给予50%的利得税减免：(a)由香港金融管理局营办的，在债务工具中央结算系统托管及结算的债券；(b)到期期限不少于5年的债券；(c)最低面额为50万港元的债券；(d)在香港面向公众发行的债券；(e)债券在所有时间获承认的信贷评级机构给予满足最低要求的信贷评级（目前最低评级为标准普尔给予的BBB－级）。《税务条例》第26A条还对某些类别的债务票据所衍生的利息收入及买卖利润豁免利得税。这些债务票据包括政府债券、外汇基金债务票据、多边代理机构港币债务票据，以及原来到期期间为7年或以上的长期债务票据。总体而言，香港债券市场的税收体系是比较宽松的，对个人投资者债券收益给予了较多的税收豁免，对公司企业债券虽征收一定的利得税，但也有不少有关利息收入及买卖利润的税收优惠。债券市场税率和税种的拟定由香港立法会财经事务委员会负责，征税受到香港证券及期货事务监察委员会监督，税收立法和执行都比较透明。[④] 香港《税务条例》及其一系列优化措

① 参见温彬、张友先、汪川：《我国债券市场分割问题研究》，载《宏观经济研究》2010年第11期。

② 参见沈炳熙、曹媛媛著：《中国债券市场：30年改革与发展》，北京大学出版社2014年版，第15页。

③ 参见郭莉著：《香港证券市场全透析》，中信出版社2009年版，第76页。

④ 参见郭莉著：《香港证券市场全透析》，中信出版社2009年版，第67页。

施，极大地刺激了市场对债券的发行需求，活跃了香港本地债券市场，提高了香港作为国际金融中心的竞争力。

目前，内地证券市场的税制主要包括交易印花税、证券投资所得税和证券营业税三种。交易印花税是对证券交易行为征税，债券交易不征收印花税。[①] 证券投资所得税是对从证券投资所得的利息、股息、红利收入征税。按投资者不同，可分为对个人证券投资者征税和对企业证券投资者征税两种。对个人投资者征收的证券投资所得税采取比例税率，税率为20%，计税依据为每次债券所得的利息、股息和红利收入。目前，对投资与国债所得收益免征投资利得税，企业证券投资所得征税税率高于个人证券投资者，征税税率为33%。证券营业税指对从事证券发行、交易活动的证券公司、证券交易机构，就其营业收入按“金融保险业”税目课征营业税，证券营业税对债券发行人发行债券产生税收负担，目前该税率为8%。[②] 综合证券所得税和证券营业税税收规定，内地证券市场给予债券的税收优惠仅在于国债利息收入，而国债的转让则要计征证券所得税。[③] 与香港丰富多样的债券税收优惠相比，内地债券市场的税收优惠并不十分合理，存在税负过高的可能性。[④]

（四）投资者保护措施对比

针对在香港联合交易所发行和上市的债务工具，投资者保护措施主要有受托管理人机制以及《证券及期货条例》引进的投资者赔偿基金。投资者保障基金在《证券及期货条例》2003 年 3 月 1 日的修改中被明确，投资者保障基金的主要目标是为了给注册中介机构或者与认可金融机构有关、在交易所交易的产品发生违约既而导致财物损失的投资者进行补偿（不限国籍）。[⑤] 由于使用受托管理人机制并不是强制性安排，投资者补偿基金就成为市场风险转移机制不可或缺的部分，并且得到投资者赔偿公司（Investor Compensation Company Limited）的支持。投资者赔偿公司是为

① 参见陈赵戟：《我国证券税收体系研究》，载《税务研究》2012 年第 1 期。

② 参见陈赵戟：《我国证券税收体系研究》，载《税务研究》2012 年第 1 期。

③ 参见沈炳熙、曹媛媛著：《中国债券市场：30 年改革与发展》，北京大学出版社 2014 年版，第 17 页。

④ 参见李连伟著：《我国证券市场税制存在的问题与改革思路》，载《时代金融》2014 年第 7 期。

⑤ 参见周沅帆著：《离岸（香港）人民币债券》，中信出版社 2012 年版，第 257 页。

了管理赔偿基金和向投资者执行赔偿请求而成立的，其主要收入来源是向每个交易所交易产品征收的投资者保护税。[①] 为了进一步保障债券投资者利益，香港政府在债券销售中区分了向专业投资者销售和向一般公众投资者销售债券。一般而言，向专业投资者出售债券并不需要遵守《公司条例》，而向社会公众发行债券需满足《公司条例》有关募集说明书的要求。[②] 此外，香港还拥有独立而高效的法院系统，香港作为中国的特别行政区，适用普通法进行案件审判。研究表明，普通法相比大陆法系，能给证券市场投资者提供更为完善的法律保护，普通法国家的股东权利保护、债权人权利保护更为严苛，因而其证券市场环境更好。[③]

近年来，内地债券市场投资者保护取得了一定进展。监管部门制定了债权人或债券持有人保护的相关法律、部门规章和交易规则。如修订了《公司法》和《证券法》，确定了投资者合法权益保护的基本目标，规范了上市公司治理结构，有针对性地作出投资者权益保护安排；[④]完善了公司债、金融债以及其他债务融资工具的投资者保护，出台中介投资者保护规则。[⑤] 此外，债券受托管理人和债券持有人会议两项制度的引入大大提高债券投资者保护水平。2007 年证监会公布《公司债券发行试点办法》确立了债券持有人权益保护的两大机制，在此基础上，2010 年 9 月，交易商协会推出了《银行间债券市场非金融企业债务融资工具持有人会议规程》，进一步明确了持有人会议的各方权责，为保护债券持有人的合法权益提供了明确的操作指引。

但与香港相比，内地债券市场投资者保护机制仍有较大不足。尽管《证券法》等进一步强化信息披露要求，但由于缺乏有效的约束性条款，有些发债机构在没有征得足够数量投资者同意，甚至在没有预先披露的情况

① 参见黄明、林海、冯丹荔：《境外证券投资者保护基金制度综述》，载 21 世纪网，http://www.21cbh.com/HTML/2013 - 3 - 21/1OMzE2XzY0NDk1OQ.html，2015 年 2 月 10 日访问。

② 香港债券市场的专业投资者包括：认可法定金融机构，任何法定交易公司（Exchange Company），认可清算所，任何认可保险公司，认可投资服务中介，集合投资计划，认可的行使央行职能的政府机构，以及任何受证券及期货条例第 397 节规制的个人投资者。

③ 有关普通法系与大陆法系投资者保护的对比分析结论，可参见杨哲英、关宇著：《比较制度经济学》，清华大学出版社 2007 年版，第 88 页。

④ 参见 2019 年修订《证券法》的规定。

⑤ 参见李刚、舒胜辉、王琦：《国内证券投资者保护法律制度研究》，载《浙江金融》2014 年第 10 期。

下,作出损害投资者的决定。这些决定一般包括在债券发行后进行主要资产的重组、变更募集资金用途等。这些决定导致债务融资工具的违约风险增加,债券持有人利益受损的可能性增大。① 如近期频繁发生的地方债事件,部分地方政府融资平台企业在发行债券后,重组转移优质资产,引发了公众对城投债的恐慌。② 2020 年受疫情影响,监管政策较为宽松,投资机构普遍面临严重的资产荒,城投债一级市场呈现供需两旺的趋势。同时随着新《证券法》的实施,城投债发行规模和速度将进一步增加,城投债的滚动发行提速,这将有助于避免城投债违约。但需要注意的是,当前城投公司的两级分化明显,受业务内容限制,负债率较高,且没有充足现金流的城投公司仍存在偿债压力。③

四、两地债券市场监管制度的制度经济学分析——以内地债券市场缺陷为中心

制度经济学(Institutional Economics)是把经济制度作为研究对象的一门法与经济学分支学科。制度经济学研究制度(包括法律制度、监管制度、政治制度等)对经济发展的影响,也研究经济的发展如何影响制度的形成。与其他的经济学研究视角不同,制度经济学注重非市场因素,包括法律因素、政治因素等制度因素在经济活动中的影响。④ 这一研究方法的核心在于,不以任何的客观指标衡量经济活动,而立足于个人和组织在社会制度中的相互关系。⑤ 制度经济学为香港和内地两地债券市场监管制度的比较研究提供了一个很好的切入点,为改善内地债券市场监管和制度缺陷提供了新的视角。制度经济学为香港和内地两地债券市场监管制度比较研究提供了一条通过制度分析鉴别市场优劣的路径。正如发展经济

---

① 参见叶敏、罗航、关飞、郝嘉吉、杨欣:《构建我国债券持有人权益保护机制相关问题及若干建议》,载道客巴巴网,http://www.docBB.com/p65053081/6422html,2015 年 2 月 9 日访问。

② 参见祁月:《城投债困境:“黑天鹅”频现,明年 6000 亿债务到期》,载金融界网,http://finance.jrj.com/2014/12/27/27142618612824.shtml,2015 年 2 月 10 日访问。

③ 杜丽娟:《城投债迎年内首次偿债高峰　市场期盼政策灵活落地》,载《中国经营报》2020 年 3 月 26 日。

④ 参见欧阳日辉、徐光东:《新制度经济学:发展历程、方法论和研究纲领》,载《南开经济研究》2004 年第 6 期。

⑤ 参见黄少安:《制度经济学中的六个基本问题新解》,载《学术月刊》2007 年第 1 期。

学泰斗 Ha-Joon Chang 所认为的，处于不同制度环境的债券交易产生不同的制度成本，制度成本影响着债券市场运行效率，决定着债券市场监管工具选择。[①] 运用制度经济学分析两地债券市场监管制度，可以为内地降低债券市场制度成本，提高制度效益，实现一种收益更高的制度对另一种收益更低的制度替代提供有益思路。[②]

（一）监管目标和原则的制度经济学分析

制度经济学认为，制度的目标和定位对市场发展的方向有重要影响。[③] 债券市场监管目标是监管行为的导向，决定了债券市场发展的方向。良好的监管目标不仅要符合当前经济发展需求，而且还需长远规划。大陆债券市场发展初期主要是为大型国有企业发展筹集资金，债券市场的定位偏差导致了我国债券市场发展的先天不良，债券品种单一、发行程序烦琐制约着我国债券市场的发展。[④] 随着内地经济体制改革的深化，债券市场发展初期的定位已经不适应于市场发展的需要。政府不应再把债券市场发展局限于为经济发展筹集资金而服务，要从健全我国债券市场，适应国际社会金融市场发展的趋势出发，制定全面而富有战略性的发展规划，放弃过多采用行政手段干预债券市场的方式，提高债券市场效率，以适应市场经济发展要求。香港定位于成为亚太乃至全球的金融中心，其债券市场发展也服务于这一金融业发展战略。一直以来，香港政府恪守不干预金融市场运作原则，并尽力为债券市场投资者、发行人和交易商提供一个有利的环境。为了发展成全球重要的金融市场，香港债券市场一直坚持较

---

① See Ha-Joon Chang, "Breaking the Mould: An Institutionalist Political Economy Alternative to the Neo-liberal Theory of the Market and the State", *Cambridge Journal of Economics*, *Volume* 26, *Issue* 5, pp. 539 – 559.

② 事实上，借鉴香港证券市场监管的有益经验，完善大陆证券市场制度建设的努力早在香港回归前就已经展开。1993 年中国证监会和香港证监会签订《监管合作备忘录》，就内幕交易、操纵市场等违法交易行为认定、监管信息共享、证券违法调查取证等多个议题展开交流合作。参见《中国证监会 2014 年 4 月 11 日新闻发布会》，载 h 中国证券监督管理委员会官网，ttp://www.csrc.gov.cn/pub/newsite/zjhxwfb/xwfbh/201404/t20140411_246800.html，2015 年 2 月 26 日访问。

③ 参见黄少安：《经济学为什么和怎么研究制度——关于制度经济学研究对象、目的和一般理论框架的梳理》，载《学术月刊》2009 年第 5 期。

④ 参见郑振龙：《我国债券市场发展路径选择》，载网易财经频道，http://money.163.com/14/1105/02/AA8K9VAL00253B0H.html，2015 年 2 月 10 日访问。

低的准入门槛，采取市场化的监管思路，推行简单税制，使各类市场参与者拥有更多主动权及创新空间。多年来，香港被评为世界最自由经济体之一。[①] 香港债券市场的监管目标定位和监管原则给大陆债券市场监管体系完善带来了启示。

（二）监管结构的制度经济学分析

2008 年金融危机表明，多头监管具有严重缺陷：监管架构难以及时应对系统性风险，妥善处理系统监管的突发性问题。[②] 从制度经济学中的博弈论视角看，多头监管引发不同监管部门在同一监管事项上的监管竞争。一方面，不同的监管部门受到各自部门内利益集团（亦即监管对象）的压力和影响；另一方面，不同部门在争取各自的监管权限和监管资源中也有各自的利益考量。[③] 各大监管部门以自身利益作为出发点，均试图维持并扩大自己的监管范围，引发“地盘之争”，并带来监管的“集体行动困境”。监管部门从部门私利出发，并不完全致力于公共利益，在监管部门的持续博弈状态下，多头监管并不一定能促进证券市场的改善。对于无利可图的监管业务，不同监管部门“袖手旁观”，造成“监管真空”。[④] 对于有利可图的监管业务，不同监管部门纷纷插手，引发监管混乱。

中国人民银行、中国证监会等的分业监管模式，也存在博弈论视角下的“监管真空”困境。图 4－2 展示了内地债券市场主要监管部门的监管对象划分。

---

① 香港在过去20 年连续被评为世界上最自由的经济体，根据美国传统基金会发布的报告，香港以贸易自由、投资自由和金融自由实现了高度的市场开放，并因监管透明度提高和有竞争力的税收制度而更为强化。参见环球网：《香港连续 20 年被评为全球最自由经济体》，载 http://world.huanqiu.com/exclusive/2014－01/4754627.html，2015 年 1 月 12 日访问。

② 参见温彬、张友先、汪川：《我国债券市场分割问题研究》，载《宏观经济研究》2010 年第 11 期。

③ 参见廖凡：《金融监管竞争、冲突与协调——兼论我国混业监管的制度选择》，载《北京大学学报（哲学社会科学版）》2008 年第 3 期。

④ 分业金融监管真空的最佳例证为我国民间金融业态监管。正规金融机构的成立、运营需获得监管机构的授权批准，而对于民间金融这类非正规金融来说，其设立、运作并没有获得监管机构的批准，游走于法律的灰色地带。由于民间金融业态兼具银行、证券、保险业的部分特质，并非单独一家监管机构能给予充分监管。由于不同监管机构之间缺乏协调，民间金融在很长一段时间处于监管的真空状态。参见刘少军：《民间金融监管存真空，需改变监管理念》，载中国新闻网，http://finance.chinanews.com/fortune/2014/04－25/6107761.shtml，2015 年 1 月 12 日访问。

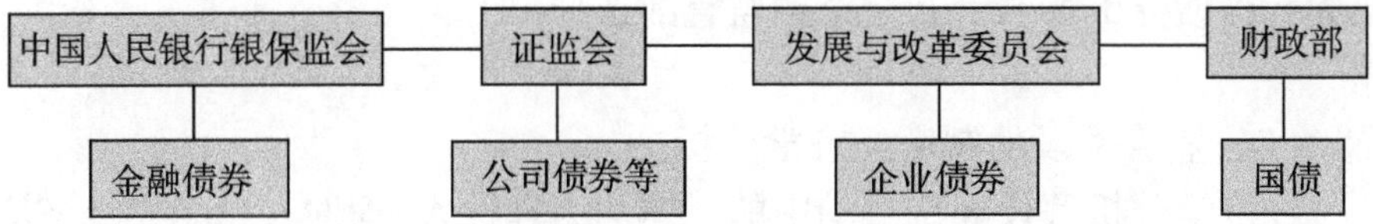

图 4－2　内地债券市场主要监管部门监管对象划分

注:图表为笔者自制。

如图 4－2 所示,内地债券市场尚无统一的监管机构,不同的债券品种对应不用的监管部门。该监管机构的设置极易出现监管功能重叠情况,不利于监管效率的提高。事实上,分业监管使部分债券市场创新业态、产品难以被纳入监管范围,从而造成系统性金融风险防范下的漏洞。而且,"集体行动困境"带来的金融监管效率低下和金融交易成本增加也遏制了我国债券市场金融创新的热情与积极性。与分业监管相比,统一的债券市场监管可以减少分业监管下各利益集团的利益冲突,降低被监管者的执行成本,消除监管不公和"监管真空",适应金融创新的发展需求。[①] 历史证明采用统一监管模式的中国香港,在防范金融系统性风险(成功抵御了亚洲金融风暴、2008 年的金融危机),鼓励债券市场创新(时至今日,香港仍为亚太地区最活跃的债券市场)上取得了有目共睹的突出成就。

香港债券市场的监管体制主要为两级,金融监管局、证券及期货监察委员会属于政府职能部门监管,决定有关债券市场发展的战略问题。[②] 香港交易所实行公司制,属自律组织,包括香港联交所、香港期交所、香港结算所等不同种类的交易所,负责组织场内债券市场交易。[③] 香港的债券市场监管结构单一、权属清晰、效率较高,有利于消除"监管真空",能够避免"集体行动的困境"。因此,借鉴香港统一监管经验,建立一个统一的监管机构来统筹协调分业监管中存在的问题,适应混业监管的国际潮流,理应

① 参见王兆星:《金融综合经营与分业监管变革——银行监管改革探索》,载《中国金融》2014 年第 3 期。

② 参见李稷文著:《中国证券市场政府管制研究》,经济科学出版社 2009 年版,第 118 页。

③ 根据不同的划分标准,债券市场可以划分为发行市场与交易市场,场内市场与场外市场等。在证券交易所内买卖债券所形成的市场,就是场内交易市场,这种市场组织形式是债券流通市场的较为规范的形式,交易所作为债券交易的组织者,为债券买卖双方的市场买卖提供服务。场外市场指的是在交易场所外进行的债券买卖,一般在债券交易商的柜台进行。因此,场外债券市场又被称为柜台市场。

成为我国债券市场监管乃至金融监管的选择。

（三）监管手段的制度经济学分析

经济学分析假设经济活动中的个体均为理性人，理性人总能在经济活动中最大化自身收益，最小化自身损失。[①] 经济学的这一假设又被称为理性人假说，是经济学最为重要的基础假设之一。理性人假设认为，经济活动中的理性人都遵循“成本—收益”法则，成本最小，获利最大的行为总是最优效率的。[②] 制度经济学以经济学作为分析工具，研究制度对经济发展的影响，因此制度经济学也遵循理性人假说。[③] 既然市场活动中的个体都具有理性，都能调整其行为达至效益最大的目的，债券的市场监管需要尊重市场规律，减少行政干预，让经济活动中的理性人都能最大化自身效益，发挥市场调节“无形的手”的最大功效，减少政府“有形的手”的扩张性干预。

香港以自律监管为主的监管模式体现了“理性人假设”的内在规律，值得以行政监管为主的内地监管部门借鉴。自律监管作为市场化的监管手段之一，能在债券市场监管中发挥重要作用：第一，自律监管具有自发性和自主性，能将法律所不能涉及的职业道德标准引入市场，有助于金融市场的诚信与法治建设；第二，自律监管具有较高的灵活度，能更好地理解市场运作，对市场的快速变化作出反应；第三，自律监管成本较低。由于自律监管组织的经费主要由会员缴纳或提供服务收取，其监管成本较小、监管效率较高。[④] 香港的债券行业监管很大程度上依赖了交易所，采取的是政府监管、行业自律两级监管模式，交易所通过制定章程和准则引导债券市场参与者行为，调查和惩处债券市场违规者。[⑤] 市场自律监管维持了香港债券市场宽松的监管环境，保障了香港作为全球金融市场的自由港地位。

---

① 参见［美］罗伯特·考特、托马斯·尤伦著：《法和经济学》，史晋川、董雪兵等译，格致出版社、上海人民出版社、上海三联书店2012年版，第203页。

② 参见［美］罗伯特·考特、托马斯·尤伦：《法和经济学》，史晋川、董雪兵等译，格致出版社·上海人民出版社·上海三联书店2012年版，第204页。

③ 参见黄少安：《经济学为什么和怎么研究制度——关于制度经济学研究对象、目的和一般理论框架的梳理》，载《学术月刊》2009年第5期。

④ 参见刘春长著：《中国证券市场监管制度及其变迁研究》，中国金融出版社2010年版，第135～136页。

⑤ 参见曹凤岐：《金融市场全球化下的中国金融监管体系研究》，载新浪网，http://blog.sina.com.cn/s/blog_5f0c53cd0100jafj.html，2019年7月7日访问。

当然,市场也有"失灵"时候,需要行政监管力量的介入。当系统性金融危机出现,债券市场价格过度波动使市场、价格机制受到破坏,自律监管机制将无能为力(如美国的安然事件和内地的银广厦事件),政府监管的引入十分必要。为了提高金融效率同时保障金融系统的安全性,自律监管与政府监管制度的完善不可偏废。结合内地的债券市场监管情况,内地债券市场监管要处理好市场自律监管与政府监管的关系,明确债券市场自律监管和政府监管的分工,把人民银行、证保监会等政府监管机构的宏观指导、严格执法与自律组织的日常监督和一线监管有机结合起来。

(四)市场制度的制度经济学分析

制度经济学理论认为,完善的法律制度可以为经济发展提供制度保障,降低经济运行成本,提高效率,维护各经济活动参与者的合法利益,提高投资者的积极性;反之,则会阻碍经济稳定高效发展。[①] 因此,制定适合债券市场发展的法律制度,充分保护筹资者、投资者的产权和其他市场活动中的权益,才能有效保障债券市场的健康发展。

从两地的债券市场准入制度看,香港债券发行实行注册制,证券发行申请人依法将与证券发行相关的信息资料公开,制成法律文件,送交主管机构审查,主管机构只负责审查申请人提供的信息和资料是否履行了信息披露义务,其核心是要求证券发行人提供的材料不存在虚假、误导或遗漏的情况。[②] 内地债券发行大体上实行注册制,债券注册报国家发改委。相比香港,内地发行审批手续复杂,债券发行门槛较高。以公司债发行为例,《证券法》规定了股份有限公司、有限责任公司债券发行前需满足《公司法》等规定的条件,并注册。这样的发行制度设计尽管排除了质量较差的债券发行,但也提高了公司发债的成本,打击了筹资者债券筹资的热情,不利于债券市场发展壮大。目前,我国债券市场规模仅占 GDP 的 86%,与欧美发达国家的 200% 占比仍有很大差距,债券市场在国民经济中的作用仍未完全发挥。[③]

① 参见黄少安:《经济学为什么和怎么研究制度——关于制度经济学研究对象、目的和一般理论框架的梳理》,载《学术月刊》2009 年第 5 期。

② 《国际金融报》:《香港的债券市场》,载中华网,http://www.chinaa.com/new/184/186/2005/12/ad462563201922150021494 0.htm,2019 年 7 月 7 日访问。

③ 《中国债券市场 20 年:防范风险为要,创新赢向未来》,载新华网,http://www.xinhuanet.com//fortune/2017-07/22/c_1121363344.htm,2019 年 7 月 7 日访问。

因此，从制度经济学的视角出发，通过适度放宽债券发行标准，取消不必要的行政审批程序，在注意对结构把握和系统性风险防范的前提下，增加债券市场的总量应成为内地债券市场准入的下一步改革路径。

税收制度和税收框架对债券市场发展的影响也不容忽视。制度经济学中的税收效应（Tax Effect）指的是纳税人会因国家的课税范围和税率而在其经济行为选择中采取不同的反应。[①] 对债券市场而言，税负的多寡将直接影响债券市场上流通债券的数量和债券交易的频率。大陆债券市场的税收优惠主要集中在国债上。根据《个人所得税法》和《企业所得税法》，对个人投资者资本利息得不征所得税。股息红利按所得20%征税。对国内企业，股票转让净收益需并入企业应税所得，缴纳企业所得税，对股利实行抵免法，但债券利息收入需计入应税所得。此外，国家还对债券发行人和交易商征收8%的证券营业税。内地债券市场的税收框架存在税收优惠不合理、税负过重的问题。这导致了非国债债券发行和交易处于非常不利的地位，不利于债券市场的公平竞争，也不利于公司债券的发展。数据显示，2014年交易所新发行公司债624只，发行量总计0.38万亿元，仅占债券市场发行总量的3.13%，公司债相比国债和金融债发展缓慢。[②] 香港债券市场则实行简单低税制度，为了促进债券市场发展，政府还出台一系列面向广泛的债券市场税率优惠措施。如根据《税务条例》第14A条和第26A条，对于特区政府债券、外汇基金票据及债券、指定的10家超级发债体、任何期限满7年（或以上）的债券均可享受100%免税，其他符合资格债务票据享受50%免税。[③] 广泛的税收优惠有利于香港债券市场的公平竞争，减缓了发债人的发债成本，促进了债券交易的繁荣。

两地不同的投资者保护力度也对债券市场发展产生了影响。LLSV[④]

① 参见陈春霞：《不同融资方式对企业税收效应的影响》，载《涉外税务》2010年第12期。

② 参见周子崴：《公司债改革提速，监管层力促交易所债市破局》，载新浪财经频道，http://finance.sina.com.cn/money/bond/20150131/001021441744.shtml，2019年7月7日访问。

③ 根据《税收条例》第14A条。

④ 长期以来，制度、法律与经济的关系为经济学家所忽视，La Porta，Lopez-de-silanes，Andrei Shleifer和Robert W. Vishny四位学者通过整理多国政治、法律、经济等方方面面数据，第一次明确将法律和制度因素引入解释金融发展和经济增长的具体研究中。由于他们经常一起署名发表文章，学界简称LLSV组合。参见史晨煜：《LLSV：法与金融学研究领域内的“四剑客”》，载新浪财经频道，http://finance.sina.com.cn/stock/t/20080428/012582356.shtml，2019年7月7日访问。

有关制度对金融发展影响的研究表明，制度、法律、执法机制支配着金融交易。与不支持债权人权利或不同有效执行合同的制度体系相比，保护投资者和履行合同的体制可能更能激励金融发展。[①] 与香港完善的投资者赔偿机制、相对公正透明的普通法司法系统相比，内地的债券市场投资者保障还存在投资者损失赔偿救济不充分、中小投资者权益普遍受到忽视、对债券发行人约束机制不足、侵权事件时有发生等问题。这影响了债券市场吸纳投资者资金的能力，制约了债券市场发展。内地债券市场应从改进法治环境、完善债券市场投资者利益保护机制出发，为市场中小投资者提供更稳定的争端解决方法，在保障司法公正，消除地方保护主义和腐败问题上作出更大努力。

此外，内地债券市场的分割管理也在一定程度上影响了债券流通和债券市场繁荣。内地债券市场存在银行间债券市场和交易所债券市场划分，两个市场分割严重，两个市场的价差日益明显，这不利于跨市场的债券发行，给两个市场联通带来困境。[②] 此外，不同市场还采用不同的交易、清算和托管系统，与香港统一的证券市场"多币种交收平台"相比，内地债券市场的分割管理，给不同市场资金流通带来弊端。实践表明，要在两个市场实现债券交易、清算和托管切换，需要 1 至 2 周的时间。[③] 因此，内地债券市场应逐步开放政策措施，让债券发行人和债券投资者自主选择两个市场，这有利于消除市场间的分割状态，提高市场的整体流动性。

通过香港与内地债券市场制度的制度经济学分析，可以看出，清晰的监管目标、统一明确的监管架构、充分发挥市场作用的监管模式、灵活的债券发行标准、简单的赋税框架、有效的投资者保障以及统一的市场结构能为债券市场繁荣提供制度保障，这也是香港债券市场领先亚太的重要原因。因此，我国内地债券市场的制度建设，也要朝着这一方向迈进。

---

① 参见沈伟著：《国际经济秩序是如何形成的——法律、市场和全球化》，法律出版社 2014 年版，第 265 页。

② 参见邓晓兰、马保民、黄玉：《制度经济学视角：我国债券市场分割问题研究》，载《广西财经学院学报》2010 年第 3 期。

③ 参见覃莎：《债市"五龙治水"走向统一监管》，载新浪财经频道，http://finance.sina.com.cn/money/bond/20141117/010320832692.shtml，2019 年 7 月 7 日访问。

五、内地债券市场完善建议

通过前文香港和内地两地债券市场监管制度的对比分析，笔者认为相比香港，大陆债券市场还存在监管目标不合理、监管模式过于行政化、监管架构重叠低效、证券市场组织结构不完善等问题，都需要我们在实践中不断改进内地债券市场的监管模式、监管架构及监管环境。

（一）发挥自律监管在债券市场中的作用

香港债券市场的蓬勃发展得益于香港独特的以市场自律监管为主的双层监管体系。香港政府监管部门致力于营造宽松的债券市场氛围，以加强债券市场的创新活动，吸引世界各地的债券投资者。[①] 同时，香港证监会亦不断改善监管工具，打击资本市场犯罪，维护债券市场秩序。为改善债券市场的自律监管，香港《证券条例》《联合交易所章程》明确保障了市场自律监管的地位。笔者认为，借鉴香港有关行政监管与市场自律监管经验，理顺政府与市场、行政监管手段与市场监管手段，有助于改善当前内地证券市场监管制度。

具体来说，一是合理界定债券市场政府监管部门和自律监管部门的监管职责。政府监管部门依法履行规则制定、市场风险防范、市场违规行为处罚等监管职责，减少对市场交易活动的过多干预。对于债券上市审批、债券上市交易、风险管理和信息披露等事宜，可更多授权交易所等自律监管部门负责。债券行业标准制定、行业诚信体系建设则可更多依靠各类债券行业协会，以发挥自律监管部门贴近市场、熟悉市场运作的优势，避免单纯依靠行政力量监管带来的弊端。

二是处理好监管当局与债券行业自律组织的关系。行业自律组织对成员单位有一定的监督权，这种内部监督的权利来自所有的成员单位，可以代表被监管者向监管当局反映他们的意见和要求。[②] 但行业自律协会

---

① 香港政府不断减少行政干预手段，促进香港债券市场的均衡发展。经过香港政府的努力，香港债券市场的非公债券发行总额已从 2008 年的 1380 亿港元提升到 2012 年的 2430 亿万港元。参见香港特区政府官方网，《香港债券市场的发展》，载 http://www.fso.gov.hk/chi/blog/blog160613.htm，2019 年 7 月 7 日访问。

② 参见沈炳熙、曹媛媛著：《中国债券市场：30 年改革与发展》，北京大学出版社 2014 年版，第 295 页。

与监管当局的监管地位并不对等。[①] 行业自律协会由债券市场交易商自行组织，实行会员制民主管理，其监管地位来源于成员授权而非法定。以人民银行、证监会为代表的监管部门由国家立法设立，监督权的运用体现了国家意志。因此，行业自律监管固然重要，也有一定独立性，但仍需服从于政府监管机构监管，以发挥政府监管在解决“市场失灵”中的作用。

（二）改变“六龙治市”局面，建立统一的债券市场监管体系

目前，大陆债券市场不同类型的债券适用不同监管部门的监管规定，经历不同的监管审核程序，缺乏统一的监管标准，这种分割的债券市场监管体制已经诱发监管重复、监管套利和监管缺位的监管困境。[②] 要改变债券市场监管出现的人民银行、证监会、发改委、财政部、银保监会“六龙治市”局面，减少监管越位、错位和缺位现象发生，统一的债券市场监管体系亟需建立。因此，借鉴香港债券市场监管经验，整合分属不同监管部门的债券市场职责，建立统一的市场监管体系成为改进内地债券市场监管状况的路径之一。此外，随着金融创新的推进，新型债券产品的产品结构、交易模式不仅具有传统债券产品的特征，还融合了股权产品、保险产品或基金产品的特征。因此，无论是从消除部门分割造成的监管低效，还是从有效回应金融创新需要的角度出发，统一的债券市场监管架构都是大势所趋。[③]

笔者认为，建立以证监会为中心的统一的债券监管机构是比较合适的。首先，从我国证监会的监管职责来看，《证券法》规定，“国务院证券监督管理机构依法对全国证券市场实行集中统一监督管理”。在国家金融监管的谱系中，证监会肩负了包括债券市场在内的证券市场监管的职责。与其他监管机构相比，证监会对债券市场的监管经验无疑是最丰富的。其次，证监会和人民银行职能定位各异，人民银行偏重金融稳定的职能。《中国人民银行法》规定，“中国人民银行的主要职能是制定和执行货币政策，维护金融稳定”。最后，从世界上各国监管实践看，一般都是由证监会或相关机构来负

① 行业自律公约是行业自律管理的基础，行业自律公约是行业自律管理活动中的共同管理契约，由行业内的各成员制定。行业内成员根据行业自律公约进行行业行为协调与行业管理。一般而言，行业自律组织履行行业保护、行业协调与行业监管三大功能，是一种行之有效的市场监管模式。

② 参见庞红学：《美国债券市场监管体系研究及启示》，载《上海金融》2013 年第 9 期。

③ 参见杨海珍：《香港金融监管体制安排的发展历程及趋势》，载《金融管理》2008 年第 7 期。

责债券市场统一监管，如美国债券市场监管机构为证券交易委员会，英国为金融服务管理局，日本为证券交易监督委员会。

建立以证监会为中心的统一债券市场监管体系需加强证监会与不同监管部门的协调。债券发行、交易、赎回涉及发改委、人民银行、证监会、商务部等不同部门的联动。[①] 要将现有的临时性、随机性协调机制转化为制度化和常规化的统一监管体制，建立以证监会牵头的跨部门债券市场监管联动机制，实现信息跨部门之间的信息共享、危机处理协调和重大问题决策统一。[②]

近年来，债市统一执法也在逐步推进。早在2012年2月，国务院决定成立央行牵头，发改委、证监会参加的公司信用类债券部际协调机制。2016年9月，时任中国人民银行行长的周小川明确表示，要发挥公司信用类债券部际协调机制作用，形成集中统一、监管有效的债券市场执法机制。2017年11月，国务院金融稳定发展委员会成立，旨在强化人民银行宏观审慎管理和系统性风险防范职责，强化金融监管部门监管职责，发挥各监管部门合力。2018年8月24日国务院金融稳定发展委员会专题会议强调建立统一管理和协调发展的债券市场、稳步推进资本市场对外开放、拓展长期稳定资金来源等方面的务实举措。

2018年12月7日，中国人民银行、证监会、发改委联合发布《关于进一步加强债券市场执法工作有关问题的意见》（以下简称《意见》），以强化债市监管执法，加强协同配合，建立统一的债券市场执法机制。此次，《意见》落地后，市场呼吁已久的债市执法机制统一最终落地。《意见》明确，证监会依法对银行间债券市场、交易所债券市场违法行为开展统一执法工作，对涉及公司债券、企业债券、非金融企业债务融资工具、金融债券等各类债券品种的信息披露违法违规、内幕交易、操纵证券市场以及其他违反《证券法》的行为，依据《证券法》有关规定予以认定和行政处罚。

然而，从债券发行体量上来看，银行间市场尚处于绝对优势；从债券投资机构主体上来看，银行也处于绝对优势。银行作为参与主体的监管是绝对绕不开中国人民银行和中国银保监会的。另外，虽然《证券法》规定，在中华人民共和国境内，股票、公司债券和国务院依法认定的其他证券的发行和交易，适用本法。但是，人民银行旗下的非金融企业债务融资工具和国家发

① 如企业债券发行需要先征得发改委审批通过，外资企业主体发行债券则须经过商务部审批。

② 参见杨海珍：《香港金融监管体制安排的发展历程及趋势》，载《金融管理》2008年第7期。

改委旗下的企业债却不属于监管对象,债券统一监管议题亟须在下次证券法修订时以上日程。因此,证监会获取债券市场统一监管权的路上仍然任重而道远。①

(三)塑造良好的债券市场环境

发展债券市场离不开稳定的市场环境、透明的法律制度、完善的金融基础设施以及较低的税赋环境。显然,香港在这些方面都符合要求。改进大陆债券市场监管,需要借鉴香港经验,从发行制度、投资者保护、税赋水平、市场结构等方面,完善当前的债券市场制度。

香港债券发行注册制保障了债券市场供给,促进了债券市场繁荣。在香港,只要符合债券发行的法定条件,并依照法定程序注册的,即可以发行债券。内地要借鉴香港注册制的债券发行经验,建立以市场为导向的债券发行机制,放宽对发债主体的限制,降低企业发债门槛,逐步取消债券发行审批制。债券发行注册制不仅消除了监管部门利用债券发行审批权进行寻租的空间,净化了市场环境,还将使监管成本大大下降,监管资源分配更为合理,有限的监管资源可更多投入事中和事后监管环节,提升市场监管的质量。

内地债券市场监管要加强对市场投资者的保护。尽管内地债券市场已经建立起投资者保护的基本框架,但在投资者保护力度和宽度上,内地还存在一些不足。内地监管单位可效仿香港建立起债券市场投资者保护基金。香港于1970年、2000年、2003年分别制定《证券条例》《金融服务和市场法》和《证券及期货条例》,明确了债券市场投资者保护基金的设立与运作。② 债券市场投资者保护基金一方面可以通过补偿投资者损失,化解债券发行公司破产风险;另一方面可以增强投资者信心、保障市场长期投资资金供给,壮大证券市场。目前,我国证券市场投资者保护基金已经设立,但这一制度还应当延伸至债券市场。③ 此外,法治环境对投资者保障

---

① 陈浩、王笑:《债券市场统一监管趋势已成,央行、证监会、国家发改委谁牵头》,载澎湃新闻,https://baijiahao.baidu.com/s?id=1627073456134915232&wfr=spider&for=pc,2020年5月20日最后访问。

② 参见徐志清:《投资者保护基金如何运作》,载新浪网,http://finance.sina.com.cn/stock/t/20050224/05521379451.shtml,2019年7月7日访问。

③ 张旭东:《中国证券投资者保护基金公司今日开业》,载http://finance.sina.com.cn/stock/y/20050928/22202006943.shtml,2019年7月7日访问。

同样重要。只有具备健全的法律体系、充分的权利保障，投资者才有信心投资债市，并作出证券的风险评估。无法相信法治体系不完善的地方能发展出成熟的债券市场。内地应加强债券市场的法治建设，保障投资者知情权和损害救济权。如有条件的地区可在司法机关中设金融监察处或金融审判庭，以为投资者提供更专业和全面的司法保障。①

香港简单的证券市场征税框架，较低的征税税率也值得大陆债券市场借鉴。根据香港《税务条例》，符合资格的债券市场收益和交易可获得100%至50%不等的免税优惠。低税负刺激了投资者的债券投资热情，吸引了世界各地的债券投资者，促进了香港债券市场的发展。内地债券市场要降低证券所得税的征税税率，扩大非国债收益的免税范围，以促进债券市场上不同种类债券的公平竞争。此外，内地还应逐步实现银行间和交易所两个债券市场的联通，消除由于债券市场人为分割所造成的债券资金流动不畅问题和价差过大而造成的债券市场低效问题。香港作为亚洲金融的自由港，并不会限制不同类别的金融机构参与债券市场，更不会限制市场资金流动。内地债券市场要取得香港今日的成就，要进一步消除市场壁垒现象，减少市场的人为限制。

六、结语

债券市场是我国金融市场的重要组成部分，债券市场的繁荣能为国民经济的发展提供坚实的融资支撑。尽管我国债券市场规模不断扩大，并已成为继美国、欧盟和日本之后的全球第四大债券市场，但我国债券市场监管仍存在许多的缺陷与漏洞。借鉴香港在债券市场监管中的成功经验，从监管模式、监管架构、监管环境等方面完善内地债券市场监管，不仅有利于债券市场的进一步繁荣发展，也利于我国金融监管体制改革的进一步深化。

---

① 自2011年开始，上海、浙江、广东等地法院纷纷试点设立金融审判庭，专门审理金融纠纷案件，有效对接金融市场需求。参见洪偌馨、曹金玲：《年轻的金融审判庭》，载搜狐财经频道，http://business.sohu.com/20120217/n334990061.shtml，2019年7月7日访问。

第五章　保险市场监管制度比较

保险业作为三大金融行业之一，在我国的金融体系建设和社会保障体系建设中扮演着极其重要的角色。保险业是经营风险的特殊行业，承担着风险集中和损失分担的功能。负债性这一特征，使保险经营不适用于一般商业的自由竞争机制，即凭借市场优胜劣汰的机制。保险公司一旦无力保障被保险人的利益，很可能影响到生产和社会生活的稳定，对广大公众的利益和社会的稳定造成影响。因此，从社会角度来讲，保险公司所提供的并不只是单纯的金融投资产品或服务，而是一种有利于社会安全稳定的制度安排。纵观世界各国，特别是发达市场经济国家的经验，它们对保险监管的主要目标表述不尽一致，但是，基本上都包括了如下三个方面：保护被保险人的合法权益、维护公平竞争的市场秩序、维护保险体系的安全和稳定。①

商业保险作为社会保险的重要补充，发挥着十分重要的作用。近年来，我国保险业经历了短时间之内的跨越式发展，目前正处于高速发展后的"瓶颈期"，具体表现为：保险公司数量较多但是经营状况差异较大、保险公司整体盈利能力涨势变缓、保险公司整体偿付能力欠缺。

---

① 参见卞志村著：《金融监管学》，人民出版社 2011 年版，第 187 页。

我国保险监管制度正式确立的标志是1998年保监会的成立,虽然近年来保险监管制度得到了一定的发展,但是,其监管力度需调整、监管主题需多元、监管手段需更新的问题仍然有待解决。因此,整合保险监管资源、完善保险监管的法律体制是我们目前急需完成的任务。随着2011年《中国保险业发展“十二五”规划纲要》的出台,中国保险业进入第三次转型期,中国保险监管模式正经历着由“行政职权监管主义”到“市场导向型监管主义”的转变。在这一重要时期,我国政府亟需解决“如何放宽”、“放宽什么,收紧什么”和“如何用简便易行的法律体制规制保险市场”等问题。作为亚太区最主要的保险中心之一,香港保险业有着悠久的历史和良好的发展现状,吸收了英国保险立法的优秀经验,在实践中做出了适合自己地域特点的改进。由于香港和中国内地也有着较为相似的社会结构和文化体系,因此,香港地区的立法和监管经验具有一定的借鉴意义。

本章之前已经有许多关于商业保险公司监管的研究成果,涉及保险公司的准入监管、投资监管、偿付能力监管、退出监管等各个方面。但相对而言,针对香港保险监管体制的研究成果较少,涵盖面较窄。专门针对内地和香港保险监管法律制度比较的研究成果更为鲜见。本章以法经济学为视角,比较了内地商业保险监管体制和香港保险监管体制的差异,意图借鉴香港地区的优秀立法经验来帮助我们明确监管路径,完善商业保险公司监管的法律体制,提高商业保险公司监管的有效性,促进保险业的产业升级和产业转型。

一、保险监管的基本理论

(一)保险监管的概念

与保险业的发展史相比,保险监管产生的时间并不算长,以至于对“保险监管”,学术界并未形成一个完整、清晰的理论体系。对于保险监管的客体,学术界的意见较为统一,即保险公司、[①]保险中介机构及以上机构所参与的保险业务和以上机构中的保险活动参与者等。对于保险监管的

① 本章中所指的保险公司,是指以经营保险业务、直接进行保险赔付、管理保险资金并以保险业务为直接营利手段的保险公司,不包括保险中介、保险资产管理公司以及其他保险服务机构。

主体,学界分歧则相对较大。有学者认为,保险监管指的是政府或其相关部门对保险行业进行的监管,这种定义方式也被称之为"狭义保险监管"。如马永伟认为,"保险监管是指金融主管机关或保险监管执行机关根据保险法规对保险机构实施监督和管理,以确保保险机构经营的安全和盈利,维护被保险人的利益"。① 然而,另外一些学者认为保险监管的定义应该更为广泛。虽然政府和相关部门在保险监管实践中的确具有许多优势,往往处于垄断性的监管地位,但是保险监管的主体应该是多元化的。这样才能提高社会各主体对于保险监管的参与度,防止政府对于保险行业过度地、独断地干预。如申曙光认为,"保险监管是指从国家、社会、保险行业和保险企业等各个层次上对保险市场的监督和管理";②韩笑认为,"保险监管即包括政府在内的保险监管主体,制定并依据法律及相关规定,对保险合约双方(主要是保险公司及相关当事人)的状态和行为所进行的监督和管理"。③

对此,笔者认同后者的观点。保险监管的参与主体指的是保险市场的监督者和管理者。首先,国家通过法律授权相应金融主管机关对于保险业的规范运营进行监管,如中国保险监督管理委员会(以下简称保监会)及其派出机构就是通过法律授权的保险市场监管主体。④ 其次,一些法律法规授权的其他组织,如保险行业自律组织和保险信用评级机构,也起到了重要的市场监督和市场管理的作用。这在采用"充分市场导向型"监管模式的国家表现得更为明显。⑤ 再次,社会媒体和民众虽然没有经过法律授权,但对于保险市场也具有一定的监督作用。最后,对于保险企业自身来说,也可以通过内部控制与治理的方式来进行自我监管。综上,笔者认为,在保险监管的主体认定问题上,应该采广义说。

---

① 马永伟著:《各国保险法规制度比较研究》,中国金融出版社 2001 年版,第 5 页。

② 申曙光著:《保险监管》,中山大学出版社 2003 年版,第 2 页。

③ 韩笑著:《均衡之路——中国商业保险监管制度研究》,人民出版社 2006 年版,第 55 页。

④ 2018 年 4 月,中国银行业监督管理委员会和中国保险监督管理委员会职责整合,组建了中国银行保险监督管理委员会,简称银保监会。

⑤ "充分市场导向型"这种监管模式是与"强力干预型"监管模式相对的概念。在该类型保险产业政策下,充分尊重和发挥市场竞争机制的作用,政府对企业和市场的直接干预活动比较少,政府侧重于为保险企业营造自然宽松的市场环境。参见瞿伟:《国际保险监管发展趋势及我国保险监管模式选择》,载《上海保险》2005 年第 12 期。

从各国立法实践的角度出发，根据实施监督管理措施的主体和手段的不同，各国保险业法对于保险业实施的监督管理制度通常也包括如上三部分，即保险业的国家监督管理、保险业的行业自律管理及保险企业的内部控制管理。[①]

（二）商业保险的概念及其监管必要性

区分商业保险和社会保险的标准是保险目的的不同。社会保险是由政府强制实施的，政府及其相关机构或者其委托的金融机构作为参与主体，为了给相关公民提供社会生活保障所强制个人和其所在单位参与的保险类别，具有福利性质。商业保险则是一种以营利为目的的非强制性保险，是"由保险双方自愿建立经济契约关系，通过市场实施，具有自愿性和补偿性的一种保险制度"。[②] 商业保险由商业性保险公司经营，是一种对社会保险的自愿性补充。

理性人假设的重要观点之一就是风险厌恶，倾向于风险程度较低的选择。因此，以分散风险为核心特性的保险产品在全球范围内得以蓬勃发展。同时我们注意到，保险业作为经营风险的特殊行业，虽然可以帮助各参与主体降低风险，但是，对于行业本身经营而言，风险性仍是其最明显的特征。此外，与其他金融投资产品不同，保险产品具有很强的外部性、社会性、公众性。因此，对于保险业，特别是其中的商业保险业进行监管是十分有必要的。原因如下：

第一，保险合同具有保障性、非即时清结性等特点。被保险人作为合同订立的主体之一，实际处于相对被动的地位。保险人保险赔付允诺的履行时间和具体的赔付数额，在缔约时往往难以确定，且将很大程度受到保险人信用和偿付能力变化的限制。因此，加强保险业监督管理，可以降低被保险人将承担的各种风险，同时平衡双方当事人地位。[③]

第二，保险合同是格式合同，产品定价和保险内容由保险企业单方面拟定。投保人、被保险人对于保险费率、保险责任、责任免除、退保等重要事项的了解十分有限，一般只能就接受合同和拒绝合同进行选择。如果缺乏外

① 有些国家对于保险业监管制度中，还包括社会中立机构的监督管理制度。

② 施建祥著：《中国保险制度创新研究》，中国金融出版社2006年版，第8页。

③ 参见贾林青著：《保险法》，中国人民大学出版社2009年版，第320页。

部监管,保险企业可能利用信息不对称和信息透明度较低的优势损害被保险人及其他保险参与方的利益。因此,加强保险业监督管理,可以有效避免大型保险企业垄断保险市场,亦可以有效减少其不正当竞争行为。

第三,保险经营的根基是风险赔付。保险经营是在负债条件下实现的,其经营过程可以被理解为负债和偿债的过程。保险公司用其收取的保费建立起保险基金,用于日后履行对于被保险人的赔付责任。这种保险基金本质上是一种对于被保险人的负债。保险基金不是保险人的自有资产,一旦保险人出现亏损或是破产,其自身利益固然会受到损害,但被保险人将受到的损害会远大于此。此外,保险公司在运营过程中亦可能遇到许多大额赔付,这些大额赔付也会对保险公司的赔付能力造成影响。因此,加强保险业监督管理,可以保证保险公司的赔付能力,进而适当规制保险行业的负债风险。

第四,保险经营的实质是数理计算。参保人和保险公司对于保险信息和保险产品的了解程度往往处于不对等的状态,且投保人获取赔付的目的和保险人的短期利益存在冲突,故保险业是否能够保持健康发展将依赖于保险机构和其他保险从业人员的规范经营和职业操守。因此,加强保险业监督管理,可以在实施上减少因保险费用过高或者低费率导致的不正当竞争,有效地保障投保人和被保险人的利益。

第五,保险行业的非正常运转将会给社会稳定和社会发展带来不良的影响。保险是关乎国计民生的大事,具有社会保障性,能够保障人民最基本的生活需求。因此,加强保险业监督管理,可以在社会资源调节和人民生活保障上起到重要的作用。

最后,商业保险公司是以营利为目的的保险公司。保险公司所收取的保费一部分将用作风险准备金,另一部分则将作为投资资本金流入金融市场并通过资本增值的方式获得盈利。因此,商业保险对于其他金融行业具有很大的依赖性。同时,由于金融投资往往具有较大的系统性风险,对于投资产品的选择是否得当也将一定程度影响被保险人的利益。因此,加强保险业监督管理,将有效减少金融风险对于保险市场的负面影响。

二、内地和香港保险业及商业保险公司发展状况比较

(一)香港保险业及商业保险公司发展状况

香港作为国际金融中心,聚集了众多优质的金融资源,其服务贸易业

非常发达。香港保险业起步较早，发展较为成熟，是亚太地区最重要的保险中心之一。从1841年成立第一家保险公司起算，香港保险业已有178年的历史。在一百余年中，香港保险市场已经从一个以代理为主、业务简单的单一保险市场演变为一个国际化程度高、同业竞争激烈、业务综合化发展迅速的国际保险市场。高度竞争与高度开放是它的主要特点。

保险深度和保险密度是衡量某一地区保险业发展状况的重要标准。[①]根据“瑞士再保险公司研究”提供的数据，在香港这个700多万人口、1076平方公里的“弹丸之地”，截至2012年底，其保险深度已达12.4%，位列全球第3位；保险密度达4544美元，位列全球第2位；拥有保险公司161家，保险覆盖率处于亚洲之冠。

在香港，平均每3万多人就有一家保险公司，保险渗透度已经达到121%。[②] 也就是说，平均每一个香港人拥有超过一张保单。2013年，香港地区保险深度增至13.7%，保险密度提高到5194美元，其保费总收入亦有13.9%的增幅。[③]

2006年至2015年间香港商业保险公司的发展状况详见表5－1。

表5－1　香港商业保险公司发展状况[④]（2006年至2015年）

年　份	保险公司数目（家）	保险公司保单收入（亿元）	保险公司赔付金额（亿元）	保费年增长率（%）
2006	181	1560.45	105.95	13.65
2007	178	1972.87	118.90	26.43
2008	175	1886.62	136.95	－4.37
2009	171	1846.46	145.01	－2.13
2010	168	2049.61	145.12	11.00

① 保险深度即“一个地区的保费收入占该地国内生产总值之比”；保险密度即“按当地人口计算的人均保险费额”。

② 参见《中国保险报》，载www.cnpension.net，2013年11月19日访问。

③ 参见《经贸研究》，载http://hong-kong-economy-research.hktdc.com，2014年8月20日访问。

④ 参见2007年至2016年度《香港保险年报》，载香港保险业监管处官网，http://www.Dci.gov.hk/chs/press/index_01.html，2019年6月27日访问。2013年至2016年相关数据参见香港保险业监理处官网，载http://www.oci.gov.hk/chs/about/index.html，2019年6月27日访问。

续表

年　份	保险公司数目(家)	保险公司保单收入(亿元)	保险公司赔付金额(亿元)	保费年增长率(%)
2011	163	2337.50	143.84	14.04
2012	155	2633.00	159.48	12.70
2013	155	2995.15	—	15.00
2014	158	3393.35	—	14.70
2015	157	3741.25	—	11.00

2006年至2015年间,香港保险公司数目略有减少,保单收入总体上逐年递增且涨幅较为稳定;保险公司储备金率先下降后有所回升,维持在140%左右,偿付能力普遍表现较好;保费年增长率虽然在2008年、2009年金融危机时出现负增长,但近年来随着全球经济趋势的回暖再度呈现出较好的势头。据表5-1数据可知,香港保险市场目前处于较为饱和的状态,竞争激烈。不具竞争力的保险公司逐渐被市场所淘汰,有竞争力的保险公司则在逐步扩大规模。保险公司资本普遍较为充足,市场监管体制较为成熟。

香港地区保险业的国际化程度很高,截至2014年4月2日,香港地区的159家保险公司中,约半数在海外注册成立。这些外资保险公司不仅在数量上占有较大比例,在市场份额占有率上亦不容小觑。根据香港保险业监理处2012年报显示,香港十大保险公司占据了整体市场份额的41.6%,其中绝大部分保险公司为外资保险公司。

此外,内地居民赴港购买保险服务已成为趋势。2013年来源于中国内地的保费收入达到1.72万亿元人民币,增幅达到11.2%。伴随内地社会结构老龄化的加剧,对于人寿类保险业务的需求将进一步扩大。同时,随着中国内地与香港经济往来关系的逐渐密切,两地保险业的合作也频频出现利好消息。2014年6月起,保监会宣布在港保险公司可以在相同业务领域收购2家内地保险公司。这在一定程度上说明了香港地区保险业务的吸引力之强。①

① 李中:《保险密度区域差异仍然明显》,载中保网,http://pl.sinoins.com/news/101214/78182.html,2014年1月18日访问。

（二）内地保险业及商业保险公司发展状况

相比香港而言，内地的保险业起步较晚。虽然早在1805年，内地的第一家保险机构就已经诞生，现代保险制度也进入了内地。但是，直到1949年中华人民共和国成立，保险市场都一直被官僚资本所控制。中华人民共和国成立后，由于1966年至1976年发生了“文革”，中国人民保险公司停办了国内保险业务，国外保险业务及国际再保险业务事实上也基本处于停滞状态，中国的保险业名存实亡。

从1978年新中国保险业起步到如今的四十多年中，内地保险业经历了“从无到有”的跨越式发展，保险公司的数目也是从“一枝独秀”发展到现在的“百家争鸣”。然而，在经历了四十多年的高速发展后，内地保险业正面临严峻的考验。

根据“瑞士再保险公司研究”提供的数据，2012年间内地保险公司的原保险保费收入为15488亿元，位居世界第四；但保险深度仅为2.96%，居全球第46位，远低于全球平均水平；保险密度仅为179美元，列全球第61位。2012年度保费收入同比增长仅为8%，与近十年来保持的20%左右的增长率相比形成较大幅度的缩水。可见，虽然我国幅员辽阔、人口众多、保险市场潜力巨大，但是保险在我国普及度并不高，渗透度也有所欠缺。在中国内地，平均每2500万人才有一家保险公司，数量极少。①

2006年至2013年间内地商业保险公司的发展状况详见表5－2。

表5－2　内地商业保险公司发展状况②（2006年至2013年）

年份	保险公司数目/家	保险公司保单收入/亿元	保险公司赔付金额/亿元	保费年增长率/百分比	保险公司偿付能力状况
2006	98	5640	1464	14	初步建立偿付能力报告制度
2007	130	7033	2300	25	偿付能力不足的产险公司10家
2008	130	9784	2971	39	偿付能力不足的产险公司有12家

① 参见贾林青著：《保险法》，中国人民大学出版社2009年版，第320页。

② 参见中国保险监督管理委员会主编：《中国保险年鉴》，中国保险年鉴社2007－2014年，全本。

续表

年 份	保险公司数目/家	保险公司保单收入/亿元	保险公司赔付金额/亿元	保费年增长率/百分比	保险公司偿付能力状况
2009	131	11137	3125	14	偿付能力不足的产险公司有8家
2010	136	14528	3200	30	偿付能力不足的公司共5家
2011	152	14339	3929	—①	偿付能力不足的公司共5家
2012	164	15488	4716	8	偿付能力不足的公司共10家
2013	153	17222	6213	11.2	偿付能力不足的公司共5家

由表5-2可知,2006年至2013年间,内地保险公司数目呈不断增加趋势,6年内累计增加保险公司70余家。保单收入逐年增长,且2007年、2008年、2010年保费增长幅度较大,可见这三年间保险公司的业务扩张较为迅速。然而,2011年至2012年间保费收入增速却骤然减缓,保险业务扩张速度亦出现一定程度的减慢。保险公司偿付能力报告制度初步建立后的5年内,内地保险公司一直存在偿付能力不足情况。但是,这一现象正在好转。目前内地保险公司整体呈现稳中向好的态势。2013年各公司的偿付能力报告显示,根据内地保险地区保险公司偿付能力的三级划分标准,2013年全年偿付能力达标公司数量占比始终保持在98.6%以上,达标公司资产占比和市场份额占比均保持在99.7%以上,且绝大多数公司处于偿付能力充足Ⅱ类水平;5家偿付能力不足的公司均为中小型寿险公司,对整体市场的影响不大。同时,来自保监会的记录显示,对于上述5家偿付能力不足的公司,已经采取了针对性的监管措施。例如,停止新业务、停止增设分支机构、责令增资、禁止购置大型固定资产、停止向股东分红等监管措施。[②]

据此可知,内地保险业在经历了高速发展之后,不可避免地遭遇了"瓶颈期"。在这种情况下,除了保险行业自身改善措施之外,保监会更需要制定和实施切实有效的监管措施来保障内地保险市场众多保险公司的稳健运营以及其资本和偿付能力的充足性。目前,第二代偿付能力监管体

① 由于《企业会计准则解释第2号》的实施,寿险业务和意外险业务保费来源发生变化,故2011年数据与2010年数据不具有可比性。

② 参见中商情报网,http://www.askci.com/,2015年1月24日访问。

系建设初步完成,其在保险资金运用监管、产品监管、保险集团监管等方面均有所突破。2014 年 8 月 10 日,《国务院关于加快发展现代保险服务业的若干意见》(以下简称国十条)正式颁布。到 2020 年,我国保险业的发展目标是保险深度达到5%,保险密度达到3500 元/人。对比我国现状,其难度不可谓不大。正因为此,借鉴拥有成熟保险市场国家的相关经验,以推动促进我国保险业发展成了必由之路。

三、两地商业保险公司监管法律制度的比较与分析

如前文所述,保险业监管的目的主要是维护保单持有者利益、保证保险人的偿付能力、维护保险市场秩序、确保保险业整体稳定发展、防范和化解保险风险。[①] 各国所采用的监管形式不外乎立法、行业自律和企业内部控制。内地保险市场发展具有不完全性,其市场经营规则、行业自律机制甚至法律法规体系都多有不成熟之处。因此,内地一向采取严格监管的法律制度,强调对保险公司进行全方位的监督与管理,以维护保险市场的秩序、保障被保险人的利益。

香港地区市场成熟度较高,市场经营规则、行业自律机制、公司内部治理、法律法规体系相对较为完善。在保险监管方面,其一直采取相对宽松的监管模式。奉行“最大支持和最小干预”的原则,认为保险监管的最本质目的是保证保险公司的偿付能力。因此,主要对保险公司的准入和偿付能力有所限定,对其具体经营方面干预较少。

近年来,为了适应保险业市场发展形势的变化,促进保险监管进一步与国际接轨,香港政府于 2007 年开始委托专业顾问公司研究新的保险监管组织架构、运作机制及相关部门职责范围等事务。2008 年全球金融危机爆发后,香港政府又专门针对后危机时代国际金融监管的发展趋势,对保险监管体制改革问题进行了延伸研究。2010 年 7 月,香港财经事务及库务局公布了成立独立保险业监管局(以下简称保监局)的公众咨询。[②]

---

① 马宁著:《保险法理论与实务》,中国政法大学出版社 2010 年版,第 460 ~461 页。

② 香港目前的保险监管主体为“保险业监理处”,从属于香港政府,为其下辖部门之一。而拟成立独立保险业监理局为一处在财政和运作上均独立于政府的机构,其将取代现有的政府部门保险业监理处,对保险公司及保险中介人进行更为有效的监管,以加强对于保单持有人的保障,维持市场稳定和竞争力。载香港特区政府财经事务及库务局官网,http://www. fstb. gov. hk/fsb/chinese/ppr/press/doc/pr120710_c. pdf,2015 年 1 月 11 日访问。

香港政府希望通过设立保监局，确保保险业的规管架构与时俱进，促进保险业的稳健发展，为保单持有人提供更好的保障，与金融监管机构在财政和运作上独立于政府的国际做法看齐。在历时4年的筹备之后，2014年4月，香港独立保险业监管局终于向立法会发出了参考资料摘要。[①] 目前，香港政府成立了一个工作小组，以协助保险业监管制度由自律规管制度顺利过渡至由保监局所推行的新制度。

后文中笔者仍将以现行的香港保险监管体制为主要立足点，适当体现香港保险行业监管的新变化，对香港与内地商业保险公司的监管体系、监管标准、行业进出、保险公司运营、保险公司偿付能力、保险资金运用、违法责任以及保险中介人行为这几个方面的法律制度进行比较，力求从法律体制方面分析出导致香港和内地两地商业保险公司业务发展差异的原因，借以提出完善内地保险监管制度的建议。

（一）监管体系比较

表5-3　香港与内地商业保险公司监管体系比较

项　目	香　港	内　地
监管方式	政府监管与行业自律相结合	政府监管主导
监管机构	保险业监理处（下文简称保监处）为行政监管主体	香港保险业联会（下文简称保联会）；水险公会；意外险工会等行业自律组织配合监管

香港地区所采用保险监管体制是政府监管与行业自律相结合的二级监管模式（见表5-3）。政府对于保险监管的参与度较低，充分尊重保险市场的自身调节作用。这是香港的保险监管体制区别于内地的最大特征之一。监管机构奉行“最大支持和最小干预”的原则，保监处不会干涉保险公司的日常运作事宜（如对保险产品、保险费率进行约束等）及具体的经营活动，主要针对保险公司的准入、偿付能力以及公司高级管理人员的任免进行管控，其他方面则主要依靠行业自律组织进行管理。可以说，在促使香港保险业稳定发展的过程中，保监处有效他律和保联会完善自律之间

① 参见香港特区政府财经事务及库务局官网，http://www.fstb.gov.hk/fsb/iia/chi/establishment/index.htm，2015年1月11日访问。

的配合不可忽视。

保监处于1990年6月成立，是隶属于香港特别行政区政府财经事务及库务局下的一个政府部门，由保险业监理专员主管，是香港保险业最主要的监管主体。保监处依据1983年制定的《保险公司条例》履行职能，负责执行适用于保险业的法律，推行由政府监管和行业自律共同构成的保险行业规则及监管制度。保监处的主要职责包括四个方面，其一为对保险公司的准入和经营活动进行授权；其二为对保险公司实施审慎的监管，以确保其财政稳健；其三为对保险中介人的监管，保险代理人和部分经纪人需向保监处进行登记或申请授权；其四为对保险市场的监管，在保险公司出现特殊情况时，采取适当的行动以维护保单持有人及潜在保单持有人的权益。[①] 保监处下设四个组别：一般业务部、长期业务部、执法部及政策发展部。

保监处对于保险公司的监管大致可以分为两部分，其一为对在港经营保险业务公司的准入资格进行审查并批准（处理其授权申请）；其二为监督已获批准的保险公司的执业情况，使之符合《保险公司条例》中关于资本充足率、偿付准备金、最低资本金、处理资产和负债的方式、高级管理人员资质、财务报告、再保险安排等的一系列要求。根据规定，保险公司只有获得香港保监处批准，才可以在香港或从事香港经营保险业。保监处还需与业界及其他专业团体协商相关规管和发展事宜，进行紧密合作，以顺利推进二层次的保险监管制度。[②]

保监处不直接监管保险中介人，仅负责监察保险中介人的自律规管制度及推行保险中介人的素质保证计划。保险中介人主要由三个自律机构监管，即保联会下辖的保险代理人登记委员会、香港保险顾问联会和香港专业保险经纪协会。这三个机构的职责包括：对有资格的保险代理人进行登记管理，对专业保险中介机构的准入和高管人员资格进行审查，处理涉及保险中介人的投诉，并对已查实的个案采取自律行动等。

香港保险业联合会、香港一般保险总会、香港寿险总会等行业自律组

① 参见朱乾宇、曹凤岐：《香港保险业的发展现状及监管经验借鉴》，载《国际金融研究》2009年第5期。

② 参见李文群著：《香港的保险业》，清华大学出版社2008年版，第153~156页。

织在两层次的保险监管制度中,也起到了配合监管的作用。保联会作为香港保险业最重要的自律组织,是一个由保险专家、会计师、律师、消费者委员会委员等人员构成的组织。保联会设立的主要目的是增强市民对于保险行业的认知和理解,推广保险业务;向政府提交行业自律办法,与监理处进行沟通;处理保险相关技术性事宜;解决部分保险人申诉;处罚违规保险代理人、业务代表并处理他们所提出的上诉。保联会的成员除了一般保险总会、寿险总会之外,还包括香港火险工会、香港水险工会、香港意外险工会等技术性组织,共同为其会员公司提供专业性服务。另外,由于保险代理公司和保险经纪公司自身并不承担保险风险,因此,其经营过程不受保监处《保险公司条例》的管辖,只能依靠自律协会订立一些自律措施进行管理。

香港地区虽然奉行判例法制度,但是,在金融法律法规方面却以成文法为主。从狭义法律的角度来看,保监处对保险行业所进行的监管,可分为两个层次:第一层次为《中华人民共和国香港特别行政区基本法》;第二层次为立法会制定的《保险公司条例》(其中有关保险监管的内容主要包括授权规定、实缴股本规定、偿付准备金的规定、高级管理人员任职资格规定、再保险安排和其他重要条款的规定)、《海上保险条例》等。这些条例和法律厘定了对于保险人及保险中介人的监管架构,为保险业的监管提供了法律依据。从广义法律上理解,保监处及各行业自律组织所制定的规则与规范,也应该属于监管法律体系的一部分。① 值得一提的是,保险业内的自律措施是香港保险法规修改和修订的一个重要来源。通常的操作办法是通过保险业的组织,先将自律措施进行实践并收集初步实践的结果反馈。证明可行之后,通过立法机构修改法律,将新的自律措施纳入保险法律体系之中。这种立法形式提高了立法的合理性和实施的有效性,补充了政府监管的不足,构成了香港保险监督的监管体系。

但是在新修订的《保险公司条例》草案中,我们看到,香港保险业监管体制可能发生较大幅度的改变,独立保监局将取代保监处,执行保险业的工作。② 保监局将拥有全面的监管权力,除承接原保监处的相关规管职能

① 参见李文群著:《香港的保险业》,清华大学出版社2008年版,第156~159页。

② 根据国际保险监督联会(IAIS)所订明的国际保险监管原则,保险监管机构应有财政独立、运作独立和政治独立的地位。在大部分发达国家的市场,如新加坡、英国、澳洲等,其保险业的监管机构都是独立组织。这也是促使香港政府作出如此转型改变的主要原因之一。

之外，还将负责监管获授权保险人及持牌保险中介人，[①]敦促其审慎经营；其将成为所有保险中介人（包括银行及其雇员）的主要及领导规管机构，制定操守准则及要求的唯一规管机构。此外，保监局还将举办公众教育活动，以提高现有及潜在的保单持有人对于保险产品的特点及风险的认识，协助保单持有人在掌握有关资料后再作出决定；与香港或者香港以外的其他金融监管机构合作并提供协助；对保险业相关事宜进行研究，和业界分享成果以制定有效的规管策略，促进保险业市场的可持续发展。[②] 保监局拟设置以下五个部门，即长期业务部、一般业务部、政策及发展部、市场行为部和机构事务部。其中，新增的两个部门的主要职责是让保监局能够更为有效地加强对于保险中介人的监管，[③]以及履行目前由其他政府部门代保监处执行的机构职能。[④]

在监管体系方面，内地采用的是政府职权为主导的一元保险监管体系。银保监会及其派出机构在保险业监管的过程中处于垄断性的监管地位。与香港地区较高的保险业发展水平以及维护保单持有人利益和促进保险业整体稳定的监管目标有所不同的是，内地目前的保险业发展水平相对较低，银保监会除了维护保单持有人利益、促进保险业整体稳定的监管目标之外，还负有带领和提高保险业的发展水平、实现保险业自身实力提升的使命。[⑤] 这就直接导致内地保险监管部门必须同时满足保险公司的

---

① 为了更为有效地规管保险中介人，解决其表面和实际的利益冲突，处理现行三个自律规管机构处理投诉机制、调查程序及纪律处分制度方面的不一致，保监局将新设一个发牌制度以直接监管保险中介人的操守。任何保险中介人如欲进行“受规管活动”，必须领有由保监局发出的牌照。但三个自律规管机构将继续履行行业团体的职能，例如推广保险业、举办培训课程、制定最佳守则等。

② 参见《2014 年保险公司（修订）条例草案》附件 C“独立保险业监管局的法定职能”。

③ 保监局将更为直接、有效地监管保险中介人的操守，包括发牌、巡察、处理投诉、调查失当行为，以及施加纪律处分。

④ 对于独立保监局权力过大而引发的潜在制衡风险，政府机构也予以了考虑。具体表现在，保监局的非执行董事数量将超过执行董事数量；保监局须向立法会提交年报；提高其信息披露义务的要求；设立上诉审裁处以处理保险公司及中介人就保监局作出的有关决定提出的上诉；由行政长官成立一个独立的程序覆检委员会，以覆检保监局的内部运作及程序等。详见《2014 年保险公司（修订）条例草案》附件 D“加强独立保险业监管局（保监局）问责性的制衡措施”。

⑤ 《中华人民共和国保险法》中虽未明确保险监管的目标，但《中华人民共和国保险法》第 1 条：“为了规范保险活动，保护保险活动当事人的合法权益，加强对保险业的监督管理，维护社会经济秩序和社会公共利益，促进保险事业的健康发展，制定本法”的规定，指明了我国保险监管的基本方向。即保护保单受益人的合法权益；维护保险市场的公平与稳定；促进保险市场的健康发展；发挥保险业在整个金融体系中的作用。

主管上级和监管者的定位,[①]其身份具有复杂性。[②]

银保监会实行的是较为严格的实体监管,其职责范围远远超过了香港保险业监理处的职责范围,政府在大陆商业保险公司监管的过程中亦具有更高的参与度。银保监会下设财务会计部(偿付能力监管部)、保险消费者权益保护局、财产保险监管部(再保险部)、人身保险监管部、保险中介监管部、保险资金运用监管部、国际部、法规部等十六个部门,其主要职责有:拟定保险业发展的方针政策;起草监管相关法律法规;审批保险公司及其分支机构、保险代理公司、保险经纪公司等保险中介机构的设立;审查保险机构高级管理人员的任职资格;对保险险种的保险条款和费率进行审批或备案管理;对保险公司的偿付能力及经营过程进行监管;对特殊险种和业务活动进行监管;依法对保险机构和保险从业人员的不正当竞争等违法、违规行为进行监管等。[③] 商业保险公司从设立、投资、运营到清算退出的市场行为,财务状况和内部治理状况等各个方面均要受到银保监会及其派出机构的监管。保险公司的很多行为还要经过银保监会的核准或是备案才能实施。

内地保险业发展尚不成熟,具体体现在其保险法制不健全、企业的自我约束能力堪忧、相应的民间自律组织发展无法得到相应支持等方面。因此,长久以来,市场行为监管和偿付能力监管一直是保险监管中的重点。但是,对比2015年"新保险法"与2009年"旧保险法"的变化,结合"十二五"计划及"国十条"的颁布,可以看出,随着保险行业的发展,公司治理结构监管的地位越来越高。[④]

中国内地的保险监管法律体系主要由以下几个层次构成,即人大立法、行政法规、最高院司法解释以及地方性法规。虽然内地也设立了保险行业协会,但是,保险行业协会完全是一个行业自律性组织,并

① 参见李扬著:《国际保险监管核心原则——理念、规则及中国实践》,经济管理出版社2006年版,第20页。

② 有学者认为,保监会行政主管职能的存在,行业管理色彩的浓厚,影响了市场机制的充分发挥,事实上反映了计划管理制度与市场监管制度在接轨中的矛盾。

③ 参见中国保险监督管理委员会官网,http://www.circ.gov.cn/web/site0/tab5170/,2015年1月12日访问。

④ 国际通行认可的保险监管三支柱为"偿付能力监管"、"市场行为监管"以及"公司治理结构监管"。

没有实际监管职权，其决议也不具有强制执行力。对比香港地区，保联兼具专业性和权能性，能够有效处理各类保险实务中出现的复杂技术性问题，亦有一定权力及时惩处保险代理人的违规行为，能够将大部分保险类纠纷解决于萌芽状态。同时，其他行业性保险公会也起到了给业内商业保险公司提供技术支持、保障保险公司的正常运转和经营的作用。

（二）监管标准划分比较

表5－4　香港与内地商业保险公司监管标准划分比较

比较内容	香　港	内　地
按照可保利益类型划分	划分为一般保险（59%的公司）、长期保险（28%的公司）和其他业务（12%）。	划分为人身保险业务（49%的公司）、财产保险业务（41%的公司）和其他业务（5%的公司）。①

划分保险公司的业务范围是制定不同监管标准的基础。如表5－4所示，香港和内地两地都针对不同的可保利益类型对于保险监管标准进行了划分。

在香港的保险监管划分标准中，长期保险业务是指存续周期较长的保险业务，主要指人寿类保险；一般保险业务是指非长期保险业务，如财产险业务。因此，香港地区也常常以寿险和非寿险来称呼上述两种保险业务。香港的保险业务范围极其广泛，其中，一般保险业务可以分为意外及健康险、汽车险、货运险、财产损坏险、金钱损失以及其他保险几类；长期保险业务可以分为个人人寿业务、团体人寿业务、退休计划业务、年金、永久健康及资本赎回业务。②

此种基于险种时间长短的划分标准，是对投保人可能遭遇的风险进行综合考评之后所作的划分，是以风险为导向所进行的划分。另外，除去依据《保险公司条例》中所规定划分的基本险种进行区别监管

① 参见李中：《保险密度区域差异仍然明显》，载中保网，http://pl.sinoins.com/news/101214/78182.html，2014年1月18日访问。

② 参见《香港保险公司条例》附表1。

之外，香港保险监督管理机构还可以依照诸如《汽车保险（第三者风险）条例》、《出口信用保险局条例》以及《海上保险条例》等法律、法规，针对不同经营范围的公司设定不同的监管标准，对具体险种进行进一步的区别监管。

在内地的保险监管划分标准中，监管部门主要按照“财产保险/人身保险”这一类型为基础进行划分。其中，人身保险可以进一步被分为人寿保险、意外伤害保险以及健康保险；财产保险可以进一步被分为财产损害险、农业保险、交通运输工具保险、运输货物保险、责任保险、信用保险等。可以看出，虽然分类基础看似不同，但是，在险种分类的细化及实质方面，内地保险与香港保险并无悬殊的区别。

依照人身保险法律关系和财产保险法律关系的分类标准对保险公司进行划分，实际上是针对保险标的内容和种类对保险业务所进行监管标准划分，并未以风险为导向来进行监管标准的划分。这种划分方式的主要目的在于便利保险公司的业务实践。例如，关于保险金额的确定、保险期限、[①]保险利益的认定、保险费率的确定，财产保险和人身保险法律关系之间有着较大的区别。

内地很少针对不同种类的保险公司区别设立不同的监管标准，即使采用了不同的监管标准，也是基于财产险和寿险的区别而设立的。此种划分标准不利于衡量商业保险公司潜在风险的大小，不利于监督和保障保险业的发展。例如，人身保险法律关系中涉及长期险和短期险两种险种，采用统一的监管标准显然是不利于风险管理的。此外，这种监管方式亦可能导致管理上的混乱。在内地，经营财产保险业务的保险公司经国务院保险监督管理机构批准，可以经营短期健康保险业务和意外伤害保险业务（两险种均属于短期保险）。[②] 内地主营财产保险的保险公司中，有相当比例的公司都已取得了该种批准。

上述分析还体现出，我国的监管模式相对偏重于静态监管，尚未采取

① 大部分财产保险法律关系以一年为期限；人寿保险法律关系存续时间较长，属于长期保险，但健康保险和意外保险法律关系仍属于短期保险。

② 详见《中华人民共和国保险法》第95条。

大势所趋的动态监管模式，即侧重于风险评估与风险管理。①

（三）准入监管法律制度比较（见表 5－5）

从下表 5－5 的比较可以看出，香港和内地在商业保险公司准入监管方面存在以下区别：

表 5－5　香港与内地商业保险公司准入监管法律制度比较

比较内容	香　　港	内　　地
准入门槛划分②	1. 混业经营，任何公司均可以向保险业监督机构申请授权经营任何类别的保险业务； 2. 区分一般保险业务公司和长期保险业务公司，采用不同的设立标准。	1. 分业经营，不区分业务范围，设立保险公司采用统一的设立标准，该标准可以由监管部门根据保险公司经营范围进行调整，但不应低于该统一设立标准； 2. 同一保险人不得同时兼营财产保险业务和人身保险业务，但是，经营财产保险业务的保险公司经过保险监督管理机构核定，可以经营短期健康保险业务和意外伤害保险业务。
实缴资本③	1. 对一般保险公司（不经营法定业务）、专业再保险公司（不经营综合业务）以及经营长期业务的保险公司，最低的注册资本要求为 1000 万港元； 2. 对一般保险公司（经营法定业务）、专业再保险公司（经营综合业务）及同时经营一般业务和长期业务的保险公司，最低注册资本要求为 2000 万港元； 3. 上述最低资本要求可能需要根据公司上一年度未决申索情况进行向上调整。	1. 保险公司、人寿再保险公司、非人寿再保险公司最低注册资本要求为 2 亿元人民币，且必须为实缴货币资本； 2. 综合再保险公司的最低注册资本要求为 3 亿元人民币，且必须为实缴货币资本。

① 香港地区于 2014 年 9 月 17 日开始就拟议的香港保险业“风险为本资本框架”展开了咨询，旨在使得香港保险业界的规管架构与国际要求看齐，令资本要求与保险公司所承担的风险更为相称。笔者也将在后文中体现这一改变。

② 详见《香港保险公司条例》第 7 条以及《中华人民共和国保险法》第 95 条。

③ 详见《香港保险公司条例》第 6 条、第 8 条以及《中华人民共和国保险法》第 69 条的规定。

续表

比较内容	香港	内地
对于股东、控权人及其他高级管理人员的要求①	1. 考察董事及控权人财政状况、品格、声誉、诚信和可靠程度以及与履行职务有关的工作经验等因素;② 2. 对于股东的财政资源、人力资源配置、公司承保和投资政策等细节方面的考察。	公司章程、营业场所的设立须符合法律规定,股东、董事、监事和高管人员的选任需符合法律规定。
对精算师、核算师的要求	每名保险人需委任一名符合要求的精算师及一名符合要求的核数师。	暂无。
其他	1. 对于再保险安排要进行审核; 2. 并无提交"筹建方案"和"可行性研究报告"方面的要求,而是以对于股东的财政资源、人力资源配置、公司承保和投资政策等细节方面的考察进行相关的监管。	1. 保险公司应提交"筹建方案"和"可行性研究报告",拟设立的保险公司应具有明确的发展规划、经营策略、组织机构框架和风险控制体系。组织机构应健全,合规、风控、财务、内控等方面的制度应健全; 2. 对于拟发布保险条款和保险费率应进行审核(批准或备案); 3. 申请人向中国银保监会提出开业申请时,应提交3年经营规划和再保险计划、拟经营保险险种的计划书。

1. 对资产性准入监管的要求对比

在规范经济学的理论框架下,监管者是为了服务公共利益而存在的。

① 详见《香港保险公司条例》第8条、第13条、第14条、第15条,《中华人民共和国保险法》第70条、第82条,《保险公司管理规定》第7条、第11条。

② 根据《香港2014年保险公司(修订)条例草案》第30条的相关规定,保监局在为施行第8条、第13条、第14条、第15条的规定而判断某人是否为适当人选时,可以考虑其学历及与履行职位有关的工作经验;品格及信誉;财政状况和偿付能力;社会职位等。

监管的目标是为了实现经济效率最大化，同时减少对于消费者利益的损害。而保护消费者利益不受损害的重要手段之一，就是从一开始便将不合格的保险人拒之于保险市场门外，这也是保险监管机构保险公司准入方面进行监管的理由。

香港法律规定，对不经营法定业务的一般保险公司、不经营综合业务的再保险公司以及长期保险公司，其最低的注册资本要求为1000万港元，折合人民币不到800万元；对经营法定业务的一般保险公司、经营综合业务的再保险公司及同时经营一般保险业务和长期保险业务的公司，最低注册资本要求为2000万港元，折合人民币不到1600万元，同时，并无实缴货币资本的要求。

而内地法律规定，设立保险公司的最低注册资本要求为人民币2亿元，且需为实缴出资。我国2014年3月起实施的新《公司法》取消了对于拟设立公司的注册资本的要求。但是《保险法》相对于《公司法》而言为特别法，基于特别法优先于一般法的原则，设立保险公司仍适用2亿元最低实缴注册资本的规定。

由此可见，香港设立保险公司的注册资本要求远低于内地，两者相差数倍之多。

2. 对非资产性准入监管的要求对比

对于非资产性准入监管，笔者将从以下几方面进行论述。

其一，对于股东的要求。

香港对于股东的财政资源、人力资源配置、公司承保和投资政策等细节方面的考察相当于内地法律规定的对于拟成立公司提交的“筹建方案”和“可行性研究报告”进行审查。但是，在内地监管体制中，可行性方案报告由拟成立保险公司提供，监管机构相对比较被动。而在香港地区，保险监督管理机构将主动对该公司发起审查并进行全方位的调查。因此，相比香港地区，内地更易出现保险公司瞒报、谎报实际情况的情形。

两地监管出现这一分歧的原因在于，香港政府对于保险公司的注册资本要求不高。这就意味着，唯有对保险公司非资产类别的情况进行细致的审查，才能有效保障并控制新设立保险公司的质量。此外，香港对于拟设立商业保险公司的其他非资产性准入标准，诸如保险公司人力资源配置和会议记录、投资政策等非资产类别的监管标准,亦有十分细致的规定。比如,香港会审核拟成立保险公司的董事及控权人的财政、信誉和从业经验。但在内地,根据《保险法》第 68 条的规定,只审核主要股东的信誉是否良好、是否具有持续盈利能力、有无违法记录及私人财产情况,而对于股东的其他方面少有要求。①

其二,对于董事及内控人的要求。

在香港地区,保监处有权拒绝为其所认定的不适当该职位的董事及控权人授权。其中,控权人范围广泛,不仅包括董事、监事、高级管理人员,还包括通过关联关系可以对申请公司拥有实际控制权的人或是申请公司董事的直接指令人。② 该审核十分严格,董事及控权人的品格、声誉、诚信和可靠程度以及与履行职务有关的工作经验、社会地位等因素均会被纳入考量范围之内。

而在内地,保监会对于保险公司董事、监事和高级管理人员的审查认定主要从信用、从业经验以及经营管理能力等任职资格方面入手。可以看出,即便《保险法》在修订之时,新增了对于董事和监事的任职资格管理规定,③内地对股东、董事及内控人的资质审核仍宽松于香港地区的要求。

其三,对于审计师/精算师等的要求。

香港地区要求,每名保险人需委任一名符合要求的精算师及一名符合要求的核数师,以处理公司的内部审计、会计等事项,控制保险公司的内部风险。内地仅对于精算人员有所规定,要求保险公司应当聘用经国务院保险监督管理机构认可的精算专业人员,并建立精算报告制度。对于审计等方面,虽然要求保险机构应当按照规定时间向保监会报送财务会计报告等资料,但是,并未对于相关从业人员(如内部审计师等)的任职资格作出规定。可以看出,内地保险机关机构在这方面的风险管理上还是宽松于香港地区的。

其四,对于保险条款、保险费率和保险品种的监管。

香港对于新业务的限制比较宽泛,只规定保险业监理处可以要求保险

---

① 详见《中华人民共和国保险法》第 68 条的规定。

② 详见《香港保险公司条例》第 9 条的规定。

③ 详见《中华人民共和国保险法》第 68 条的规定。

公司在经营保险业务的过程中“不得更改任何指明种类的保险合约”。而在内地,商业保险公司拟发布关乎社会公众利益和新开发的人寿保险条款和保险费率时需要经过保监会的批准。[①] 对于其他保险险种和保险费率的发布,则在经过银保监会备案之后才能投放市场。[②] 可见,内地对于保险条款和保险费率的监管是非常严格的。这种制度差异是香港地区保险产品相较内地更加多元化的原因之一。在保险品种方面,香港保险市场针对客户的需要开发了大量涵盖社会生活方方面面的保险产品,以满足市场需求。其中,有很多保险品种是在内地严格监管下所无法开发的。而内地保险市场中的保险产品同质化严重,导致恶性竞争和价格战现象层出不穷,一定程度上阻碍了内地保险市场的发展,是其保险深度和保险密度较低的直接原因之一。

从立法进程来看,2015 年新修订的《保险法》进一步严格了保险市场的准入条件,从四个方面增强了准入监管的力度,具体表现为:[③]增加了对主要股东资质的要求,以应付保险公司发展过程中的增资需求及促进保险公司的健康发展;强化了对保险公司实缴货币资本的要求,以进一步保障保险公司的稳健经营;将保险公司的董事和监事纳入任职资格管理范畴,要求其必须具备任职的专业知识和业务工作经验,以控制保险公司风险及保证重大决策的正确性和内部监管的有效性;授权保险监督管理机构根据监管需要增设准入条件,以备形势变更的不时之需。[④] 即便如此,内地保险市场的监管力度仍然弱于香港地区,一部分原因是由于两地区监管的重点有所不同(如对于注册资本金的限制方面);另一部分原因是如果内地意图要达到香港地区的准入监管水平,例如,对“可行性方案”进行主动审核,将消耗大量监管资源,可行性方案不仅仅指经营方案,还包括费率、险种、股东、内控人员等方面内容,对上述内容进行审核将是对银保监会不小的挑战。

---

① 详见《中华人民共和国保险法》第 114 条的规定。

② 详见《中华人民共和国保险法》第 136 条的规定。

③ 详见《中华人民共和国保险法》第 68 条、第 69 条、第 81 条、第 82 条、第 83 条的规定。

④ 参见杨华柏:《顺应时代变化,促进保险业健康发展》,载《中国金融》2009 年第 6 期。

(四)退出法律制度比较

表5-6　香港与内地商业保险公司退出法律制度比较

比较内容	香　港	内　地
退出监管①	1.除非法律另有规定,保险公司不得自行清盘; 2.在保险公司无力偿还其所负债务、无法履行法律规定责任或者没有按保监处规定交付会计备用账簿的情况下,保监处可以提请法庭将该保险公司清盘; 3.法庭可根据《公司(清盘及杂项条文)条例》进行清盘; 4.10名以上保单持有人联名上诉,法庭可要求保险公司清盘,但该申请副本必须被送至保监处,且保监处有权提出反对意见。	1.保险公司因分立、合并或是股东会、股东大会决议解散或是公司章程规定的解散事由出现,经银保监会批准后解散; 2.保险公司因违法经营被依法吊销经营保险业务许可证的,或者偿付能力低于国务院保险监督管理机构规定标准,不予撤销将严重危害保险市场秩序、损害公共利益的,由国务院保险监督管理机构予以撤销; 3.保险公司有不能支付到期债务的情形,并且资产不足以清偿全部债务或者明显缺乏清偿能力的,经银保监会同意,由人民法院依法宣告破产; 4.经营有人寿保险业务的保险公司,除因分立、合并或者被依法撤销外,不得解散。

1.保险公司退出市场的方式不同

通常情况下,香港地区公司的退出方式有公司清盘和法院清盘两种。② 对于保险公司而言,除非法律另有规定,否则其不能自行清盘,清盘必须依赖于法院。保险公司退出市场的方式可能有如下三种情况:法院主动适用《公司(清盘及杂项条文)条例》的相关规定对保险公司进行清盘;保险公司无力偿还债务、③无力履行法律责任或者没有按照保监处的规定要求提交会计备用账簿而由保监处提请法庭清盘;10名以上保单持有人联名提出上诉,要求法院将保险公司清盘,但在该情况下,申请副本必须被送至保监处,且保监处有权提出反对意见(见表5-6)。

---

① 详见《香港保险公司条例》第42~49条,《中华人民共和国保险法》第89条、第90条、第149条、第150条,《中华人民共和国企业破产法》第2条、第7条。

② 香港地区的“清盘”制度类似于我国内地的“破产”制度。

③ 无力偿债是指,保险人的资产相对于其负债额不超过《香港保险公司条例》第10条中所规定的最低注册资本要求。

在保险公司退出监管中，和内地的监管方式相比，香港赋予了保险公司更少的自主性，保险公司一般不能选择因章程规定的事由主动退出保险市场，进一步减少了投保人、被保险人和相关利益人的风险。在规定了保险人不得自行清盘的同时，香港亦规定即使保险公司进入法院清盘程序，其长期保险业务仍需继续经营，以便转让给其后的另一保险人。这一规定可保障投保人、被保险人和相关受益人的利益不受损害。内地也有类似规定，比如“人寿保险公司，除分立、合并外，不得解散”，又如“被撤销或被依法宣告破产的保险公司所持有的人寿保险合同及准备金必须转移或转让等”。[①] 此外，从通过10名以上保单持有人联名上诉要求法庭将保险公司清盘这一清盘方式可以看出，在香港商业保险公司的退出监管中，保单持有人被赋予了更多的主动决定权。但是，在更好保障保单持有人利益的同时，这种权利也受到了有效的制约——该种权利非经法庭许可不得提出，并且法庭在信赖现有证据且合理的诉讼费用已支出的情况下才会许可对该商业保险公司进行清盘。保监处亦有权传召、询问或盘问证人，并对该申请提出支持或是反对意见。同时，为了维护市场的稳定，在保险人已被证明无能力偿付其债项时，法庭还可以通过适当减少保险人合约的数量以代替清盘指令。

内地商业保险公司的退出方式有主动退出和被动退出两种，具体包括：依协议解散（经营人寿保险业务的公司除外）、被银保监会撤销和因为不能偿还到期债务被法院宣告破产三项，三项退出方式均要经过银保监会的批准或同意。不过三者在清算方式上存在微小差别。协议解散后保险公司可以自行组成清算组进行清算，保险公司被银保监会撤销后应当由银保监会组成清算组进行清算，保险公司被宣告破产后由人民法院组织银保监会相关人员完成清算工作。

2. 两地对于监管部门职责的规定不同

在香港地区的保险公司退出程序中，法院的地位更为重要。无论采取何种方式退出，都需要法院的参与。保监处在保险公司退出监管的过程中参与较少，且只能以提请法院进行清算或是以对第三方的清算申请支持或反对的方式参与进程，居于辅助地位。

---

① 详见《获授权保险人公司管治指引》第VIII章以及《保险公司内部控制基本准则》第二章。

而在内地,银保监会发挥了极为重要的作用,其主要职责包括:审批保险公司自主提出的退出申请并对其财务状况进行调查;审批保险公司的破产清算诉求;组织对于拟退出保险公司的清算工作以及对于问题保险公司的接管工作;帮助问题保险公司调整经营方向、重建经营机制或者实施公司重组等。此外,与三种退出机制相对,内地的法院、银保监会和保险公司都可以组织清算;而在香港商业保险公司的两种退出机制中,法院成了唯一可以组织清算的主体。毫无疑问,法院组织清算保证了清算过程的合法性和有效性,可以更好保障保险公司债权人的利益。但是,由保险公司自行清算或者由银保监会组织清算往往更为节省清算费用。例如,在自行清算的过程中,保险公司一般只用支付清算人的劳务费和公告解散的费用,程序更为简单,提高了商业保险公司的清算效率。

综上所述,两地对于监管部门职责的规定各有利弊。

(五)运营监管法律制度比较

随着保险市场的不断发展,对于保险公司运营监管方面的法律制度管理,各国呈现愈加重视的态度。从总体来看,各国运营监管方面法律制度设计的基础主要有两种考虑因素,业务量或是风险。对于这两者的权重,各国各有其倾向性。中国内地和香港都采用了以风险为基础的运营监管体系。[①] 该体系是一种三支柱结构体系:第一支柱为定量要求,包括技术准备金的计算基础、最低资本金要求、偿付金要求等,即偿付能力监管;第二支柱为定性要求,包括内部控制、风险管理原则以及外部的监管与审查,即公司内部治理监管;第三支柱为市场规范,包括信息披露以及对运营过程的透明度做出要求,即信息披露监管。[②]

① 2011年底,国际保险监督联会就有关风险为本的资本要求发出了新的《保险监管核心原则》,并要求所有的保险监管机构尽快遵守新的《保险核心原则》。香港保监处就这一变化拟定了新的监管框架,并公告咨询。后文中,笔者也将着力体现这一拟变化。

② 参见郭艳、胡波:《保险公司偿付能力监管:国际趋势及其对我国的启示》,载《经济问题》2008年第6期。

1. 偿付能力监管法律制度比较

偿付能力(solvency)，是指保险公司偿还债务的能力。[①] 充足的偿付能力能够保障保险公司的正常运转和正常赔付，进而保障投保人和保险公司股东的利益。对于高负债性的保险行业来说，对偿付能力进行监管是快捷有效的方法。国际保险核心监管原则已将偿付能力监管纳入保险监管的三支柱之一(其余两支柱为"市场行为监管"和"保险公司治理结构监管")。此外，无论各国采用的是强势监管模式抑或是弱势监管模式，偿付能力监管都被普遍确定为保险监管的核心。

香港地区历来将偿付能力监管视作商业保险公司监管的主要手段之一。相比而言，内地起步则较晚。1995 年《保险法》首次要求保险公司要有一定偿付能力；2003 年 3 月 24 日，中国保监会颁布《保险公司偿付能力额度及监管指标管理规定》，将保险监管的重心逐渐转移到更加市场化与专业化的偿付能力监管上来；2005 年保监会主席提出，内地将建立起以偿付能力为核心的监管体系；2007 年起，关于偿付能力的监管开始由静态向动态转变；最近修改后的《保险法》明确将保险公司的偿付能力纳入我国的保险监管体系。[②]

偿付能力可以进一步被细化分成两层次，其一为保险公司的实际偿付能力，即保险公司认可资产与负债的实际差额；其二为保险公司最低偿付能力，即保险法规规定的"保险公司在存续期间必须达到的、保险公司认可资产与负债差额的最低标准"。[③] 各国对于偿付能力的监管主要包括偿付资金充足率监管以及动态偿付能力监管。就内地而言，根据《保险公司偿付能力管理规定》中的要求，首先应该对保险公司进行持续性监管；其次要规范准备金提取工作，同时提升偿付能力的动态监测水平，实时评估各种风险因素对于保险公司动态偿付能力的影响；最后要做到公开披露各保险公司的偿付能力以提高其经营水平。

偿付能力监管主要可以概括为五个方面，即关于资本保证金的提存、准备金的提存、保险保障基金的缴纳、资产维持能力以及最低偿付能力监管，如表 5－7 所示。

---

① 占梦雅著：《保险公司最低偿付能力资本要求》，上海交通大学出版社 2011 年版，第 4 页。

② 参见朱南军：《保险公司偿付能力监管对策》，载《中国金融家》2011 年第 2 期。

③ 房永斌、孙运英主编：《保险法规监管》，中国人民大学出版社 2004 年版，第 194 页。

表5-7　香港与内地商业保险公司偿付能力监管法律制度比较

比较内容	香　港	内　地
资本保证金监管①	无关于提存资本保证金的相应规定。	以拟成立公司注册资本总额的20%计提资本保证金。
偿付能力准备金监管②	1. 偿付能力准备金:最低偿付准备金水平为100%,有效的偿付准备金水平为150%(长期保险公司)及200%(一般保险公司); 2. 针对特定种类保险提存的准备金:未满期保费准备金、责任准备金、特别准备金、风险准备金等。③	1. 应按照法律规定计提总准备金,即当年利润减去利润留成和相应税款; 2. 应针对特定种类保险计提准备金,如未到期责任准备金、未决存款准备金(其中包括理赔准备金)、巨灾准备金等。④
保险保障基金	拟设立。⑤	已设立。⑥
资产维持规定	1. 经营一般业务保险公司有资产维持规定,维持资产数额由该公司的负债额和偿付准备金额来确定; 2. 一般保险公司有资产类别上限的规定; 3. 长期保险公司应将资产和负债分开,形成长期保险基金。⑦	无资产维持规定。
最低偿付能力监管⑧	1. 经营一般业务保险公司的法定最低偿付能力是根据保险公司的本年相关保费收入和相关未决准备金来确定的; 2. 经营长期业务保险公司的法定最低偿付能力是根据准备金额和风险资本额来确定的。	1. 财产保险公司的最低偿付能力是根据财产保险公司本年自留保费、公司近三年平均综合赔款来确定的; 2. 人寿险保险公司的最低偿付能力是根据寿险产品法定最低责任准备金、定期死亡保险保额以及其他险种的风险保额确定的。

① 详见《中华人民共和国保险法》第97条、《保险公司资本保证金管理办法》全文。

② 详见《香港保险公司条例》。

③ 详见《香港保险法实施细则》第4条至第20条。

④ 参见李佳著:《论保险公司偿付能力的法律监管制度》,吉林大学2007年硕士学位论文,第21~23页。

⑤ 香港政府于2012年2月6日向立法会财经事务委员会汇报,目前正着手准备赋权法例,以设立保障基金/详见保险业监理处2013年年报。

⑥ 详见《保险保障基金管理办法》全文。

⑦ 详见《香港保险公司条例》第41章第25A条。

⑧ 详见《保险偿付能力监管规定》第11条和第12条。

(1)资本保证金的提存

资本保证金是用于破产清算，在保险公司成立时便予以提存，存放为监管部门指定机构的一笔资金。国际上通行的资本保证金提存制度主要有以下三类，即不缴存资本保证金、按照固定数额缴存资本保证金及按照资本的一定比例缴存资本保证金。[①]

香港采取的是第一类资本保证金提存制度。商业保险监管体系中暂无关于资本保证金的规定，而是选择通过偿付能力准备金、针对特定种类保险提存的准备金、最低资产维持规定等方式来控制偿付能力风险。以保险事件的发生为时间轴，资本保证金的监管属于事后救济方面的监管，香港地区所采用的监管方式为事前或事中的监管。[②] 这是因为香港地区保险业制度已经相当成熟而完善，其事前、事中的监管足够充分，保险公司清盘的概率并不高，且清盘程序严密复杂，资本保证金所起到的"保险"功能几乎可以被其他方面的监管规定而涵盖。故而在这种情况下，不提取资本保证金的做法有其科学性。

中国内地采取的是第三类资本保证金提存制度，即按照资本的一定比例缴存资本保证金。《保险法》中规定拟成立保险公司要按照其注册资本的百分之二十提取资本保证金，并需存入保监会指定的银行。该笔资金只得用于保险公司清算时的债务清偿，保证金的形式囿于定期存款、大额协议存款及保监会所批准的其他形式，且存款期不得短于一年。[③] 此种资本保证金的提存能够直接控制风险并保障保险公司清算时的偿付能力，作为最后防线保障相应债权人和投保人利益。但是，即使不与没有上述制度的香港地区相比，比较其他设立了该制度的国家来说，内地的资本保证金缴纳比例之高仍旧令人咋舌。同时，根据内地法律，对于再保险公司、保险公司所设立的子公司，同样需要缴纳资本保证金。这难免有重复缴纳、加重保险公司义务之嫌。

---

① 参见曹顺明、王雪丹、周瑜婕：《新监管环境下我国保险公司资本保证金制度的完善》，载《保险研究》2013 年第 1 期。

② 有学者认为，通过限定一部分资金投资于定期存款等风险较低的投资种类，也可以在一定程度上起到投资监管的作用。

③ 详见《保险公司资本保证金管理办法》第 3 条、第 6 条、第 10 条、第 11 条、第 12 条。

(2)准备金提存

为了保证保险公司的正常经营,保护被保险人的利益,各国一般都以保险立法的形式规定保险公司应提存保险准备金,以确保保险公司具备与其保险业务规模相应的偿付能力。香港和内地的保险监督机构自然也不例外,主要有总准备金、未到期责任准备金、未决赔款准备金、再保险准备金等几种形式。

香港要求保险公司设立偿付能力准备金,这是一种针对非特定险种或者非特定赔付的总准备金,对应内地概念即“总准备金”。所有保险公司须维持资产相对负债的超额量,最低为《保险公司条例》所规定的偿付准备金金额。偿付准备金要求一般与业务量及储备大小成正比,[①]综合考虑保险公司的经营业务、有关保费收入、未决申索来确定商业保险公司的具体偿付准备金提存标准。[②] 其中,经营一般业务的保险公司一般按照其保费收入或未决申索的20%计提准备金;经营长期业务的保险公司偿付准备金的计算较为复杂,在按业务类型分门别类的基础上,必须按规定按时提交精算调查报告以供计算。就监控而言,保险业监督要求一般及长期公司分别维持至少200%和150%的偿付准备金比率。这些比率均为保险业监管机构以偿付能力为理由所确定的可以采取监管措施的触发水平。[③]

除偿付准备金之外,香港亦规定了其他形式的准备金要求。并对不同经营范围、不同业务规模和不同财务状况的商业保险公司采用了不同的监管标准。例如,在《香港保险法实施细则》中,香港地区针对火灾保险、货物运输保险和船体险等险种计提未满期保证金;针对财产保险自留业务计提特别准备金;针对人寿险提存最低责任准备金等。

---

① 《保险公司(一般业务)(估值)规则》为一般保险业务订明了资产认可规则;《香港财务报告准则》/《国际财务报告准则》为长期保险业务订明了资产认可规则。

② 在香港,长期业务的偿付能力要求是参照保额及保单准备金进行计算的。一般业务的偿付能力要求是参照保费水平及未决申索而计算的。个别保险公司的风险因素不会被特别地纳入或量化在现有框架内,而是将由保监处进行个别的评估。

③ 香港保险监督机构在《香港保险业风险为本资本框架咨询文件》中建议,香港应纳入两个明确的偿付准备金控制水平,即订明资本要求和最低资本要求。如果保险公司违反了任何一项偿付准备金控制水平,保险业监督将有权采取适当的干预行动。这两个水平也可以被认定为监管行动的触发点。

众所周知，资本越多则风险越大，资本资源应该分为不同的等级并受到不同的约束。香港地区现时并无此类要求。但在《香港保险业风险为本资本框架咨询文件》中，已经明确体现了这一变化。也就是说，香港地区的偿付能力准备金监管将日趋复杂。

内地与偿付能力准备金相对应的概念是“保险总准备金”，具体数字根据当年利润和利润留成决定。同时，保险公司应当根据保障被保险人利益、保证偿付能力的原则，提取各项责任准备金。不同于香港地区规定的统一性和明确性，内地保险公司提取和结转责任准备金的具体办法散见于银保监会发布的大量部门规章和规范性文件之中。据笔者统计，目前内地有针对非寿险公司提存的未决赔款准备金和未到期责任准备金，针对寿险公司提存的实际准备金或平均准备金以及针对大额保单计提的大额赔付准备金等。[①] 此类针对特定保险种类的准备金能够保障保险公司有负债或具备偿付能力，是偿付能力监管体系的重要组成部分。

(3)保险保障基金提存

2008 年，中国保监会、财政部、中国人民银行联合发布了《保险保障基金管理办法》。首先，对保险保障基金的管理体制进行完善，力求逐渐实现保险保障基金体制管理的专业化、市场化。其次，明确规定了保险保障基金的来源，调整了基金缴纳的范围和基数计算方法，以在区分险种类型和业务收入基础上进行计算。再次，明确了保险公司计提该项基金的方法以及该项基金的使用方法，明确规定了该项基金将用于商业保险公司破产清算时偿还保险公司所负担的保单利益，且偿还时将优先保护中小投资人的保单利益。最后，拓宽了保险保障基金的投资范围。基金将由法律授权的第三方法人进行管理与投资，同时明确了一些关于该基金投资安全性的要求。[②]

香港地区目前暂未设立保险保障基金，计划将于近期实施该项监管制度，预期设立人寿计划和非人寿计划两个独立运作的计划，且其主要保险

① 详见《中华人民共和国保险法》第 98 条、《保险公司非寿险业务准备金管理办法(试行)》、《农业保险大灾风险准备金管理办法》、《财政部、国家税务总局关于保险公司准备金支出企业所得税税前扣除有关政策问题的通知》等。

② 参见新浪博客，http://blog.sina.com.cn/s/blog_9cc0e68401016prh.html，2014 年 08 月 31 日访问。

对象为个人保单持有人并涵盖中小企业。

(4)维持资产的规定

为进一步控制短期保险的偿付能力风险,香港要求经营一般业务的商业保险公司在香港地区维持一定的资产额度,具体额度由该公司的净负债数额和再保险所缴付的保费确定。当商业保险公司不具有保单的偿付能力时,该项规定能够确保它在香港地区维持的资产可以用来偿还它所负担的保单利益。同时,保险公司条例亦规定,如果在港保险公司在境外设立子公司并依当地监管部门要求需在当地维持一定数目的资产,该资产在满足某些条件时,则该笔资产无需计入母公司的维持资产。①

内地商业保险公司监管体系中暂无此项规定。

(5)最低偿付能力监管

对于商业保险公司的最低偿付能力监管,香港与英国的监管方式保持一致,共有三种方式,即保险费计算法、赔款计算法和最低限度保证金法。监管部门将取三者中最高值作为最低偿付能力的实际要求数额。在最低偿付能力的监管中,政府并不直接干涉商业保险公司的承保和资金运用。政府通过预评估保险公司的资产和负债额得出该公司的认可资产和认可负债数额,以计算保险公司的"实际偿付能力",进而根据保险公司的业务特点确定该公司的"最低偿付能力标准"。两相比较,以判断该保险公司是否具有充足的偿付能力。

香港保险监管针对保险公司保险业务范围的不同区别设立不同的"最低偿付能力"要求。其中,一般业务保险人的"最低偿付能力要求"是根据保险公司的财务年度内相关保费收入(毛保费收入的50%或者净保费收入中较大者)、期末相关未决准备金(毛未决准备金的50%或者净未决准备金中较大者加上净保费不足准备金)来确定的,长期业务保险人的"最低偿付能力"标准是根据准备金和风险资本额来确定的,并且如果保险公司的后续运营达到该法定最低偿付能力的要求,即为合规。可以看出,香港实际采用的是加入偿付准备金的保险费计算法,其在现有会计制度的基础上依据公司的准备金、保费收入等情况的评估来确定保险公司的法定"最低偿付能力"的标准。该标准的计算因素较为单一,计算方式比

① 详见《香港保险公司条例》第25A条、第29条。

较简单，所需数据均可从保险公司既有的财务信息中找到。香港保险业的配套审计和精算业务发展较为完善，会计准则较为统一，相关从业人员素质也相对较高，保障了商业保险公司偿付能力的监管体系的有效运行。此举不但简化了监管标准、各种评估和参数计算以及核定工作，还有利于发现偿付能力的重大问题，保障公司的偿付能力。这种监管方式的缺点是其动态性和预测性较差，最低偿付能力数额的计算有赖于保险公司的财务报告，而财务报告通常具有一定程度的滞后性，因此有些时候无法完全满足市场的需求。

在内地，为了完善偿付能力监管体系，法律同样明确规定保险公司要具有与其业务范围和业务规模相适应的最低偿付能力，且其认可资产减掉认可负债的差额不得低于法定数额，否则监管机构有权采取限制投资、限制业务、责令增加资本金、责令办理再保险等措施进行监管。在偿付能力监管方面，主要通过《保险公司偿付能力管理规定》、中国保险监督管理委员会关于实施《保险公司偿付能力管理规定》有关事项的通知（以下简称《有关通知》）以及《保险公司偿付能力报告编报规则》来进行监管和实施行为，并通过《人身保险公司全面风险管理实施指引》等文件进行监管工作的辅助性完善。

首先，《保险公司偿付能力管理规定》明确规定了保险公司内部对于偿付能力的管理方式，要求保险公司按照中国银保监会制定的保险公司偿付能力报告编报规则进行动态偿付能力评价，并根据认可资产和认可负债计算实际偿付能力、进行年度季度报告以及临时报告；同时，银保监会对商业保险公司按照实际偿付能力相对于最低偿付能力的不同划分为三等，并对此分别进行监管和审查，督促偿付能力不足的商业保险公司采取法定的改进措施或是限制其某些业务的经营。其次，《有关通知》则明确了财产保险业务（细化为非寿险保障性业务和非寿险投资性业务）和人寿保险业务（细化为长期人身险业务和短期人身险业务）的最低偿付能力计算方式，进一步细化了偿付能力额度监管和监管指标的管理。最后，《保险公司偿付能力编报规则》1 号至 15 号，明确规范了保险公司偿付能力报告编报的规则，明确了实际偿付能力的计算方式。

从上文中可以看出，我国相关法律法规对于保险公司偿付能力的规定十分复杂，且历经了多次补充和修改，比较零散，缺少整合过程。

从业人员在工作期间，常常忽略某些规定，甚至对于有些已经废止的规定仍有从业人员认为还在适用。同时，对于保险业的偿付能力进行细致、严格的监管本来是好事，然而我国相应的保险会计制度与技术还不够完善，各种辅助性从业人员（如精算师、审计师等）资源也并不充分，加之各种保险公司鱼龙混杂，导致这些烦琐零碎的法律和规定在实际执行中面临很大困难，不利于银保监会及时发现保险公司中存在的重大问题。

2. 公司内部控制与治理法律制度比较

表5－8　香港与内地商业保险公司内部控制与治理法律制度比较

比较内容	香　　港	内　　地
公司内部组织架构①	1. 董事局：审核公司管治原则，保证公司内部控制体系的完整及有效，管理层权责架构，委任主要行政人员，监督薪酬和客户资料管理，为有违商业常规的交易方式制定政策； 2. 委员会： 审计委员会：独立审计保险公司财务汇报流程及内部控制成效； 投资委员会：制定符合公司财务状况的投资策略和政策，管理投资组合； 提名委员会：委任主要行政人员； 薪酬委员会：监督和建议主要人员薪酬； 承保委员会：制定保险政策和保险费率； 偿付申索委员会：制定偿付申索政策，监督申索状况。 再保险委员会：确保公司再保险安排充足有效。	1. 董事会：审核保险公司内部控制的组织架构、内部控制政策和重大风险事件； 2. 监事会：保证董事会和管理层履行他们的内部控制职责，质询违反公司内部控制要求的行为； 3. 管理层：根据董事会决议建立健全公司内部组织架构，完善内控制度，保障内控体系的正常运行； 4. 内控职能部门：对保险公司内部控制的事前、事中的统筹规划； 5. 业务单位：执行内部控制制度、合规操作、管理风险； 6. 内部审计：独立审计、对内部控制制度进行事后监督检查。

① 详见《获授权保险人公司管治指引》第Ⅳ章至第Ⅶ章以及《保险公司内部控制基本准则》第三章。

续表

比较内容	香　港	内　地
公司内部控制体系①	须具备: 1. 制衡措施、风险管理政策、投资政策; 2. 会计制度:采用适当的方法制定负债准备金,保障资产与负债匹配; 3. 保障偿付申索制度; 4. 再保险安排; 5. 外部审计师和内部审计师独立审计; 6. 精算师/核数师,对于经营长期业务的保险人应进行定期精算调查; 7. 可疑交易报告制度。	须具备: 1. 销售控制; 2. 运营控制(包括产品开发和管理、承保与理赔、保全、收付费、业务单证、会计处理、再保险、反洗钱等方面的控制); 3. 基础管理控制(包括战略规划、人力资源、计划财务、精算法律、信息系统、行政管理和分支机构的控制); 4. 资金运用控制(包括资产战略配置、资产负债匹配、投资决策和交易行为的控制)。

保险业监管的三支柱为"市场行为监管"、"偿付能力监管"与"公司治理结构监管"(见表5-8)。其中,市场行为是指保险公司实施的具体行为,保险公司应以公平的态度对待所有消费者。偿付能力是指保险公司履行保险责任的能力,保险公司应确保有足够的财务资源来支付所有到期的保费赔款。从特定的角度来看,市场行为不当或偿付能力不足只是保险经营中的表象行为,而保险公司为何会出现市场行为不当或是偿付能力不足这一现象,才是实质性的根本。产生这一问题的根本原因在于公司内部控制与治理出现了瑕疵。可以说,仅仅规范市场行为、加重偿付能力监管,是治"标"之策。对保险公司内部治理进行监管,才是治"本"之策。②

在现代市场经济中,随着生产社会化的发展,企业规模的扩大以及资本的不断积累,由资本所有者完全独立控制企业的经营活动方式越来越受到所有者能力及专业知识的限制。当所有者不能在进行风险决策的同时圆满地从事生产经营活动的组织、协调和管理时,就有可能委托

① 详见《获授权保险人公司管治指引》第Ⅷ章以及《保险公司内部控制基本准则》第二章。

② 参见陈文辉主编:《国际保险监管核心原则的最新发展与中国实践》,人民日报出版社2012年版,第19~22页。

专业人员代理执行上述的资产经营的职能，这就产生了委托代理关系。而在现代企业中，这种资产权利委托代理关系是通过公司治理结构来实现的。从狭义上来说，公司内部控制与治理解决的是"所有权和控制权相分离而产生的代理问题，也即对于董事会、监事会和股东会等公司内部结构的安排"。[①] 从广义上来说，公司内部控制与治理概念还涉及公司的资本市场、产品市场和利益相关人市场等外部资源的治理与整合。对于普通公司，行政力量过多干预公司治理，可能对公司经营情况产生负面影响，使得利益平衡被打破。但是，对于牵涉利益广泛、具有高风险经营特点、被保险人处于弱势地位的保险公司，借助行政力量对公司治理结构进行监管一直是世界各国的通行做法。具体到保险公司来看，保险公司的内部治理包括保险公司的内部结构安排，权利分配与制衡的安排和监管，以及对于保险公司的产品投放，公司运营和其他行为的合法性、风险性进行监管。

公司治理结构的框架基本可由股东会、董事会、监事会和经理层四部分构成。由表 5－7 可知，在香港和内地两地的保险公司结构中，董事会都有义务监督公司内部控制政策的制定，并且需要对公司内部治理事宜负最终责任。但是，区别在于，香港地区采用的是类似美国的"外部人模式"，也即公司只设立股东会和董事会，不设监事会。董事会由负责日常事务的执行董事(内部董事)、其他外部董事和独立董事组成，主要由外部董事和独立董事来行驶内部监管的职权。通过外部董事和独立董事制度来保障董事会决策的公正性，从而维护股东权利；通过对于独立董事和管理层的薪酬激励机制来提高董事会和其他管理人员的管理积极性，以此实现董事会内部的制衡。这种公司结构的设置提高了公司决策的效率，节省了公司的行政经费。

内地采用的是类似德国的"内部人模式"，也即公司设立董事会、股东会和监事会，通过监事会来实施对于公司管理层的权利监督和制衡。目前我国规范保险公司治理结构及其监管的法律、法规主要有《公司法》、《保险法》、《保险公司管理规定》、《关于规范保险公司治理结构的指导意见(试行)》(以下简称《指导意见》)及《保险公司董事和高级管理人员任职

① 王洪栋：《保险监管与保险公司治理理念》，载《中国保险管理干部学院学报》2003 年第 2 期。

资格管理规定》等。《指导意见》中“二、加强董事会建设”明确规定，保险公司应逐步建立独立董事制度，以提高董事会的独立性和决策科学性，平衡董事会之间的结构，使公司内部治理结构进一步完善。但不得不指出的是，该制度在内地的推行有很大的困难，比如独立董事的聘任是由股东会决定的，难免涉及利益纠葛；此外，独立董事往往不是行业执业人员，缺乏实际经验，因而不乏“花瓶董事”的存在。

相比香港地区，内地保险公司设置监事会的政策从一定程度上提高了董事会决策的公正性，进一步完善了公司内部治理结构，具有一定优势。但是，与德国不同的是，内地监事会在公司所处的权利层级低于股东会，与董事会平级。因此，监事会对于董事会的制衡作用有所减弱。同时，在内地国有控股的保险公司比比皆是，国家常常将任免这部分董事、监事的权力委托给国有资产管理委员会，因而导致董事、监事的任免在很多时候实际取决于国有资产管理委员会。这种现状固然对于保护国有资产、维护国家利益有益处，但相应地，保险公司经营活动的活跃性势必受到影响，这种类行政性质的干预也会使得监事会的监督职能难以有效行使。此外，公司监事并非公司股东会成员，内地薪酬激励体制也并不多见。这也会使得与公司实际经营状况无直接利益关系的监事会和独立董事等的管理积极性不高，致使投保人和其他股东的利益得不到很好保障。因此，我国商业保险监管主体和商业保险公司需要注意保障监事的独立性和专业性，明确监事会在公司治理过程中的权利和义务。

此外，香港采用的是公司股东会、董事会下设委员会的做法，董事会下设审计委员会、投资委员会、提名委员会、薪酬委员会、承保委员会、偿付申索委员会以及再保险委员会等机构来负责公司运营环节的内部治理。而内地保险公司仅下设审计委员会和提名薪酬委员会两会。根据《保险公司董事会运作指引》“第七章董事”相关规定，内地保险公司董事的职责为：根据公司章程，通过董事会会议和其他合法方式对董事会职权范围内的事项进行决策，对高级管理人员进行监督，负责公司内部控制组织架构的设置、内控政策的制定和重大风险事件的审议这些较为宏观的内部控制治理职责。由下设的管理层和内控职能部门来负责公司内部控制体系的构建和内控政策的实施。

相对而言,香港通过设立专门的审计委员会、偿付申索委员会和投资委员会来保障保险公司的资金充足性、负债和投资的匹配性,使得董事会的内控职责更为具体和明确,有利于保障公司内控体系的有效运行。而内地保险公司则是通过建立审计管理部门、合规部门和风险管理部门等职能部门,主要依靠审计师的独立审计和内控部门的监管来保证保险公司的资金充足性。但是,由于审计报告的提交周期为每年一次,无法实时反映风险。同时仅仅依靠审计人员和公司风险控制部门来统一监管公司的偿付能力、投资状况等会计相关事项可能导致人员专业性欠缺、监管义务划分不够明确,也可能导致公司运营风险不能被提前预防、问题不能被及时发现。

另一方面,纵观两地保险公司的治理体系可以发现,两地保险公司都将保险公司治理结构和治理政策、风险管控和资金管控作为保险公司内部治理的主要监管内容。但是,香港保险公司将保险公司资金管控作为监管主线,严密监控保险公司的投资政策、会计制度、负债准备金、资产与负债的匹配、保障偿付申索等保险公司资金运用的各个方面。另外要求核数师对于长期业务保险公司的账目及报表进行审核,精算师对于长期业务保险公司的账目及报表进行审核,保障保险公司账目及报表的真实性、完整性和规范性。与此相对,内地公司内部治理监管虽然更为全面,包括销售控制、运营控制、基础管理控制和资金运用控制这四个方面,基本涵盖了保险公司运营中的各个环节,但却缺乏针对性,尤其专门针对保险公司资金运用和会计审核方面的规定较少,资金监管在内部控制体系中的重要性难以体现。

诚然,建立更为全面的内部控制体系有利于减少保险公司运营风险、增强保险公司行为的合规性,但是由于保险公司的负债运营、风险集中的特性,资金监管毫无疑问应当处于保险公司内部控制监管的首要地位。因此,笔者认为,内地商业保险公司监管立法体系应当建立以偿付能力监管为基础的公司内部控制和治理体系,以制定适宜的偿付准备金标准和保障商业保险公司资金充足性为公司内部治理的首要目标,并要求商业保险公司配备专业人员、设置专门部门来监控保险公司的资金运用情况。

3. 信息披露法律制度比较

信息披露是现今金融服务监管制度所定的要求之一，除向监督机构作出披露之外，公开披露对于保障保单持有人亦有十分重要的作用。

根据国际保险监督联会国际保险监管核心原则第20条的规定，保险公司披露的信息应当具有以下特点：

(1)相关性，指信息应该是与市场参与者做出的决定相关；

(2)可获得性，指决策者在进行决策时，可以及时获得相关的信息；

(3)无偿性；

(4)全面性，即通过披露信息市场参与者可以全面评价保险公司的情况；

(5)可靠性；

(6)可比性，即不同保险公司之间的信息可以被用于横向比较；

(7)一致性，即信息可以被用于趋势分析。[①]

可以看出，相比内地，香港保险披露制度要成熟许多，几乎完全满足国际保险监督联会国际保险监管核心原则的要求，如表5-9。首先，关于财务会计报告的规范统一适用《香港财务汇报准则》和《国际财务汇报准则》，会计准则统一，信息披露标准较为清晰。其次，香港保险业信息披露的主体是上市公司，由于香港绝大多数保险公司为上市公司，因此《香港财务汇报准则》和《国际财务汇报准则》可以规范香港绝大部分企业的信息披露行为。再次，香港保险立法要求对于上市保险公司的分支机构的经营行为也进行持续披露，涉及范围广泛。又次，香港要求保险公司披露的内容中，亦对涉及发行人业务、证券有关的非财务信息的披露进行了要求。[②] 由于影响一项投资收益多少的因素不仅包括代理公司的财务状况，其他因素诸如代理公司的基本信息以及相关决策都可能影响这项投资的收益。因此，保险公司非财务信息的披露将很大程度上弥补财务信息披露上的不足，有利于投保人做出更为正确的投资决策。最后，在香港违反保险业信息披露规定不仅可能承担民事责任和行政责任，还有可能承担刑事

① 参见陈文辉主编：《国际保险监管核心原则的最新发展与中国实践》，人民日报出版社2012年版，第19~22、669~677页。

② 其中包括：与发行人业务有关的一般事项，如关联交易、收购及股份购回、结业和清盘等；与发行人证券有关的一般事项，如可转换证券条款的修改、分配基准、购回证券等；以及相关的会议事项，如股东周年大会通告、董事会会议等。

责任。①

表 5-9　香港与内地商业保险公司信息披露法律制度比较

比较内容	香　港	内　地
信息披露依据	《香港财务准则》《国际财务汇报准则》等。	1. 主要法律法规为《保险法》和《保险公司管理规定》； 2. 其他规范性文件，如《保险公司信息披露管理办法》《人身保险新型产品信息披露管理办法》《保险统计管理规定》《中国保监会关于规范投资连结保险投资财产有关事项的通知》等； 3.《中华人民共和国证券法》以及证监会发布的《公开发行证券公司信息披露编报规则第 3 号——保险公司招股说明书内容与格式特别规定》对上市保险公司的信息披露制度做了特别规定。
信息披露主体②	上市保险公司（包括其分支机构经营行为）。	保险公司（不包括其分支机构经营行为）。
信息披露内容③	与发行人业务、证券有关的一般事项、会议事项以及财务事项。	1. 保险产品特征和风险； 2. 与发行人业务、证券有关的财务信息和少量非财务信息。

根据内地《保险法》《保险公司管理规定》以及《保险公司信息披露管理办法》的要求，保险公司（不含其分支机构）应该以一年为周期，通过银保监会指定的报纸及保险公司网站向社会披露其基本信息（公司概况和公司治理概要）、财务会计信息、风险管理状况信息、保险产品经营信息、偿付能力信息、重大关联交易信息和其他重大事项信息。相比香港地区而言，内地的保险业信息披露不如香港保险业信息披露透明和彻底。

首先，内地保险立法缺乏对于保险公司分支机构经营行为的实时跟踪，可能因监管不力导致分支机构出现错误的经营行为，进而造成保险公司、投保人甚至是社会利益的损失。其次，保险公司披露的保险信息量小、

① 香港政府可能在未来的一段时间后，继续强制性的增加某些相关资料的公开披露程度。例如，保险公司用以厘定准备金、资本充足水平、所投资的各类金融工具、公司的财政状况和所面对的相关风险的素质资料和量化资料。详见《香港保险业风险为本资本框架咨询文件》第六章。

② 详见《保险公司信息披露管理办法》第 2 条。

③ 详见《保险公司信息披露管理办法》第 6～16 条。

涉及面窄，信息披露的内容主要偏重于公司基本信息和产品信息；披露的信息不规范、透明度低；信息披露不及时且方式单一，足以影响投保人判断的关于保险公司的非财务信息披露较少。而与发行人业务、证券有关的非财务信息的披露的规定则更是少之又少。最后，内地关于信息方面的立法呈现零散式，仅有两部法律法规提及且规定十分泛泛，缺乏统一、完善的立法。因此，在保险实务中很难规范保险公司的信息披露行为。可以看出，内地对于相关性、无偿性以及一致性方面的部分信息披露制度符合规定，但是对于可获得性、全面性、可比性等几个方面的信息披露还有很多不足。

这些现象所反映的我国保险业信息不对称的问题，对我国的保险业发展有着很大的制约作用。笔者认为，导致这些现象发生的主要原因有：

第一，我国经济法规还在逐步完善的过程中，诸如《保险会计准则》以及与保险相关的法律规定还很不完善，可以选择适用制度，反而造成了标准的不统一。

第二，保险市场信息具有天然的不对称性，例如保险人和被保险人保险知识上的不对称性或是监管信息的不对称性。上述不对称要求更加公开和完善的信息披露制度。但是，我国保险公司的内控制度、会计制度、经营信息的公开规则还远未完备，在一定程度上影响了投保人的利益。

第三，根据《中华人民共和国证券法》以及中国证监会发布的《公开发行证券公司信息披露编报规则第 3 号——保险公司招股说明书内容与格式特别规定》通知来看，内地就上市保险公司的信息披露制度做了特别规定。从信息披露依据来看，上市公司的信息披露不仅要受制于基本的会计信息披露制度，而且要接受证券管理机构的全面审查；从信息披露制度来看，非上市公司适用的是介于强制性信息披露制度和实质性审查制度之间的混合披露制度，而上市公司需要依据法律、法规，定期向监管机构提供财务报表，属于强制性信息披露制度；从信息披露内容来看，非上市公司披露的信息主要是资产负债表、损益表等财务报表，而上市公司除此以外在股票公开上市时和以后年度还应披露“招股说明书、上市公司公告书、定期报告和临时报告”。[①] 可以看到，现在中国对于上市保险公司的信息披露要求远高于对非上市保险公司的信息披露要求。但现实情况是，绝大部分内地

① 邱庆兵：《上市公司与非上市公司信息披露的比较》，载《浙江财税与会计》1997 年第 8 期。

的保险公司为非上市公司。[1] 因而对于内地的绝大部分保险公司,保监会能够强制其披露的财务信息非常少,公司的透明度很低。

第四,近年来保险产品的证券化趋势和保险衍生工具的出现,以及保险人投资范围的扩大,使投资者面临更大的投资风险,对相关的信息披露需求也更加迫切。因而,一年一度的事后披露已经无法满足投资人的需求,投资人迫切需要保险公司对于投资产品的保值增值情况、收益情况作更频繁和详细的披露,即不定期披露重大事项以加强披露信息的实效性。

（六）投资监管法律制度比较

表5－10　香港与内地商业保险公司投资监管法律制度比较

比较内容	香　港	内　地
投资监管方式[2]	禁止性规定（法律规定的才禁止）。	授权性规定（法律规定的才授权）。
投资监管内容[3]	1. 如果保险人作出法规禁止投资类别或种类的投资,保险业监理处可以对它采取指令变现、转变为基金资产的投资或转变为其他种类投资的强制措施; 2. 资产负债匹配方面的有关规定。	1. 规定保险公司当年自留保费数额; 2. 规定保险公司的资金运用的投资范围和比例; 3. 限定某类投资类型可投资的比例和条件; 4. 资产安全性的保险措施。

在各国的保险业监管法中,投资监管都是其中必不可少的一部分（见表5－10）。正如前文所述,保险投资资金实际来自保险公司所收取的保费,而保费的性质为负债。这就意味着,保险投资的盈亏将直接影响保险公司的偿债能力。保险投资监管的目的有两个,即维护投资资金安全和提高投资资金效率。“安全”和“效率”这两个目标势必存在矛盾冲突性,但却并不一定极端对立。大部分国家会针对自己本国金融市场和法制发展

---

① 参见吴定富:《我国保险业的改革发展和监管实践》,载中国共产党新闻网,http://theory.people.com.cn/GB/13196675.html,2013年12月2日访问。

② 详见《香港保险公司条例》第28条。

③ 详见《香港保险公司条例》第27条以及《中华人民共和国保险法》第105条和第109条。

的情况，在两者之间找到一个平衡点，进而衍生出了两种主流的监管模式，其一为松散监管模式，即法律只对保险公司的偿付能力作出规定，只要保险公司满足了法定偿付能力限制的条件，监管部门就不干涉其投资行为，其投资方式、投资种类完全可以自主决定，香港地区采取此模式；其二为严格监管模式，即法律除了对法定偿付能力有所要求，还对保险资金投资运营的具体过程和细节进行限制，例如，投资产品的品种、比例等，内地采取此模式。[①] 同时，由表5－10可知，在投资范围方面，香港对于商业保险公司投资监管采取禁止主义。在这种模式下，只禁止商业保险公司投资法律法规明确禁止的范围，政府原则上不限制保险公司的投资方向，只是赋予了保监处干预违规投资的权利。而内地采取的则是限定主义，商业保险公司只能投资于法律法规明确授权的范围。虽然近年来内地不断放松保险投资的监管力度，但是，香港对于保险投资的监管还是更为宽松，这种宽松的投资环境将为保险资金的运用提供更多的渠道，将促进新型保险业务的出现和各类保险业务的发展。

大多数国家在保险业发展的初期，为了保障投资资金的安全性，都会选择同时对投资种类和投资比例进行限定，我国内地也不例外。《保险法》经历多次修订后，保险公司的投资渠道被进一步放宽。除了原有的银行存款、企业债券和金融债券这几个投资范围之外，保险公司还被允许投资于特定类型的不动产、股票、基金以及其他类型的债券之中。目前，保险公司可投资的领域包括银行存款、债券、证券投资基金、股票、不动产以及其他公司股权（但股权限于金融公司及其他与保险相关公司）。[②] 经过批准后，保险公司也可以设立保险投资管理公司以从事证券投资活动，但明确规定其资金不得用于设立证券经营机构，亦不得用于设立保险公司以外的企业。投资渠道的放宽给予了我国保险业更大的自由度，保险公司可以通过更加多元的投资方式来减小风险、扩大利润。而投资比例的限定则可以有效保障保险资金的安全性。

目前，关于保险资金间接投资于基础设施和投资证券化产品的两个相关办法已经出台，是我国保险资金运用方面的重大突破。加上早年间关于

---

① 参见王新军、接琪真：《国外保险偿付能力监管模式对我国保险监管的启示》，载《保险研究》2007年第12期。

② 详见《保险资金运用管理办法》第11条、第12条、第14条、第16条、第17条、第18条。

股票投资、债券投资等的相关管理规定，我国对于投资种类的监管实际已经比较严密而成熟。根据2014年新出台的《中国保险监督管理委员会关于加强和改进保险资金运用比例监管的通知》，保监会将投资类资产划分为五类，即流动性资产、固定收益类资产、权益类资产、不动产类资产和其他金融资产，并对每个大类资产所包含的具体投资品种进行了细化；同时规定了每大类投资资产的账面余额上限、投资单一资产和单一交易的保险资金运用集中度上限以及风险监测上限等。① 其中，对于权益类资产、不动产和其他类型金融资产的投资比例限制有所放松，这也预示着商业保险公司资金运用将更加灵活，内地投资监管正在逐步放宽。

香港法规仅仅规定了保险人须保证进行投资时充分考虑资产与负债的匹配性，并且赋予了保险业监理处可以要求商业保险公司变现其某种投资或者拟制成其他类型投资的权利。而内地的保险投资监管规则不仅要求商业保险公司的投资考虑资产与负债的匹配性，还限定了保险公司的自留保费最高额和资产安全性的保险措施。但笔者认为，对于保险资金的投资监管，内地还应进一步根据保险公司的类型进行划分。对于人寿类保险、财产类保险、意外险、健康险等风险程度截然不同的保险类型采用统一的投资监管要求显然是不科学的。

（七）违法责任比较

表5-11 香港与内地商业保险公司和相关个人的违法责任归责比较

比较内容	香 港	内 地
法律责任②	《保险公司条例》对违反规定的行为设置了极其严格的法律责任，除非满足法律规定的豁免条件，否则违反《保险公司条例》的违法行为均应负刑事责任。	违法责任涉及处罚包括：行政处罚、民事赔偿和刑事处罚，以行政处罚为主，刑事处罚和民事赔偿为辅。

① 详见《中国保险监督管理委员会关于加强和改进保险资金运用比例监管的通知》“一、保险资产分类及定义”、“二、设立大类资产监管比例”、“三、设立集中度风险监管比例”、“四、设立风险监测比例”、“五、内控比例管理”项下具体规定。

② 详见《香港保险公司条例》第24条第10款。

续表

比较内容	香　港	内　地
涉及行为①	1. 非法从事保险和保险中介业务； 2. 违规任命控权人（高级管理人员）； 3. 控权人、核算师、精算师变更未通知（报告）保险监管部门； 4. 账目未按规定存交； 5. 违反资产运用限制； 6. 违反长期业务转让的规定； 7. 违反香港资产维持规定，提交虚假材料，清盘未通知（报告）； 8. 违反保密规定； 9. 欺诈误导，违反保险中介有关规定等行为均需承担相应罚金或者监禁等刑事责任。	1. 保险人、投保人、受益人保险欺诈； 2. 保险公司保险合同诈骗； 3. 代理人和经纪人欺骗保险人、投保人或者受益人； 4. 保险公司虚假理赔； 5. 非法从事商业保险活动； 6. 经营超过核定范围业务； 7. 保险公司擅自变更法定审批登记事项； 8. 保险公司违反业务规则和管理规定； 9. 保险公司不依法进行信息披露，或提供虚假信息； 10. 保险公司、保险代理人、保险经纪人拒绝或妨碍依法检查监督及处罚。

由表5-11可知，《香港保险公司条例》对违反规定的行为设置了极其严格的法律责任。除非满足法律规定的豁免条件，否则，保险公司每一种违反该条例规定的行为均可被认定为犯罪。根据规定，所涉及的违法行为有：未经批准经营保险业务；非法从事保险和保险中介业务；违规任命控权人（高级管理人员）；董事、控权人、核算师、精算师变更未通知（报告）保险监管部门；账目未按规定存交；提交账目不符合条件；违反资产运用限制；违反长期业务转让的规定；违反香港资产维持规定；提交虚假材料；清盘未通知（报告）；违反保密规定；欺诈误导；外资保险公司擅自结束在港营业处；违反保险中介有关规定等。②

归结可以看出，香港地区的法律责任归责体系强调了以下几点：

第一，对于商业保险公司行为诚信度的监管。无论是商业公司对于投保人等的事宜、还是公职人员或保险业监督雇佣或授权协助的法定人员，

① 详见《香港保险公司条例》第53A条及《中华人民共和国保险法》第159～181条。

② 另外，根据《咨询意见》，独立保监局可能将或授权就违反《保险公司条例》的规定进行调查，其亦可就拟犯罪行为采取记录行动，如撤销或授权保险人的授权等。

对于行使职能时所获得的信息,均需保密或协助保密。再者,保险公司工作人员向投保人提供误导性或虚假性材料以诱使其订立合约,或向监管部门提交虚假材料,均属于犯罪。

第二,对于重点的保险从业人员十分关注。《保险公司条例》第65条至第78条详细规定了保险中介人、精算师、核算师和保险高级管理人员等相关保险从业人员的职责所在,并明确了其违法责任。同时,《保险公司条例》第13条至第15条还规定,保险公司的董事、控权人、精算师、核数师等人员一旦发生变更或改变,保险人必须书面通知监管机构,否则将构成犯罪。

第三,对于非法保险业务有着极为严格的限制。《保险公司条例》第6条明确规定"除获授权经营该类别保险业务的公司、劳合社、保险业监督认可的承保人组织外,任何人不得在香港或从香港经营任何类别的保险业务";第56A条对"保险""Insurance""Assurance"等词的使用做出了严格限定;第77条则明确了非法保险代理人及非法保险经纪人将面临的惩处。[①]

第四,《香港保险公司条例》在量刑方面较为严苛。对于违法行为的最低处罚为第四级罚款,逾期未履行义务每日补交1000美元,[②]最高处罚是罚款20万美元,折合人民币12623200元;如属个人犯罪,则可另处监禁2年,而在该项罪行持续期间,另加每日罚款2000美元。[③]

相比而言,在内地,保险业相关公司和个人的违法行为不必然导致其承担民事责任或是刑事责任。对于大多数违法行为,相关主体接受行政处罚即可,最高罚款50万元。[④] 仅仅在违法行为给他人造成损害时,保险公司才需要承担民事责任。[⑤] 而根据《刑法》,涉及保险行业犯罪责任的规定共有4条,即"未经相关部门批准,擅自设立保险公司;伪造保险公司经营许可证""保险公司的工作人员利用职务上的便利进

---

① 黄洪:《香港保险法律制度的研究与思考》,载《保险研究》2011年第6期。

② 详见《香港保险公司条例》第6条。

③ 详见《香港保险公司条例》第13D条。

④ 详见《中华人民共和国保险法》第170条。

⑤ 详见《中华人民共和国保险法》第175条。

行虚假理赔”“保险公司违背其受托义务，擅自运用客户资金及其他财产”及针对“投保人、被投保人保险诈骗”的规定。① 另外，我国保险立法对于精算师、核算师的违法行为没有做特别的惩处规定。由此可见，内地对于保险公司和相关个人违法责任的惩罚力度比香港的惩罚力度弱。

（八）保险中介监管法律制度比较

目前，香港地区对于保险中介人的规管主要针对的对象是保险代理人和保险经纪人。无论其是公司身份或是个人身份，都必须获得制定的业界组织登记并受到其监管。对于保险代理等级委员会来说，其责任是在信任获得保险公司委任的保险代理人为适当的人选之后，为其进行登记，登记对象包括保险代理公司的负责人及业务代表。对于保险经纪公司来说，其必须获得保监处的监督授权，或成为获得保监处认可的保险经纪团体（香港保险顾问联会及香港专业保险经纪协会两者之一）的成员。但是，在现行框架下，保监处并不会对保险代理人或保险经纪人的行为和操守进行直接监管。

根据《2014 保险公司（修订）条例草案》，香港地区设立一个独立的保险中介人规管制度，以取代现时由三个自律规管机构执行的自律规管制度，借此增强公众对于保险业的信心。② 拟通过独立保监局设置发牌制度，直接监管保险中介人的操守，即所有保险中介人都必须取得由保监局发出的牌照，才可以进行保险产品的销售。对比目前的保险中介人自我规制制度，保险局独立监管更为严格，更切合市场发展。

内地的保险中介人管理由政府监管主导，具体分为保险代理人、保险经纪人、保险公估人三类。但由于香港地区对保险公估人规定甚少，因此后文将只对保险代理人和保险经纪人进行简要对比。

---

① 详见《香港保险公司条例》第 6 条。

② 该三个自律规管机构分别为保险代理登记委员会、保险顾问联会以及香港专业保险经纪协会。

表5-12 香港与内地保险代理人监管法律制度比较

比较内容	香 港①	内 地	
		保险专业代理机构②	保险兼业代理机构③
注册资本最低限额	保监会有权对“资格及经验；资本及净资产；专业弥偿保险；独立客户账簿”等方面施加限制条件。	人民币5000万元，且必须为实缴资本。	按资质分为三类： 1. 申请A类保险兼业代理资格，应具备注册资本或开办资金不低于1000万元、住所所在地的省级行政辖区内拟从事保险兼业代理业务的分支机构(或营业网点)不少于5个； 2. 申请B类保险兼业代理资格，则应具备注册资本或开办资金不低于50万元、取得至少1家保险公司出具的《保险兼业代理业务委托意向书》； 3. 申请C类保险兼业代理资格没有注册资本要件，但应具备取得1家保险公司出具的《保险兼业代理业务委托意向书》，所申请的保险兼业代理业务范围应与其主业直接相关，且必须为实缴货币资本。
可代理公司数量	1. 保险代理人不得同时代表超过4间保险公司，且其中不得有2间以上为长期业务保险公司； 2. 一名保险代理人的负责人或业务代表不能成为另一名保险代理人的负责人或业务代表；但代理人可以代理多于一个保险人。	各级政府及各级政府职能部门、社团法人、银行、保险公司，不得以任何名义投资于保险代理公司。	1. 与同一家A类保险兼业代理机构建立代理关系的保险公司数量不限； 2. 与同一家B类保险兼业代理机构建立代理关系的保险公司数量不得超过5家； 3. 与同一家C类保险兼业代理机构建立代理关系的保险公司数量不得超过1家。

① 详见《香港保险公司条例》第65条、第68条、第77条。

② 详见《保险专业代理机构监管规定》第7条、第19条、第28条、第39~40条、第71~88条。

③ 详见《保险兼业代理机构管理规定(征求意见稿)》第15~18条、第25条、第43条、第56条、第91~113条。

续表

比较内容	香　港①	内　地	
		保险专业代理机构②	保险兼业代理机构③
保证金	须有专业弥偿保险。	1. 缴存保证金或投保职业责任保险； 2. 缴存保证金按照注册资本出资的5%缴存，达到100万元的，可以不再缴存。	每一家持有许可证的保险兼业代理机构应当缴存保证金2万元。
其他保障	保险公司须就其委任的保险代理人对客户所发出的保险合约及作出与保险业务有关的交易行动负责。	保险公司须就其委任的保险代理人对客户所发出的保险合约及作出与保险业务有关的交易行动负责。	暂无相关规定。
人员保证	香港保险中介人规管制度。	上岗前接受培训时间不少于80小时，上岗后每人每年接受培训时间不少于36小时。	上岗前接受培训时间不少于80小时，上岗后每人每年接受培训时间不少于36小时。
法律责任	1. 有权向保险代理人、其负责人或业务代表发出警诫；有权暂停或终止保险代理人、其负责人或业务代表的委任；有权根据等级委员会所认为适当而采取其他行动； 2. 经公诉程序定罪，最高处罚款100万港币及监禁2年；经简易程序定罪，可处第6级罚款及监禁6个月。	1. 倘获委任保险代理人违反《保险代理管理守则》，保险业监督可指示保险公司取消该保险代理人的登记； 2. 可能承担警告、责令改正、撤销从业资格、取缔、没收违法所得、处以罚款等法律责任。	1. 经公诉程序定罪，最高处50万元人民币罚款； 2. 法律责任包括警告、责令改正、撤销从业资格、取缔、没收违法所得、处以罚款等。

① 详见《香港保险公司条例》第65条、第68条、第77条。

② 详见《保险专业代理机构监管规定》第7条、第19条、第28条、第39～40条、第71～88条。

③ 详见《保险兼业代理机构管理规定(征求意见稿)》第15～18条、第25条、第43条、第56条、第91～113条。

续表

比较内容	香 港①	内 地	
		保险专业代理机构②	保险兼业代理机构③
其他	香港保险业联会在保险业监督认可下,管理保险代理人。	政府监管主导。	政府监管主导。

表5-13 香港与内地保险经纪人监管法律制度比较④

比较内容	香 港	内 地
形式	有限责任公司。	有限责任公司或股份有限公司。
准入条件	不少于10万港元。	注册资本的最低限额为人民币5000万元,且必须为实缴货币资本。
任职条件	1. 高级管理人需具备5年执业经验,其中2年需担任管理性职位; 2. 须通过保险中介人资格考试。	董事长、执行董事及高管须从事经济工作2年以上,并持有资格证书。
竞业禁止	东主、雇员、合伙人、董事等高级管理人员,不可以作为另一保险代理人或任何保险经纪的董事。	保险经纪公司的董事和高级管理人员不得在存在利益冲突的机构中兼任职务。
香港保险中介人规管制度	设有保险中介人素质保证计划。	上岗前接受培训时间不少于80小时,上岗后每人每年接受培训时间不少于36小时。
保 障	须备有专业弥偿保险,最少为300万港元。	1. 因过错给投保人和被保险人造成损失的,应当依法承担赔偿责任; 投保职业责任保险或者缴存保证金; 2. 职业责任保险最低赔偿限额为人民币500万元; 3. 保证金为注册资本的5%,缴存额达到人民币100万元的,可以不再增加保证金。

---

① 详见《香港保险公司条例》第65条、第68条、第77条。

② 详见《保险专业代理机构监管规定》第7条、第19条、第28条、第39~40条、第71~88条。

③ 详见《保险兼业代理机构管理规定(征求意见稿)》第15~18条、第25条、第43条、第56条、第91~113条。

④ 详见《香港保险公司条例》第65条、第68条、第77条及《保险经纪机构监管规定》第8条、第21条、第39条、第40条。

续表

比较内容	香　港	内　地
分帐目管理	备存独立客户账目。	1. 建立专门账簿，记载保险经纪业务收支情况； 2. 应开设独立的客户资金专用账。
法律责任	1. 倘保险经纪或保险经纪团体未能遵守任何根据第 69 条或第 70 条（如适用者）订明的规定或撤销其获授权资格乃符合保单持有人、潜在的保单持有人或公众的利益，则保险业监督可撤销根据第 69 条获授权的保险经纪的获授权资格或根据第 70 条获认可的保险经纪团体的认可； 2. 经公诉程序定罪，最高处罚款 100 万港币及监禁 5 年；经简易程序定罪，可处第 6 级罚款及监禁 6 个月。	1. 罚款最高额不超过 30 万元； 2. 法律责任包括警告、责令改正、撤销从业资格、取缔、没收违法所得、处以罚款等。

从表 5－12 和表 5－13 的比较可以看出，香港和内地在保险中介机构监管方面存在以下区别：

1. 兼业代理机构以及保险营销员的设置问题

香港地区和内地在保险中介机制中最显著的区别就是香港地区并无兼任保险代理人及保险营销员的相关规定。在香港，保险代理机构即指向类似大陆的专业代理机构。而兼任保险代理人和分散的保险营销员的存在，是内地保险中介较香港地区保险中介业务不稳定的主要原因。

在内地，保险行业保费收入中绝大部分来自保险中介渠道。2013 年至 2018 年保险中介渠道保费占比始终在保险行业总保费 80% 以上。2013 年，我国保险行业累计保费收入 17222.00 亿元。其中，保险中介渠道实现保费收入 13836.83 亿元，同比增长 8.46%，占总保费收入的 80.34%，同比减少 2.05 个百分点。截至 2013 年底，全国共有保险专业中介机构 2525 家，同比减少 4 家；共有各类保险专业中介机构分支机构 6400 家，同比增加 2021 家。2018 年，保险中介实现保费收入 3.57 万亿元，占全国总保费收入的 87.4%。截至 2018 年底，全国共有保险中介集团公司 5 家，全国性保险代理公司240家,区域性保险公司1550家,保险经纪公司499家,已备案保险公估公司353家,个人保险代理人871万人,保险兼业代理机构3.2家,代理网点22万余家。[①] 专业中介分支机构大幅增长的原因主要有两方面:一是市场的发展对保险专业中介的需求逐渐旺盛,机构铺设速度加快,并且逐渐由省会城市向地市级城市扩展;二是2013年初,中国保监会大幅提高保险专业中介法人机构准入门槛,同时在暂停一年后,恢复对区域性保险专业代理分支机构的审批,政策总体从严和局部释放导致分支机构数量在短时间内激增。而其他各类渠道也具有明显的业务特征,公司直销、专业中介渠道主要以产险业务为主;兼业代理渠道中,车商业务和银邮业务均占有举足轻重的作用。[②]

同时还可以看出,保险专业中介对保费的贡献率虽然在不断上升,但其渠道占比依旧较小。同时,其中相当一部分专业中介机构处于停业或业务甚微的状态。

保险兼业代理机构和保险营销员数量过多、占比过大等现象,直接导致内地保险市场风险增加。首先,许多个人营销员存在虚挂人员、虚构中介业务、虚列手续费等现象,从而导致保险公司财务业务数据不真实等问题。同时,缺乏对于个人营销员任职条件的相关规定导致存在较高的市场风险。其次,保险兼业代理板块显示出了较高的结构性风险。保险兼业代理机构中,无论是在机构数量上还是在业务规模上,银邮机构和由汽车销售、汽车维修、汽车运输构成的"三汽"类机构均占主要部分。然而,随着保险公司派驻银行网点销售模式的取消以及对保险专业中介机构虚开发票打击力度的加大,银保误导销售有从保险公司银保专管员向银邮机构销售人员转移的趋势,中介虚开发票有从专业中介机构向兼业机构转移的趋势。同时,由于保险兼业中的跨部门监管,相比从属于保险公司的银保专管员来说,保险监管部门对银行销售人员的监管力度更弱、监管难度更大。因此,这将成为内地保险中介监管中一个很大的问题。

2. 准入条件比较

类似于商业保险公司的准入条件,香港对于设立保险中介机构的注册

① 苏向杲:《2018年保险中介渠道实现保费收入3.37万亿元,占全国总保费收入87.4%》,载中国保险网,http://m.china-insurance.com/zjyd/20190429/4543.html,2019年6月17日访问。

② 参见中国保险监督管理委员会主编:《中国保险年鉴》,中国保险年鉴社2014年版。

资本要求依然远低于内地。在香港，对于保险中介机构来说，其最低的注册资本要求为10万港元。而在内地，对于保险经纪机构和保险专业代理机构，最低注册资本要求为5000万元人民币。对于保险兼业机构，则分为A、B、C三类。A类要求最高，达到1000万人民币；B类较低，仅为50万元人民币；C类则无注册资本要求限制。不难看出，与保险公司的资产性准入监管的要求类似，香港设立保险专业中介公司的资本性要求远远低于内地。但是，对于内地所设置的保险兼业机构中的B类和C类来说，其准入门槛的设置则明显偏低。

在对于股东、董事等高级管理人员的任职门槛要求中，香港地区的要求高于内地。例如，对于保险经纪人的要求，香港地区要求高级管理人员具有5年以上执业经验，其中2年需要担任管理性职位，同时需要通过保险中介人考核。而在内地，仅要求保险中介人有2年以上经济类执业经验即可。这同样与保险公司对于高级管理人员执业资格的相关要求类似，与内地对于非资产性准入监管的要求逊于香港地区的现状相吻合。

3.保险中介从业人员管理的比较

保险中介监管的核心目的便是保护被保险人的合法权益。在2000年之前的香港，许多素质低下的保险代理人违规操作，造成很多保户投诉的案件。为了保证保险中介人素质，香港自2000年1月1日开始实施“香港保险中介人素质保证计划”。① 通过该持续专业培训计划，保险中介监管部门加强了监管，淘汰了一些不合格的保险代理人，提高了保险代理人的素质，保障了消费者的利益。而在该计划实施之前，保险中介人，即保险代理人和保险经纪，并不需要通过任何公开考试。②

而在内地，保险中介专业标准尚未确立，专业人才缺乏，整体服务水平低。保险中介监管方式和手段还比较落后，管理粗放，大进大出，监管的有效性有待提高，保险中介市场秩序有待进一步规范。这些都在一定程度上

---

① 该计划对象是保险代理人、保险经纪人以及提供保险专业意见的业务代表。该计划获得了业界的支持，依照计划，成立了督导委员会开展督导工作；成立了考试小组，制定认可资格考试制度；成立了持续专业培训计划小组，实施持续专业培训计划。根据持续专业培训计划，保险中介人必须参加获得培训计划独立评审机构审定的有系统活动。每年要上课完成一定的课程，以累积达到规定的10个核心学分和20个非核心学分。另外，也可通过其他途径获取学分，比如到正规大学上课，但是课程要经学术评审局审定，才能有效。

② 参见http://www.oci.gov.hk/chs/framework/index02_05.html，2014年11月15日访问。

制约了保险中介市场更好更快地发展。2010 年，保监会就改革完善保险营销员管理体制发表意见，提出在现有的法律法规的框架下，应逐步理顺和明确保险公司和保险中介机构与保险营销员的法律关系。同时，要求全行业建立健全保险营销风险防范机制和危机处理机制，保障营销员管理体制改革的稳步进行；要求各保险公司和保险中介机构加强管控责任，转变营销发展理念和方式，按照体制更顺、管控更严、素质更高、队伍更稳的发展方向，促进保险营销队伍稳定发展。[①] 但迄今为止，并无任何专门针对保险营销员的法律法规或类似香港的中介从业人员培训计划等的官方行业培训活动。内地针对保险营销员的规定散见于各规定中，保险中介监管方式和手段还比较落后，监管有效性不高。

四、内地商业保险公司监管所面临的现实问题

(一)保险监管方案

内地保险业在近十余年的发展中，始终面临极为严峻的考验。短期跨越式的发展之后，内地保险业正遭遇"瓶颈期"，保险深度、保险密度均处于较低水平。

近几年资本市场形势严峻，保险资金的运用承受着巨大的压力。同时，由于保险业数年前经营得不规范，民众对于内地保险公司往往避而不及。外国保险公司大量涌入中国市场，保险费率的逐步自由化也带来了新的风险。[②] 互联网金融的深化，带来了新的流动性风险和信息风险，以前粗放式的发展策略已经不能适应现代保险业的发展要求。那么，内地保险业将何去何从？笔者认为，要想为内地保险业选择正确的发展轨道，首先要对保险监管力度、保险监管主体以及保险监管手段进行调整和更新。

1. 保险监管力度需调整

内地的保险监管模式一直是强干预模式。但自从中国加入世界贸易组织以来，保险行业对外开放程度不断提升，传统的监管模式既不能保证

---

① 参见中央人民政府官网，http://www.gov.cn/gongbao/content/2011/content_1796534.htm，2014 年 12 月 2 日访问。

② 参见史忠良、郭旭红：《入市过渡期结束后中国保险监管制度的完善》，载《江西财经大学学报》2007 年第 1 期。

被监管保险公司的盈利效率，也不能保证被监管保险公司的偿付能力及其稳定性。通过控制保险费率和保险公司数量等手段所进行的传统的强势保险监管方式已经不能与国际保险监管的发展进程相适应。

同时，对保险行业进行过度干预可能导致市场自身调节机制被影响，进而可能引发市场失灵。虽然风险能够在一定程度上被控制，但却可能导致保险公司的市场活力不足，进而导致本国商业保险公司竞争力不足。监管力度过强或者过弱都不利于保险市场的发展。一国保险监管的力度应该基于该国保险市场国情，并与保险市场的发展程度相适应。良好的保险监管首先应该满足的条件就是适度。因此，银保监会应该力求创造适度竞争的市场环境，逐步放松监管力度，要求在该市场中的商业保险公司在追求利润的同时防控风险，在保障保险市场安全的基础上使其拥有充分的自主决定权。

另外，监管力度不均衡也是目前内地监管中一个不容忽视的问题。内地对于商业保险公司的市场准入、投资监管、产品销售监管等市场行为监管十分严格，采取的是授权制。① 在法律明确授权的领域内，商业保险公司才有市场行为的自主决定权，可自主决定的范围十分有限。但与此同时，内地在对于保险公司偿付能力的监管和公司内部治理的监管上仍处于初级水平，监管力度不足且大部分监管制度无法得到有效落实。再者，对于保险中介人的素质、再保险人的经营等监管力度不够，留下了很多亟待解决的问题和风险敞口。此外，在信息披露、对于违法保险行为的归责上，亦是十分松散。

不均衡的监管力度将给监管有效性带来直接的负面影响。由于偿付能力监管和内部治理监管等领域在保险监管体系中发挥着不可替代的作用，保费中的绝大部分收入又来源于保险中介，因此，有权机关对于各领域监管力度进行进一步的调整和协调是有其必要性的。

2. 监管主体应多元化发展

在内地，政府或是政府的相关部门是保险监管的唯一主体，采取的是政府为主导的严格型监管模式。银保监会在这种监管模式之下起着十分重要的作用，保险市场的自我调控能力、保险行业自我监管以及社会其他

① 参见知网空间，http://wiki.cnki.com.cn/HotWord/865047.htm，2014 年 4 月 2 日访问。

监管力量没有被很好地调动起来。不可否认的是,政府的确具备其他市场主体所不具备的优势因素。但是,这种垄断性的监管地位首先可能导致的直接监管风险就是“缺乏对于监管者的监管”,官僚行为、寻租现象难以避免,极易造成由于缺乏权利制衡而导致的监管目标偏离,并可能造成扩大不公平的恶劣后果。其次,在政府资源极其有限的前提下,缺乏各个层次监管的配合可能导致政府人力、物力的进一步浪费。最后,政府监管往往不能保证监管的动态性和及时性,而信息的滞后性对于相关利益主体来说可能是致命的。

广义的保险监管是指从国家、社会、保险行业和保险公司内部治理等各个层次上对保险市场进行监督和管理。在这种监管框架下,根据监管主体的不同,保险监管应该被划分为“政府监管、社会机构监管、保险公司自我监管和消费者监管”等。笔者认为,完整的保险监管体系应当将国家的干预与市场的自律相结合,以立法监管为依据,由政府监管、行业自律组织监管、社会中立机构监管和保险公司内控制度组成,这也是国际保险监管核心原则的要求。纵观内地的监管制度建设,立法监管、行业自律组织监管、社会中立机构监管和保险公司的内控制度建设都是应该加强的部分。①

3. 保险监管手段需要更新

目前,中国内地的保险监管机构和保险机构内部的信息化建设尚不完善,对信息披露还没有明确的规定和要求。保险机构的资产负债状况和经营业绩缺乏必要的透明度,信息的时效性不强。不仅做不到方便投保人等利益相关人查询,监管机构想要实时监控保险机构的风险状况也并不容易,信息不对称情况十分严重。同时,亦缺乏合理的风险指标体系,保险监管的及时性、有效性受到影响。

此外,在监管过程中,保监会对静态的、现场的查处做得比较多,对个别具体经营行为的定性查处比较重视。但对公司整体状况和保险体系风险程度的定量分析和评价工作的经验不足,对动态信息的掌控处于劣势。保险监管机构难以较早地发现保险公司的财务困境或经营方面的问题,保险监管预警系统还难以发挥作用。②

① 参见韩笑著:《均衡之路——中国商业保险均衡制度研究》,人民出版社2006年版,第170~171页。

② 参见张东昱:《加快完善中国保险监管体系》,载《发展研究》2005年第8期。

（二）保险监管法律体系

1. 保险业法律法规不完备、监管立法更替频繁

目前而言，内地关于保险市场的监管法仅有《中华人民共和国保险法》一部，其在2002年、2009年、2014年、2015年分别进行过四次修改，是一部集保险业法与保险合同法为一体的基本法，总体来说较为完善。但是，由于保险行业的高风险性、保险业务的复杂多变性，仅仅以一部规定宏观、缺乏可操作性的保险基本法作为依据，是远远不够、难以落实的。在实践当中，对于保险业的监督管理主要的依据是银保监会所颁布的与之相配套的法规和规章，以及国家出台的相关支持政策。这就导致保险监管的立法层次太低、体系混乱庞杂、各种规范文件之间发生冲突，造成了法律适用上的困难。

另外，以2010年至2012年这三年为例，内地共颁布了16部保险相关的法律、法规，这其中还不包括通知和批复等法律规范性文件以及其他部门法或其他行业立法中相关的法律和法规。在这些新颁布的法律、法规中，有些是对于立法空白的补充，有些是对于旧法规定的更新。这一方面说明了我国保险业监管法律、法规体系的不完善；另一方面也说明了保险监管相关的法律、法规和规章更替很频繁。频繁立法的最大危害就是降低了法律的可预测性，破坏了法律的稳定性和延续性，给商业活动带来了很大不确定性。面对新法，由于各地政府监管机构很容易出现监管政策和监管力度的差异，新法适用的滞后性和差异性很容易导致监管目标难以实现。

2. 保险监管法律整体性不足、法律体系不协调

保险监管法律体系不协调包括两个方面，即保险监管体系和国际保险监管的发展趋势不协调、商业保险公司监管体系内部的法律规定和配套会计准则、执法机制的不协调。

目前，内地保险监管体系和国际保险监管的要求仍有一些差距，例如，偿付能力监管、投资监管、风险监管、公开披露监管等。面对我国不断与世界接轨的趋势，在保险业改革的过程中，政府应逐步放宽监管力度，明确监管方向，调整监管机制，以适应加入世界贸易组织后国际保险监管的发展趋势以及保险市场更为开放、竞争更为剧烈的新形势。

此外，如上文所述，我国《保险法》立法层次虽然较高，但相对应的具体配套措施和实施细则与其匹配性却较差，保险法中很多原则性的规定无法落实。与《保险法》配套的会计准则和审计制度更是多而繁杂。由于许多商业保险公司的相关会计和审计制度不够健全，其会计和审计从业人员的资质也常常欠佳，加之保险公司财务信息公开存在滞后性，导致保险公司的财务状况不能得到及时有效监管。此外，由于不同地区的执法人员专业性有所不同，政府对保险监管的关注度也有所差异，因此，在内地的部分地区，商业保险公司的违法行为未能得到及时查处和纠正，保险业难以健康发展。

3. 保险监管的针对性不足、重点有所偏颇

目前，我国的保险监管属于“完全式”式监管，对保险业务的方方面面均有所规制。但事实上，任何法律监管都无法面面俱到地包含保险监管的全部内容和措施，且可操作性也不强。同时，这种“完全式”的监管也是毫无必要的，将导致监管资源的极大浪费。因此，迫切需要出台专门的法律法规，针对保险监管的主体、原则、方式等进行详细的、可操作的规定，使保险监管可以落于实处。

此外，内地保险监管对于保险公司准入的货币资本、保险险种及其费率、各项准备金、投资监管的类别等有关数字把控极其严密。而对于股东、董事、高级管理人员的任职资格、信息披露、内控制度等量化起来有难度的方面的监管却过于宽松。成熟的保险监管应着重于以风险为基础的偿付能力监管、市场行为监管以及公司内部治理监管，而这些内容仅靠不断收紧的量化监控是难以做到利于市场发展的。①

4. 保险监管法律责任制度不科学

在内地保险监管体系中，对于违法行为采取的是以行政惩罚为主、民事惩罚和刑事惩罚为辅的法律责任归责制度。在该种归责制度下，政府被赋予较多的追责权，相对应的民事救济、刑事责任的规定较少。在政府不主动追责的情况下，投保人、被保险人和其他相关人缺少有效的权利救济途径。此外，对于精算师、核算师等相关保险从业人员以及保险中介人员的违法行为，保险公司的不诚信行为，违反信息保密条款、泄露客户信息等

① 参见邵黎：《关于我国保险监管法律制度的思考》，载《法制与经济》2011年第12期。

行为的归责条款亦相对较少。对于相关违法行为的惩罚力度亦较弱。这可能会导致商业保险公司及相关个体责任人的违法责任难以被有效追究，也可能因为犯罪成本较低而难以遏制违法趋势。

另外，由于中国的保险市场具有较高的垄断性，目前中资保险公司也基本为国有或者国有控股公司，获取保险执照的公司事实上受到了某种无形的保护。这种缺乏有效竞争的状态除了在产品价格上有所体现之外，在扭曲的竞争性、较低的赔付率以及赔付障碍上亦有所体现。

(三)保险监管理念

长期以来，内地保险业采取的是严格监管和全面监管的监管理念，监管涉及保险活动的方方面面，事无巨细都有规定。但是，由于立法技术的不成熟和有限的监管资源，导致对于公司偿付能力的监管立法过于严苛，对于保险公司的内部风险控制和内部治理的监管却较为忽视。同时，监管的惩罚力度较小。这在监管资源有限的前提下导致了保险监管的无偏重性和不均衡性。

保险行业的风险性、负债性和社会重要性决定了对于保险公司的准入门槛进行规定，对于内部运营风险、保险公司投资风险、保险公司的偿付能力风险等进行监测和控制是十分有必要的。在事前、事中、事后的监管中，最为重要且有效的是事前监管。做好事前风险的防控才能保证保险公司安全合理地开展经营、创造收益，才能维护保险公司股东和被保险人的利益，维持经济增长和社会稳定。而事后监管，则更多起到救济作用。不能将监管的重点放于事后，应强化过程监管，把握好关键环节，科学抓好分类监管、资产负债匹配监管和非现场监管等环节。国际保险监督管理协会于2003 年在其发表的《保险监管核心原则》中提出了“以保险公司的治理结构监管、市场行为监管和偿付能力监管为三支柱的监管制度”这一保险监管原则，在 2011 年的修订中亦对此进行了强调。① 随后，美国出台了《萨班斯法案》以及美国反虚假财务报告委员会下属的发起人委员会(The Committee of Sponsoring Organizations of the Treadway Commission, COSO)《企业风险管理—整合框架》等一系列风险管理的制度和文件，使

① 参见李扬、陈文辉主编：《保险监管核心原则——理念、规则及中国实践》，中国人民大学出版社 2005 年版，第 14 页。

得以风险监管为核心的监管方式成为国际保险业监管的主流。近几年来，我国亦相继出台了许多保险公司内部治理和事前风险控制的制度和文件，事前风险的监管在我国保险监管体制中已经处于十分重要的地位。因此，将偿付能力监管作为刚性要求，贯穿监管的全过程，就成为内地当下的重要任务。[①] 但具体到应如何在行动上进一步深化和推进对于保险公司的事前风险监管的问题上，仍有待探索和研究。

此外，各金融部门之间的监管合作体系亦亟待加强。目前，香港保监处已与香港证监会、金管局、强制性公积金计划管理局等监管机构签订谅解备忘录，广泛开展金融监管协作。随着独立保监局的设立和保险监管职能的扩大，其监管工作将与其他监管机构产生更多联系，进一步加强沟通合作，以减少工作重叠及加强对保单持有人的保障。联系我国分业经营、分业监管的现状，我国保险监管部门也应进一步加强与银行、证券等监管部门的合作，建立部门间、地区间乃至国际间的金融监管协作机制，进一步深化与公安、检察、司法等国家机关的联合执法行动，形成分工协作、联动高效的现代保险监管体系。[②] 另外，如何把握互联网金融的发展趋势，增强保险行业的竞争能力，也是值得深入思考和研究的重要课题。

五、完善内地商业保险公司监管制度的立法优化路径

（一）保险监管主体的有效性是监管的前提条件

要进行有效的保险监管，其前提条件之一就是必须要有一个强有力的、高效的监管主体，以保证保险监管的有效开展。这样的监管主体至少有四点要求。

第一，独立性。在金融中介机构准入和监管方面，监管机构应该有良好的、法制化的监管结构，所有的行为应该在法制的框架下展开；对被监管金融机构的公司治理，监管机构应该有权力制定相应的法律法规并实施指导；监管机构要免受政治干预，保证决策的独立性；监管机构要具备充足的监管能力，在成本适当的情况下，提供专业化的监管。

---

① 《项俊波主席在2014年全国保险监管工作会议上的讲话》，载中华保险网，http://www.cic.cn/publish/portal1/tab228/info4475.htm，2015年1月25日访问。

② 参见 http://xw.sinoins.com/2015-01/23/content_142730.htm，2015年1月15日访问。

第二,问责制。监管机构要对自己作出的所有决策给出合理的解释;监管当局要对有关的政府和立法机关负责,同时还要对被监管的机构和公众负责。

第三,透明度。监管目标、框架、决策、依据、数据和其他信息必须全面、方便、及时地告知公众,以减少市场的不确定性,促进监管目标的实现。

第四,操守。监管人员应该无私、忠诚地履行职责,始终如一地追求监管目标;对于监管机构管理者和一般工作人员应制定个人行为准则。[①]

(二)以偿付能力监管、市场行为监管和公司治理监管为监管核心

偿付能力监管、市场行为监管和公司治理监管是国际保险监督管理协会规定的保险业监管三大支柱,在商业保险公司监管体系中举足轻重。在香港商业保险监管制度中,偿付能力监管是作为监管重心和监管主线存在的,公司治理监管的地位往往弱于偿付能力监管。但是,香港政府最近公布的文件体现出其加强公司治理监管的趋势。近年来,内地的第二代偿付能力监管制度体系建设基本完成,将采用三支柱的整体框架,对保险公司的资本充足、风险管理和信息披露三个方面提出要求,其中,偿付能力监管同样是重中之重。对一个公司而言,偿付能力是公司风险水平的集中表现;对保险行业而言,偿付能力是整个行业风险水平的综合反映,抓住了偿付能力监管,就抓住了监管的"核心"。[②] 另外,内地也已经逐步建立起包括"市场准入要求"、"投资行为"、"最低偿付能力监管"和"准备金提存监管"等多个层次的监管体系。就最低偿付能力监管和准备金提存监管这两个方面具体来说,监管内容包括:最低偿付能力监管、资本保证金提存、保险准备金提存和保险保障基金提存这几个方面。在其中,内地的有些法律规定和监管措施甚至比香港还完善、先进。随着《保险公司信息披露管理办法》的出台,商业保险公司的偿付能力已被纳入强制性披露的范围。总体来说,内地已经建立了较为完善的偿付能力监管体系。

---

① 参见陈文辉主编:《国际保险监管核心原则的最新发展与中国实践》,人民日报出版社2012年版,第19~22页。

② 参见魏革军:《积极推进中国偿付能力监管体系建设——访中国保险监督管理委员会副主席陈文辉》,载《中国金融》2012年第7期。

当然,内地目前所建立的偿付能力监管体系也存在一定问题。例如,没有维持资产的相关规定,保险准备金标准没有根据不同保险公司的业务范围进行区别划分,对于偿付能力的要求没有跟保险资产的分类相匹配,最低偿付能力计算方法过于烦琐等。笔者认为,我国应当在考评保险公司财务状况和业务范围的基础上,综合评价其可能面临的风险,逐步建立起以风险划分为依据的完善的风险资本监管制度;从商业保险公司成立、运营到清算、退出的各个环节对偿付能力进行监管,并着重关注事前监管;同时,要求并帮助商业保险公司建立内部动态偿付能力报告机制,将其内部偿付能力报告信息纳入公司偿付能力的考评范围;统一、完善偿付能力立法,发展配套会计制度和审计制度,建立独立审计师和精算师制度;培养相应的会计和审计人才,提高其执业水平;[①] 在保险立法中增加相应的违法责任条款,保障商业保险公司的资金和偿付能力的充足性。

另外,对于商业保险公司的市场行为的监管和公司内部治理的监管也同样不能忽视,应当在保障保险公司偿付能力的同时适当放松准入监管和投资监管的标准,建立起以偿付能力监管为主线的公司内部控制治理机制,完善公司内部治理体系和统一的信息披露体制,着力构建以偿付能力为主线、市场行为监管和公司治理监管为侧翼的商业保险监管的法律体系。

(三)建立统一、完善、易行的立法制度

如上文所述,我国保险法的立法渊源较为广泛,包括保险法典、海上保险特别规定、保险法规、保险行政规章、司法解释、保险判例、保险习惯和法理等。如此条目众多、分类繁杂的保险法规,无疑不利于保险机构和保险活动参与者的掌握与遵守,极易出现任意适用或者错误适用。同时,由于配套的会计制度和技术跟不上,在实际生活中很难执行到位,不利于迅速发现和解决问题。再者,大陆不仅没有准备针对保险公司的破产的统一立法,也没有针对其他金融产业破产的专门立法,商业保险公司破产的法律规定散见于各种相关保险法律和规定中,保险破产立法缺乏完整性和体系

① 参见肖文:《欧美保险偿付能力监管研究及对我国的借鉴》,载《浙江社会科学》2004年第11期。

性。诸如此类的问题其实都不利于保险业监管机构及时发现问题和解决问题,不利于保险业的健康发展。

因此,我国政府需要对不便于施行的保险法规进行改进和完善,充分借鉴他国立法经验,研究保险监管立法的国际发展趋势,学习优秀立法技术,建立统一、易行、与国际发展趋势相接轨的商业保险监管体系。保监会也应随时关注保险行业的新动向,以保证保险立法和保险制度不与保险业的发展进程相脱节;完善与保险立法相适应的会计制度和其他相关配套监管体系以及会计和审计等相关保险从业人员的归责制度,增加对于商业保险公司和相关个人违法行为的惩罚力度和针对相关违法行为的民事救济途径,从而保护投保人和被保险人的利益。

(四)放松对于商业保险公司的政府监管、完善其他社会监督机制

香港地区保险产业的政策是充分市场导向型保险产业政策的典型代表,采用的是一种弱势监管体制。在该种监管体制下,政府尊重保险市场本身的调节力,对于市场的干预较少。而我国实行的是行政职权监管主义政策,是一种强力干预型的保险产业政策。① 在以往的表现中,政府的行为经常呈现扶持大型保险公司的状态。我国大型保险公司多属于国有保险公司,而国有资产监督管理委员会将直接参与国有公司的日常运营,加之过于严苛的保险业监管法律法规,很有可能使国有保险公司垄断市场资源。同时,过多的监管又使中小型保险公司丧失其活力,中小型保险公司经营情况的恶化,不利于我国保险业的健康发展。虽然采用强势监管制度有利于保护消费者,但是,一个可能的后果是限制保险公司的创造力,使保险公司产品的差异变小。这种情况实际不利于应付随

① 根据监管的侧重程度和严格程度的不同,保险市场的监管实践可以分为以下三种模式,即弱势监管、强势监管和折衷监管。在弱势监管形式下,保险公司在确定费率和保险条款时享有很大的余地,监督者重点监管公司的财务状况和偿付能力。只要公司能够保证有足够的偿付能力,其自主经营一般不会受到很多限制。强势监管则是一种对于市场行为、偿付能力和信息披露三方面要求均非常严格的监管方式,保险公司的保险条款均有明文限制,受到严格监督,其出发点是为了保护被保险人的利益;折衷式监管以偿付能力监管为核心,兼具市场行为监管和信息监管。这是目前大多数国家采用的一种监管方式。许多拉美国家在20世纪90年代初保险市场自由化之后也加入了这个队伍,即使是以监管严厉著称的美国目前也开始了其转化历程。参见孙祎祥、郑伟:《保险监管的理论与实践》,载《经济界》2001年第5期。

时可能出现的新风险，也不利于约束保险公司，更可能引起保险市场某种程度的混乱。

笔者认为，适合发展中国家的保险产业政策应该是“居中稳健型”的保险产业政策，这是一种平衡市场主导和政府监管两方面因素的监管方式。[①] 这是因为，发展中国家的保险业大多处于初步发展阶段，保险市场体制还不健全，保险企业规模不大，保险技术不成熟，急需政府对于保险市场的规范和引导。但是，在当今社会经济全球化的趋势下，保险业正向市场主导型发展。为了应对这种大环境的改变，政府应当逐步放宽对保险业的监管，发挥保险市场自身调控的能动性。

香港采取的是政府监管与行业自律相结合的监管模式，对保联会制定的规定及采取的监管措施给予法律上的强制执行力，是一种市场导向型的监管模式。笔者认为，内地政府应当学习香港保险业监管的某些体制，适当放松对于保险业的职权性监管。但是，政府放松监管并不等同于不管。内地保险市场发展时间尚短，还不适合完全市场导向型这种监管模式。因此，对于监管的放松，应当逐步、适度的进行，切不可一蹴而就。

除了政府监管和公司内控之外，行业自律也是监管体系中非常重要的一部分。由于保险行业自律组织是由保险行业中的相关主体自发形成的，在进行自我监管的时候能够充分考虑到监管内容和方式的合理与有效性，实现政府监管所无法实现的功能。一方面，促进保险业行业自治有利于迅速解决出现的纠纷和问题；另一方面，也能减轻保险监督管理机构的负担，保证政府监管的高效性、灵活性和公正性。实际上，内地保险业的自律制度框架早已构建完毕。[②] 目前，全国各地区基本上都成立了保险业自律组织，即保险行业协会。可通过自律组织制定保险行业的自律规则，规范同业间竞争，沟通保险信息。除此之外，笔者认为，在加强自律组织自身建设的过程中，还应该遵循专业化、协调化和科学化的原则，以提高自律监管的效率。保险监管部门亦应加强对于保险行业协会的指导，逐步提高保险业自律组织在业内的公信度。[③]

---

① 参见谢金玉著：《中国保险产业发展研究》，中国经济出版社2011年版，第175～177页。

② 详见《中华人民共和国保险法》第180条。

③ 参见王叙文：《从香港保联运作看国内保险行业协会建设》，载《金融与理论实践》2003年第8期。

建设社会监督体制也非常重要。应利用会计师、审计师、律师、精算师等辅助人员来加强监管工作，在财务、审计、合规合法等方面提供辅助与帮助，以提高监管的效率和水平。由于能够提供有助于识别公司困境和潜在偿付能力不足信号的信息，评级机构、金融分析师等也应该成为一支监督力量。① 除此之外，还应提高诸如媒体、群众等社会群体的积极性，促使社会各方面关注保险监管政策，主动对商业保险公司运营的合规性进行监管，使商业保险公司能够持续稳健地发展。但是，需要明确一点，在加强社会机构监督监管的同时，也应当强化其责任意识，保证其提供材料的真实性和判断的准确性。②

《保险法》、保监会《关于加强社团组织建设的指导意见》及《中国保险行业协会章程》的要求，行业协会的基本职能定位为协调对外行动、实施内部惩罚、提供信息服务与组织业内交流。但是，目前内地保险行业协会并不是强制入会制而是自愿入会，这就致使其权威性相对较弱。同时，目前我国保险行业协会的自律作用发挥得并不充分。对于一部分会员的违规行为缺乏必要的处分措施，自律规程的可操作性不强。而且由于其覆盖面相对较小，服务职能无法发挥，笔者认为，在未来商业保险法律法规修订或更新时，应将保险行业协会的职能纳入考量。至于是不是能够如香港地区一样，赋予保险行业协会一定职权，以使其可以直接处分其会员公司，还应商榷。③

（五）规范发展保险兼业代理市场、优化完善保险中介市场结构

内地保险兼业代理正呈现一种低准入门槛和高经营管理要求的态势，相关监管规则亦不完善。对于这一现象，笔者认为，应适当提高保险兼业代理准入门槛，落实兼业代理保证金的缴纳事项，强化保险公司对保险兼业代理机构的管理责任，建立有效的市场退出制度；鼓励代理公司依法进行公平竞争，优胜劣汰，让长期经营不善的公司退出市场。此外，在我国制度框架下，一家保险代理机构可能同时代理数量相当多的保险公司。因

---

① 参见张艳花：《加强国际合作，建设现代保险体系——聚焦中国保险国际论坛》，载《中国金融》2005年第12期。

② 参见韩笑著：《均衡之路——中国商业保险监管制度研究》，人民出版社2006年版，第175页

③ 参见闫建军：《论新〈保险法〉中行业协会的法律定位》，载《保险研究》2009年第9期。

此,亦应立法规范其市场行为,防止其虚假介绍金融产品,进行不正当竞争。①

对于保险营销员来说,应进一步明确其法律地位。目前内地保险代理机构虚挂保险营销员、金字塔式增员事件层出不穷,相关法律法规和制度相对匮乏。故笔者认为,首先应该明确其法律地位,保险营销员要么作为专业保险代理公司、兼业保险代理公司的固定员工,要么作为较强专业能力的个人代理人存在;其次,应该落实其持证上岗制度和继续教育制度,提高其资质水平,强化其个人责任,明确违规罚则,以增强制度的可操作性。

除此之外,加大诚信信息披露力度,发挥社会监督机制的作用也是必不可少的。建立保险中介社会评价体系,形成第三方独立、公正的外部评估机制。随着互联网金融的兴起,信息化平台的重要性和有效性日益凸显。因此,笔者认为,应抓紧监管的信息化建设,建立完整的保险中介监管信息系统和从业人员的管理信息平台,把保护被保险人利益作为保险中介监管的出发点和根本目标,加强保险中介行业协会建设,严禁查处欺诈误导、挪用侵占保险费等损害被保险人和相关保险当事人利益的违法违规行为。

六、结语

用"猫和老鼠"来形容监管者和被监管者之间的关系已经不合时宜,监管者与被监管者不再完全代表各自不同的利益,其已经越来越成为一种利益一致、合作、相互信任的关系。笔者通过对于香港和内地商业保险公司的监管体系、行业进出、保险公司运营、保险公司偿付能力、保险资金运用、违法责任以及保险中介人行为的差异这几个方面的法律制度进行比较和分析,得出了以下结论:

第一,我国应当构建以偿付能力监管、市场行为监管和公司治理监管为核心的商业保险公司监管立法体系。

第二,我国保险监管应当建立统一、完善的立法体制,保障立法的科学性和先进性。

---

① 参见安秀洪、王晓东、丁洪生:《保险中介市场风险状况及监管对策》,载《保险研究》2009年第6期。

第三，我国应当适应国际发展趋势，逐步放松对于商业保险公司的监管力度，减少政府对于保险市场的干预度，调动其他社会组织的监管主动性，完善其他社会监督机制。

第四，我国应该推进"保险兼业专业化、专业代理规模化"的监管导向，适当提高兼业代理公司的准入门槛以及保险营销员的资质考核，改变长期粗放经营的保险代理行业，以汽车、银行、邮政三类机构为重点和起点来推动其规模化进程。

第五，保险监管不能仅仅停留在对保险公司及保险中介公司的外部监督上，在对保险公司的内部治理结构及运营机制的监督问题上，也应该得到足够的贯彻与执行。

第六章　沪港黄金交易市场监管制度比较

——启示与改革进路

随着中国金融市场及金融法制的发展,方兴未艾的黄金市场的发展促进了投资主体和市场规模的壮大。金融危机以来,由于黄金具有保值增值的特性,投资规模及人数呈爆发式增长的趋势。同时,黄金市场对于金融安全、金融稳定的重要意义也日益显现。目前,我国黄金市场在监管立法、体系构建、权限设置等方面滞后于黄金市场的发展要求。本书试图通过对沪港两地监管制度的比较研究,梳理我国黄金市场监管法律机制的构建缺失,明确我国黄金市场的监管改进方向。

一、黄金及黄金市场概述

美元(绿色)、黄金、石油被称为世界经济的“三原色”。这种直白的说法充分表明了黄金在世界经济格局中的核心位置。长期以来,由于储量稀少、金属性质稳定、外在美观、便于分割等原因,黄金不可替代地担当着等价交换物的角色。随着世界经济的发展以及现代工业和科学技术的突飞猛进,黄金在生产、消费、金融领域的应用逐步推广。

虽然自布雷顿森林体系崩溃之后，[①]黄金的货币属性有所减弱，但历史证明了其在任何时候都是值得信赖的资产。作为独特稀有的金属资源，且因为自身价值受到政治经济环境影响较少的原因，黄金凭借其保值和避险功能而受到投资者的青睐。由于黄金具有稳定的内在价值，投资者持有黄金是投资保值和降低投资风险的有效方法之一。在现阶段，黄金交易仍然是金融市场和金融业发展的一个重要组成部分。根据世界黄金协会最新公布的数字，到2018年12月，美国依然是世界黄金储备最多的国家，约8407吨，约占其外汇储备的75%以上。[②] 中国最近一次公布黄金储备是2018年，官方数字是1842.6吨，占外汇储备比例的2.4%，排名世界第六位。[③] 截至2010年，香港黄金储备的官方数据是2.1吨。[④]

黄金是关系国家经济安全的重要战略性资源，是各国信用货币的基石，是国际储备的最后形式和国际清算的最后手段。随着全球经济一体化程度的不断加深，黄金在稳定社会经济、防范通货膨胀、提高国家资信、稳定汇率等方面起到了不可替代的作用。

2013年我国黄金产量达到428.163吨，同比增长6.23%，再创历史新高，连续七年位居世界第一。同年，我国黄金消费量达到1176吨，首次超过印度成为世界第一黄金消费国。以生产、加工、消费为链条的国内黄金产业，不仅成为国民经济的重要部分，也是世界黄金产业中的重要一极。[⑤]

在我国黄金市场和黄金产业不断发展壮大的前提下，处理好黄金市场

---

① 布雷顿森林货币体系，是指第二次世界大战后以美元为中心的国际货币体系，《关税及贸易总协定》(General Agreement on Tariffs and Trade，GATT)作为1944年布雷顿森林会议的补充，连同布雷顿森林会议通过的各项协定，统称为“布雷顿森林体系”，即以外汇自由化、资本自由化和贸易自由化为主要内容的多边经济制度，构成资本主义集团的核心内容，是按照美国制定的原则实现美国经济霸权的体制。布雷顿森林体系的核心内容是美元与黄金挂钩，其他国家的货币与美元挂钩，实行固定汇率制度。1973年3月美元贬值，西方国家经过磋商最后达成协议，放弃固定汇率，实行浮动汇率，布雷顿森林货币体系完全崩溃。参见杨胜刚、姚小义主编：《国际金融》(第2版)，高等教育出版社2009年版，第314～317页。

② https://baijiahao.baidu.com/s?d=1630516305485462509，2019年6月29日访问。

③ http://www.360kuai.com/pc/91b1622cc4f400db1?cota=4&kuai.so=1&tjurl=sorec&sign=36057c3bbd1&referscene=S01，2019年6月29日访问。

④ http://www.my68.com/news/20181122101341591 5920.html，2019年6月29日访问。

⑤ http://www.qqjjsj.com/hjsjzl/217164.html，2020年5月8日访问。

和黄金产业的关系就显得更为重要。因此,通过有效监管协调黄金市场和黄金产业的关系,不仅可以为投资者提供安全稳健的投资渠道,完善市场体系,促进国民经济的健康发展,而且可以更好地服务于国家的黄金储备战略和促进人民币的国际化进程。

二、沪港黄金交易市场发展及现状

上海和香港是中国的金融中心,而后者在交易体制和金融环境上都更具国际化的特色,前者的金融市场则相对更为封闭,有更多的交易限制。在上海国际金融中心的建设过程中,由于交易制度和交易习惯的差异,金融市场还不能完全对国际投资者放开。除了加入国际金融市场将面临更大的风险以外,人民币尚不能自由兑换也是上海建设成为国际金融中心的重要障碍。当前我国居民的外汇资产主要是美元存款,因此国内居民持有美元资产就面临着汇率损失的风险。持有一定数额的美元资产,需要寻求一种汇率风险对冲工具。由于黄金与美元存在高度的负相关关系,持有黄金保值就成为对冲美元汇率风险的绝佳选择。①

黄金市场开放有利于完善我国金融市场,提高市场效率,制衡市场风险,促进经济建设。对于金融市场全局,黄金市场可以起到一种温和调节的作用。当通胀率高的时候,资金从股票市场撤离,投入黄金市场以期保值;而当通胀率低的时候,黄金市场的热度会减小。同样,中国经济高速发展有过剩的资金,可以将部分财富以黄金的形式储存起来,以应付经济低潮或重大灾祸;而当中国需要动用黄金储备时,它同样可以平衡财政开支和外汇储备。加之由于黄金安全性、变现性和对冲风险的优势,黄金市场的对外开放会是上海国际金融中心建设的重要一步。

中国内地黄金市场的成立以2002年10月30日上海黄金交易所的成立为标志。它的成立也标志着我国由期货市场、证券市场、保险市场、外汇市场和黄金市场组成的主要金融产品交易市场全部设立完成。2007年9月,经国务院同意,中国证监会下发《关于同意上海期货交易所上市黄金期货合约的批复》,批准上海期货交易所上市黄金期货。黄

① 端木青:《浅析我国黄金投资的现状及问题》,载《新西部》(下半月)2009年第4期,第29~30页。

金期货交易是最重要的黄金衍生品交易模式。上海期货交易所上市黄金期货，对于加强中国争夺黄金定价权、增强在世界黄金市场的影响力意义重大，进一步促使我国黄金市场融入国际黄金市场。① 根据2012年美国期货业协会对2012年全球黄金期货合约的统计，我国黄金期货市场规模位列第四。②

以1910年香港金银贸易市场的成立为标志，香港黄金交易市场成立以来已有百余年的历史，而上海黄金交易所开始担纲做市角色仅十年光景。1974年，香港特区政府撤销了对黄金进出口的管制此时，上海的黄金交易还处于严格管制时期。香港宽松的投资环境吸引了诸多外国投资者，伦敦五大金商及瑞士三大银行等纷纷来港设立分公司，将在伦敦交收的黄金交易引入香港，一个类似于伦敦市场的黄金交易市场日渐成型。由于时差的天然优势，香港黄金交易时段刚好填补了纽约、芝加哥市场收市和伦敦开市前的空档，连贯了亚、欧、美完整的交易周期。这些因素共同使得香港成为世界主要的黄金市场。香港是仅次于伦敦和纽约的全球第三大黄金交易中心。③

另一方面，上海黄金市场的快速发展得益于其优越的地缘优势，上海在充分利用内地资源上比香港有明显优势。然而，计划经济、行政管制甚或文化传统造成的“路径依赖”问题，限制了上海金融市场进一步对外开放的进程；与之对应，香港的历史渊源及资金优势使本港黄金交易更容易融入国际市场中。两个黄金市场在市场准入、交易、清算制度以及监管体系上也因文化背景和经济发展程度有着很多不同，下面将反映上海和香港在黄金交易制度上的差异，以试图找到上海在未来实现黄金市场国际化的发展方向。

三、沪港黄金现货交易市场异同评述

由于黄金交易技术性规则众多，沪港两地黄金交易规管制度存在较大

① 《中国黄金期货市场》，载金投网，http://www.cngold.org/qihuo/know/7833.html，2015年1月2日访问。

② 叶春和：《上期所黄金期货成交量居全球第四》，载新浪财经频道，http://finance.sina.com.cn/money/nmetal/20130529/005915616333.shtml，2014年8月20日访问。

③ 苏晓：《香港推出全球首个离岸人民币黄金交易产品》，载中化新网，http://www.ccin.com.cn/ccin/news/2011/10/17/203515.shtml，2014年12月6日访问。

差异,因此,笔者尝试在这一部分对沪港黄金现货交易市场的异同做一个梳理,凸显上海与香港两地黄金现货交易制度的区别。

(一)交易市场类目比较

在发行方面,香港分为三大市场。第一是香港金银业贸易场,其主要以华人资金商为主,公开喊价成色为99%的标准金(报价单位港元/两,合约单位100两)及港元公斤条合约(港元/克,合约单位5公斤)。第二是香港当地伦敦金市场(无形市场),交易995金,以美元/盎司报价,合约单位分别为10盎司、100盎司、50盎司、5000盎司,特点是外国资金商为主,本地买卖不收佣金,无仓储费,该市场依托于采用通信设备交易的无形市场,并且可以在伦敦交收黄金——作为伦敦黄金市场的延伸(信用体系)。第三则是于2011年10月17日成立的人民币标价黄金市场,进行"人民币公斤条黄金"交易,以"克/人民币"报价,合约单位1公斤。反观上海,《上海黄金交易所交易规则》第8条规定:交易所交易的黄金为经交易所认证的可提供标准金锭企业生产的符合交易所金锭质量标准的黄金。大体上,上海的黄金市场亦可分为三大块:现货实盘交易,即Au99.95(1000克/手,最小提货量3000克)、Au99.99(100克/手,1000克)、Au50g(50克/手)、Au100g(100克/手)和法定金币,报价单位为"元(人民币)/克";延期交易,主要交易类型又可分为Au(T+5)与Au(T+D);再者是中远期交易,交易类型为Au(T+N1)、Au(T+N2)。

(二)交易制度比较

香港要求,所有交易行员均须在香港成立,行员必须以公司名义登记,组织上可以是独资、合伙和有限公司三类。《行员会籍章程》限制为192间,现有行员171间,其中30间同时是标准金集团成员——行员数目有所限制,要加入为本场行员,只能通过会籍转让方式,所有会籍转让须向理、监事会申请,经过审查批准才能成为行员。香港的机构可以代理客户投资现货黄金——机构或个人投资者通过这些代理商开设账户后,即可进场交易。

交易方式为自由报价、撮合成交,可分为现场交易和远程交易。交易时间为每周一至周五(节假日除外)的9:00—11:30、13:30—15:30、

21:00—2:30，开闭市时间不连续——这是出于影响市场价格稳定性的考虑。

在清算交割方面，香港金银贸易场会对所有交易作中介结算，然后把结算结果交予指定结算银行，即委托永亨银行及中国银行（香港）。总体原则是行员自行负责资金安排，交易场不涉及货币汇兑。具体来看，每市完毕，交易场对所有交易作中介结算，作结算用的公价于早、午市分别厘定，①同时设立保证金制度，②折价停板。③ 在交割上采取当地交收方式，现货交收由会员间自行安排。

反观上海，依据中国的国内法，交易主体要求必须是中华人民共和国境内登记注册的企业法人以及外资银行在华经营性机构。④ 值得注意的是，《上海黄金交易所会员管理办法（2011 年修订案）》提高了法人资金要求——1000 万元人民币以上。⑤ 目前中国有金融类会员、外资金融类和自营类会员、综合类会员。法人可以委托综合类会员和金融类会员代理进行交易；自然人可以委托金融类会员代理交易。中国已向个人开放 Au99.95、Au99.99、Au100g 通过商业银行二级交易平台进行交易。

---

① 公价依随厘定市价，99 金以 5 元的整数计，公斤条以 5 分的整数计。所有行员的买卖合约价与公价对比而入账结算差额，盈亏皆与本场相对清算。所有营业行员均须在指定的同一银行开设账户，以利结算。早市在下午已结算清楚，午市则在晚上。参见 https://cgse.com.hk/chines/zh-hant/%E4%BA%A4%E6%98%93%E7%94%A2%E5%93%81，2020 年 5 月 9 日访问。

② 每一行员的信用额目前是 1500 两或 35 公斤，在这范围内免付保证金，否则每 100 两须付保证金港币 10 万元及每 5 公斤付保证金港币 14 万元予本场。信用额数及保证金银码均随金价波幅由理、监事会随时调整，以平抑风险。因为有这个机制，所以贸易场于历次黄金风险潮中均能履险如夷，平安度过。参见 https://cgse.com.hk/chines/zh-hant/%E4%BA%A4%E6%98%93%E7%94%A2%E5%93%81，2020 年 5 月 9 日访问。

③ 金价上落价位与前市公价比较，每两公价相差达到港币 1000 元（公斤条：每克港币 28 元），即需实行折价。举例而言，依目前保证金标准，上市公价为 10000 元，现市于未定公价前已上升至 11000 元或下跌至 9000 元，任何一种情况都需要实行折价，而折价与一般市场升跌停板差不多，本场依例需由理、监事会通过公布执行，宣布公仓买卖停止，以折价价位为公价，立即登记上板交收现货，议订仓费，所有公仓买卖，一律以公价折实，作为了结，并照公价交收，折价后需隔两市时间，然后才可以复市，买卖需要重新开始。参见 https://cgse.com.hk/chines/zh-hant/%E4%BA%A4%E6%98%93%E7%94%A2%E5%93%81，2020 年 5 月 9 日访问。

④ 2007 年 6 月 7 日，中国人民银行金融市场司正式批复《关于上海黄金交易所引入外资银行在华经营性机构的申请》，原则上同意上海黄金交易所引进外资银行在华经营性机构成为会员。

⑤ 根据上海黄金交易所《交易所章程》第 13 条第 3 项的规定申请成为交易所会员必须“具有 500 万元（含 500 万元）以上的注册资本和净资产”。

在上海，清算在交易所[①]进行现货实盘，"逐日盯市"，钱货两讫；每日无负债清算制度和交易保证金制度。清算原则[②]分为三个层次，分别是集中在结算日统一通过清算银行办理资金划付；就买卖的成交差额与交易所进行清算；以及二级清算，即交易所负责对会员实行清算；会员再对客户清算。交割阶段在交易所指定仓库按照"择库存入""择库取货"方式进行。在全国37个城市设立的55家指定仓库中，交易当日收市后，由交易所统一调运配送，为买卖双方进行货权转移，[③]即可现货延期（T+D）。

（三）监管制度比较

香港的金银业贸易场负责监督买卖流程、结算及交收；监管会员交易业务，查处违反本场章程规定行为的会员。香港金管局负责监管本地从事伦敦金交易的公司。金管司负责协助管理香港金银贸易场和香港伦敦黄金交易所。金管局管理货币储备黄金，人民币结算监管。工商局以及首饰商会管理金首饰制造业。注册委员会负责从业员注册制度。[④]

上海则是呈现出多头管理的状态。中国人民银行有权依据《中国人民银行法》第4条的原则性规定，负责监督管理黄金市场和储备。作为规定中央银行各项权责的法律，这部《中国人民银行法》仅作出了这样的原

---

① 《上海黄金交易所现货交易规则》（2015年修订案）第73条："交易所对现货实盘交易和现货即期交易采取钱货两讫制度进行清算。对现货延期交收交易实行每日无负债清算制度和交易保证金制度。"

② 《上海黄金交易所现货交易规则》（2015年修订案）第72条："交易所实行'集中、净额、二级'的资金清算原则。'集中'是指交易所对会员统一办理资金清算和划付；'净额'是指会员就其在交易所买卖的成交差额与交易所进行清算；'二级'是指交易所负责对会员实行清算，会员负责对其代理客户实行清算。"

③ 《上海黄金交易所现货交易规则》（2015年修订案）第93条："会员及客户可按照交易所物流安排存入、提取实物。交易所指定仓库负责为会员及客户办理实物出入库手续，并收取仓储费及出入库费。"

④ 香港金银业贸易场于2010年度推出从业员注册制度。根据此注册制度，凡获本场行员委任的司理人、交易人员及客户主任，均必须向本场注册方可进行本场交易合约的业务。由金银业贸易场注册委员会处理所有与注册申请颁发、监察及惩处等相关事宜之工作。注册委员会委员来自不同背景和界别，有从事实金铸炼贸易、饰金零售业界、从事经纪的中介人、银行界、学术界和基金界代表等，也有专业人士。注册委员会按照本场理监事会制定的"从业员注册制度"细则独立地执行职责，以提升业界从业员的专业地位、规范从业员的专业操守行为。参见 http://cgse.com.hk/simp/reg_02.php，2014年8月23日访问。

则性规定，导致中国人民银行缺乏强有力的监管手段。银监会负责交易所会员中金融类会员准入（如商业银行）。工商机关负责其他会员（如首饰等用金企业）的准入。各交易所负责制定管理办法，如《关于加强黄金交易所或从事黄金交易平台管理的通知》。

在对违规行为进行调查、认定和处罚的环节，中国人民银行及其当地分支机构依照相关规定出具行政认定意见后，移送当地公安机关依法查处。工商部门则根据人民银行或地方人民政府的决定，对被责令关闭或撤销的黄金交易所（交易中心），责令限期变更登记、注销登记，或者依法吊销营业执照。银行业金融机构接受行政机关的管理，停止为其黄金业务提供开户、托管、资金划汇、代理买卖、投资咨询等中介服务。如构成犯罪的，则应移交司法机关，依法追究刑事责任。但是，金融检察应是一种间接性权力，不能直接介入金融活动。①

四、沪港黄金期货交易市场异同评述

黄金期货交易，包括黄金期权、黄金远期和互换等，主要在芝加哥期货交易所、纽约商品交易所、中美洲商品交易所、东京工业品交易所进行交易。黄金衍生产品市场的发展和完善，可以有效地提高黄金市场规避风险和投融资的功能。目前，上海期货交易所开展黄金期货交易，场内交易结构已经建立起来。这一方面为产金企业和黄金需求企业提供了套期保值的可能；另一方面也为投资者提供了多元化的投资工具，丰富了市场的交易品种。② 笔者对沪港黄金期货交易市场的异同做一个梳理，凸显上海与香港两地黄金期货交易制度的区别。

（一）交易市场类目比较

香港的发行对象为成色不少于 995 的黄金，以“盎司/美元”定价。③而在上海，发行对象为金含量不小于 99.95% 的国产金锭及经交易所认可

① 参见张伯晋：《金融检察助力维护金融法治与金融安全》，载《检察日报》2011 年 11 月 7 日，第 3 版。

② 参见吴晓灵主编：《中国金融体制改革 30 年回购与展望》，人民出版社 2008 年版，第 189 页。

③ 港商交所拟于 2012 年 7 月 1 日之前推出以人民币计价的黄金、铜期货品种。载《中国证券报》2012 年 3 月 26 日。应注意，经过笔者审慎调查，截至目前，应当并未实际推出这个计划。

的伦敦金银市场协会(London Bullion Market Association,LBMA)认定的合格供货商或精炼厂生产的标准金锭,合约单位为1000克/手,以元(人民币)/克报价。另外,中国银行于2006年11月推出了单位最少10克的“纸黄金”个人黄金期权产品。

(二)清算制度比较

在香港,黄金清算依靠三类方式:其一是专门的结算公司,即市场上每张成交合约的登记、清算、过户手续,均由结算公司[国际商品结算所(香港)有限公司]负责办理,并获得履约担保;其二是参与者可自行与结算所结算,或将结算及交收功能“判予全面结算参与者”;其三是亦可通过衍生产品结算与交收系统(Derivatives Clearing And Settlement System,DCASS)进行清算。

在上海,清算需要存管银行协助,即指定工、农、中、建、交五家商业银行为清算银行;交易所和会员分别在清算银行开设专用清算账户和专用资金账户。银行内部设置的结算部门负责期货交易的统一结算、保证金管理、风险准备金管理及结算风险的防范;也可以由会员设立结算部门,对客户进行结算。

(三)监管制度比较

在香港,黄金交易由证券及期货事务监察委员会监管黄金期货市场,即管理黄金期货交易所,制定法规(如《证券及期货事务监察委员会条例》和《证券及期货条例》)。对六种市场失当行为,在取得律政司司长同意下,直接在审裁处提起程序,[①]律政司将市场失当行为报告给财政司。[②] 另外,在香港期货交易所有限公司(期交所),由监管期交所参与者交易事宜的主要监管机构(香港交易所旗下全资附属公司期交所属《证券及期货条例》所指的认可交易所)进行监管。最后,风险管理委员会也将履行一部

① 市场失当行为审裁处是根据《证券及期货条例》第251条成立的独立全职机构,以公开形式就包括内幕交易、虚假交易、操控价格、操纵证券市场等市场失当行为,进行民事法律程序及在适当时向被判违法人士施加民事制裁。根据《证券及期货条例》第245条规定,证监会可以直接起诉的六种失当行为是:内幕交易,虚假交易,操控价格,披露关于受禁交易的资料,披露虚假或具误导性的资料以诱使进行交易,操纵证券市场。

② 《期货交易管理条例》第252条(9):凡律政司司长合理地相信或怀疑已发生构成市场失当行为的事件,可将该事件通知财政司司长。

分监管职能。长久以来，金银业贸易场与香港政府都保持互相尊重而又合作的关系。香港政府对商贸发展奉行不干预政策，金银业贸易场实行自律监管，严密约束行员。香港金融管理局对其只是协助管理的作用，其运行与监管仍是由贸易场自主进行。

在上海，期货交易的监管体系也较为复杂。《期货交易管理条例》第5条规定，国务院期货监督管理机构对期货市场实行集中统一的监督管理。国务院期货监督管理机构负责实施期货业务许可制度；[①]中国人民银行负责起草相关法律法规，组织认定，查处非法黄金衍生品交易活动；依据《上海期货交易所违规处理办法》，上海期货交易所主要进行自律监管。另外，期货业协会属于自律组织，可以要求期货公司入会。根据中国人民银行、公安部、工商总局、银监会、证监会五部门颁发的《关于进一步明确黄金市场及黄金衍生品交易监管职责的意见》规定，“建立人民银行牵头，公安部、工商总局、银监会、证监会等国务院有关部门参加的非法黄金交易及黄金衍生品交易处置工作机制”。[②] 但是，在上海黄金期货市场现行的交易体系下，对黄金期货的监管手段和措施技术性缺失，依赖监管机关的自我裁量。交易者无法充分预知法律后果，这种交易监管模式不利于市场稳定与创新。

（四）惩罚机制比较

香港法律对于违反期货交易作出较为全面的惩罚规定。一方面，相关违法行为可能被判处民事赔偿[③]；另一方面，财政司亦可直接将事件转给

---

① 《期货交易管理条例》第17条第1款：“期货公司业务实行许可制度，由国务院期货监督管理机构按照其商品期货、金融期货业务种类颁发许可证。期货公司除申请经营境内期货经纪业务外，还可以申请经营境外期货经纪、期货投资咨询以及国务院期货监督管理机构规定的其他期货业务。”

② 《关于进一步明确黄金市场及黄金衍生品交易监管职责的意见》（中央编办发〔2011〕29号）规定：“人民银行负责监督管理黄金市场及黄金衍生品交易，组织起草黄金交易及黄金衍生品交易的法律法规，组织认定、查处非法黄金交易以及变相黄金期货交易等非法黄金衍生品交易活动。”“建立人民银行牵头，公安部、工商总局、银监会、证监会等国务院有关部门参加的非法黄金交易及黄金衍生品交易处置工作机制。”

③ 参见《香港证券及期货条例》第281条：“（1）除第（2）款另有规定外，任何人如作出与市场失当行为有关的作为，则他负有法律责任以损害赔偿的方式赔偿另一人因该行为而蒙受的金钱损失，不论他是否亦根据本部或其他规定招致任何其他法律责任，亦不论该损失是否由于该另一人曾以受该行为影响的价格订立交易所引致。”

审裁处,由律政司司长考虑是否作出刑事检控。其中,最高的处罚为罚款港币 1 千万元及或监禁 10 年,[①]可能处以下列罪名:内幕交易罪、[②]虚假交易的罪行、[③]操控价格的罪行、[④]披露关于受禁交易的资料的罪行、[⑤]披露虚

① 参见《香港期货交易管理条例》第 303 条对法则的规定:"(1)任何人犯本部所订罪行(a)一经循公诉程序定罪,可处罚款 $ 10000000 及监禁 10 年;或(b)一经循简易程序定罪,可处罚款 $ 1000000 及监禁 3 年。"

② 《香港期货交易管理条例》第 289 条:"上市证券或其衍生工具的交易(内幕交易罪)就第 285(2)条及第 2 分部而言,凡任何人(不论以主事人或代理人身份)售卖、购买、交换或认购任何上市证券或其衍生工具,或与别人协议售卖、购买、交换或认购任何上市证券或其衍生工具,或取得或处置任何上市证券或其衍生工具的售卖、购买、交换或认购的权利,或与别人协议取得或处置该等权利,则他视为进行上市证券或其衍生工具的交易。"

③ 《香港期货交易管理条例》第 295 条:"(1)任何人不得意图使某事情具有或相当可能具有造成以下表象的效果,或罔顾某事情是否具有或相当可能具有造成以下表象的效果,而在香港或其他地方作出或致使作出该事情:(a)在有关认可市场或透过使用认可自动化交易服务交易的证券或期货合约交投活跃的虚假或具误导性的表象;或(b)在有关认可市场或透过使用认可自动化交易服务交易的证券或期货合约在行情或买卖价格方面的虚假或具误导性的表象。(2)任何人不得意图使某事情具有或相当可能具有造成以下表象的效果,或罔顾某事情是否具有或相当可能具有造成以下表象的效果……(3)任何人不得意图使一宗或多于一宗交易(不论其中是否有证券交易或期货合约交易)具有或相当可能具有有关效果,或罔顾该宗或该等交易是否具有或相当可能具有有关效果,而在香港或其他地方直接或间接参与、牵涉入或履行该宗或该等交易。"

④ 《香港期货交易管理条例》第 296 条:"(1)任何人不得——(a)在香港或其他地方直接或间接订立或履行任何当中不涉及实益拥有权转变的证券买卖交易,而该宗交易具有以下效果:维持、提高、降低或稳定在有关认可市场或透过使用认可自动化交易服务交易的证券的价格,或引致该等证券的价格波动;或(b)意图使任何虚构或非真实的交易或手段具有以下效果,或罔顾该交易或手段是否具有以下效果,而在香港或其他地方直接或间接订立或履行该交易或采取该手段:维持、提高、降低或稳定在有关认可市场或透过使用认可自动化交易服务交易的证券的价格或期货合约交易的价格,或引致该等证券的价格或期货合约交易的价格波动。(2)任何人不得通过第一款中的行为来维持、提高、降低或稳定在有关境外市场交易的证券的价格或期货合约交易的价格,或引致该等证券的价格或期货合约交易的价格波动。"

⑤ 《香港期货交易管理条例》第 297 条:"(1)如某资料的大意是某法团证券的价格或期货合约交易的价格(不论该等证券或期货合约是在有关认可市场或是透过使用认可自动化交易服务交易的),将会因或相当可能会因就该法团或其有连系法团的证券或就该等期货合约(视属何情况而定)所进行的受禁交易,而得以维持、提高、降低或稳定,而某人或其有联系者——(a)已直接或间接订立或履行该受禁交易;或(b)已由于披露、传递或散发上述资料而直接或间接收取利益,或预期会由于披露、传递或散发上述资料而直接或间接收取利益,则该人不得披露、传递或散发该资料,或授权披露、传递或散发该资料,或牵涉入披露、传递或散发该资料。"

假或具误导性的资料以诱使进行交易的罪行、[①]操纵证券市场的罪行，[②]以及涉及在证券、期货合约或杠杆式外汇交易方面使用欺诈或欺骗手段等的罪行，[③]披露虚假或具误导性的资料以诱使订立杠杆式外汇交易合约的罪行[④]和代他人进行期货合约交易的虚假陈述等的罪行。[⑤]

在上海，根据《期货交易管理条例》第七章规定，期货交易所、非期货公司结算会员相关违法行为应负行政责任，即被处以给予警告、没收违法所得、罚款、停业整顿或者吊销期货业务许可证的处罚（由证监会决定）；构成犯罪的，依法被追究刑事责任。在实践中，一般来说是否构成争议以及构成何等法律关系由法院进行认定。其中，上海黄金交易所依据《交易

① 《香港期货交易管理条例》第298条："(1)如任何资料相当可能会——(a)诱使他人在香港认购证券或进行期货合约交易；(b)诱使他人在香港售卖或购买证券；或(c)在香港维持、提高、降低或稳定证券的价格或期货合约交易的价格，则在以下情况下，任何人不得在香港或其他地方披露、传递或散发该资料，或授权披露、传递或散发该资料，或牵涉入披露、传递或散发该资料——(i)该资料在某事关重要的事实方面属虚假或具误导性，或因遗漏某事关重要的事实而属虚假或具误导性；及(ii)该人知道该资料属第(i)段所述的资料，或罔顾该资料是否属第(i)段所述的资料。"

② 《香港期货交易管理条例》第299条："(1)任何人不得——(a)意图诱使另一人购买或认购或不售卖某法团或其有连系法团的证券(b)意图诱使另一人售卖或不购买某法团或其有连系法团的证券，而在香港或其他地方直接或间接订立或履行2宗或多于2宗买卖该法团的证券的交易，而该等交易本身或连同其他交易提高或相当可能会提高任何证券的价格（不论后述的证券是在有关认可市场或是透过使用认可自动化交易服务交易的；(2)第一款中的交易本身或连同其他交易提高，降低，维持或相当可能会提高，降低，维持在有关境外市场交易的任何证券的价格的。"

③ 《香港期货交易管理条例》第300条："(1)任何人不得在涉及证券、期货合约或杠杆式外汇交易的交易中——(a)意图欺诈或欺骗而直接或间接使用任何手段、计划或计谋；或(b)直接或间接从事任何具欺诈或欺骗性质或会产生欺诈或欺骗效果的作为、做法或业务。"

④ 《香港期货交易管理条例》第301条："(1)在以下情况下，任何人不得在香港或其他地方披露、传递或散发任何相当可能诱使另一人在香港订立杠杆式外汇交易合约的资料，或在香港或其他地方授权披露、传递或散发该资料，或在香港或其他地方牵涉入披露、传递或散发该资料——(a)该资料在某事关重要的事实方面属虚假或具误导性，或因遗漏某事关重要的事实而属虚假或具误导性；及(b)该人知道该资料属(a)段所述的资料，或罔顾该资料是否属(a)段所述的资料。"

⑤ 《香港期货交易管理条例》第301条："(1)在以下情况下，任何人不得向另一人陈述谓他已代该另一人在认可期货市场或透过使用认可自动化交易服务进行或促成或安排进行期货合约交易——(a)他事实上没有如此进行或促成或安排进行该等期货合约交易；及(b)他明知他事实上没有或罔顾他是否事实上没有如此进行或促成或安排进行该等期货合约交易。(2)在以下情况下，任何人不得向另一人陈述谓他已代该另一人按照香港以外地方的期货市场的规则进行期货合约或实质上具有期货合约特性的其他文书的交易，或谓已代该另一人促成或安排按照香港以外地方的期货市场的规则进行期货合约或实质上具有期货合约特性的其他文书的交易——(a)他事实上没有如此进行或促成或安排进行该等期货合约或其他文书的交易；及(b)他明知他事实上没有或罔顾他是否事实上没有如此进行或促成或安排进行该等期货合约或其他文书的交易。"

所章程》处罚违约违规行为。[①]

五、他山之石——香港黄金交易制度的启示

金融行业的健康发展及金融创新有赖于适当清晰的监管体系，而尽可能降低经济活动成本的监管体系则离不开有效的立法、监管机构和行业组织的紧密配合。根据笔者前面的分析，我国现有黄金市场仅起步十年，监管法律目前显然处于初步发展阶段。法规的不完善给监管部门有效履行监督管理职责造成了困难，做市的角色刚刚从人民银行过渡到上海黄金交易所，加之中国的整体市场环境仍然受制于行政机关的过多介入，因此有必要反思黄金市场的监管体系。

中国共产党十四届三中全会提出，中国社会主义市场经济体系初步建成。2012 年时任全国人民代表大会常务委员会委员长吴邦国提出中国特色社会主义法制体系已经初步建成。这种环境下，与股票等金融产品市场相比，黄金市场是一个新生市场，缺少完善的法律法规制度。同时，黄金市场作为一个具有后发竞争优势——尤其是可以短期内移植法进而缩小交易成本的制度优势——的市场，发展非常迅速，迫切需要相关法律法规对各种新的市场关系进行界定和规范，对各种新产品、新工具和新的交易主体进行引导和约束。2014 年 3 月两会期间，中国人民银行已经牵头起草了《黄金市场管理条例》，迈出了黄金市场立法建设的重要一步。诚然，中国目前有诸多法律法案在草拟中，立法压力也较大，然而各方迫切期待有关黄金市场的统一立法能够尽快出台，以明确黄金市场监管主体地位、监管范围、对场内、场外黄金市场进行法律界定并明确相关监管措施，特别是将一些处于监管盲区的场外非法交易纳入监管范围。笔者根据现有文献资料整理了上述制度异同，下面总结香港监管体系之于上海监管体系的对比。

香港黄金市场强调行业自律，并且这种自律是涵盖交易全过程的，包括产品交易类目、市场准入、交易和清算等所有方面。香港金银业贸易场

① 《上海黄金交易所交易所章程》第 60 条："交易所对违规行为，视情节轻重和后果大小，可单处或并处警告、通报批评、暂停交易、罚款、取消会员资格或禁止进入等处罚。"第 61 条："交易所对违约行为，视情节轻重和后果大小，可单处或并处警告、通报、批评、支付违约金、支付赔偿金、取消会员资格或禁止进入等处罚。"

负责监督买卖、结算及交收的流程，监管会员交易业务，查处违反本场章程规定行为的会员，这种全面而连贯的内部控制和业内相互监督比外部规范更有效率；黄金期货交易由证监会进行监管，香港交易所作为黄金期货市场的唯一经营者，依据《证券及期货条例》对黄金期货交易自律监管。交易所征收的费用以及其相关的结算所作为认可结算所征收的费用，均须于各自的规则中订明并经香港证监会批准，其制定及更改也须经香港证监会批准，因此香港黄金期货交易内外部的监管力量相互制衡，监管体系更加成熟，为黄金期货交易提供了良好的环境。《证券及期货条例》以举例的方式明确了对市场失当行为的认定、豁免以及处罚方式，采用双线并行运作的机制对违规者进行民事和刑事的惩罚。

上海的黄金市场采用多层次的监管方式，然而各监管部门之间缺乏联系和协调，实际上分散了监管资源。法律、规则的规定过于粗糙，只赋予了有关部门的监管责任却没有规定相应的处罚能力。《上海黄金交易所违规违约处理办法》对交易行为做出了规范，交易所可以对违规的会员处以罚款、限制交易和取消会员资格的惩罚；证监会可以决定对违反交易规范的交易者处以行政处罚；构成犯罪的移交司法机关处以刑事责任，是否构成犯罪由法院来认定。三种责任承担方式在适用上没有具体的说明，层次不明显。对于交易违规者的自律处罚，上海黄金交易所和上海期货交易所都有着具体的规定，也是目前最常用的一种形式，而对违法行为的纠察和惩罚力度的规定仍然不够细致以及具有较强的可操作性。上海还须完善监管各部门之间的联系与协调制度，细化对行政处罚和刑事责任承担的规定，否则会削弱投资者对上海黄金市场的信心而转向可以提供公平和安全交易环境的市场。

六、上海黄金交易市场法律监管制度的完善进路

根据《新华—道琼斯国际金融中心发展指数》，2013 年全球国际金融中心的排名中，香港位列第三，仅次于纽约、伦敦，而上海排第六。香港 2013 年首次超越东京，跻身为综合实力全球排名第三的国际金融中心，与东京、新加坡、上海在全球范围内已形成相对稳固、集聚的地区金融中心组团。从金砖国家金融中心城市发展情况看，上海在信心、资金吸引力、人才吸引力、金融产品丰富程度、金融创新程度、融资便利程度等方面都位居第

一。不过,从全球看,上海服务水平的“短板”仍有待提高和完善。①

上海黄金交易市场的监管体制尚待完善,在风险控制和责任承担的规定方面技术性不强。对此,上海可以学习香港较为成熟的金融服务模式,对黄金交易的监管制度不断细化并涵盖到交易的各个阶段,强化行业自律以及各监管部门之间的制衡,还要加快信用体系的建设为投资者提供更多的投资机会,重视对交易员的培训和管理,明确规定对违法违规行为的惩罚措施。另外,上海在逐步放宽对外国投资者的准入条件以吸引国际投资者的同时,也要细化和统一对国内交易者的资格审核规范,以此更好地对风险做事前控制,为成为国际黄金交易中心做好准备。

为此,针对顶层设计,笔者认为有以下改革思路可以在上海黄金交易市场的建设乃至于上海国际金融中心的建设中发挥指导性作用。

(一)统一监管模式

我国金融市场业已形成分业经营、分业管理的监管机制。黄金市场的参与主体往往来自不同的金融领域,如各大商业银行、证券公司的固定收益部门等等。参与主体归属不同的监管机构监管,给黄金市场的统一监管带来了难度。笔者认为,黄金市场重在对行为、业务、交易品种的监管,市场参与主体监管归口的不同可以通过建立协调机制来解决。黄金市场实行统一监管势在必行,即在现有模式的基础上进行整合,明确统一监管的原则,由一个市场监管机构承担监管的职责。将黄金市场统一于一个机构监管,有利于减少不同监管机构之间相互争夺权力、交叉监管,或是相互扯皮、推诿责任的现象,更全面把握从事黄金业务的金融机构的整体风险和兼营绩效。另外,统一监管也有利于降低监管成本,节约基础设施、专业人员等监管资源。②

(二)对场外市场合法性的严格厘清

如前文分析,我国目前黄金市场监管处于多头分割的监管状况,对场

① 参见龚雯、韩莹:《全球十大金融中心城市排名点评》,载新华网,http://news.xinhuanet.com/2013-09/10/c_117309175.htm,2014年8月20日访问。

② 贺强、孟艳:《经济全球化背景下我国金融监管的协调性问题》,载《价格理论与实践》2006年第11期,第64页。

外交易没有监管到位，处于真空状态。监管机构对于地下炒金的监管和打击难度更大。笔者认为，中国存在严重的影子银行问题，这既从侧面说明了场外金融市场的巨大需求缺口，也给监管及金融安全带来巨大挑战。在缺少相应规管的情况下，黄金交易市场的地下炒金业务则是这里的一个典型问题。从现有的立法内容来看，针对场外黄金市场的法律规定近乎为零。我国存在旺盛的黄金投资需求，折射出我国黄金市场的投资需求与制度性供给不匹配的矛盾。笔者认为，对“地下炒金”行为应确立“疏堵结合、严堵力疏”的监管思路。

一方面，应当密切关注地下炒金案频发的重点区域，通过投资客户和网络渠道搜索地下炒金线索和情报，严厉打击非法营销渠道及其核心机构，严堵地下炒金的营销渠道。① 另一方面，要加强对市场的培育。市场有很多层次，不同层次的投资者需求各不相同。在市场推广过程中就需要不同层次的中介机构共同参与。目前，黄金市场的中介机构是商业银行。商业银行开展黄金业务有其自身的优势，有其特定的客户群。但单纯依靠银行发展黄金经纪业务是不够的。想要疏导“地下炒金”，应该发展市场的中介机构——黄金经纪公司，弥补正规市场结构上的缺失，才能真正将黄金投资需求引导至合法市场，纳入正规化管理，以正规的交易替代地下市场。②

(三)鼓励创新为导向的审慎监管态度

市场监管的基本原则是体现在市场监管法律规范中的基本准则，是市场监管立法、司法、执法普遍的指导思想。遵循黄金市场基本规律，是确定监管法律机制原则的基础。市场监管法律制度必须始终坚持尊重价值规律、市场化地合理配置资源。市场监管法的基本原则应该体现市场安全、稳定、效率和发展的要求。③ 我国金融市场中的黄金市场属于开放发展的初期阶段，市场运行的法治化水平不高，一方面，立法不完善，存在法律空

---

① 参见中国建设银行2010年向中国人民银行提交的《黄金市场管理调研主要问题》，第1页。

② 参见上海黄金交易所在2010中国人民银行上海总部召开的“黄金市场工作座谈会”上所做《黄金市场管理调研问题汇报》。

③ 参见吴弘、胡伟著：《市场监管法论——市场监管法的基础理论与基本制度》，北京大学出版社2006年版，第16页。

白;另一方面,监管水平处于需要不断提高的过程中,监管者与被监管者之间的关系是一个相对模糊的地带。而且,我国黄金市场的监管者往往是交易机构的主管部门,管理的职能明显强于监管的职能,因此,有必要强调监管者的合规、合法监管。

以鼓励创新为导向,核心就是黄金市场监管机构应当严格依照有关法律规定的程序和实体内容来进行监管,保障市场主体的合法权益。[①] 在构建我国黄金市场监管法律机制尤其是立法的过程中,要按照黄金市场的一般规律,结合我国实际,为在中国仅仅起步十余年的黄金交易市场留下创新空间,如对黄金市场交易方式、黄金市场参与主体及黄金市场产品创新等方面。为此,可以充分借鉴香港监管制度中的综合监管模式,将政府监管、交易所监管、行业自律有机结合起来。

美国证监会前主席道格拉斯曾经形象地描述道:"交易所发挥领导性作用,政府发挥补充作用。"[②]上海黄金交易所、上海期货交易所是我国黄金场内现货交易、期货交易的两大组织者和市场管理者,它们通过制定场内交易规则、监督市场的业务操作,保证交易在公开、公正、竞争的条件下进行,身处市场第一线,对黄金场内市场的非法交易具有发现和纠正优势,对抵御黄金期货风险起着至关重要的作用。[③] 此外,目前期货业协会的监管还没有发挥其应体现的作用。主要原因是由于期货行业协会成立时间短,在市场自律管理中发挥的作用不够充分。同时也缺乏一套有效的行业自律机制,市场服务和市场管理水平都有待于进一步提高,内部的组织结构需要进一步完善。

七、结语

现代黄金交易市场应该是一个全球化的交易市场,投资者可以自由选择最佳的交易市场进行交易。监管机构出于控制金融风险的考虑,人为地将上海黄金市场与国际黄金市场割裂开来,导致黄金市场的交易自由化程

---

① 参见周子衡、柳志伟著:《从计划到管制:通过有效管制实现金融稳定》,上海三联出版社 2006 年版,第 138 页。

② 转引自胡茂刚:《我国股指期货三层监管体系的法律思考》,载《政治与法律》2008 年第 5 期,第 41 ~ 47 页。

③ 参见朱黎霞:《构筑我国黄金期货的监管防火墙——高德爆仓案引发的法律思考》,载顾耘耕主编:《公司法律评论》(2009 年卷总第 9 卷),上海人民出版社 2010 年版,第 440 页。

度低,交易所会员不能代理客户进行国际黄金交易。我国对黄金实行严格的管制是造成内地黄金市场产品单一的一个重要原因。尽管目前政策正逐步放开,但相对于国际黄金市场来说,国内黄金投资渠道仍比较闭塞。上海黄金交易以人民币报价,而国际主要黄金市场以美元报价,由于黄金价格是根据国际市场上的金价制定的,因而上海的黄金市场对国际金价的影响力较弱,且对金价的波动反映延迟,这为内地投资者带来风险。内地与国际金价以及香港金价的差值引发了黄金走私与跨境炒汇非法套利的违法行为,由此进一步促成了立法对黄金跨境流动的严格管制,使得上海黄金市场与国际市场更为隔绝。

2012 年以来内地对外直接投资的过半数资金将香港选择为第一站,[①]来自内地的大量资金流入香港。2011 年香港开放了人民币标价的黄金市场,成为内地以外的首个人民币黄金交易平台,为进入香港的大量人民币存款提供了新的投资渠道。香港作为中国内地与世界市场的纽带,可以为内地黄金市场的发展提供潜在的资金来源,也可以为内地的黄金市场监管提供一整套可供参酌的方案与思路。因此,香港黄金市场与上海的黄金市场是一种合作与竞争共存的关系。在上海国际金融中心建设的时代背景下,本书着重分析沪港两地黄金市场规管制度并提出相应改善进路,试图强化上海黄金交易市场创新,优化监管环境,降低监管成本,改进政府服务管理,为黄金交易打造更加国际化、市场化、法治化的制度环境。

---

① 参见中华人民共和国商务部、中华人民共和国国家统计局、国家外汇管理局:《2012 年中国对外直接投资统计公报》,中国统计出版社 2013 年版,第 20 页。

第七章　金融衍生品市场监管制度比较

20世纪70年代以来,随着基础金融市场的壮大、信息技术的进步和金融体系的完善,金融衍生品开始出现在人们视野中并获得空前发展,甚至被称为世界经济发展的“晴雨表”。然而,金融衍生品在带来巨大市场价值的同时也隐藏了巨大的风险。既要充分发挥金融衍生品的正面效应,又要抑制其负面效应,是各国金融衍生品市场监管制度所必须面对的挑战。本章探索了香港和国内金融衍生品市场的发展路径,比较了两地在金融衍生品方面的监管模式、准入制度、结算制度、法律规范等,进而分析香港对国内的借鉴意义并据此提出有效措施以完善大陆的金融衍生品市场监管制度。

一、金融衍生品和金融衍生品市场

(一)金融衍生品的概念

金融衍生品[①]是20世纪70年代金融创新的产物。由于其种类繁多,结构复杂,并且处于不断创新中,因此到目前为止对金融衍生品都没有一个统一的概念。

---

① 金融衍生品,又称金融衍生工具、金融衍生产品,或者直接称为衍生产品,本书中这四个个概念同义。

关于金融衍生品的定义主要有以下几种：

经合组织对金融衍生品定义为："一般来说，金融衍生品是一份双边合约或支付交换协议，它们的价值是从基础资产或某种基础性利率或指数上衍生出来的。其依赖的资产或比率包括汇率、利率、商品、股票及其他指数。"①国际证监会组织和巴塞尔委员会在其1994年发布的《衍生产品风险管理准则》中将衍生产品定义为："……一种金融协议，其价值取决于一种或者多种基础资产或指数的价值。"②我国银监会在其2011年1月发布的《银行业金融机构衍生产品交易业务管理办法》第3条规定："本办法所称衍生产品是一种金融合约，其价值取决于一种或多种基础资产或指数，合约的基本种类包括远期、期货、掉期（互换）和期权。衍生产品还包括具有远期、期货、掉期（互换）和期权中一种或多种特征的混合金融工具。"

无论以上哪种定义，可以看出，一般而言金融衍生品是指以传统金融产品，如债券、股票、货币、外汇等为基础衍生出来作为买卖对象的，旨在为交易提供转移风险、增加收益的金融工具。

（二）金融衍生品市场的概念

金融衍生品市场指进行金融衍生品交易的场所，包括场内交易市场和场外交易市场。其中，场内交易又称交易所交易，指所有金融衍生品的买方和卖方集中在一个特定的场所进行竞价交易的交易方式。交易所根据每个参与者对金融衍生合约的不同需求设计出若干种标准化的金融衍生合约，由参与者选择与自身需求最接近的合约进行交易。场外交易又称柜台交易，指买卖双方直接互为交易对手的交易方式。采用柜台交易的金融衍生品表现形式多样、特点鲜明，常常专门根据每个交易者的不同需求设计出不同内容的非标准的产品。

二、香港和内地金融衍生品市场发展路径

金融衍生品进入香港市场和内地市场的时间不一，发展过程和结果也

① 徐冬根著：《国际金融法律与实务研究》，上海财经大学出版社2000年版，第386页。

② 国际清算银行：《巴塞尔银行监管委员会文献汇编》，中国金融出版社1998年版，第147页。

不尽相同,探寻两地金融衍生品的发展路径能帮助我们更好地理解两地监管制度产生的背景,从而根据国情选择香港监管制度中值得借鉴的部分学习。

(一)香港衍生品市场的发展历程

香港金融衍生品市场产生于20世纪90年代,经历了从商品期货到金融期货、期权,从股票价格指数类到货币及利率类衍生品的发展历程。[①] 香港期货市场推出一系列的商品期货之后,并未达到预期的效果。[②] 之后,香港期货市场适时推出金融期货,尤其是恒生指数期货,获得了巨大成功。[③] 正是凭借恒指的成功,香港逐渐发展成为地区性的衍生品市场交易中心。[④] 在2013年香港已取代瑞士,跻身世界五大金融中心之列。[⑤] 国际清算银行发布的《三年一度中央银行调查报告——全球外汇交易统计初步结果》(1996年—2013年)显示,香港的外汇交易及场外利率衍生工具的平均日成交金额由2010年4月的2560亿美元,增加18.2%至2013年4月的3025亿美元,成为全球第五大外汇市场。如果包括场外利率衍生工具市场的交易,香港则是当年度全球第六大外汇市场。[⑥]

香港衍生品市场的具体发展路径如表7-1所示:

---

① 参见巴曙松:《中国金融衍生品发展路径:从国际比较看中国选择》,载《金融管理与研究》2006年第5期。

② 香港商品交易所于1977年5月9日挂牌买卖棉花、原糖、黄豆、黄金合约等一系列商品期货合约,但由于没有很好地符合当时香港的经济发展状况,没有完全满足投资者避险的目的,导致成交量很少,甚至这些商品期货相继关闭。

③ 香港期货交易所于1986年5月推出香港恒生指数期货合约,市场反应热烈,交易兴旺。在其挂牌上市后的短短一年多时间里,由当月日均成交量为1800份到1987年10月16日成交量破纪录放大到40000份。这样猛烈的发展势头离不开世界股指期货大发展的大背景,同时也是因为在香港股指运行相对独立,导致投资者对于运行股指期货避险的需求较为强烈。

④ 参见巴曙松:《中国金融衍生品发展路径:从国际比较看中国选择》,载《金融管理与研究》2006年第5期。

⑤ 参见全球政务网,http://www.govinfo.so/news_info.php?id=28920,2014年4月15日访问。

⑥ 参见国际清算银行官网,http://www.bis.org/statistics/triennialrep/national.htm,2014年11月18日访问。

表7－1　香港衍生品市场发展路径①

时　间	事　件
1973年	发行认股权证②
1976年12月	香港商品交易所有限公司成立
1982年1月	设立金融期货筹备委员会
1985年	香港期货交易所有限公司(原香港商品交易所)成立
1986年5月	香港恒生指数期货合约③
1990年2月	港币利率期货④
1991年5月	工、商分类指数
1991年9月	地产、金融、公用事业分类指数
1993年3月	恒生指数期权合约⑤
1995年3月	上市股票期货合约⑥(汇丰、香港电讯)
1995年9月	上市股票期权⑦(汇丰控股期权)
1995年11月	日转期汇(德国马克、日元合约)
1996年6月	长期恒生指数期权
1996年9月	英镑滚动外汇期货⑧

① 香港交易所官网，http://sc. hkex. com. hk/TuniS/www. hkex. com. hk/chi/stat/statrpt/qtrpt/qrstat_c. htm，2014年11月22日访问。

② 认股权证，又称“认股证”或“权证”，其英文名称为Warrant，故在香港又俗译“窝轮”。是一种约定该证券的持有人可以在规定的某段期间内，有权利按约定价格向发行人购买标的股票的权利凭证。

③ 恒生指数合约，指以恒生指数为交易品种的合同。恒生指数是以加权资本市值法计算，该指数共有三十三支成分股，分别属于工商、金融、地产及公用事业四个分类指数。

④ 利率期货是指以债券类证券为标的物的期货合约，它可以回避银行利率波动所引起的证券价格变动的风险。港币利率期货合约是根据香港银行同业拆息来制定。

⑤ 恒生指数期权合约指以恒生指数作为行权品种的期权交易合约。恒生指数期权合约的每一点位为50港币，以欧式期权的方式行权，即只能在合约到期时行权。

⑥ 上市股票期货合约是指以单只上市股票作为标的的期货合约。

⑦ 上市股票期权是指买方在交付了期权费后即取得在合约规定的到期日或到期日以前按协议价买入或卖出一定数量相关上市股票的权利。

⑧ 外汇期货，又称为货币期货，是一种在最终交易日按照当时的汇率将一种货币兑换成另外一种货币的期货合约。一般来说，两种货币中的一种货币为美元，这种情况下，期货价格将以“x美元每另一货币”的形式表现。

续表

时　间	事　件
1997年9月	恒生香港中资企业指数(红筹股①指数)期货合约
2000年10月	小型恒生指数期货合约
2000年3月	香港交易及结算所有限公司成立,全资拥有香港联合交易所有限公司、香港期货交易所有限公司和香港中央结算有限公司三家附属公司,三家机构完成合并。
2000年6月	香港交易所以介绍形式在联交所上市
2001年5月	MSCI中国外资自由投资指数期货②
2001年10月	国际股票期货及期权
2001年11月	3年期外汇基金债券期货③
2002年5月	道琼斯工业平均指数期货④
2002年11月	小型恒生指数期权
2003年12月	H股指数期货⑤
2004年6月	H股指数期权
2005年5月	新华富时中国25指数期货及期权⑥
2007年4月	H股金融指数期货

① 香港把在境外注册、在香港上市的那些带有中国大陆概念的股票称为红筹股。

② MSCI中国外资自由投资指数代表供外资投资者买卖的中国股票,其中包括在香港上市的H股、红筹股,以及在深圳和上海上市的B股及在纽约上市的N股。

③ 3年期外汇基金债券是香港金融管理局代表香港特别行政区政府以外汇基金名义发行的年限为3年的港元定息债券。

④ 道琼斯工业平均指数是由华尔街日报和道琼斯公司创建者查尔斯·道创造的几种股票市场指数之一。平均指数发展至今包括美国30间最大、最知名的上市公司,只是加权平均数,并不代表成分股价值的平均数。

⑤ H股指数期货是一种以H股股票价格指数为标的物的金融期货合约,即以股票市场的H股股价指数为交易标的物,由交易双方订立的、约定在未来某一特定时间按约定价格进行股价指数交易的一种标准化合约。其中,H股也称国企股,指注册地在内地、上市地在香港的外资股。H股为实物股票,实行"T+0"交割制度,无涨跌幅限制。中国地区机构投资者可以投资于H股,内地个人目前尚不能直接投资于H股。

⑥ 新华富时中国25指数指的是在香港联合交易所上市挂牌并被海外投资者广泛注视的25只中国内地企业股。这25只中资股股份亦是属于流通量最高的中国内地企业股份。新华富时中国25指数每15秒计算一次,计算及报价都是以港元为基础,是为了满足国际投资者需求而设计的实时可交易指数。

续表

时　　间	事　　件
2008 年 3 月	小型 H 股指数期货
2008 年 10 月	黄金期货
2010 年 2 月	自订条款恒生指数期权、自订条款 H 股指数期权
2010 年 11 月	恒指股息点指数期货、恒生国企股息点指数期货
2012 年 2 月	恒指波幅指数期货
2012 年 3 月	IBOVESPA 期货、MICEX 指数期货、Sensex 期货、FTSE/JSE Top40 期货
2012 年 9 月	人民币货币期货—美元兑人民币(香港)期货
2013 年 8 月	中华交易服务中国 120 指数期货①

从上表 7－1 可见，香港金融衍生品市场交易品种齐全，各类基础市场工具的多样性使衍生品市场呈现出多元化的势态。市场交易规模也随着品种的多样化趋势而不断扩大。根据香港交易所公布的衍生产品市场数据统计，无论是期货市场还是期权市场，交易的合约数量都积聚增加。1993 年开始出现期权交易时，期货总合约成交量为 2415739 张，期权总合约成交量为 295217 张，截至 2014 年 12 月 18 日期货总合约成交量为 48329088 张，期权总合约成交量为 88813760 张，②21 年间期货及期权总合约成交量增加 40 倍左右。

此外，香港金融衍生品产品主要以恒指期货及其期权、H 股指数期货及期权、小型恒指期货及期权为主。就期货市场看，2014 年 11 月 10 日—14 日恒生指数期货成交金额为 166127 百万港元，占市场长短仓成交量 54.30%。③

① 中华交易服务中国 120 指数，是涵盖中港两地大市值股份的跨境指数，由中华交易服务委托中证指数有限公司进行编制，并负责指数日常管理及指数发布服务。以人民币为实时报价，每日收市提供港元报价。

② 参见香港交易所官网，http://sc.hkex.com.hk/TuniS/www.hkex.com.hk/chi/stat/dmstat/derivativesMarket_c.htm，2014 年 12 月 19 日访问。

③ 参见香港交易所官网，http://sc.hkex.com.hk/TuniS/www.hkex.com.hk/chi/stat/dmstat/derivativesMarket_c.htm，2014 年 11 月 22 日访问。

（二）内地衍生品市场的发展路径

1992年2月上证A股指数正式发布，标志着我国金融衍生品市场的诞生。金融衍生品开始发展之初，我国的金融衍生品品种是比较多的，包括外汇期货、国债期货和认股权证等。在经历"327"国债期货事件后，监管部门意识到隐藏在衍生品高收益之后的高风险，开始对衍生品市场进行整顿，金融衍生品市场发展速度才逐渐放缓。经历了证监会的多次整顿之后，有一些金融衍生品种退出交易市场，如国债期货交易、转配权证交易等，而新的衍生品品种没有及时补充上来，这导致了我国目前我国场内市场品种相对于发达国家较少，并且从法律建设、品种创新、风险规避方面来看我国场外市场发展也滞后于发达国家。国际清算银行发布的《三年一度中央银行调查报告——全球外汇交易统计初步结果》（1996年—2013年）显示，人民币外汇交易量首次跻身全球前十，日均交易量占全球日均交易量的2.2%，但五大金融中心差距明显［英国（41%）、美国（19%）、新加坡（5.7%）、日本（5.6%）和中国香港（4.1%）］。人民币外汇交易工具方面，在1200亿美元日均交易量中，400亿美元来自外汇掉期，340亿美元来自即期交易，280亿美元来自直接远期交易，170亿美元来自外汇期权，10亿美元来自货币互换交易。

内地衍生品市场发展路径具体如表7－2所示。

表7－2　国内衍生品市场发展路径①

时　　间	事　　件
1992年2月	上证A股指数正式发布
1992年6月	外汇期货首先在上海外汇调剂中心挂牌
1992年6月	大飞乐的配股权证在上海交易所上市
1992年12月	上海证券交易所推出国债期货交易
1993年3月	海南证券交易中心推出深圳证券股权指数期货合约
1993年7月	上海外汇调剂中心被迫停止了外汇期货交易

① 参见中新网，http://channel.chinanews.com/u/stock/gzqh.shtml?pager=26，2014年11月22日访问。

续表

时　　间	事　　件
1993 年 10 月	上海证券交易所向社会公众开放国债期货交易
1994 年 1 月	证监会责令海南证券交易中心停止股指期货交易
1994 年 2 月	上海证券交易所第一只 B 股权证
1994 年 9 月	证监会特批深交所的 6 只权证转配部分上市交易
1995 年 2 月	上海发生“327”国债期货风波
1995 年 5 月	证监会决定暂停国债期货交易，我国首次国债期货交易试点以失败而告终。
1996 年 6 月	证监会取消权证转配部分上市交易
2000 年 2 月、3 月	上海(虹桥)机场、鞍钢两只规范化的可转换债分别上市发行
2003 年 1 月	上证国债指数正式发布
2005 年 4 月	沪深 300 指数发布
2005 年 6 月	第一个利率衍生品——远期债券开始交易
2005 年 8 月	内地诞生第一只权证—宝钢权证
2005 年 8 月	银行间市场正式推出远期人民币外汇交易业务，这也标志着中国银行间外汇衍生品交易的正式开始。
2006 年 1 月	上海证券交易所推出新上证综合指数
2006 年 2 月	利率互换开始交易
2006 年 9 月	中国金融期货交易所成立
2006 年 10 月	开始中金所沪深 300 股指期货的仿真交易
2007 年 9 月	远期利率协议开始交易
2008 年 6 月	南航认沽权证交易结束，认沽权证暂时从中国市场上消失
2010 年 4 月	中金所首批 4 个沪深 300 股指期货正式上市交易
2011 年 8 月	A 股最后一只权证—长虹 CWB1 退市
2013 年 1 月	首批 5 家 QFII 正式入市
2013 年 9 月	国债期货在中金所上市交易，国内第一个场内利率衍生品

从表 7－2 可见，我国金融衍生品的发展路径遵循的是“市场决定发展

路径”的一般思路:选择发展突破口时首先考虑具有良好基础市场支持的股指期货衍生品。在投资者通过股指期货积累了一定管理经验的基础上再推出股指期权和个股期权,逐步发展股权类衍生品市场。然后在汇率改革和利率市场改革基本完成的基础上,以外汇期货和国债期货为突破口发展货币类衍生品和利率衍生品。[①] 这样一步步丰富衍生品市场交易种类,完善国内金融衍生品市场。

三、港沪金融衍生品市场相关制度比较

本部分从金融机构的视角对香港和内地金融衍生品市场的监管制度进行对比,主要包括金融机构进入金融衍生品市场的条件、监管主体、信息披露制度和结算制度等方面的比较。

(一)金融机构进入金融衍生品市场的制度对比

香港对金融衍生品市场准入制度主要规定在其现行法规的第571章《证券及期货条例》中,而内地对金融衍生品市场准入制度主要规定在国务院2012年修订后的《期货交易管理条例》[②]和银监会2011年5月颁布的《银行业金融机构衍生产品交易业务管理办法》中。

金融机构进入金融衍生品市场的制度对比具体如表7-3所示。

表7-3　港沪金融机构进入金融衍生品市场的条件比较

	香　港[③]	内　地
进入条件	注册制 《证券及期货条例》第19条规定: (1)任何人—— (b)如不是认可交易所,则不得营办期货市场; (2)凡证监会信纳认可某公司为交易所公司——	审批制 《期货交易管理条例》第6条规定:设立期货交易所,由国务院期货监督管理机构审批。 未经国务院批准或者国务院期货监督管理机构批准,任何单位或者个人不得设立期货交易场所或者以任何形式组织期货交易及其相关活动。

① 参见全景网,http://www.p5w.net/futures/yjzx/200607/t399329.htm,2014年12月19日访问。

② 这个规定在《国务院关于废止和修改部分行政法规的决定(2013)》中有一处修改:删去第43条第1款。参见北大法宝,http://www.pkulaw.cn/fulltext_form.aspx?Gid=207501。

③ 香港律政司双语法例资料系统,http://translate.legislation.gov.hk/gb/www.legislation.gov.hk/09/chi/pdf.htm,2014年11月22日访问。

续表

	香　港	内　地
进入条件	(a)就维护投资大众的利益或公众利益而言是适当的;或 (b)对妥善规管证券或期货合约的市场是适当的, 则可在先咨询公众人士继而咨询财政司司长后,藉送达书面通知予该公司,认可该公司为交易所公司,而该项认可—— (i)受该会认为适当并在该通知中指明的条件规限;及 (ii)自该通知指明的生效日期起生效。 (3)在不局限根据第(2)款送达的通知指明的条件的一般性的原则下,证监会—— (a)在基于该款(a)或(b)段指明的理由信纳如此行事是适当的情况下;及 (b)在咨询财政司司长后,可藉送达书面通知予认可交易所,修订或撤销任何该等条件或施加任何新的条件。 (9)任何人不得—— (a)仅因以下原因而视为违反第(1)(b)款—— (i)在以下情况下经营提供构成营办期货市场的自动化交易服务的业务—— (A)该人根据第95(2)条获认可提供该服务或该人是就第7类受规管活动获发牌或获注册的中介人;及 (B)凭借该项认可、牌照或注册,该人获准从事构成营办期货市场的活动;或 (ii)在以下情况下经营构成营办期货市场的期货合约交易业务——	第15条规定:期货公司是依照《中华人民共和国公司法》和本条例规定设立的经营期货业务的金融机构。设立期货公司,应当经国务院期货监督管理机构批准,并在公司登记机关登记注册。 未经国务院期货监督管理机构批准,任何单位或者个人不得设立或者变相设立期货公司,经营期货业务。 第41条规定:银行业金融机构从事期货交易融资或者担保业务的资格,由国务院银行业监督管理机构批准。 第43条规定:境内单位或者个人从事境外期货交易的办法,由国务院期货监督管理机构会同国务院商务主管部门、国有资产监督管理机构、银行业监督管理机构、外汇管理部门等有关部门制定,报国务院批准后施行。 《银行业金融机构衍生产品交易业务管理暂行办法》第6条规定:银行业金融机构开办衍生产品交易业务,应当经中国银监会批准,接受中国银监会的监督与检查。 第7条规定:银行业金融机构从事与外汇、商品、能源和股权有关的衍生产品交易以及场内衍生产品交易,应当具有中国银监会批准的衍生产品交易业务资格,并遵守国家外汇管理及其他相关规定。 第9条规定:银行业金融机构申请基础类资格,应当具备以下条件: (一)有健全的衍生产品交易风险管理制度和内部控制制度; (二)具有接受相关衍生产品交易技能专门培训半年以上、从事衍生产品或相关交易2年以上的交易人员至少2名,相关风险管理人员至少1名,风险模型研究人员或风险分析人员至少1名,熟悉套期会计操作程序和制度规范的人员至少1名,以上人员均需专岗专人,相互不得兼任,且无不良记录; (三)有适当的交易场所和设备;

续表

	香　港	内　地
进入条件	(A)该人是就第2类受规管活动获发牌或获注册的中介人;及 (B)凭借该项牌照或注册,该人获准从事构成营办期货市场的活动;或 (b)仅因协助经营提供构成营办期货市场的自动化交易服务的业务或经营构成营办期货市场的期货合约交易业务而视为违反第(1)(d)款,但前提是就提供自动化交易服务的业务或期货合约交易业务而言,(a)(i)(A)及(B)或(ii)(A)及(B)段(视属何情况而定)提述的条件获符合。	(四)具有处理法律事务和负责内控合规检查的专业部门及相关专业人员; (五)满足中国银监会审慎监管指标要求; (六)中国银监会规定的其他条件。 第10条规定:银行业金融机构申请普通类资格,除具备上述基础类资格条件以外还需具备以下条件: (一)完善的衍生产品交易前、中、后台自动联接的业务处理系统和实时风险管理系统; (二)衍生产品交易业务主管人员应当具备5年以上直接参与衍生产品交易活动或风险管理的资历,且无不良记录; (三)严格的业务分离制度,确保套期保值类业务与非套期保值类业务的市场信息、风险管理、损益核算有效隔离; (四)完善的市场风险、操作风险、信用风险等风险管理框架; (五)中国银监会规定的其他条件。
进入程序	《证券及期货条例》第20条规定: (1)在认可证券市场只可进行—— (a)证券交易;及 (b)证监会一般地或就个别个案藉宪报公告批准的其他金融产品的交易。 (2)在认可期货市场只可进行证监会一般地或就个别个案藉宪报公告批准的—— (a)期货合约的交易;及 (b)其他金融产品的交易。 (3)第(1)或(2)款提述的公告不是附属法例。	《银行业金融机构衍生产品交易业务管理暂行办法》第8条规定:银行业金融机构开办衍生产品交易业务的资格分为以下两类: (一)基础类资格:只能从事套期保值类衍生产品交易; (二)普通类资格:除基础类资格可以从事的衍生产品交易之外,还可以从事非套期保值类衍生产品交易。根据银行业金融机构的风险管理能力,监管部门可以对其具体的业务模式、产品种类等实施差别化资格管理。 第9条规定:银行业金融机构申请基础类资格,应当具备以下条件: (一)有健全的衍生产品交易风险管理制度和内部控制制度;

续表

	香　港	内　地
进入程序	第21条规定：(1)认可交易所有责任确保—— (a)在合理地切实可行的范围内—— (i)(就营办证券市场的认可交易所而言)在该市场或透过该交易所的设施买卖证券；或 (ii)(就营办期货市场的认可交易所而言)在该市场或透过该交易所的设施买卖期货合约， 是在有秩序、信息灵通和公平的市场中进行的；及 (b)审慎管理与其业务及营运有关联的风险。 (2)认可交易所在履行第(1)款所指的责任时，须—— (a)以维护公众利益为原则而行事，尤其须顾及投资大众的利益；及 (b)确保一旦公众利益与该交易所的利益有冲突时，优先照顾公众利益。 (3)认可交易所须按照在第23条下订立并根据第24条获批准的规章运作其设施。 (4)认可交易所须制订及实施适当的程序以确保其交易所参与者遵守该交易所的规章。 (5)认可交易所如察觉有以下情况，须立即通知证监会—— (a)该交易所的任何交易所参与者不能遵守该交易所任何规章或任何财政资源规则；或	(二)具有接受相关衍生产品交易技能专门培训半年以上、从事衍生产品或相关交易2年以上的交易人员至少2名，相关风险管理人员至少1名，风险模型研究人员或风险分析人员至少1名，熟悉套期会计操作程序和制度规范的人员至少1名，以上人员均需专岗专人，相互不得兼任，且无不良记录； (三)有适当的交易场所和设备； (四)具有处理法律事务和负责内控合规检查的专业部门及相关专业人员； (五)满足中国银监会审慎监管指标要求； (六)中国银监会规定的其他条件。 第10条规定：银行业金融机构申请普通类资格，除具备上述基础类资格条件以外还需具备以下条件： (一)完善的衍生产品交易前、中、后台自动联接的业务处理系统和实时风险管理系统； (二)衍生产品交易业务主管人员应当具备5年以上直接参与衍生产品交易活动或风险管理的资历，且无不良记录； (三)严格的业务分离制度，确保套期保值类业务与非套期保值类业务的市场信息、风险管理、损益核算有效隔离； (四)完善的市场风险、操作风险、信用风险等风险管理框架； (五)中国银监会规定的其他条件。 第12条规定：银行业金融机构申请开办衍生产品交易业务，应当向中国银监会或其派出机构报送以下文件和资料(一式三份)： (一)开办衍生产品交易业务的申请报告、可行性报告及业务计划书或展业计划； (二)衍生产品交易业务内部管理规章制度；

续表

	香 港	内 地
进入程序	(b)有任何在财务方面欠妥之处或其他事情,而该交易所认为该欠妥之处或该事情可能显示某交易所参与者在财务状况或处理财务事宜的操守方面出现问题,或显示某交易所参与者可能不能履行其法律义务。 (6)认可交易所须时刻提供和维持—— (a)足以应付其业务的需求和设备妥善的处所以进行该交易所的业务; (b)称职的人员以进行该交易所的业务;及 (c)具有足够处理能力、应变或应急设施、保安安排及技术支持的自动系统,以进行该交易所的业务。	(三)衍生产品交易会计制度; (四)主管人员和主要交易人员名单、履历; (五)衍生产品交易风险管理制度,包括但不限于:风险敞口量化规则或风险限额授权管理制度; (六)交易场所、设备和系统的安全性和稳定性测试报告; (七)中国银监会要求的其他文件和资料。

(二)对金融机构监管主体的对比

在金融机构的监管设置上,多数国家建立了政府、交易所和行业协会的三级监管体制。但也有些国家和地区如澳大利亚、新加坡、中国香港等形成了独特的政府监管和交易所自律的二级监管体制。①

1. 香港监管主体

(1)政府监管

香港政府监管部门是证券及期货事务监察委员会(以下简称香港证监会)和金融管理局,其中以香港证监会为主。香港证监会是不以营利为目的的独

① 新加坡、中国香港的金融衍生品市场相对于英美国家而言形成较晚,在产生与发展过程中,大量借鉴欧美经验,立法超前发展,是典型的政府推动型金融衍生市场,因而其法规体系建设很快,根据自身情况选择了两级监管体制。

立性较大的法人组织，不隶属于政府部门，但执行的是政府部门的职能，是负责证券和期货市场监管的最高机构。它主要负责监管、监察和规管认可交易所、认可结算所、认可控制人或认可投资者赔偿公司所进行的活动，以及进行受香港证监会根据任何有关条文规管的活动的人（注册机构除外）所进行的活动；及注册机构所进行并须受证监会根据任何有关条文规管的活动。①

金融管理局则主要负责对结算银行的监督，具体来说其职能有以下几点：维持港元汇价稳定；透过稳健投资策略，管理外汇基金；促进香港银行体系稳健；发展香港金融市场基础设施，使货币畅顺流通。②

同时，香港设置了上诉委员会，③该委员会专门负责证监会、金管局有关证券期货方面的决定异议进行审查。上诉委员会的裁决是最终裁决，当事人和证监会必须服从。

（2）交易所自律监管

香港非常重视行业自律方面的制度建设，香港交易及结算所有限公司（以下简称港交所）几乎承担了全部自律层面的职能，如监管上市发行人，执行上市、交易及结算规则，以及主要在批发层面向交易所及结算所的参与者和用户提供交易、结算及交收、存管、资讯及代理人服务。港交所是唯一经营香港股市的机构，也是一家在香港上市的控股公司，旗下成员包括香港联合交易所有限公司、香港期货交易所有限公司、香港中央结算有限公司等。其职责主要包括：审查会员资格、制定交易及结算规则、对会员的交易进行监管等。④

同时，港交所还与香港证监会签订了谅解备忘录，随时向香港证监会转介日常交易中发现的涉嫌不当交易行为的个案，保证香港证监会能及时调查、澄清和惩处市场违规行为，以此加强市场参与者的自我约束意识。香港奉行“小政府，大市场”的市场监管理念，政府充分放权，减少行政层

① 参见香港法例第571章《证券及期货条例》第5条规定。

② 参见国世平主编：《香港金融监管》，中国计划出版社2002年版，第101页。

③ 上诉委员会，即证券及期货事务上诉委员会，又称证券及期货事务上诉审裁处，是根据《证券及期货条例》而设立的复核组织，主席由法官出任。审裁处的法定目的是确保有关监管当局，包括证监会和金管局所作的规制、管理决定公平合理。参见香港证券及期货事务上诉审裁处官网，http://www.sfat.gov.hk/schinese/aboutus/welcome/index.htm，2014年12月20日访问。

④ 参见香港交易所官网，http://sc.hkex.com.hk/TuniS/www.hkex.com.hk/chi/index_c.htm，2014年12月20日访问。

面的干扰，既给予市场以充分的发展空间，同时运用市场自身的力量去监督，从而实现行政因素和行业自律层面的有效结合。

2. 内地监管主体

(1)政府监管

我国目前采取"三级监管"模式，即政府、交易所、行业协会三级结构，如图7－1所示。其中，政府以证监会、银监会起主导作用。依据《期货交易管理条例》第5条，国务院期货监督管理机构对我国期货市场进行统一监督管理，但是对国务院期货监督管理机构没有进一步说明。

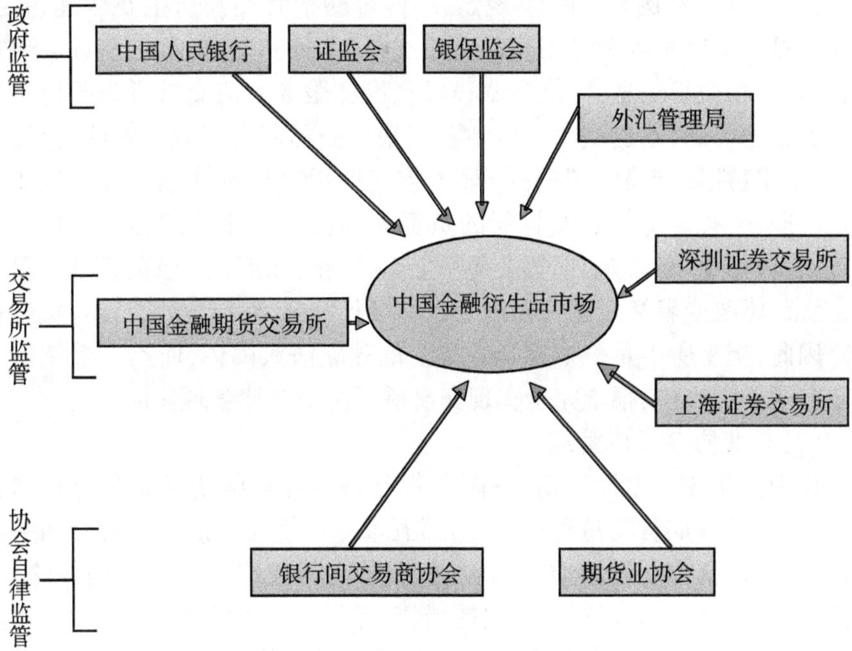

图7－1　我国金融衍生品监管框架*

目前，具有国务院期货监督管理机构的职能的机构只有证监会。证监会的主要职责有：建立统一的证券期货监管体系，按规定对证券期货监管机构实行垂直管理；加强对证券期货业的监管，强化对证券期货交易所、上市公司、证券期货经营机构、证券投资基金管理公司、证券期货投资咨询机

* 图为笔者自制。

构和从事证券期货中介业务的其他机构的监管，提高信息披露质量；加强对证券期货市场金融风险的防范和化解工作；负责组织拟订有关证券市场的法律、法规草案，研究制定有关证券市场的方针、政策和规章；对期货市场试点工作进行指导、规划和协调等。[①] 中国银保监会根据《银行业金融机构衍生产品交易业务管理办法》，对银行业金融机构开办衍生产品交易业务进行批准、监督与检查。

(2)交易所监管

我国金融衍生品市场上的交易所主要是中国金融期货交易所。根据《期货交易管理条例》第 10 条规定，中国金融期货交易所主要职能包括：组织安排金融期货等金融衍生品上市交易、结算和交割；制定业务管理规则；发布市场交易信息；提供技术、场所、设施服务。该交易所为股份有限公司实行公司制，这也是中国内地首家采用公司制为组织形式的交易所。但是，根据《期货交易管理条例》第 7 条、《期货交易所管理办法》第 33 条规定，证监会有任免期货交易所的负责人的权力。此外，根据《期货交易管理条例》第 13 条规定，期货交易所上市、中止、取消或者恢复期货交易品种，上市、修改或者终止期货合约等，均应当经国务院期货监督管理机构批准。因此，交易所不是一个完全意义上的独立法人团体，而是一个类似承担政府职能的机构，很难完全实现交易所承担的自律管理职能。

(3)行业协会自律管理

作为行业的自律性组织，中国期货业协会对全国期货业实行自律管理。修改后的《期货交易管理条例》第五章专章规定了期货业协会相关内容，明确期货业协会在性质上，是期货业的自律性组织和社会团体法人。我国期货行业协会的职责主要包括：制定行业自律性规制，监督、检查会员行为，对违反协会章程和自律性规则的，按照规定给予纪律处分；负责期货从业人员资格的认定、管理以及撤销工作；受理客户与期货业务有关的投诉，对会员之间、会员与客户之间发生的纠纷进行调解；组织期货从业人员的业务培训等。[②] 然而，我国期货行业协会的负责人通常在证监会有相应的行政级别，以至于期货行业协会的独立性受到很大的影响。

---

① 参见中国证券监督管理委员会官网，http://www.csrc.gov.cn/pub/newsite/zjhjs/jgzn/，2014年12月20日访问。

② 参见《期货交易管理条例》第46条规定。

(三)金融机构应遵循的信息披露制度对比分析

在金融衍生品市场监管制度中,金融衍生品信息披露法律制度具有特别的重要性。只有信息得到充分地披露,没有形成明显的信息不对称,公众才能最大效率地做出正确的决定,并能有效阻却违法行为。中国内地证券期货市场大案频发的一个重要原因就是信息披露制度不够完善且没有得到很好地执行。经统计,中国证监会在2014年1月至10月期间对各类证券违法的案件作出的行政处罚决定书就有73份,①被处罚对象既有公司也有个人。行政处罚决定显示,大部分行政处罚的根本原因在于多种多样的内幕交易案件。与内幕交易相对应的就是信息披露制度。如果信息披露制度细致完整,同时能够得到有效的执行,金融衍生品市场非系统性风险就会大大降低。

以下笔者就从各个层面的法律法规入手,对香港与内地的信息披露制度展开比较分析。

1. 法律层面

香港主要在《证券及其期货条例》的多个部分对信息披露的内容及责任进行了详细的规定,如《证券及期货条例》第308条规定:"披露责任——(a)为施行第2至6分部及就在其他方面与该等分部有关的情况而言,指根据第310条产生并须按照第324条履行的责任;或(b)为施行第7至10分部及就在其他方面与该等分部有关的情况而言,指根据第341条产生并须按照第347条履行的责任。"

国内主要通过《中华人民共和国证券法》(2019年修订)(以下简称《证券法》)详细规定了信息披露的原则,即实体性原则与形式性原则,同时规定了广义层面的信息披露主体,包括证券监管部门、证券交易所、上市公司、部分证券经营机构和证券中介服务机构,以及特定情况下的投资者。关于信息披露的内容,《证券法》要求上市公司公开首次披露——招股说明书、上市公告书、定期报告和临时报告。② 还强化了信息披露缺失而导

① 中国证券监督管理委员会官网,http://www.csrc.gov.cn/pub/zjhpublic/,2014年11月20日访问。

② 参见《证券法》第79条~第87条。

致的证券交易违法行为的法律责任。[①] 可以说，《证券法》从法律层面构建了我国证券市场信息披露的框架制度。

2. 行政性规定层面

香港主要在《公司收购及合并守则》和《股份购回守则》中规定了信息披露的相关内容。比如《公司收购及合并守则》规定了一致行动人的定义：一致行动的人包括依据一项协议或协定，通过取得一间公司的投票权，一起积极合作以取得或巩固对该公司的“控制权”的人。随后又规定了一致行动人的法定义务，其规定一致行动人应当共同履行信息披露义务，时间为达到法定持股比例5%的下一个交易日上午9点之前。《股份购回守则》中规定了在股票回购实施期间，内幕人士一律不得参与该股票的买卖，一经发现，立即予以没收非法所得并处罚；规定公司在股票回购实施前，必须对所有投资者公告；规定上市公司必须在购回股份后的第一个交易日上午九点三十分前，向交易所呈报前一日购回的股份总数，每股买入价或有关回购付出的最高及最低价，并确认该购回股份符合有关规定。

关于信息披露的行政性规定主要是《上市公司信息披露管理办法》（以下简称《管理办法》）。该《管理办法》首先在《证券法》的基础上对信息披露主体分四个层面做了详细的界定。其次，针对衍生产品，《管理办法》在第9条、第35条规定：“证券交易所应当对上市公司及其他信息披露义务人进行监督，督促其依法及时、准确地披露信息，对证券及其衍生品种交易实行实时监控。”“上市公司应当关注本公司证券及其衍生品种的异常交易情况及媒体关于本公司的报道。证券及其衍生品种发生异常交易或者在媒体中出现的消息可能对公司证券及其衍生品种的交易产生重大影响时，上市公司应当及时向各方了解真实情况，必要时应当以书面方式问询。”此外，《管理办法》第30条规定：“发生可能对上市公司证券及其衍生品种交易价格产生较大影响的重大事件，投资者尚未得知时，上市公司应当立即披露，说明事件的起因、目前的状态和可能产生的影响”并对于“重大事件”的情况罗列了21种情况。同时在列举表述不能穷尽的情况下又制定了第31～36条的原则性规定，目的就是要是各级披露主体履行其对证券及其衍生品种进行全面细致的信息披露义务。最后，《管理办

① 参见《证券法》第五章。

法》第66条、第67条对“证券衍生品种”交易中利用内幕信息交易、披露信息虚假陈述等违法行为做出了处罚的规定。《管理办法》相比《公司法》《证券法》在信息披露制度上有了重大的突破,但仍然属于总括性规定,所以为了与其相配套,证监会先后展开了一系列细化工作。

3. 交易所规章层面

港交所制定的《香港联合交易所证券上市规则》不少章节都有涉及信息披露制度的条文,其中比较突出的是第十四章“各项须予公布的交易”。《证券上市交易规则》详尽地规定了有关“非常重大的收购事项”“主要交易”“须予披露的交易”“股份交易”“关联交易”等各个类型、级别的交易的信息披露制度。

境内交易所,以上海证券交易所为例,也发布信息披露的相关规定。如《上市公司日常信息披露工作备忘录(1~12号)》系列文件对证监会的《管理办法》中关于“信息披露事务管理制度”进行了落实。[①] 目前上交所实施的是2019年4月第十三次修改后的《上市规则》,其中第二章专章规定了信息披露的基本原则和一般规定,第九章专章规定了应当披露的交易,第十章规定了关联交易的披露。

从上述对比材料中可以看出,香港有着完备的信息披露体制,采用了集中监管与自律监管相结合的模式。同时,香港金融衍生品市场传承的是英国的法律框架,所以用来规范金融衍生品市场的信息披露制度分散于多个法规、守则、规则和准则之中,没有制定一部专门的法律对上市公司的信息披露进行规制。境内金融衍生品市场建立了以《证券法》为主,相关行政法规为补充,交易所规则为一线的全方位、多层次的信息披露制度框架。该框架从原则规范到具体操作,从信息披露的内容、形式到手段,都作出了较为合理的规定,有着较高的水准。

此外,香港金融衍生品市场比较成熟,采取注册制模式,即不对发行人的资质进行实质性审核。在香港,衍生品的首次信息披露和审核其是否能够发行的权力都在港交所。这样能保证信息披露的完整性、及时性和一致性。而由于境内金融衍生品市场处于发展初期,目前采取审批制模式,但是国内衍生品的首次信息披露在上交所或深交所,但实际审核衍生品是否

① 上海交易所官网,http://www.sse.com.cn/lawandrules/sserules/listing/stock/c/c_20120918_49644.shtml,2019年6月30日访问。

能够发行的权力在证监会。这样很可能形成信息传递的障碍,不能保证信息披露的完整性、及时性和一致性。

(四)金融机构应遵循的交易和结算制度对比分析

金融衍生品风险主要集中暴露在交易和结算环节,因此,从某种程度上来说,交易制度和结算制度是衡量一国金融衍生品市场风险防范水平高低的重要标准。一般而言,交易所主要通过控制交易量来防止大户垄断和价格剧变,结算所则主要通过要求资金量来防止交割风险和过度投机。

目前,有关金融机构结算的监管体制可以分为两种模式:一种是基础证券和金融衍生品分别独立结算模式,另一种是基础证券和金融衍生品结合结算模式。香港采用前者,[①]即由期货结算公司与期权结算公司分别对于期货和期权进行独立结算;[②]境内采用后者,即由中国证券结算有限公司同时负责基础证券和金融衍生品的结算。

当前世界各国或地区的金融衍生品交易所普遍实行会员交易制度,通过严格管理会员资格及会员行为来控制金融衍生品的交易风险。香港和境内在结算方面均采用结算会员制,结算会员制又分为分步会员制与全员会员制。香港采用分步会员制对衍生品进行结算,并对会员分级;境内只有中国金融期货交易所采用分步会员制,剩下三家期货交易所均采用全员会员制对衍生品进行结算。

在结算会员制度下,结算会员一般需要根据结算所的要求而交纳交易保证金(香港称为按金)。交易保证金是保证金制度的主体,会直接影响市场的正常交易和结算。交易保证金可分为初始保证金[③]和追加保证金两种。其中,对于收取初始保证金,香港和境内做法稍有不同。香港期货交易所是根据结算会员多头和空头的交易总和来确定要交的保证金数额,被称为总额保证金;境内期货市场是根据结算会员多头与空头的轧差数来确定要交的保证金数额,被称为净额保证金。

---

① 参见陈晗著:《金融衍生品:演进路径与监管措施》,中国金融出版社2008年版,第332页。

② 香港交所官网,http://sc.hkex.com.hk/TuniS/www.hkex.com.hk/chi/rulesreg/clearrules/hkcc/futrule_accept_c.htm,2014年11月22日访问。

③ 初始保证金指刚开始开户交易或增加交易时所要求缴存的按交易合约数量计算的保证金。

四、香港金融衍生品市场监管的借鉴意义

上海具有地理环境、经济基础、体制方面、金融与邮电通信基础设施、多层次的市场体系、相对强大的高素质金融人才体系等诸多优势。但是,在诸多国际金融中心中,上海要想获得后发的优势,必须加大金融创新的力度,而金融衍生品市场的发展可以推助金融创新的实现进而促进上海国际金融中心的建设。香港作为国际第五大金融中心,金融衍生品市场相对成熟,上海有必要从中借鉴其有益的部分,来促进金融中心的建设。通过上文的对比,香港对于上海金融衍生品市场的建设主要的借鉴意义如下:

(一)完善市场准入制度

金融衍生品的市场准入控制是整个金融衍生品市场风险控制的第一道屏障。进行市场准入控制制度的具体设计时,应当充分考虑以下原则:第一,尽量满足企业、金融机构等市场主体套期保值的需求,在坚持市场主导原则的同时严禁国有企业从事金融衍生品投机交易;第二,通过完善准入制度的法律规定,从源头上加强监管,防止金融事件、金融危机的发生;第三,通过创新监管方式缓减金融创新和风险控制之间的矛盾,如加强企业内部风险控制与公司治理结构的完善,并把该条件作为准入门槛。

1. 严禁国有企业从事金融衍生品投机交易

国有企业从事金融衍生品的根本目的是为了套期保值、规避风险,而不是为了获取超额利润。但是,如果国有企业谨守套期保值的原则,不可能会发生巨额亏损。也就是说当国有企业发生巨额亏损时,其实质原因是将套期保值变相做成了投机,加大了风险敞口。因此,监管部门必须始终贯彻落实国有企业套期保值的目的,严厉禁止国有企业从事金融衍生品投机交易。同时,国资委作为国企监管主体,应制定国企从事金融衍生品业务的市场准入制度,严禁国企从事金融衍生品投机交易。

2. 完善金融衍生品市场准入法律框架

目前,我国衍生品准入制度在法律层面的规定较少。《证券法》中针对衍生品的具体规定只有第 2 条第 3 款:“证券衍生品种发行、交易的管理办法,由国务院依照本法的原则规定。”在行政法规层面,国务院发布的

《期货交易管理办法》对期货市场上的金融机构的准入制度进行了较为具体的规定，但是对权证、利率、货币等其他类衍生品没有规定。在规章层面，证监会发布的《银行业金融机构衍生品交易业务管理办法》第二章对市场准入管理进行了专章规定，但只规定了银行业金融机构的准入条件和程序，没有将银行业金融机构和非银行业金融机构进行统一。因此，在金融衍生品市场的准入制度方面，我国需要完善准入法律架构，通过制定《中华人民共和国金融衍生品交易法》来将准入制度上升到法律层面，同时通过相关《办法》《指南》来细化法律，增强其可操作性。

3. 加强金融机构的内部控制体系来完善金融机构的质量

在金融机构的日常运作中，监管部门仅仅是风险的外部约束力量，内部风险控制还是主要依托金融机构自身的风险防范体系。将金融机构的内部风险控制作为其市场准入的考察条件之一，同时结合外部监管才能对金融机构整体运作的风险进行更大限度的控制。[①] 我国企业内部目前未能建立一个稳健审慎的控制环境，[②]完善内控机制应具体落实以下几个方面：一是从风险点、监控措施、危机处理措施等方面对金融机构的风险点进行完整地梳理并建立风险管理矩阵；二是在建立了上述风险管理矩阵的基础上，设计开发全面风险管理信息系统，使任何业务的开始、发展和结束都要在风险管理信息系统中有所显示，以便风险控制部门能够及时发现和处理风险；三是完善风险控制部门的职责，提升其管理地位，赋予其中止业务活动的权力；四是提高对从事金融衍生品交易的金融机构的资本充足率的要求。现行的衍生品风险度量模型不能实现风险的真实评估，因而有必要对衍生品交易进行更准确的评估，提出更为严格的资本充足率要求，以增强金融机构的风险应对能力。[③]

（二）完善金融衍生品市场监管模式

目前，国际上大多数的国家采用“三级监管”模式，我国也采用了该模

---

① 参见谭春枝、黄建丹：《我国金融衍生品市场监管体系的构建》，载《金融与经济》2005 年第 10 期。

② 参见斯文：《金融危机后全球场外衍生品市场监管改革及借鉴》，载《南方金融》2013 年第 3 期。

③ 参见巴曙松、尹煜：《金融衍生品的国际监管改革及其借鉴》，载《河北经贸大学学报》2011 年第 6 期。

式。然而,我国目前的"三级监管"监管模式中政府在监管的过程中参与度过大,严重影响了市场的发展,使我国的"三级监管模式"形式意义大于实质意义。[①] 因此,我国有必要完善目前的"三级监管"模式,加强行业自律方面的制度建设,给予交易所、行业协会以更多的权力去形成有效的监管机制。[②] 对于建立完善的监管模式,本书提出如下建议:

1. 完善交易所监管职能

通过本书前述可知,香港目前采用二元监管体系,没有建立期货行业协会,交易所承担自律监管职能。在交易所自律层面,香港有着非常丰富的制度经验,值得国内交易所借鉴。通过本书的对比可知,我国虽然金融期货交易所采用公司制,但其负责人是由证监会任命的,依然摆脱不了行政因素的干扰,其独立性受到了极大的限制。然而,交易所所承担的自律职能是金融衍生品自律监管的核心,对期货市场监管起着极其重要的作用。因此必须强化金融期货交易所的独立性,从而满足其承担自律职能的需要。

首先,应当从法律层面厘清证监会、交易所以及行业协会的职能范围。赋予交易所相应的监管职能,加强交易所的监管权限,丰富其自律监管的手段,增强其监管措施的力度,充分发挥交易所处于一线市场的信息优势,及时发现和披露金融衍生品市场中的潜在风险,保障市场的正常运行。对此也可以借鉴香港方面,通过"谅解备忘录"的形式来明确彼此的职责范围。

其次,我国目前的四家衍生品交易所中,只有中国金融期货交易所实行的是公司制交易所模式,剩下的上海期货交易所、大连商品期货交易所和郑州商品期货交易所都是会员制交易所模式,对比香港的公司制交易所,可以发现公司制交易所最大的特点是引入了市场竞争机制。而在引入市场机制的背景下,交易所只有将产品结构设计好,同时做好风险控制,并为交易主体提供完善的交易服务,才能吸引更多的交易主体参与交易,交易量得以放大,进而交易所的收入和利润才会得到增加。从提高交易所自律监管的动力角度来考虑,可以试着将我国其他衍生品交易所也实行公司制交易所模式。

---

① 参见张玉智著:《中国金融衍生品市场监管体系重构》,中国金融出版社2009年版,第187页。

② 参见顾功耘主编:《金融衍生工具的法律规制》,北京大学出版社2007年版,第48页。

2. 加强中国期货行业协会的自律监管

中国期货行业协会的意义在于联系政府与市场，同时维护期货市场参与者的利益。像美国等金融衍生品市场发达的国家，通常赋予行业协会以重要的作用。然而我国目前行业协会的权力范围很难承担起应有的自律作用，所以有必要进一步赋予中国期货行业协会以更大的权力。同时由于目前中国期货行业协会的负责人大部分有一定的行政级别，行政背景因素很浓，使得中国期货行业协会独立性不强，自律方面的职能受到一定的限制。我国应当在法律层面赋予行业协会一定的权力，使其免受行政因素的影响，独立行使行业自律的职能。为加强中国期货行业协会监管职能，需要赋予其如下权力：

(1) 仲裁权

期货业务纠纷通常具有复杂性和专业性，这使期货行业有必要建立一个专门的机构来解决纠纷。《证券法》第 176 条规定，证券业协会负责对会员之间，会员与客户之间的证券业务纠纷进行调解。由此可知，期货行业协会的一个重要职能就是为会员之间纠纷提供一个统一的解决系统。为实现上述目标，期货行业协会除能够对会员之间的纠纷进行调解之外，还需要设立专门的仲裁机构，通过仲裁的手段去解决纠纷，从而维护期货市场秩序。仲裁的程序可以依照我国的《仲裁法》相关规定，当事人在订立期货合同时可以选择期货行业协会仲裁机构或者是以外的仲裁机构或者其他双方同意的解决方式，行业协会仲裁机构的仲裁结果具有终局性，双方都必须遵守，同时赋予其强制执行的效力。

(2) 检查与监督权

期货行业协会对会员的监督主要是针对接受客户委托从事期货交易的经纪商。[①] 监督分为事前监督、事中监督与事后监督。事前监督主要是对会员符合准入条件的符合性检查；事中监督是包括对会员最低资本限额、保证金充足情况，交易行为及财务状况等进行监督；事后监督是对于会员因违反法律法规、行业协会规则等承担责任的情况进行的监督。期货行业协会应定期或者不定期对会员的财务状况进行检查，可以通过现场或者非现场检查，对会员的交易行为、财务状况以及信用状况进行实时监测。

① 期货经纪商指依法设立的以自己的名义代理客户进行期货交易并收取一定手续费的中介组织，一般称之为“期货经纪公司”。

其中监督权还包括处罚权。如果没有处罚权,监督权形同虚设。对于在监察中发现的违规行为要给予相应的处罚,处罚措施包括开除、暂停交易、警告以及罚款。对违规行为极为严重,已触犯国家有关法律者,期货行业协会还可以作为原告上告国家有关管理机构或向司法部门提起诉讼。

(三)完善金融衍生品市场信息披露制度

信息披露是证券市场监管的核心,高质量的信息披露可以增进市场参与者区分高风险的金融机构和经营稳健的金融机构,使得市场惩戒机制及时有效地产生作用。[①] 信息披露对于金融衍生品市场监管同样具有非常重要的作用。根据本书前述的对比,我们可以看出国内金融衍生品市场信息披露制度相较香港的制度而言,规定大多停留在宏观层面,而缺乏具体的可操作的规范措施。然而鉴于大力发展我国场外金融衍生品的同时,信息披露作为风险控制的中心环节,我国必须加强制度建设。本书在信息披露方面提供以下完善建议:

第一,统一制定《金融衍生品交易业务信息披露管理办法》,强化对金融衍生品交易风险的数据信息和描述性信息的分类披露,适时反映市场交易动态和交易趋势,便于监管机构及时掌握和管理风险。

第二,针对国有企业制定专门的国企金融衍生品交易披露制度,定期向主管部门保送其交易情况,以便及时发现其从套期保值业务转变为投机业务的风险。当然,同时公开信息披露也需要考虑保密要求和对市场流动性的负面影响。[②]

第三,针对公开发行证券的公司制定关于金融衍生品交易信息披露内容与格式的特别规定。

第四,针对特定交易品种制定专门的信息披露规制,如关于股指期货、互换交易的信息披露规定等。

第五,对各类金融衍生品的发行都要求强制实施会计师的财务审计,并且这类审计的标准应当与公司 IPO[③] 的审计标准相同,即在审计金融衍

① 参见白钦先主编:《各国衍生金融市场监管比较研究》,中国金融出版社 2003 年版,第 329 页。

② 参见巴曙松、尹煜:《金融衍生品的国际监管改革及其借鉴》,载《河北经贸大学学报》2011 年第 6 期。

③ IPO,是首次公开募股的简称,指一家企业或公司第一次将它的股份向公众出售。

生品发行主体提供的各类财务报表的同时，还要考察各财务报表数据间的内外部逻辑关系。

（四）完善金融衍生品市场交易和结算制度

目前我国金额衍生品的交易和结算制度主要包括信息交换制度、保证金制度、①持仓限额制度②和大户持仓报告制度、③登记结算制度、每日结清制度等方面。我国的衍生品市场交易和结算制度相对来说比较完善，然而也存在一些不足，需要进一步完善。

第一，建立交易所与结算所、行业协会的信息共享机制，特别是在履行市场调查职能时，能够顺利实现自律组织之间的合作。

第二，建立先进的风险管理系统。香港期货交易所采用的是美国芝加哥期权结算公司推出的风险管理系统，④可以适时对风险计算与监控，国内交易所可以引进此类风险管理系统。

第三，采用香港的"熔而断"⑤制度对价格进行限制。如香港的恒指期货合约以5%为熔断点，价格触及熔断点即5%后停止交易十分钟，这样可以让市场参与者在价格波动剧烈时有一段时间的冷静期，以抑制市场的非理性过度波动，以及便利交易所采取一定的控制措施。

第四，建立统一独立的结算机构，独立于交易所之外，与交易所和会员之间形成三角制衡关系。对此可以先统一不同交易所下结算机构的结算标准，再组建由交易所和其他金融机构共同出资的统一结算机构。

---

① 保证金制度，也称押金制度，指清算所规定的达成期货交易的买方或卖方，应交纳履约保证金的制度。在期货交易中，任何交易者必须按照其所买卖期货合约价格的一定比例（通常为5%～10%）缴纳资金，作为其履行期货合约的财力担保，然后才能参与期货合约的买卖，并视价格确定是否追加资金，这种制度就是保证金制度，所交的资金就是保证金。

② 持仓限额制度是指交易所规定会员或客户可以持有的，按单边计算的某一合约投机头寸的最大数额。该制度是交易所为防范操纵市场价格的行为，防止期货市场风险过度集中于少数投资者而定的制度。客户和会员的持仓限额具体规定如下：(1)进行投机交易的客户号某一合约单边持仓限额为100手。进行套期保值交易和套利交易的客户号的持仓按照交易所有关规定执行，不受100手持仓限额的限制。(2)某一合约结算后单边总持仓量超过10万手的，结算会员下一交易日该合约单边持仓量不得超过该合约单边总持仓量的25%。

③ 大户持仓报告制度是指会员或客户某一合约持仓达到中金所规定的持仓报告标准时，会员或客户应当向交易所报告。中金所可根据市场风险状况，公布持仓报告标准。

④ 参见陈晗著：《金融衍生品：演进路径与监管措施》，中国金融出版社2008年版，第332页。

⑤ 熔而断，指当价格触及熔断点后，在随后的一段时间内停止交易。

五、结语

金融衍生品市场的发展对金融中心的建设非常重要，其本身承载的经济功能能够弥补基础市场的不足，通过对市场价格的预期来提高资源配置的效率。因此，要想推动金融中心的发展，发展金融衍生品市场势在必行。而金融衍生品市场是否能够健康稳定地发展，取决于是否能够构建一个健全的金融衍生品市场监管法律体系，从而提供有力的法律监管。在具体措施上，首先要让政府充分的放权，加强自律层面的监管，真正实现政府监管、交易所自律和行业协会内部管理的三级监管体制；其次可以通过借鉴香港经验来完善金融衍生品市场准入制度、信息披露制度、交易和结算制度。当然，由于金融衍生品市场本身的风险性大，我国应当遵循循序渐进的发展模式，逐渐推进我国金融衍生品市场健康、规范、快速地发展。

第八章　内地和香港外汇基本法制比较*

——一个法理的反思

从外汇基本法制生成的角度来说，香港体现了市场化导向，而内地则体现出行政化倾向。从确定性规则方面看，香港外汇基本法制要优于内地外汇基本法制，准用性规则对于评价两地外汇基本法制无太大作为，两者最大的差异主要集中于基本法制的委任性规则方面。内地现行外汇法制所表现出来的特点有其现实合理性，但在将来，内地应当从委任性规则数量的配置、外汇法制的市场导向、外汇法制文化的生成等方面去完善。

改革开放以来，中国所形成的成功经验之一就是处理好政府与市场的关系。在外汇领域，同样面临如何处理政府与市场关系的问题。随着中国经济开放程度的增加，用汇单位范围越来越大，国家对外汇资金的管理越来越困难，这就使外汇领域里政府与市场的关系的协调变得更加重要。本章以香港外汇基本法制为参照系，比较研究内地和香港两地外汇基本法制的异同，找出内地外汇基本法制与香港外汇基本法制的差距与不足，以期对内地外汇法制的完善有所裨益。

---

* 本文曾发表于《经济法研究》2016 年第 2 期。

一、制度理念：外汇基本法制生成的视角

(一)香港外汇制度的市场化导向

香港《外汇基金条例》在每一法条后面都用括号的形式详细列明本条的历史变动情况和法条演进脉络。例如，《外汇基金条例》第3(4)条规定："除第(5)款另有规定外，根据第(3)款借入而尚未清还的款项总额，在任何时间均不得超过500亿美元，如以外汇持有，则在任何时间均不得超过以当时汇率计算的相等款额。(由1971年第25号第2条增补。由1971年第150号法律公告修订；由1972年第125号法律公告修订；由1980年第56号法律公告修订；由1980年第173号法律公告修订；由1980年第363号法律公告修订；由1981年第388号法律公告修订；由1987年第64号法律公告修订；由1995年第12号第3条修订)。"香港外汇基金法典化的过程，"都前置有一个对传统习惯法的甄别、记录和整理的过程，充满了经验主义色彩的历史选择"。[①] 在某种意义上说，在香港外汇法制的形成过程中，外汇市场处于主动地位，立法机关处于被动地位。外汇规则在市场化的发展中生成，立法机关在此基础上对这些规则予以固化，因此，也就决定了香港外汇法制的市场化导向。

这样立法的好处是：第一，有利于读者把握法律变化的来龙去脉，读者可以根据修订提示快速定位过往的法律规范，帮助读者对法律文本进行历史解释。同时，修订次数的多少可以反映出社会经济生活的发展变化，有利于我们把握社会经济发展变化与法律变动理念之间的关系，提高法律适用的准确性和科学性。第二，较好地协调了法的安定性与现实变动性之间的关系。香港"活页式"的立法安排，使得在保持法典结构相对不变的情况下，扩大了法典的容量，提高了法律的解释力，有利于保持法典既定结构的逻辑自洽性和完整性。第三，有利于外汇法制文化的积淀与形成。外汇法制的修订历程与外汇实践变化紧密相关，修法的时间线索将外汇实践的经验与教训串联起来，在悠长的历史长河中，这些点滴教训与经验逐日积淀并形成极具地域特色的外汇法制文化。

---

① 张志铭：《转型中国的法律体系构建》，载《中国法学》2009年第2期。

(二)内地外汇法制的行政化倾向

纵览内地《外汇管理条例》,除了法律颁布和生效的时间,尚无任何一则条文能够直接传达出该规则的来龙去脉。如果不是专业的研究者,普通的社会公众基本上无法对特定的外汇制度进行历史性把握。“干净整洁”的法律规则,忽略的是厚重悠长的法律文化。内地的现代法制文化根基薄弱,这种“屏蔽”过往的立法进路,更加不利于外汇法制文化的积累与形成。从非专业的社会大众角度来看,在外汇市场中,其更能感受到的是外汇法律制度而非外汇法律文化,因为社会大众直接面对的往往是体系化的规则,缺乏规则形成文化的熏陶机会。规则专政的事实将会对外汇市场参与者造成误导性的指引——其行为应该合规而非符合外汇市场规律。久而久之,对于合规的关注会形成制度依赖的惰性,使得外汇市场参与主体的反思精神与反思意识在无形间被消解。从根本上说,外汇法律规则是对外汇市场规则的反映,规则是被动的、滞后的,外汇市场是主动的、先进的,立法要“主动适应改革和经济社会发展需要”。① 只有在深刻把握外汇市场规律的基础上,才能推动外汇市场的创新,而历史性的立法材料是帮助外汇市场参与者深刻、准确把握外汇市场规律的重要依据。从某种意义上说,外汇市场法规的显性地位代表了法律规则对外汇法律文化的控制。而大陆的外汇法规全部由行政机关制定,自上而下的行政导控思想也将在无形间被弥散到外汇法规中。法律文化一旦受到法律规则的左右,社会就会形成自上而下地强加法律价值的恶性导控,就会出现哈贝马斯所说的“生活世界殖民化”的局面。② 具体到内地的外汇市场领域,就表现为外汇行政管理权对外汇市场发展权的“殖民化”。

二、规则构成:两地外汇基本法的区别

(一)基本法律的规则构成

通说认为,法的构成要素有三:法律原则、法律概念、法律规则。法

---

① 参见2014年10月23日,中国共产党第十八届中央委员会第四次全体会议审议通过的《中共中央关于全面推进依法治国若干重大问题的决定》。

② 参见高鸿钧:《法律文化的语义、语境及其中国问题》,载《中国法学》2007年第4期。

律规则通常由假定条件、行为模式和法律后果三要素组成，这种结构决定了法律规则应被优先适用，法律规则的完备程度决定了法律的可预测性。从法律的可操作性层面而言，法律规则应该占据主要地位；法律原则对法律规则的确立和适用提供指导，起到拾遗补阙、维护法律稳定的作用；法律概念则为法律规则的适用划定语境逻辑和时空范围等。所以，评价一部法律的可操作性、可预测性基本上等同于对该部法律中法律规则的评价。

在法理上，按照规则的内容是否直接地被明确规定下来，可以将法律规则分为：确定性规则、委任性规则和准用性规则。确定性规则是指，规则明确规定了行为规则的内容，无须再援用其他规则来确定本规则内容的法律规则。委任性规则是指，没有明确规定行为规则的内容，而授权某一机构加以具体规定的法律规则。准用性规则是指，没有规定行为规则的内容，但明确指出可以援用其他法律规则来界定本规则内容的法律规则。①

本文展开分析的样本分别是内地 2008 年《外汇管理条例》和香港 1995 年《外汇基金条例》，两者的法律规则构成如表 8－1 所示。

表 8－1　《外汇管理条例》和《外汇基金条例》的法律规则构成

法典条文	确定性规则②	准用性规则	委任性规则
《外汇管理条例》共计 54 条	第 19 条、第 21 条、第 24 条、第 26 条、第 33 条、第 34 条、第 36 条、第 37 条、第 38 条、第 41 条、第 43 条、第 44 条、第 47 条、第 51 条（共计 14 条）	第 39 条、第 40 条、第 42 条、第 45 条、第 46 条、第 49 条、第 50 条（共计 7 条）	第 9 条、第 12 条、第 14 条、第 15 条、第 16 条、第 17 条、第 18 条、第 20 条、第 22 条、第 23 条、第 25 条、第 28 条、第 30 条、第 35 条（共计 14 条）

① 参见张文显主编：《法律学》（第三版），法律出版社 2007 年版，第 120 页。

② 这里需要说明的是，大陆《外汇管理条例》中确定性规则和准用性规则的区分并不绝对，因为某一法条之内，既包含了确定性规则，又包含了准用性规则，两者存在一定重合。例如，《外汇管理条例》第 39 条规定：“有违反规定将境内外汇转移境外，或者以欺骗手段将境内资本转移境外等逃汇行为的，由外汇管理机关责令限期调回外汇，处逃汇金额 30% 以下的罚款；情节严重的，处逃汇金额 30% 以上等值以下的罚款；构成犯罪的，依法追究刑事责任。”本条中，除“构成犯罪的，依法追究刑事责任”的规定之外，其余的文字应属确定性规则。而“构成犯罪的，依法追究刑事责任”属于准用性规则，其确切含义应解释为：构成犯罪的，应该根据《刑法》第 190 条和《关于惩治骗购外汇、逃汇和非法买卖外汇犯罪的决定》追究刑事责任。

续表

法典条文	确定性规则	准用性规则	委任性规则
《外汇基金条例》共计 13 条	第 66 章第 3 条、第 3A 条、第 4 条、第 5 条、第 5A 条、第 5B 条、第 6 条、第 7 条、第 8 条(共计 9 条)	第 66 章第 3(3A)(aa)条、第 6(aa)条(共计 2 条)	无

(二)评价标准的确定

有学者将法律规则文本体系完备与否的评价标准界定为三个方面：(1)确定性规则、委任性规则、准用性规则三者的数量以及比例,确定性规则数量越多,法律文本体系越完善;(2)准用性规则所需要准许援用的法律规则是否完备;(3)委任性规则中的"委任"是否得到了实现。[①] 笔者认为,根据确定性规则、委任性规则和准用性规则的数量及比例来判断某一规则体系的完备程度无可厚非,但是,将准用性规则是否完备以及委任性规则中的"委任"是否得到了实现作为判断标准则值得商榷。

第一,之所以规定准用性规则,是因为内地强调民事、行政和刑事立法、执法与司法的区隔性,不同的行为侵害的法益不同,因为法典区隔性的存在,使得违法行为难以在同一部法典中被评价,准用性规则的作用在于设定不同法典之间的连结点,以对违法行为予以整体评价。每一部法律都有自己的法益保护倾向,所以准用性规则必须协调不同法律之间的法益价值,[②]法律体系的协调性自然应该成为判断准用性规则的标准。"准用性规则所需要准许援用的法律规则是否完备"应该从质和量两方面来解读：①是否有足够数量的法规;②法规质量是否能够满足现实需求。时至今日,我国"现行法律条文已经相当完善",[③]法规数量的评价标准已经不合时宜,法规质量才是评价具体法条或法典的最重要的标准。准用性规则应

① 参见梁平、李广德:《法教义学视角下的转基因争议与法律规制问题研究——转基因法律规制体系的形式考查为核心》,载《河北法学》2014 年第 12 期。

② 参见王利民:《民法上的利益位阶及其考量》,载《法学家》2014 年第 1 期。

③ 梁慧星:《法律思维与学习方法》,载中国法学网,http://www.jolaw.org.cn/showArticle.aspx? id=4268,2019 年 6 月 30 日访问。

该达到什么样的质量标准呢？笔者认为，准用性规则是不同法典的连结点所在，其基本功能是使不同的法典构成内在关联、逻辑严密的法律体系。所以，准用性规则的质量就表现为其对不同法典价值的协调。

第二，委任性规则在本质上是授权立法的体现，其通常是对某些极具专业性的事项授权下级机关进行规定。可以想见，如果委任性规则大量存在，则可能会使导致上位法的空洞化，损害法律的明确性和可操作性。因此，评判委任性规则不在于"委任"是否实现，而在于"委任"是否必要以及对委任性规范数量的控制。

故而，笔者认为，评价一部法律文本规则体系完备与否的标准为：(1)确定性规则、委任性规则和准用性规则的数量及占比；(2)准用性规则对不同法益价值的协调；(3)委任性规则生成的必要性及数量的多少。

(三)对内地和香港外汇基本法的分析

1. 两地外汇基本法的规则构成比例

对内地和香港外汇基本法的法律规则构成情况，如表8－2所示。

表8－2 《外汇管理条例》和《外汇基金条例》的法律规则构成比例

法典条文	确定性规则	准用性规则	委任性规则
《外汇管理条例》共计54条	25.93%	12.96%	25.93%
《外汇基金条例》共计13条	69.23%	15.38%	0

2. 三类规则的数量及占比

就绝对比重来看，内地《外汇管理条例》和香港《外汇基金条例》中，确定性规则均占据最大比重；但从相对比重来看，内地法例中的委任性规则和准用性规则都占有很大比重，尤其是委任性规则所占比重与确定性规则所占比重相差无几，而香港法例中不存在委任性规则，即便存在准用性规则，但与确定性规则相比，准用性规则处于绝对少数。将内地和香港的外汇法制作一比较后可知，香港法例的确定性规则占比要远远高于大陆的确定性规则占比，委任性规则和准用性规则占比相较内地又低很多。因此，据第一个标准，我们至少可以得出两个结论：其一，内地的《外汇管理条例》规则体系完备程度不高，香港《外汇基金条例》规则体系完备程度较高；其二，香港的外汇基本法规则体系远比内地外汇基本法规则体系完善。

3. 准用性规则对不同价值的协调

内地《外汇管理条例》的准用性规则均在外汇法律责任一章中出现，包括行政法律责任和刑事法律责任两种，典型的立法句式为"……由外汇管理机关责令改正……"和"……构成犯罪的，依法追究刑事责任"。香港《外汇基金条例》仅在两个具体条款中出现了准用性法律规则，分别是第66章第3(3A)(aa)条规定的"根据或凭借《硬币条例》(第454章)发行的任何硬币的价值"和第66章第6(aa)条规定的"根据或凭借《硬币条例》(第454章)而发行的硬币，其发行及维持流通所招致的任何开支"。[①] 这两条准用性规则的内容都是对"硬币"这一概念进行界定，并不涉及外汇经营或业务中的具体权利义务配置。[②] 故而，内地外汇基本法的准用性规则集中于法律责任部分，香港准用性规则集中于概念解释部分。从法律规则的结构来看，法律责任制实际上是对"法律结果"的补充，并不会造成不同法益价值的冲突。此外，概念解释并不涉及实体权利义务的分配，也不存在价值协调的问题。综上，内地和香港外汇基本法中的准用性规则并不会引发不同法典价值错位问题，准用性规范标准在衡量两地外汇基本法的质量方面并无太大作为。在某种意义上，对两地外汇基本法制的评价就是对委任性规则的评价。由于香港《外汇基金条例》中不存在委任性规则，所以，对委任性规则的评价实际上就是对大陆《外汇管理条例》中委任性规则的评价。

(四)对内地外汇基本法中委任性规则的评价

1. 内地外汇基本法委任性规则的必要性评价

(1)具体的评价标准及初步的归类

立法主体为保障其所制定的法规范性文件能够得到有效实施，通常将

---

① 实际上香港《外汇基金条例》第3条、第6条的内容并不全都是准用性规则，还包括大量确定性规则。但是笔者为了统计方便，只要出现了准用性规则的内容，就一概将这一条内容都看成是准用性规则。同样的统计方式也适用于内地的《外汇管理条例》。

② 香港《外汇基金条例》第7条规定："外汇基金所有交易的账目，须于行政长官不时指定的时间，依行政长官不时指定的方式审计。"本条是香港外汇制度的法律责任条款。《外汇基金条例》虽然没有明确规定外汇法律责任，但是将该条与其他法例做一体系性解释可知，香港外汇法律责任应依据《公共财政条例》而定。本条事实上准用了《公共财政条例》的责任制度，但是因为法律并未明确规定，故而笔者不将其归入准用性规则的范畴。

制定配套性规范性文件的权力授予其他有关国家机关，由该国家机关依据所授予的立法权进行立法的活动，这就是授权立法。[①] 而委任性规则的基本构成要件与授权立法条款并无二致，这说明两者在一定条件下是重合的。授权立法条款可以出现于法律文本的总则、分则和附则中，但是，委任性规则通常不会出现于总则或附则中。故而，从规则的分布空间来看，授权立法条款包含委任性规则，委任性规则属于授权立法条款的一种特殊形式。在这个意义上，评价委任性规则存在的必要性的等价命题就被转换为评价授权立法条款的必要性了。现有大量研究都从宏观上对授权立法的必要性进行研究，[②]但是，宏大叙事忽略的是微观制度建设的可操作性。有学者以实证研究的方法，将我国授权立法的情形归纳为三类：授予受权主体对某一专门事项作出规定；授予受权主体对某一事项作出变通或补充规定；授予受权主体制定法的实施细则或实施办法。[③] 这种来源于对现象进行归纳的结论，更具有说服力。也即前述三类情形或标准应该成为我们评判授权立法必要性的标准。[④]

那么内地《外汇管理条例》中的委任性规则属于前述哪一种情形呢？通过对内地《外汇管理条例》中委任性规则内容的归纳可知，这些规则的内容主要集中在以下方面：境内机构、境内个人的外汇收入可以调回境内或者存放境外的条件、期限等；交易单证的真实性及其与外汇收支的一致性的审查标准；经常项目外汇支出管理；携带、申报外币现钞出入境的限额；境外机构、境外个人在境内从事有价证券或者衍生产品发行、交易条件；境内机构、境内个人向境外直接投资或者从事境外有价证券、衍生产品发行、交易条件；借用外债；银行业金融机构向境外提供商业贷款；资本项目外汇支出管理；资本项目外汇及结汇资金；综合头寸管理；金融机构在银行间外汇市场进行外汇交易管理；外汇市场交易的币种和形式；财务会计报告、统计报表等资料标准。我们通过排除法对前述内容进行归类发现，

---

① 参见汪全胜、张鹏：《法律文本中授权立法条款的设置论析》，载《云南师范大学学报》(哲学社会科学版)2012 年第 2 期。

② 刘俊敏、蒋鼎峰：《论我国授权立法制度之重构》，载《社会科学家》2013 年第 10 期。

③ 汪全胜、张鹏：《法律文本中授权立法条款的设置论析》，载《云南师范大学学报》(哲学社会科学版)2012 年第 2 期。

④ 当然，笔者认为，“授予受权主体制定法的实施细则或实施办法”的评价标准纯属多余。因为法律文本中即便不作此规定，我们对《立法法》的相关条文进行体系解释后，仍然能得出此种结论。

这些内容最有可能被归入“授予受权主体对某一专门事项作出规定”这一标准。评价这一标准的核心要义在于外汇特定事项的专业性。

(2)专业性和管理性的界分

那么前述内容是否都属于符合外汇专业的专业性事项呢？否。大陆对资本项目的严格管控就是一个例子：一方面，中国为了逐步推进人民币国际化，就必须进一步放宽资本项目下的外汇限制；[①]另一方面，资本项目的自由兑换是经济市场化的最后阶段，只有在国内信贷能按均衡利率进行，通货膨胀受到明显抑制以致无需汇率贬值时，资本项目自由兑换的条件才算是成熟了。[②] 在这一充满矛盾的进程中，体现得更多的是国家权力对外汇市场及其业务的管控，而非对外汇基本规律的完全皈依。因此，笔者将前述内容所涉及的规则划归为专业性委任性规则和管理性委任性规则两大类。所谓专业性，是指从外汇专业角度对外汇知识、业务等所进行的技术性评价，它反映的是个人或机构对这一专业内在规律的顺应程度。所谓管理性是指，从外汇行政管理的角度对国家权力介入外汇市场程度的一种价值评判，它在本质上属于一种以国家权力为基础的社会改造活动，基本目的是为了有利于国家外汇管理权的实现。

(3)专业性和管理性关系的阐明

根据前文确立的标准，由于专业性的原因而在外汇基本法中规定委任性规则并非不可，但由于管理性原因而规定委任性规则是否合适呢？要回答这一问题，必须对专业性委任性规则与管理性委任性规则的关系进行探讨。实际上，对二者进行较为清晰的划分并不容易。因为管理性委任性规则的目的是为了实现国家的行政管理权，管理性委任性规则作用的发挥又以专业性委任性规则为基础。笔者认为，谈论管理性委任性规则的前提语境为：人民币的国际化和大陆的金融自由化。管理性委任性规则的设置必须有利于人民币国际化和大陆金融自由化目标的实现。故而，内地《外汇管理条例》中专业性委任性规则与管理性委任性规则的关系为：第一，专业性委任性规则强调对外汇本身规律性的顺应，管理性委任性规则强调

---

① 参见路妍、林乐亭：《危机后国际货币体系非均衡性对中国外汇储备的影响研究》，载《宏观经济研究》2014 年第 1 期。

② 参见陈晓莉、胡金焱：《再论中国金融自由化的次序》，载《南开学报》(哲学社会科学版)2014 年第 5 期。

对国家权力及利益的服从。对外汇本身规律的顺应是外汇法制建设最终的目标,国家对外汇市场的干预从根本上是为了满足对外汇规律的契合性要求。第二,在某种意义上,专业性委任性规则与管理性委任性规则的关系是我国外汇市场去除行政化或者还原市场化的过程,但是,因为受制于特定的客观条件(比如内地资本项目的长期管制,使得套汇、套利活动比较猖獗以及内地房产和股市形势的制约),中国加速推进外汇市场化是极其危险的。[①] 所以,当前阶段内地外汇法制市场化的过程中离不开国家的主动管理与干预。总之,就现阶段而言,我国《外汇管理条例》中专业性委任性规则和管理性委任性规则都有其存在的必要性,但是从长远来看,管理性委任性规则所规制的内容应有步骤地放开。

2. 内地外汇基本法委任性规则的数量评价

据前文可知,内地《外汇管理条例》中委任性规则的比例达 25.93%,香港《外汇管理条例》中不存在委任性规则。通过分析大陆《外汇管理条例》委任性规则构成发现,被委任的对象都是"国务院外汇管理部门"(国家外汇管理局)。[②] 这意味着,有超过四分之一的管理事项或权限被授权国家外汇管理局规定或行使。因为大量的委任性规范的存在,使得国家外汇管理局的规定在事实上成为内地外汇监管的重要法律渊源之一。根据法律位阶理论可知,《外汇管理条例》属于行政法规,国家外汇管理局的规定属于部门规章,后者是因为前者的委任性规则而产生。这一构造产生了一系列问题。

(1)外汇法制的可预测性和确定性遭受不利影响

法律位阶的一般理论认为,为了保证法律位阶的确定性,规定法律位阶的规范应是确定性规则,而不应是委任性规则,因为委任性规则确立的法律位阶具有任意性与不确定性。法律位阶的不确定性将大大降低法律的可预测性与确定性,有违法治原则。[③] 以法规的形式渊源为准,可将大

---

① 参见余永定:《从当前的人民币汇率波动看人民币国际化》,载《国际经济评论》2012 年第 1 期。

② 例如,《外汇管理条例》第 20 条第 2 款规定:"向境外提供商业贷款,应当按照国务院外汇管理部门的规定办理登记。"

③ 参见周永坤:《法治视角下的立法法——立法法若干不足之评析》,载《法学评论》2001 年第 2 期。

陆现行有效的外汇管理主要法规[1]分为三类：①实施细则类；②暂行办法和暂行规定类；③通知、批复和公告类。国家外汇管理局出台的规范规则也基本可以纳入这三类。

就法的可预测性和确定性而言，实施细则类法律法规最能实现这一目标。但是，在庞杂的、现行有效的外汇管理体系中，仅有8部法规是实施细则类法律规范，其他的法律规范主要属于后两类。

就暂行类外汇法律规范来说，其面临的最大问题是：立法容易废止难。[2] 按照通常的理解，既然是"暂行"规定，那么文件的暂行期间必然是有限的、确定的，但是，此类规范性文件并未写明暂行期间。这就造成了"立法容易废止难"的问题。比如，内地现行有效的231件外汇管理法律规范中，最早的两部暂行性规范性文件为1996年的《境内机构外币现钞托付管理暂行办法》和《银行间外汇市场管理暂行规定》。这两部规章"暂行"了近二十年，而这二十年间大陆的经济、社会发生了翻天覆地的变化。我们很难说，是因为这两部法规具有强大的灵活性和适应性，所以，才保持了这两部法律法规的长期稳定。[3] 在此，我们面临一个现实的问题：暂行法律规范的终止机制是什么？分析前述两部暂行规范的具体构成可知，其在附则均规定："本规定由国家外汇管理局负责解释。"在内地不存在违宪审查制度的情况下，此类暂行规定的终止权就由国家外汇管理局享有。但是，国家外汇管理局决定是否终止以及终止此类暂行规定的标准又不得而知。

就通知、批复和公告类法律文件来说，其引发的主要问题有：①强化了外汇法制的政策性导向。内地外汇基本法粗犷简约的特点导致了外汇基本法律的空洞化。法律空洞化是指立法风格简略、粗犷，法律的完整性、周延性、精确性和普适性不足，没有实质内容，可操作性差。[4] 为了弥补空洞化带来的缺陷，监管部门不得不仰仗大量的通知、批复、公告，

---

① 参见《现行有效外汇管理主要法规目录》(截至2018年12月31日)，该目录共计收录内地外汇管理法规220件。

② 参见张佐国：《论暂行立法的规制》，载《中共浙江省委党校学报》2012年第2期。

③ 在2020年，法治国家、法治政府、法治社会基本建成，国家治理体系和治理能力现代化基本实现的预设目标下，无论是新兴立法，还是清理旧法，这些都是"确保法治国家、法治政府、法治社会基本建成的重要举措"，所以，在极度功利的建设思想指引下，法律的质量是第二位的。

④ 参见邢会强：《政策增长与法律空洞化——以经济法为例的观察》，载《法制与社会发展》2012年第3期。

以使外汇法律丰满化。这也就很好地解释了为什么通知、批复和公告类监管法规占据了现行有效的规范的绝对比重。然而，通知、批复和公告通常是针对某一具体问题、现象给出的具有针对性的指导，在事实上使内地外汇法制呈现碎片化的特点，必定会造成“头痛医头，脚痛医脚”的现象。②游离于正式立法体系之外。此类外汇法律规范在制定的过程中不必遵循严格的听证辩驳程序，决定这些法律法规能否顺利推出的决定性因素不在于要遵循外汇实践的根本规律，而是行政权对这一立法进程干预的强度和深度。在中国传统法律语境中，典型的特点之一是坚持“以吏为师”。此处的“吏”主要意指行政权对中国法律话语权的俘获与控制。例如，“律师们在处理商事业务时碰到比较复杂的问题，往往首先询问有关主管机构的政策和具体判断；与判例、学说等相比，行政解释明显被赋予较大的优越性。在这里，解释变质为权威机关或者职能部门针对具体问题进行指示或者作出细则化的规定”。[①] 正是由于“以吏为师”的特性，使得内地外汇法制游离于正式的立法体系之外，与基本的法治精神相悖。

(2)难以调和的悖论

将法律位阶理论和委任性规则理论结合在一起考察内地外汇基本法制时，面临着一个制度上的悖论：在理性构建主义理念的指导下，内地外汇基本法立法过于简约和粗犷，难以满足外汇市场复杂而多变的需求；为了解决这一问题，外汇基本法设定大量的委任性规则，以期通过委任性规则来增强外汇基本法的具体性，以此来消解外汇法律有限性与外汇实践无限性之间矛盾；大量的委任性规则带来的是大量的批复、通知、公告类规范性文件，这类规范性文件在本质上是一种政策性指引，是行政权的体现，而这与我国利率市场化建设的根本逻辑又是相悖的；[②]为了实现外汇市场法治化要求和对外汇规律的契合，应该提高外汇法制的法律位阶，减少具有恣意性的行政干预与政策介入；但是在理性构建主义理念的指导下，对受中

① 季卫东著：《法制秩序的构建》，中国政法大学出版社2000年版，第122页。

② 利率市场化属于社会主义市场经济建设与完善的一部分。加快完善社会主义市场经济体制，必须健全货币政策和宏观审慎政策双支柱调控和框架，深化利率和汇率市场化改革、健全金融监管体系，守住不发生系统性风险的底线。参见2017年10月18日，《习近平：决胜全面建成小康社会 夺取新时代中国特色社会主义伟大胜利——在中国共产党第十九次全国代表大会上的报告》。

国特定国情限制的特殊外汇实践进行抽象的归纳与概括，并规定于高位阶的法律中，将会进一步加大法律制度与现实脱节的矛盾，进而我们又不得不大规模利用各种批复、通知、公告类规范性文件消解高位阶的外汇法制与外汇实践之间的张力。笔者认为，这一制度悖论在本质上是政府与市场的博弈关系。在某种意义上，我们可以将政府与市场做如下等价转换：政府是指外汇法制，市场是外汇规律。因此，这一悖论反映的也就是外汇法制与外汇规律的博弈。外汇法制一方面要顺应外汇规律，另一方面又要兼顾我国具有太多特殊性的外汇实践。理性构建主义下的外汇法制难以同时满足外汇规律一般性与外汇市场特殊性的要求，故而以大量的授权立法来联接统一的外汇法制与多边的外汇实践。而过多的授权立法又与外汇的基本规律不相符。

三、初步结论：内地外汇法制的完善

（一）理性认识内地外汇法制困境

宏观上看，法治国家所涉及的法律体系构建是一项极其宏大的社会现代化工程。从改革开放起到2010年内地宣布建成社会主义法律体系仅仅只有32年。在这么短的时间内建成社会主义法律体系，使得内地必然不能像香港那样秉承历史经验主义，在外汇市场自然发展的基础上，对自我实践进行反思性整合与归纳。外汇法制是社会主义法律体系的重要组成部分。与此相比，内地外汇法制建设必然秉持着一种带有预设目的的理性构建主义，立法机关直接介入外汇市场，加速外汇规则的生成与发展。在这个意义上，内地外汇市场处于被动地位，立法机关处于主动地位。因为外汇市场的自然发展难以满足"功利化"的构建目标，所以这一过程"奉行的是一种人为建构而非自然成就的思路"，①其服从于社会主义法律体系。因此也就决定了内地外汇法制的行政化导向。

从微观角度看，我国的外汇法制建设的确坚持了边干边学的经验主义路径。例如，2013年9月27日国务院发布的《中国（上海）自由贸易试验区总体方案》强调，自贸区内将加强如下金融制度创新：一是在自贸区内

① 张志铭：《转型中国的法律体系构建》，载《中国法学》2009年第2期，第153页。

扩大人民币跨境使用；二是先行先试利率市场化，在全国统一部署框架内，稳步推进；三是在自贸区内人民币资本项目可兑换，在风险可控情况下有序推进，支持企业走出去，提高国际竞争力。2014 年 2 月 28 日，国家外汇管理局上海市分局发布了上海自贸区金融外汇管理实施细则，对经常项目收结汇、购付汇单审核、外汇登记手续、对外债权债务、外币资金池、国际贸易结算中心管理等事项进行了规定。这些内容在外汇基本法及其配套的规范性文件中都属于政府严格控制的事项，也就是我们所说的政府行政权力过度干预的地带。在外汇基本法制中，这些内容主要考虑的不是特定群体所认可的便利性，而是国家管理的秩序性。但是，因为过多的行政干预与理性构建与外汇市场基本规律相悖，故而就出现了上海自贸区的试验性的经验主义探索。

内地改革开放事业所面临的知识、经验、信息的匮乏，政治经济社会的大变革，国家幅员和区域差异以及立法知识信息的分散性等因素的制约，决定了内地立法部门所坚持的试行立法、暂行立法，以及利用大量的通知、公告、批复维护法律稳定性具有强烈的实践理性。[①] 具体到内地外汇领域来说，既有的外汇法律体系安排，也是立法者在前述给定条件下近乎理性的选择。

（二）内地外汇法制建设的趋势

1. 减少委任性规则的数量。与香港外汇基本法相比，内地外汇基本法法律规则构成的最大缺憾之一就是委任性规则数量过多，这导致高位阶的法律法规虚位以待，低位阶的部门规章等规范性文件在事实上起到决定性作用。形式上的高位阶与实质上的低位阶既破坏外汇法制的权威性、统一性与协调性，又混淆了政府与市场的界限。未来，大陆应着力减少外汇基本法中委任性规则的数量。具体来说就是：一方面要严格论证设置专业性委任性规则的必要性，另一方面逐步取消管理性委任性规则。

2. 强调外汇法制对外汇市场的顺应程度，而非国家对外汇实践行政管理目标的实现。霍姆斯大法官认为，法律必须服务于人的生活，因此它的

① 参见黄文艺：《信息不充分条件下的立法策略——从信息约束角度对全国人大常委会立法政策的解读》，载《中国法学》2009 年第 3 期。

实质必须适应于一个特定时代的特定人群所认可的便利性。[1] 外汇法制同样如此,它必须服务于外汇市场主体的需求,便利于外汇市场的主体的认知与运用,而非主要服务于行政机关行政管理目标的实现。比如,在提升透明度方面,可以借鉴香港更亲民、更直接、更通俗的做法,在满足广大外汇市场主体便利性的基础上,再适当关涉国家外汇行政管理目标的实现。

3. 重视外汇法制文化的自然生成,而非人为的精英化构建。内地法制文化积淀本身就不足,外汇法制文化也是如此。制度规则可以为社会实践带来立竿见影的影响,但是,文化却潜移默化地对社会产生影响。因为制度与文化的演进路径不一样,前者是"跳跃式"的,后者是"渐进式"的。[2] 内地外汇制度建立在规则荒芜的时代,对制度渴求忽略了制度文化的自然演进。香港对此的做法是将各外汇规则修改用时间线索串联起来,辅之以讲座、展览等各种形式来向社会公众传播、传承外汇法制文化。在这方面,内地外汇管理部门可以将外汇制度来龙去脉、修法资料等内容汇总起来,向社会大众免费赠阅,定期或不定期举办外汇讲座等。

---

① 参见郑戈:《如何阅读〈普通法〉》,载公法网,http://www.gongfa.com/html/gongfazhuanti/putongfaxianzhengzhuy/2014/1225/2749.html,2019 年 6 月 30 日访问。

② 参见周洪涛、单晓光:《知识产权文化与知识产权制度关系研究——以知识产权制度的困境为视角》,载《科学学研究》2009 年第 1 期。

第九章　香港金融争端解决机制*

一、香港金融争端解决机制的发展总览

（一）香港金融争端解决机制的概念

金融争端主要是指金融机构间或者金融机构与其他自然人、法人间基于金融交往活动而引发的包括但不限于银行业、保险业、证券业、期货业领域的合同与侵权等纠纷。金融争端是较为特殊的民商事争端，其具有专业性强、法律关系交错、争端类型多样等特点。[①] 因此，为了有效解决纷繁复杂的金融争端，亟需了解和探索金融争端的解决方式，这关系到金融争端解决机制的问题。金融争端解决机制就是指，在可供选择的场所机构中，依据意定或者法定的制度规则，各种解决争端的方式凭借功能和特点所整合而成的能够较好满足争端当事人利益诉求的静态程序体系和动态运行系统。

现代金融业依托于市场经济而产生并发展。现代金融业的运行也应当重视并贯彻对所有市场经济参与

---

* 本章部分内容发表于彭瑞驷、沈伟：《试论金融纠纷解决机制的优化——借鉴香港金融纠纷解决机制的研究》，载《上海经济研究》2018 年第 12 期。

① 参见黄晓云：《着力发挥审判职能，全面保障金融改革——最高人民法院民二庭庭长宋晓明谈金融纠纷案件的审判工作》，载《中国审判》2012 年第 6 期。

者平等权利的保障。金融争端解决机制恰好迎合了当事人对争端解决程度的差异需求，赋予了当事人对争端解决方式的多元选择，尽可能地确保了所有金融市场的参与者都有追求法律正义的救济支持。而且，金融争端解决机制对各种争端解决方式的吸纳接收，也有利于机制所在地区更合理地分配金融争端解决资源，较好地缓解了金融争端解决方式在国际化和本土化之间的规则冲突，提高了所在地区对金融争端的解决能力和解决效率。

香港作为亚洲重要的金融中心，其在金融监管制度的建设方面一直处于较为前沿的地位。金融争端解决机制更是香港金融监管制度中最为重要的组成部分。[①] 2008 年全球金融危机发生后，香港对包括金融争端解决机制在内的整个金融监管体系展开了深入的反思和改革。现有的香港金融争端解决机制借鉴了其他国家和地区的模式经验，尊重了华人社会争端解决的发展特征，保留了香港较为稳定的金融监管原有框架，实现了对各种金融争端的有效处理，对内地金融争端解决机制的发展完善具有重要借鉴意义。

（二）香港的诉讼方式和非诉讼方式金融争端解决机制

1. 香港诉讼方式和非诉讼方式金融争端解决机制的概念

根据争端解决机制的法律地位，可以将香港金融争端解决机制分为诉讼方式的金融争端解决机制和非诉讼方式的金融争端解决机制。[②]

诉讼方式金融争端解决机制是指，争端中的任何一方当事人或多方当事人就他们之间产生的金融纠纷向有管辖权的香港地区法院提起诉讼，请求法院就纠纷作出司法判决，[③]通过判决的法律约束力来直接消弭当事人间的冲突状态。该机制一直是解决香港金融争端最权威的裁断制度。

非诉讼方式金融争端解决机制又称替代性纠纷解决（Alternative

---

① 参见杨东、文诚公：《香港金融纠纷解决机制的新发展及其对内地的启示》，载《首都师范大学学报（社会科学版）》2013 年第 3 期。

② 参见肖芳、李杰：《我国金融争端解决机制的多元化——关于我国金融争端解决机制研究的文献综述》，载《北京仲裁》2012 年第 1 期。

③ 参见白映福、毛玉光主编：《金融争端多元化解决机制理论与实务》，法律出版社 2011 年版，第 208 页。

Dispute Resolution, ADR)机制,即以法院诉讼之外的制度替代诉讼用于解决当事人间的金融争端,[①]为消弭当事人间的冲突状态提供契机。替代性纠纷解决机制的范围囊括了诉讼外所有可能的争端解决方式,赋予了当事人广泛的选择空间,其运作形式和程序也较为灵活多变,并持续完善、优化、健全、创新。2008 年全球金融危机和"雷曼迷你债券"事件发生后,这种发展趋势更为显著。

2. 香港非诉讼方式金融争端解决机制的演进阶段

2008 年之前,除了金融争端中当事人协商和解外,香港多家金融监管机构、消费者委员会以及仲裁机构也被赋予了替代性纠纷解决机制的解决者身份。这些法定机构负责处理不同金融业别范围内的金融投诉,[②]依职权对金融机构进行合规性监管,或者介入、跟进以及协助争端解决。笔者将这类替代性纠纷解决机制称为传统的香港替代性纠纷解决方式的金融争端解决机制。

2008 年全球爆发金融危机。受金融危机影响,美国雷曼兄弟公司破产,香港雷曼兄弟亚洲商业公司等八家波及机构也被清盘。在银行等金融机构的营销误导下,购买了大量雷曼迷你债券的众多香港投资者承担了债券无法还本付息的损失。囿于高额的诉讼费用,多数投资者没有提起金融诉讼。受损的投资者纷纷选择向香港证监会、金管局等传统替代性纠纷解决方式的金融争端解决机构提出对雷曼公司以及相关金融机构的投诉。然而雷曼迷你债券销售关系复杂、经手主体多样、整个交易过程跨越了银行、保险、证券等金融市场的分界,使得其中的金融争端日趋综合化。香港传统替代性纠纷解决方式的金融争端解决机构区分银行、证券、保险等金融业别处理投诉显然不能在短时间内厘清处理争端过程中的职能分工,最终也无法立即解决这类金融争端。

随着雷曼迷你债券事件的持续发酵,香港当局只得采取政府干预的手段。香港金融当局和参与分销的银行等金融机构协议达成回购方案,由金融机构回购大部分的迷你债券,维护投资者的权益。至此,风波才得以平息。雷曼迷你债券事件显现出香港传统替代性纠纷解决方式的金融争端

① 参见刘媛:《金融消费者保护机制的法律比较研究》,载《经济法学评论》2011 年第 12 卷。

② 参见宋清华、宋一程:《香港、台湾地区金融 ADR 的发展及对中国内地的借鉴》,载《武汉金融》2015 年第 7 期。

解决机构在处理争端所可能遇到的管辖真空现象，在完善和革新香港金融争端解决机制方面提出了新的课题。①

因此，2008年雷曼迷你债券事件之后，香港立法机关和金融监管当局开始对传统替代性纠纷解决方式的金融争端解决机制予以反思。2010年2月9日，香港财经事务库务局发布名为《设立投资者教育局及金融纠纷调解中心的建议》的咨询文件，并在同年完成文件的后续修订。2011年11月18日，香港金融纠纷调解中心有限公司（Financial Dispute Resolution Center Ltd.，FDRC）正式成立，于2012年6月19日开始实际运行。香港金融纠纷调解中心有限公司是对香港传统替代性纠纷解决方式的金融争端解决机制在争端解决的独立性、专门性、便捷性方面的一次变革，更是建构香港新型替代性纠纷解决方式的金融争端解决机制的一次尝试。

首先，香港金融纠纷调解中心有限公司与传统替代性纠纷解决方式的金融争端解决机制的解决者身份是不同的。香港金融纠纷调解中心有限公司既不是法定的金融监管机构，也不是类似香港消费者委员会的行业内协会，而是一个以担保公司作为设立形式的非营利组织，其以公司治理的组织架构实现各方利益的平衡，不受政府机构的干涉，这就确保了争端解决的独立性。

其次，香港金融纠纷调解中心有限公司与传统替代性纠纷解决方式的金融争端解决机制以金融业别来作为是否受理争端投诉的主要依据的做法也不同。香港金融纠纷调解中心有限公司注意到了当前金融领域混业经营的深化趋势，没有对拟受理的金融争端投诉予以单一的、孤立的业别划分，而是从争端投诉当事方的资质、争端投诉的标的额、争端投诉的提起时间等方面对受理投诉的范围作出界定，从而能够客观实现争端解决的专门性。

最后，香港金融纠纷调解中心有限公司以管理一套金融纠纷调解计划为主要职责。该调解计划引入了“调解和仲裁相结合”的一站式争端投诉解决流程，对受理的争端投诉使用包括协商、调解、仲裁的多重化解纠方式，充分发挥各金融争端解决方式的协同效应，很大程度上促进了争端解决的便捷性。而传统替代性纠纷解决方式的金融争端解决机制尽管也包

① 参见沈伟：《复杂结构金融产品的规制及其改进路径——以香港雷曼兄弟迷你债券事件为切入点》，载《中外法学》2011年第6期。

含着多样化的争端解决方式,但各争端解决方式缺乏彼此间的联动。其中,大多数的争端解决机构也主要采取较为单一的争端解决方式,不同解决方式在启动流程上的衔接条件较为苛刻,争端解决方式之间的适用较为零散,降低了争端解决的时效性。

二、香港金融争端解决机制的内容解读

(一)香港诉讼方式金融争端解决机制的具体内容

香港诉讼方式金融争端解决机制,即香港金融诉讼。在金融诉讼的过程中,由于存在彰显公权力的司法机构和规范性的法律程序,较之其他金融争端解决机制而言,金融诉讼对金融争端的处理结果以及结果的执行力也更为确定。

1. 香港诉讼方式金融争端解决机制的法律依据

《香港基本法》第 19 条详细规定了香港法院的管辖权问题,即"香港特别行政区享有独立的司法权和终审权。香港特别行政区法院除继续保持香港原有法律制度和原则对法院审判权所作的限制外,对区域内的其他案件均有审判权;但对国防、外交等国家行为无管辖权……"。

《香港基本法》第 81 条提到,"香港特别行政区设立终审法院、高等法院、区域法院、裁判署法庭和其他专门法庭。高等法院设上诉法庭和原诉法庭"。该条第 2 款还指出,"原在香港实行的司法体制,除因设立香港特别行政区终审法院而产生变化外,均予以保留"。

香港法院的组织体系自上而下为:终审法院对高等法院上诉法庭和原讼法庭的民事、刑事上诉案件作出终审判决;高等法院上诉法庭受理原讼法庭和区域法院的民事、刑事上诉案件的上诉以及各专门法庭的上诉;高等法院原讼法庭受理裁判署法庭和各专门法庭的上诉,对民事和刑事案件均可管辖;区域法院则是审理特定范围的民事(标的额 5 万 ~ 100 万港元间的民事争端案件)和刑事案件的高等法院下级法院;裁判署法庭相当于香港的基层法院,专审刑事案件;各专门法庭包括少年法庭、土地审裁处、色情物品审裁处、劳资审裁处、小额钱债审裁处及死因裁判法庭,分别负责一定条件下的少年犯案件、租赁纠纷及建筑物管理事项争端案件、鉴评含淫亵或不雅成分的公众地方展示物品及其他事物、基于雇佣合同产生的个

人民事诉请案件、拥有管辖权的民事诉请案件及不正常死亡或者突然致死的案件。①

2. 香港诉讼方式金融争端解决机制的实施细则

金融争端隶属于民商事争端的范畴。根据具体金融争端的主体、标的、内容以及金融争端诉讼案件审级的不同,终审法院、高等法院上诉法庭和原讼法庭、区域法院、各专门法庭的小额钱债审裁处对不同类别的金融争端享有当然管辖权。其中,专门法庭的小额钱债审裁处因对特定标的额金融诉讼的专责管辖,成为香港诉讼方式金融争端解决的重要机构。

小额钱债审裁处(Small Claims Tribunal,SCT),是香港负责审理标的额50000港币以内小额钱债诉请的专门法庭,或者诉请人也可考虑采取放弃超过50000港币的标的额部分,以使诉请能被该审裁处受理。② 与香港其他专门法庭相比,小额钱债审裁处具有“程序宽松、费用便宜、处理迅捷”的特征,旨在提高诉讼行为效率,低成本解决民事性质的小额钱债纠纷。“雷曼迷你债券事件”所牵连的135名投资者就曾尝试将金融争端诉诸小额钱债审裁处。

小额钱债审裁处处理金融诉讼的流程依次为:小额钱债审裁处受理金融争端诉请;审裁处司法裁判官确立聆讯地点和日期;审裁处展开简短提讯、提讯、审讯的一整套聆讯程序。在这个过程中,当事人不得由律师代表出庭,只能通过律师获得法律咨询意见。审裁处对金融争端作出裁判,若当事人不服该裁判,可以向审裁处申请复核;对复核结果不满,可向高等法院原讼法庭再申请上诉许可。③ 此外,小额钱债审裁处的设立、组成、管辖权等细则可详见《小额钱债审裁处条例》的规定。2012年至2014年期间,小额钱债审裁处的案件数量、结案数目以及案件轮候时间情况详见表9-1和表9-2。

---

① 参见傅思明著:《香港特别行政区行政主导政治体制》,中国民主法制出版社2010年版,第193~196页。

② 参见杨东、文诚公:《香港金融纠纷解决机制的新发展及其对内地的启示》,载《首都师范大学学报(社会科学版)》2013年第3期。

③ 参见孙志祥、李志强、钟颖、顾跃进主编:《两岸四地法律实务点滴》,文汇出版社2012年版,第160~163页。

表9－1　小额钱债审裁处的案件数量和结案数目①

类别	案件量			结案数(结案包含成功申诉或者诉请被撤销)		
	2012年	2013年	2014年	2012年	2013年	2014年
申诉	48201	48982	50083	49094	49584	48968
复核	227	267	268	211	231	251
合计	48428	49249	50351	49305	49815	49219

表9－2　小额钱债审裁处由上诉案件至首次聆讯平均轮候时间　　单位:日

年份	2014年(目标)	2012年(实际)	2013年(实际)	2014年(实际)
时间	60	39	37	36

3. 香港诉讼方式金融争端解决机制的小结

香港的金融争端被划归为民商事争端。香港诉讼方式金融争端解决机制主要以香港民商事的程序法和实体法规定为基础,法院通过受理金融诉讼并作出法律裁判以解决争端,具有规范性、强制性和彻底性。但基于诉讼流程的繁冗以及诉讼活动的相对公开,该机制在处理包含商业秘密以及时效性较强的金融诉讼时往往事倍功半。通过诉讼解决金融争端,也不利于维持当事人后续的金融业务往来。因此,金融诉讼应该作为香港金融争端解决机制的最后一道防线。

(二)香港传统替代性纠纷解决方式的金融争端解决机制的具体内容

替代性纠纷解决方式的争端解决机制就是运用诉讼外一切方法来持续制造争端当事人间的互动,以促成争端有效解决。“诉讼外一切方法”可以是协商、和解、调解、仲裁等常规方法,也可以借用法官、简易陪审团审判、小型审判等非常规方法。② 因为该机制种类多样,赋予当事人较大的自由裁量空间,能够契合当前金融交往活动各方的利益需求,故成为比较

① 详见香港特别行政区官网,http://www.judiciary.gov.hk/en/publications/annu_rept_2014/smp/caseload07.html,2015年11月5日访问。

② 参见白映福、毛玉光主编:《金融争端多元化解决机制理论与实务》,法律出版社2011年版,第209页。

频繁运用的金融争端解决方式。

总体而言，香港传统替代性纠纷解决方式的金融争端解决机制主要是由香港金融监管机构的投诉处理规则、香港行会组织和民间组织的协调辅助规则以及香港仲裁机构的调解仲裁规则组成的。

1. 香港金融监管机构的投诉处理规则

香港金融监管机构的投诉处理规则，是指香港金融管理局、证券及期货事务监察委员会、保险业监理处、保险索偿投诉局、强制性公积金计划管理局以各自管辖的金融产品及领域为分工依据，受理并解决金融争端投诉，并开展合规性和风险性审查的一整套程序。

(1) 香港金融管理局的投诉处理规则

香港金融管理局(Hong Kong Monetary Authority, HKMA)，是由香港外汇基金办事处和香港银行监理处在 1993 年合并组成的，于 1994 年 4 月正式成立的，依据香港《银行业条例》对持牌银行、有限制持牌银行以及接受存款公司实施监管的法定机构。① 该局出台的《处理投诉程序(监管手册 IC—4)》对规范商业银行内部投诉处理制度给出了建议指引。该管理局在接到对商业银行内部投诉制度不满的书面投诉后，会要求银行作出书面回复和澄清，并以银行处理诉讼程序是否妥善来作为投诉客观与否的主要标准。管理局还负责监管银行一系列的行为方式，并在必要时跟进相关的金融诉讼。

2014 年香港金融管理局收到 1234 宗金融争端投诉申请，较申请数量比上一年增长了 10.7%，实际处理 1334 宗投诉(包含上一年未完成的投诉数量)，详见表 9－3。在针对银行服务的投诉申请方面，2014 年达到 175 宗，比上一年增长了 127%。在针对银行不当销售投资产品的投诉申请方面，2014 年达到 47 宗，比上一年减少了 20%。在针对银行信用卡费用的投诉申请方面，2014 年达到 48 宗，比上一年减少了 23%。在针对银行信用卡交易的投诉申请方面，2014 年达到 55 宗，比上一年增加了 41%。在针对银行客户协议的投诉申请方面，2014 年达到 52 宗，比上一年增加了 58%。在针对银行自动柜员机服务的投诉申请方面，2014 年达到 55 宗，比上一年增加了 34%。其中，60% 的 HKMA 受理投诉在 3 个月内和

① 参见朱乾宇：《香港金融监管架构图》，载《农村金融研究》2009 年第 5 期。

50%的香港金融管理局受理投诉在2个月内分别予以了有效处理。75%的投诉经香港金融管理局介入,投诉人均收到了银行最终的满意回复。

表9-3　香港金融管理局收到的金融争端投诉的申请①　　单位:宗

类　别	2014年			2013年
	操守问题	银行服务	总计	
于当年1月1日正在处理中的投诉数	253	247	500	1313
当年内收到投诉申请数	151	1083	1234	1115
当年内完成处理的投诉数	244	1090	1334	1928
于当年12月31日正在处理中的投诉数	160	240	400	500

注:表中“于当年1月1日正在处理中的投诉数”一行中的2014年数字因某些投诉被重新分类而作出相应的调整。②

(2)证券及期货事务监察委员会的投诉处理规则

证券及期货事务监察委员会(Securities and Futures Commission, SFC),是由香港证券事务监察委员会和香港商品交易事务监察委员会在1989年5月1日合并成立的,依据《证券及期货条例》对证券期货买卖和金融投资等进行监察、侦查交易不当行事、确保它们遵循正当交易守则的法定机构。③ 证券及期货事务监察委员会设立的投诉监控委员会主要负责对金融争端投诉进行初步审定和调查,对存在违规事实的金融机构予以相应惩处(纪律处分等),但不得以金钱赔偿,也无权厘定偿付金额,只有将金融争端再上诉至审裁处才可以由审裁处作出一定数额的罚金。

在2014年4月至2015年3月期间,证券及期货事务监察委员会对47家金融机构施以了纪律处分行动。对造成金融机构失当行为的11名

① 详见香港金融管理局官网,http://www.hkma.gov.hk/media/gb_chi/publications-and-research/annual-report/2014/C12_Banking_Stability.pdf,2015年11月4日访问。

② 该栏2014年的投诉数就是指2014年所要处理的2013年受理但未处理的投诉数,总共有500宗投诉。从该栏中涉及操守问题和银行服务问题的投诉分别为253宗和247宗。笔者查阅了香港金融管理局2013年年报的相关数据,显示截至2013年底未完成处理的投诉数为500宗,与表中数据吻合,但涉及操守问题和银行服务问题的投诉分别为292宗和208宗。由此可以看出香港金融管理局在表中对2013年未完成处理的投诉数的分类情况作出了调整。香港金融管理局对作出调整的原因和依据没有具体说明,只是指出出现年内未处理投诉的原因是早前因香港金融管理局优先处理雷曼迷你债券事件的相关投诉而导致这些投诉的积压。

③ 参见魏燕慎主编:《国际金融体制与监管变革》,社会科学文献出版社2011年版,第471页。

责任人予以终身禁制处分，另对13名负责人暂时吊销及撤销其金融机构的牌照。①

(3)保险业监理处和保险索偿投诉局的投诉处理规则

保险业监理处(Office of the Commissioner of Insurance，OCI)，是于1987年成立的，依据《保险公司条例》维持经营保险业务和接受投保的承保机构适格性、监管保险公司和中介人执行保险业法例、保障保单持有人和潜在保单持有人正当利益的政府机构。② 与前两个金融监管机构所不同的是，保险业监理处既不能干预保险公司、中介人、保单持有人的金融争端，更无权对争端中的违规金融机构予以惩处。

保险索偿投诉局(The Insurance Claims Complaints Bureau，ICCB)，是于1990年正式成立的，受理与特定类型保险合同相关的金融争端投诉(包括争端索偿)等的专门机构。保险索偿投诉局专门负责与香港个人投资者投购保单行为有关的金融争端投诉(争端索偿不超过80万元港币)。保险索偿投诉局的保险索偿投诉委员会作出并执行对争端投诉和索偿的裁决。对作为保险索偿投诉局成员的保险机构而言，保险索偿投诉委员会的裁决是一份终局裁决；对个人投资者而言，不服保险索偿投诉委员会的裁决，仍可诉诸金融诉讼。

2014年保险索偿投诉局收到603宗金融争端投诉申请，比上一年增长了约13%，实际处理700宗投诉(包含上一年未完成的97宗投诉)。其中，275宗超出保险索偿投诉局管辖范围，344宗已解决，81宗尚未解决(在2015年的处理中)。已解决的投诉主要是针对住院医疗保险和旅游保险的保单条款诠释、不保事项、没有披露事实、赔偿金额以及违反保证条款保单条件的投诉。在344宗已解决的投诉中，68宗是争端当事人通过保险索偿投诉局达成和解的，184宗表面证据不成立，41宗投诉人撤销投诉，51宗由保险索偿投诉委员会裁决。在保险索偿投诉委员会的裁决方面，10宗予以投诉人直接赔偿，41宗赞同保险公司的赔偿方案。这51宗投诉的78位投诉人获得了共计386万港元的保险公司赔偿(298万港元是双方和解达成的赔偿额，88万港元是投诉委员会裁决的

① 详见香港证券及期货事务监察委员会官网，http://sc. sfc. hk/gb/www. sfc. hk/web/annualreport2014 - 15/tc/review_overview. html，2015年11月4日访问。

② 参见赵霜茁主编：《现代金融监管》，对外经济贸易大学出版社2004年版，第70页。

赔偿额)，最高单笔赔偿金额为31.3万港元。[①]

(4)强制性公积金计划管理局的投诉处理规则

强制性公积金计划管理局(Mandatory Provident Fund Schemes Authority，MPFA)，是于1998年9月成立，依据《强制性公积金计划条例》监察强制性公积金的运作和相关人员是否依例行事的法定机构。[②] 强制性公积金计划管理局受理涉及员工强积金权益受损的或与强积金受托人有关联利益的金融争端投诉。若受托人违反强积金法例，强制性公积金计划管理局可向其发与催办函、警告信、甚至予以金钱惩处。此外，在特定投诉(强制性公积金计划管理局提交的投诉、金融争端当事人提交的已获SFC授权的强积金产品投诉以及已获证券及期货事务监察委员会发牌对强积金产品予以投资管理的持牌人操守的投诉)的处理机制中，[③]强制性公积金计划管理局与证券及期货事务监察委员会也存在着职责协作。

在2014年4月至2015年3月，强制性公积金计划管理局收到323宗针对强积金受托人的投诉申请，投诉内容大多针对强积金受托人的供款业务和客户服务业务。实际处理了126宗投诉申请(124宗被认定违反计划行政规定，2宗被认定违反投资规定)。其中，强制性公积金计划管理局对违反行政计划规定的强积金受托人发出了6份罚款通知书，罚金共计14万美元。在同一时间段内，强制性公积金计划管理局收到23宗针对强积金中介人的投诉申请(包括转介个案)，投诉内容大多针对强积金受托人是否达到了《强制性公积金计划条例》规定的操守要求。

综上所述，香港金融监管机构区分银行、证券、保险等业别来处理金融争端投诉，不同金融业别的争端投诉由不同的金融监管机构处理。这种方式乍看起来或许能给争端当事方解决金融争端予以更明晰的指引，但随着金融全球化和金融自由化的深入发展，现代金融业逐渐从分业经营向混业经营转变，银行、证券、保险等金融机构的业务不断交融和渗透，与之相关的金融争端的业别界限也日益模糊，呈现综合化的发展趋势。香港金融监管机构分散的金融争端解决方式无法契合当前的复杂发展趋势，会使争端当事方因对争端所属业别界定不明确而不知晓向哪一具体监管机构投诉

① 详见http://www.iccb.org.hk/gb_statistics.htm，最后访问于2015年11月4日。
② 参见张亦春主编：《现代金融市场学》(第3版)，中国金融出版社2013年版，第426页。
③ 参见周天芸主编：《香港国际金融中心研究》，北京大学出版社2008年版，第260页。

维权的混乱局面；大部分监管机构并非专门处理金融争端的投诉，侧重对投诉涉及的金融机构展开合规性和风险性的监管，主要审查金融机构在金融活动中是否存在违反监管规则的行为，不能对金融机构施以强制性的惩处或者金钱赔偿，也无法彻底解决金融争端。

2. 香港行会组织和民间组织的协调辅助规则

香港金融领域的主要行会组织分别有：银行业的银行公会、证券期货业的联合交易所和证券交易所、保险业的保险业联会。

银行公会依据《香港银行公会法案》于1981年成立。联合交易所依据《证券交易所合并条例》，是由原来香港四家主要交易所强强联合而成的一家非营利有限公司。联合交易所以主体股东（会员）大会为最高权力机关，致力于证券发行和投资市场的高效运转。证券交易所是于1975年成立，于1985年后专责金融期货交易的非营利有限公司。保险业联会是在1988年8月8日由香港保险总会和香港寿险总会合并而成的保险业公会组织，旨在加强和维护保险行业的信誉和操守。

这些行会组织协调辅助解决金融争端的规则为：《香港银行公会法案》明确规定银行公会"对金融信息和会员意见进行征集和反馈，协助各会员解决有关问题"，赋予了银行公会对协调金融争端的一定职责。《证券及期货监察委员会条例》明确规定若证券及期货事务监察委员会认为，联合交易所愿意并能够执行证券及期货事务监察委员会的某些或者全部职能，可向相关机构请求颁布"移交令"，联合交易所便可行使这些职能。这为联合交易所能够受理并解决证券及期货事务监察委员会投诉监控委员会管辖的一些金融争端投诉提供了可能的依据。此外，2014年1月香港政府、香港金融管理局、证券及期货事务监察委员会及保险业监理处就建立针对香港金融机构的有效处置机制开始了阶段性的公众咨询。2014年6月香港联合交易所对《企业管治守则》和《企业管治报告》进行修订，确定于2016年1月1日或之后实施修订内容，以期在金融监管和金融争端处理方面更好地配合香港监管机构的行动。[①]

这些民间组织协调辅助解决金融争端的规则为：香港消费者委员会可以代当事人向金融机构或者直接向香港金融管理局和证券及期货事务监

① 详见香港交易所官网，http://www.hkex.com.hk/chi/stat/statrpt/factbook/factbook2014/Documents/01_c.pdf，2015年11月5日访问。

察委员会就金融争端进行投诉,在必要时也可以给予当事人向小额钱债审裁处(Small Claims Tribunal,SCT)提起金融诉讼的咨询意见。同时,香港消费者委员会也可以在尊重当事人意思的前提下对他们的金融争端投诉展开调停程序。2013 年、2014 年、2015 年(1 月至 9 月)消费者委员会收到的金融争端投诉数量分别为 1332 宗(保险投诉为 489 宗,其他金融服务投诉为 833 宗)、1072 宗(保险投诉为 357 宗,其他金融服务投诉为 715 宗)、878 宗(保险投诉为 263 宗,其他金融服务投诉为 615 宗)。[①]

3. 香港仲裁机构的调解仲裁规则

香港《仲裁条例》设定了香港仲裁机制运行的整体框架。《仲裁条例》第 1 部分导言列举了仲裁程序中主要用语的释义,并对条例的适用范围给出了明确的指称。当事人也就可以把他们之间发生的符合《仲裁条例》的金融争端诉诸香港仲裁机构。

其中,香港国际仲裁中心(Hong Kong International Arbitration Center,HKIAC)是香港重要的仲裁机构。香港国际仲裁中心于 1985 年成立,主要由商人和其他各行业中较有资历的专门人士组建,是受香港商界及政府物质资助,“财务上自负盈亏、事务上独立自主”的非营利民间机构。

香港仲裁中心下设的香港调解会是对符合条件的金融争端进行调解的主要部门。香港调解会依据《香港调解中心调解规则》展开金融调解程序,通过调解员中立介入来“非约束、自愿、保密、私下”地调解争端。调解员不得对争端的解决采取任何强制措施。若调解过后达成和解,则和解协议发生终局法律效力;若调解过后无法和解,则争端的任何一方可进行仲裁或者诉讼。香港国际仲裁中心以争端标的产品和所属领域区分适用不同的仲裁规则。例如,《半导体知识产权仲裁程序》《电子交易仲裁规则》《证券仲裁规则》等。

2006 年 5 月,香港调解会设立了“新保险索偿调解试行计划基金”,鼓励保险公司、雇主和受工伤人等通过调解来解决涉及人身伤害索偿的争端。香港国际仲裁中心于 2007 年 4 月 1 日推行“新保险索偿调解试行计划”,该计划依据《新保险索偿调解试行计划规则》展开,由新保险索偿调解试行计划委员会进行管理。经过香港金融管理局的推广和支持,2008

---

① 详见香港消费者委员会官网,https://www.consumer.org.hk/ws_chi/statistics/complaints,2015 年 11 月 5 日访问。

年至2009年均出现成功和解的个案。有学者还对该计划进行了独立评估，确认该调解计划能够适当保障争端各方的权益。[①]

“雷曼迷你债券”事件发生后，香港金融管理局曾指定香港国际仲裁中心着手为部分投资者和银行就雷曼投资产品的金融争端提供调解和仲裁服务，即“雷曼兄弟相关投资产品争端调解和仲裁计划”。截至2009年2月18日，已有105宗争端通过“雷曼兄弟相关投资产品争端调解和仲裁计划”进行调解，[②]调解过后达成和解协议的成功率较为可观。2014年HKMA新处理了477宗争端申请：其中，252宗争端是运用仲裁方式予以解决的，24宗争端是以调解后当事人达成和解方式予以解决的。在477宗争端中，除去一般民商事争端外，特定行业的金融争端约39宗。[③]

但是，香港国际仲裁中心的金融争端调解规则和金融争端仲裁规则也存在一些需要完善的地方。金融争端调解或者仲裁的成功很大程度上依赖参与调解和仲裁人员的专业度和威望力。为了确保调解员和仲裁员的职业能力和敬业素质，争端当事人要向他们支付费用。以香港国际仲裁中心“商业争议调解计划”的收费标准为例，如表9－4所示，香港国际仲裁中心收取的服务费是较为高昂的，任何一宗金融争端调解均在5000港元以上。这些较高收费标准固然能吸引“高资产净值人士”将他们的争端提交香港国际仲裁中心的金融调解，以确保他们能够获得优良声誉和高质量的调解意见。[④] 但是，广大的中小投资者往往支付不起高额的服务费用，那么他们与金融机构间小额的金融争端也就很少能够被提交香港国际仲裁中心予以调解或者仲裁。其实，香港国际仲裁中心在实施“雷曼兄弟相关投资产品争端调解和仲裁计划”和“新保险索偿调解试行计划”的过程中，香港金管局和“新保险索偿调解试行计划基金”都帮计划中的投资者和工伤当事人代为支付了调解费用，否则投资者和工伤当事人是用不起香港国际仲裁中心的调解计划的。另外，香港国际仲裁中心的一些仲裁规则

---

① 详见香港国际仲裁中心官网，https://www.hkiac.org/documents/CMS09/CMS_UserPack_CN_15112009.pdf，2015年11月14日访问。

② 参见邢会强著：《金融消费纠纷的多元化解决机制研究》，中国金融出版社2012年版，第148页。

③ 详见香港国际仲裁中心官网，http://www.hkiac.org/sc/hkiac/statistics/case-statistics/case-statistics/case-statistics，2015年11月5日访问。

④ 参见邢会强、詹昊著：《上市公司投资者关系》，法律出版社2007年版，第46～47页。

的适用范围还有待拓展。以《证券仲裁规则》为例,《证券仲裁规则》规定其适用范围是投资者和经纪商之间有书面协议金融消费争端,这意味着与此相关的合同争端才可以通过香港国际仲裁中心仲裁方式解决。制定《证券仲裁规则》的初衷是为了迎合中国大陆企业在海外上市的浪潮,[①]其中一些涉及证券争端解决机制和法律适用问题的仲裁条款是不适用因香港《投资者保护条例》规定的有关行为引起的侵权类索赔的金融争端,这类金融争端的当事方只能向香港法院提起金融诉讼,很大地限制了他们的维权解纠途径。[②]

表 9-4　"商业争议调解计划"的收费标准[③]

费用名称	收取费用金额(单位/港元)	
计划委任费	2000 港元(1000 港元/方)	
调解前会议费	2000 港元(1000 港元/方)	
行政管理费	争端标的额	收取费用金额
	≤1000000 港元	1000 港元
	1000001~5000000 港元	3000 港元
	≥5000001 港元	5000 港元
调解服务费	调解时间(单位/小时)	收取费用金额
	≤4 小时	4000~8000 港元 (2000~4000 港元/方)
	>4 小时	每小时加收 1000~3000 港元 (500~1500 港元/方)
专家咨询费	依具体情况而定	
场地费	依具体情况而定	

与仲裁有关的香港机构和组织,除了香港国际仲裁中心之外,还有香港国际商会、英国特许仲裁员协会香港分会、香港仲裁司学会。但是,香港金融争端的当事人仍然将绝大多数符合仲裁机构受理的争端集中向香港

① 参见邢会强、申林平著:《中国企业境外上市法律实务》(修订版),法律出版社 2011 年版,第 5~8 页。

② 参见王春阁著:《内地公司香港上市及两地监管合作研究》,北京大学出版社 2005 年版,第 61 页。

③ 参见邢会强著:《金融消费纠纷的多元化解决机制研究》,中国金融出版社 2012 年版,第 153 页。

国际仲裁中心提起，而较少向其他的仲裁机构或者具备仲裁职能的组织提起仲裁。这一情况的主要原因是：香港国际商会作为国际商会下属的分支机构，其下设委员会对金融争端的仲裁裁决必须要国际商会国际仲裁院的核准，这在某种程度上不能满足一些对时效性解决要求较高的金融争端；香港国际商会在收取仲裁员费用方面采取十分灵活的做法，对争端所收取的仲裁服务费会根据金融争端的标的额、仲裁员争端的劳动时间、仲裁事项的复杂性程度等，由国际商会在对个案的综合分析后确定，[①]这也使金融争端当事方无法对服务费有一个较为准确的合理预期，降低了当事方向该机构提起金融争端仲裁的主动性。而英国特许仲裁员协会香港分会和香港仲裁司学会的主要功能是非营利性的，即较多从事培训仲裁当事方的工作和对仲裁法律制度进行学术研究的工作。这导致两个组织自身对受理和拓展金融争端仲裁业务的积极性也不高。这种局面对香港国际仲裁中心来讲或许是利好的，可以巩固香港国际仲裁中心在香港金融争端仲裁业务中的优势地位，减轻行业竞争，但也加重了香港国际仲裁中心的业务压力。从香港地区金融争端解决的整体局面来看，很可能会造成香港金融仲裁资源失衡。香港国际仲裁中心或许会成为把持香港金融仲裁资源的市场垄断者，有可能演变成阻碍香港金融争端解决机制完善和革新的“保守派”势力。

（三）香港的新型替代性纠纷解决方式的金融争端解决机制的具体内容——以香港金融纠纷调解中心有限公司解决机制为例

香港金融纠纷调解中心有限公司（Financtal Drspute Resolution Centre，FDRC），是于2011年11月18日成立的，依据香港《公司条例》以担保有限公司形式注册的非营利金融争端解决机构。2012年6月，香港通过《调解条例草案》、《与金融纠纷调解计划相关的职权范围》、《个案受理准则指引》、《调解及仲裁规则》。在这些法律规范的基础上，2012年6月19日，香港金融纠纷调解中心有限公司开始正式业务的受理。相较传统替代性纠纷解决方式的金融争端解决机制，香港金融纠纷调解中心有限公司在受理并解决金融争端的过程中，更注重机制的独立、公正、公开，提升了机制的简明、便利、效率，拓宽并优化了争端当事人的权益救济渠道。

① 参见冯霞著：《涉港澳台区际司法》，中国政法大学出版社2012年版，第241～242页。

1. 香港金融纠纷调解中心有限公司(Financial Dispute Resolution Center,FDRC)机制的适用范围

若想顺利启动香港金融纠纷调解中心有限公司的解决机制,就必须明确 FDRC 对金融争端是否具有管辖权限这一核心问题。这要求拟启动香港金融纠纷调解中心有限公司解决机制的申请人、与申请人存在争端的金融机构及金融争端本身均要符合适格条件。

《与金融纠纷调解计划相关的职权范围》对适格条件予以了规定:适格申请人是与金融机构因金融交易行为而引发争端的个人投资者或独资经营者;适格金融机构是经香港金融管理局认证或持有证券及期货事务监察委员会所发牌照的金融服务提供机构(保险业机构和信贷评级机构除外),该机构应与申请人有金融业务往来;适格金融争端即在香港发生的申请人和金融机构间因金融产品与金融服务产生的小额金钱(索偿额不超过 50 万元港币)争端。

2. 香港金融纠纷调解中心有限公司机制的组织架构

香港金融纠纷调解中心有限公司的现行组织架构主要由董事局和行政总裁组成。

董事局是最高决策机关,负责制定香港金融纠纷调解中心有限公司的整体策略和监察香港金融纠纷调解中心有限公司的总体运营。董事局成员在 7 人至 15 人,设主席 1 名,全部成员均需由香港政府委任。董事局成员必须确保广泛性,要求熟识掌握金融争端和金融知识,既可以是金融领域的从业人员,又可以是政府部门和监管机构的委任代表,还可以是备受推崇的专家贤达。董事局无权干预香港金融纠纷调解中心有限公司的程序执行和个案结果。

行政总裁由 1 名董事局成员兼任,主要负责香港金融纠纷调解中心有限公司的日常管理事务。总裁下设财务及行政经理、高级调解员和传讯经理,分管日常财务及行政、调解计划、对外宣传沟通。高级调解员下设调解计划主任、调解员、仲裁员,调解计划主任对案件的筛选甄别和调解员仲裁员的选派委任等有决策管理权。[①]

① 参见席滔:《金融纠纷非诉解决机制研究——以中国香港金融纠纷调解中心运作为例》,载《金融与法律》2013 年第 9 期。

3. 香港金融纠纷调解中心有限公司机制的运营经费

香港金融纠纷调解中心有限公司运营的经费(仅限成立时和最初3年期限内)由香港财库局、香港金融管理局、证券及期货事务监察委员会分别按百分之五十、百分之二十五、百分之二十五的比例支付。2015年1月1日后,香港金融纠纷调解中心有限公司的运营费用由相关金融机构和申请人共同分担。不过申请人负担的份额较金融机构要少得多,参与调解计划的金融机构还被要求以过去3年香港金融纠纷调解中心有限公司受理争端诉请数量的金融业别比例来决定对香港金融纠纷调解中心有限公司固定成本开支的承担份额。① 此外,香港金融纠纷调解中心有限公司对金融争端诉请的各方当事人依据“用者自付”的原则来收取调解仲裁服务费,以弥补香港金融纠纷调解中心有限公司的营运开支,即根据按照处理金融争端的不同阶段适用不同的收费标准,如表9－5所示。其中,申诉人在申诉阶段提交申诉表格所支付的费用不退回。香港金融纠纷调解中心有限公司给予当事人的常规调解时间为4小时,若实际调解时间超过4小时,就需在表9－5所列的费用基础上,再另行支付延时费。对金融机构和申诉人均按照相同的延时费标准(10万元港币以下的诉请为750元/小时,10万～50万元港币的为1500元/小时)。仲裁阶段就“当事方到庭审理”事项各自向申诉人和金融机构收取的12500元港币不包含“书面审理”需收取的费用。

表9－5 香港金融纠纷调解中心有限公司在申诉不同阶段的收费标准②

单位:港元

项　目		向申诉人收费	向金融机构收费
查 询		免 费	免 费
申 诉	递交申诉表格	200	免费
调 解	索偿金额＜10万	2000	10000
调 解	10万≤索偿金额≤50万	5000	20000
仲 裁	书面审理	5000	20000
仲 裁	当事方到庭审理	12500	12500

① 参见杨东、文诚公:《香港金融纠纷解决机制的新发展及其对内地的启示》,载《首都师范大学学报(社会科学版)》2013年第3期。

② 参见胡春冬:《香港金融纠纷调解机制运作情况与启示》,载《西部金融》2013年第9期。

4. 香港金融纠纷调解中心有限公司机制的执行程序

香港金融纠纷调解中心有限公司是涵盖金融争端的申请、受理、调解、仲裁的一整套规范，即申诉人自愿申请→调解主任审核诉请→安排人员居中协调→调解员先调解，仲裁员后仲裁→达成仲裁协议→一裁终局。程序细则详见图 9 - 1。其中，香港金融纠纷调解中心有限公司受理争端申请的时限是申请人在购买有关金融服务或首次知道因金融服务而遭受损失日起的 12 个月内。向香港金融纠纷调解中心有限公司申请受理争端前，申请人还必须向金融机构提起过先行程序，即向金融机构内部投诉过并得到了书面答复，因对答复不服，再进入香港金融纠纷调解中心有限公司运行程序。① 调解和仲裁的过程均是非公开的。调解员不得对争端的实质内容予以任何强制约束，也无权作出金钱裁决或向当事人施以罚则。香港金融纠纷调解中心有限公司的金融仲裁裁决不适用先例类推。

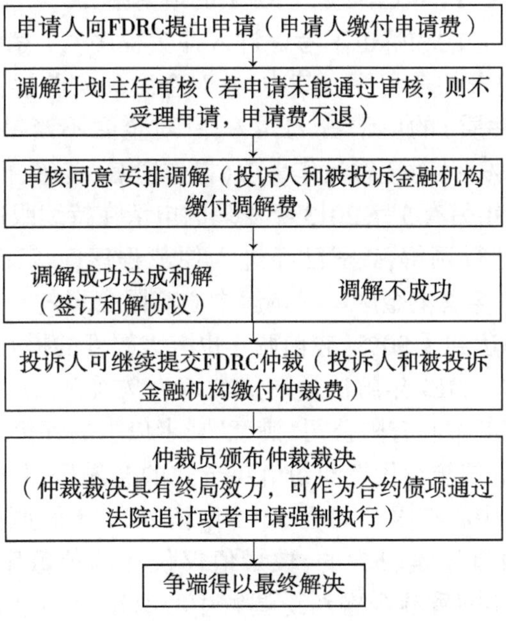

图 9 - 1　FDRC 运行程序②

① 详见《香港金融纠纷调解中心有限公司金融纠纷调解计划个案受理准则指引》A 段规定。

② 参见胡春冬：《香港金融纠纷调解机制运作情况与启示》，载《西部金融》2013 年第 9 期。

香港金融纠纷调解中心有限公司成立的第一年(2012年),共收到16宗进行金融纠纷调解计划的申请,实际受理13宗。在实际受理的申请中,7宗已经调解成功达成和解,2宗以未能和解的方式结案,1宗正考虑进入仲裁程序,1宗已经进入仲裁程序,2宗仍处在调解程序。2013年香港金融纠纷调解中心有限公司共收到31宗进行金融纠纷调解计划的申请,实际受理29宗。在实际受理的申请中,18宗已经调解成功达成和解,6宗以未能和解的方式结案,1宗已经进入仲裁程序并将颁布仲裁裁决,4宗仍处在调解程序。

2014年香港金融纠纷调解中心有限公司新收到35宗进行金融纠纷调解计划的申请,实际受理32宗且均已经完成调解程序。香港金融纠纷调解中心有限公司在成立的第三年收到的调解计划申请数量较刚成立时增长了119%,且成立三年内收到的调解计划申请数量也呈现出逐年递增的良好态势。在2014年已经受理32宗的申请中,30宗已经结案(29宗已经达成和解,1宗未能和解也不考虑进入仲裁程序),1宗正考虑进入仲裁程序,1宗已经进入仲裁程序。其中,针对金融失实陈述行为(投资表现、行政事项、产品性质)的申请占71.4%,针对金融不当销售行为(销售遗漏)的申请占20%,针对金融运作事项(操作遗漏、疏忽、行政失当)的申请占8.6%。2014年另有5宗2013年受理的申请在持续跟进(2宗已经调解结案,1宗尚在进行调解,1宗已经进入仲裁程序,1宗已经作出仲裁裁决)。此外,2014年香港金融纠纷调解中心有限公司的金融纠纷调解计划解决争端成功率达到了90%,较前两年也有大幅度的提升(2012年解决争端成功率为80%、2013年解决争端成功率为75%)。91%的参与方给予香港金融纠纷调解中心有限公司"满意"或者以上的评价。①

不过,与香港传统替代性纠纷解决方式的金融争端解决机构相比,香港金融纠纷调解中心有限公司在2012年至2014年间所接收和受理的调解计划申请的数量还是较少的,数量值仅仅在两位数字。笔者注意到,2012年至2014年间香港金融纠纷调解中心有限公司接收到了大量的关于金融产品和服务投诉有关的查询业务,2012年为474宗、2013年为1182宗、2014年为1117宗。从中也可以看出当金融争端当事方更愿意将金融

① 详见香港金融纠纷调解中心,http://www.fdrc.org.hk/sc/annualreport/2014/index.php,2015年11月5日访问。

争端投诉较多地诉诸其他金融争端解决机构也存在的查询业务,这会分流掉香港金融纠纷调解中心有限公司金融纠纷调解计划接收的金融争端投诉数量。毕竟香港金融纠纷调解中心有限公司实际展开业务的时间不长,香港金融争端当事方对新型的金融纠纷调解计划的运行机制仍需熟悉,香港金融纠纷调解中心有限公司有待在香港地区持续地推广和宣传,以增进潜在受众群体对这一新型替代性纠纷解决方式的金融争端解决机制的了解和信任。

5. 香港金融纠纷调解中心有限公司机制与香港传统替代性纠纷解决方式的金融争端解决机制的关系

香港金融纠纷调解中心有限公司机制隶属于替代性纠纷解决方式的金融争端解决机制体系,与非替代性纠纷解决方式的金融争端解决机制有着明显的性质差异,故香港金融纠纷调解中心有限公司机制与香港法院的金融诉讼机制更多地表现为合理分工、泾渭分明的关系。

从香港金融纠纷调解中心有限公司“先调解,后仲裁”的一站式金融纠纷解决计划运作程序的内容来看,香港金融纠纷调解中心有限公司首先会对受理的金融争端投诉进行中立、自愿、非公开的调解,协助争端当事方之间促进达成和解的沟通,争端当事方可在调解程序开始后的任何时间终止调解过程。如果调解过程没有达成和解方案,香港金融纠纷调解中心有限公司在征得争端当事方同意下,可以将争端转交机制内的仲裁解决程序。继续选择了 FDRC 仲裁程序的争端当事方必须要执行对争端所作出的仲裁裁决,不能再向法院就同一争端提起金融诉讼。否则,将承担藐视法庭的刑事责任。但若仲裁员在作出仲裁裁决的过程中存在法律观点认知错误或其他违法行为,争端当事方可以据此向法院提出上诉。如果调解过程没有达成和解方案,且争端当事方不愿意选择继续香港金融纠纷调解中心有限公司的仲裁程序,则香港金融纠纷调解中心有限公司的程序终结。此时,争端当事方可以将争端再向法院提起金融诉讼程序。

在替代性纠纷解决方式的金融争端解决机制体系中,香港金融纠纷调解中心有限公司机制作为香港新型的替代性纠纷解决方式的金融争端解决机制与香港传统替代性纠纷解决方式的金融争端解决机制一直是相互关联和彼此衔接着的两个重要的组成部分,共同推动着香港替代性纠纷解决方式的金融争端解决机制的完善和发展。

香港金融纠纷调解中心有限公司与香港金融管理局、证券及期货事务监察委员会已签署合作备忘录，就三方对金融争端的处理进行了较为明确的权责分工。香港金融纠纷调解中心有限公司就金融争端作出的和解协议和仲裁裁决书副本应由相关人员交与香港金融管理局或证券及期货事务监察委员会予以备案。若香港金融纠纷调解中心有限公司受理的金融争端存在申请人针对金融机构不当行为指控的内容，调解主任会就香港金融纠纷调解中心有限公司对该争端处理结果的预期判断告知申请人，申请人可自主决定是否将该争端提交监管机构，是否跟进对金融机构行为不当的投诉；或者可以让香港金融纠纷调解中心有限公司先行处理金钱争端内容。若香港金融纠纷调解中心有限公司发现参与调解计划的金融机构存在违法违规的情形，也可提请监管机构注意。监管机构一旦怀疑金融机构存在上述情形，香港金融纠纷调解中心有限公司需将已经受理的金融争端转交监管机构，香港金融纠纷调解中心有限公司应暂停已经进行的调解或仲裁程序，直至监管机构完成对金融机构的调查。[①] 香港消费者协会在受理投诉人的某些金融争端投诉时，投诉人也可将已经受理的投诉转交香港金融纠纷调解中心有限公司处理。但香港金融纠纷调解中心有限公司跟香港消费者协会不存在隶属关系。

6. 香港金融纠纷调解中心有限公司机制小结

香港金融纠纷调解中心有限公司依照香港《公司条例》的“担保有限公司”形式，设置董事局和行政总裁来实现运作管理。担保有限公司的角色定位确保香港金融纠纷调解中心有限公司第三方机构的中立性。尽管董事局成员和行政总裁均通过香港政府委任，但选任为香港金融纠纷调解中心有限公司管理人员独立于产生成员的政府机构或者监管机构，成员更不能介入金融争端的处理，无权干涉对金融争端作出的裁决。董事局成员和行政总裁选任的广泛代表性标准，也有利于香港金融纠纷调解中心有限公司实现对各方利益的公平和全面的考量。此外，香港金融纠纷调解中心有限公司是经由香港政府的咨询建议程序成立的公司形式机构，其设立注册程序无需直接立法，便利迅捷。

香港金融纠纷调解中心有限公司在营运费用和对争端申诉的处理费

① 参见齐萌：《香港金融纠纷调解机制及其对大陆的启示》，载《亚太经济》2013 年第 2 期。

用收取上引入“不对称成本负担”，即 2015 年 1 月 1 日后香港金融纠纷调解中心有限公司的营运费用和申请处理费用由个人和金融机构共同承担，个人所负担的费用远低于金融机构所负担的费用。香港金融纠纷调解中心有限公司在机制运作上引入“不对称约束力”，即香港金融纠纷调解中心有限公司赋予个人启动程序和终止程序的单方选择权。只能由金融争端的个人向香港金融纠纷调解中心有限公司申请，金融机构不得单方启动香港金融纠纷调解中心有限公司机制。一旦申请人启动程序，金融机构就必须参与，不得单方退出。只有申请人有权利决定金融争端在调解不成后可否继续申请机制内仲裁，金融机构对此只得服从。

香港金融纠纷调解中心有限公司尽管对个人申请者收取的处理费用明显优惠于金融机构，但若香港金融纠纷调解中心有限公司决定不受理金融争端，则该笔费用仍不会退回给个人。从前面关于香港金融纠纷调解中心有限公司在申诉不同阶段的收费标准可以看到，香港金融纠纷调解中心有限公司对于受理的金融争端投诉的调解程序时间超过 4 小时，就会对金融机构和申诉人按照相同的延时费标准（10 万元港币以下的诉请为 750 元/小时，10 万～50 万元港币的为 1500 元/小时）收取延时费用。在香港金融纠纷调解中心有限公司后续对金融争端进行仲裁的阶段，就“当事方到庭审理”事项均还要向申诉人和金融机构各自收取同样金额的一笔费用（12500 元港币/方）。对于作为香港金融纠纷调解中心有限公司受理的金融争端投诉中的个人投资者或者独资经营者，特别是涉及小额钱债争端投诉的投诉人来讲，收费标准是颇高的。这些情况下所执行的收费标准的存在，就使得香港金融纠纷调解中心有限公司所坚持的个人投资者或者独资经营者和金融机构之间“不对称成本负担”的差异不是特别明显，不利于维护在金融争端解决过程中各当事方权益地位的实质公正。而其他国家和地区的类似机制中，例如，英国监察服务机制和中国台湾金融消费评议中心就只对金融争端的金融机构一方收取费用。与其他国家和地区的类似机制相比，香港金融纠纷调解中心有限公司对个人申请者的实质偏向程度仍有欠缺。比如，在英国监察服务机制中，个人申诉者不服最终裁决，可再进行金融诉讼的。

香港金融纠纷调解中心有限公司借助一整套金融纠纷解决计划来整合原有分散的金融争端解决资源，构建了争端解决“调解 + 仲裁”的“综合化处理方式”和“灵活化处理流程”。香港金融纠纷调解中心有限公司的

"综合化处理方式"充分运用协商、调解、仲裁等替代性纠纷解决手段，发挥多元优势，力促当事人解决争端。香港金融纠纷调解中心有限公司的"灵活化处理流程"在处理金融争端时予以当事人更大的裁量空间。香港金融纠纷调解中心有限公司的整套程序借鉴了美国金融业监管局纠纷解决公司"调解+仲裁"的模式，尊重了华人社会对仲裁一贯支持的传统理念，[①]以"先调解、后仲裁"的"一站式"程序实现对金融争端的快捷、独立、专业的处理，能够缓解香港传统替代性纠纷解决方式的金融争端解决机制部门分散、规则单一的局限性，赋予当事人对解决争端方式和进程的自主选择，有助于凝聚当事人间彼此互信，维系当事人间金融合作，实现金融利益双赢。但调解和仲裁的机理毕竟不同，香港金融纠纷调解中心有限公司将调解和仲裁相结合的复合型制度在现实操作环节也会遇到一些问题。比如，依据香港金融纠纷调解中心有限公司调解仲裁程序规则，在调解或者仲裁程序中，香港金融纠纷调解中心有限公司将安排经争端当事方认可的调解员参与争端的调解或者按照争端当事方意愿选定仲裁员进行争端的仲裁，若争端当事方未就调解员或者仲裁员人选达成一致，则由香港金融纠纷调解中心有限公司代为委任调解员或者仲裁员。从这些规则中可以看出，香港金融纠纷调解中心有限公司对在调解仲裁过程中是否允许调解员和仲裁员身份混同情形的出现没有明确的说明。那么，一旦香港金融纠纷调解中心有限公司程序中出现了这种没有明令禁止的情形，在如何能够确保仲裁员在仲裁程序中不受到在调解先行阶段"私访"信息而作出公正客观的仲裁裁决等问题上，[②]或者即使参与调解和进行仲裁的是不同人员但他们最终都通过香港金融纠纷调解中心有限公司选任，在如何规制处理同一争端的调解员和仲裁员不当地交涉相关信息等行为上，香港金融纠纷调解中心有限公司都存在规则的模糊区间。

三、总结

香港金融争端解决机制是一个为解决香港金融争端而作出孰是孰非

① 参见杨炎龙著：《国际商事争议解决——如何在新加坡和香港进行国际商事仲裁》，中国商务出版社2011年版，第110~111页。

② 参见杨玲、董海洲：《仲裁中进行调解之仲裁员的角色困境与出路》，载《公民与法（法学版）》2013年第1期。

判定的完整工作系统，是一个由诉讼方式金融争端解决机制、传统替代性纠纷解决方式的金融争端解决机制、新型替代性纠纷解决方式的金融争端解决机制（香港纠纷调解中心机制）等三大部分组成，又包含着各部分下不同职能机构或零散或综合的处理规则等的多元化体系。那么，通过前面对香港金融争端解决机制各个组成部分的内涵外延、演进发展、规则制度等梳理和分析，可以归纳出香港在构建本地区的金融争端解决机制过程中的主要问题和有益经验，以给中国大陆的金融争端解决机制的构建提供借鉴。

（一）香港金融争端解决机制在构建中的主要问题

香港金融争端解决机制运行的最佳理想状态便是其系统内各个争端解决子系统以及子系统内各个要素间能够彼此影响的多元化联动。不过，在现有的香港争端解决机制的一些子系统下，还是存在争端解决机构主体要素相对单一或者争端解决活动过于集中在特定机构的现象。以传统替代性纠纷解决方式的金融争端解决机制下的香港仲裁机构处理金融争端这一子系统为例，有权对金融争端进行仲裁的香港仲裁机构除了香港国际仲裁中心之外，还有香港国际商会、英国特许仲裁员协会香港分会、香港仲裁司学会等。但就像笔者在论述香港仲裁机构金融争端处理规则时指出的，实践中大量的金融争端仲裁都集中了在香港国际仲裁中心，其他金融仲裁机构处理的金融争端数量较少。尽管在很大程度上这是出于争端当事人间的意思选择和各个仲裁机构的职能定位所导致的固然结果，但却客观上不利于香港金融仲裁资源的均衡配置，可能会造成香港国际仲裁中心在金融争端仲裁业务中的某种垄断局面，最终也会提升香港金融争端当事方，尤其是中小投资者将金融争端诉诸金融仲裁的费用成本。笔者认为，不妨考虑通过香港投资者教育局对投资者选择金融仲裁机构服务的观念予以多元化引导，鼓励他们把解决金融争端申请数量在多个仲裁机构间合理配置。又因为香港具备较为良好的仲裁立法环境和法院支持，[1]也可以尝试在立法条件允许下探索香港仲裁法对香港金融仲裁管辖事项的“二次分配”细则，在香港金融仲裁机构间适当分流金融争端仲裁申请。

---

① 参见张月明：《新加坡与香港国际仲裁中心仲裁规则修改之比较》，载《广西社会科学》2009 年第 10 期。

此外,在香港金融争端解决机制系统中,特别是其中的ADR金融争端解决机制,在处理金融争端的一些流程上仍需要进一步地予以规则的调整和明示。

在对金融争端当事方收取处理争端的费用规则方面,一些传统替代性纠纷解决方式的金融争端解决机构的费用规则标准对争端当事方来说仍是不合理的。例如,香港国际仲裁中心对金融争端当事方的收费就颇为高昂。从前文表9-4关于香港国际仲裁中心“商业争议调解计划”的收费标准可知,一宗金融争端调解费用至少为5000港元。现实中很多想要将金融争端(尤其是小额钱债争端)提交香港国际仲裁中心的中小投资者都因费用问题而不得不放弃金融仲裁这一诉诸途径。所以,笔者认为香港国际仲裁中心在收费标准上应当作出偏向于金融争端中个人金融服务消费者的让步,适当降低对金融争端中个人金融服务消费者所收取的费用。而与传统替代性纠纷解决方式的金融争端解决机制相比,尽管香港新型替代性纠纷解决方式的金融争端解决机制(主要是FDRC机制)在对金融争端当事方收取费用的标准设立上更明显地呈现出向个人金融服务消费者的倾斜性保护。但与其他国家或者地区的新型ADRC金融争端解决机制的收费规则相比,香港金融纠纷调解中心有限公司的这种倾向性似乎还不够显著。例如,英国监察服务机制和中国台湾金融消费评议中心就完全免除了对金融争端中个人金融服务消费者服务费。笔者认为,香港金融纠纷调解中心有限公司不妨借鉴英国和台湾的做法,以减轻个人金融服务消费者的负担,贯彻个人金融服务消费者在金融争端解决机制中的实质平等。当然,还应注意到,不论是传统替代性纠纷解决方式的金融争端解决机制中的金融仲裁机构还是新型替代性纠纷解决方式的金融争端解决机制中的香港金融纠纷调解中心有限公司,对金融争端当事方所收取服务费一直是这些机构日常运营经费的主要来源。所以,在这些机构减免了对个人金融服务消费者的费用之后,香港的金融监管机关应当尝试以基金会或者政府下拨专款等形式对向金融争端的个人金融服务消费者收取较少费用或者免除费用的金融争端解决机构给予补偿。

正如笔者在前文所提及的,香港金融纠纷调解中心有限公司机制由于对调解员和仲裁员选任的部分规则没有明示,不能绝对排除调解员和仲裁员身份混同情形的发生。即使调解员和仲裁员的身份不混同,如何防止在香港金融纠纷调解中心有限公司选任人员的过程中调解员和仲裁员不当地交涉调解"私访"环节所获得涉及金融争端当事方的信息等问题上也没有明确指引,从而可能诱导调解员或者仲裁员在处理金融争端中的不当或者不法行为。尽管FDRC机制规则明确,如果仲裁员在作出仲裁裁决的过程中存在违法行为,争端当事方可以据此向法院提出上诉。但关系到两种不同金融争端解决机制的衔接问题,上诉不仅存在对违法行为的举证要求,也会实际减损争端解决的时效性。故笔者看来,可以考虑在香港金融纠纷调解中心有限公司机制选任调解员和仲裁员的既有安排下对一些事项作出说明。比如,可以明确规定对调解员和仲裁员身份混同情形的排除以及调解员对调解"私访"应负有的义务和责任等。

(二)香港金融争端解决机制在构建中的有益经验

香港金融争端解决机制的有益经验主要是指,在香港金融争端解决机制的规则设计方面,内地金融争端解决机制可供借鉴和学习的先进做法。综观香港金融争端机制的整体体系,香港诉讼式金融争端解决机制和内地诉讼式金融争端解决机制均遵循着类似的金融争端解决思路和程序。即依据本国或者地区的民商事法律规定,对提起金融诉讼的争端作出具有强制力的判决,以对金融争端作出最终处理。尽管香港传统替代性纠纷解决方式的金融争端解决机制和内地现有的替代性纠纷解决方式的金融争端解决机制在主体、内容、规则、解决机构等方面的具体规定有出入,但两种机制均是以"协商、调解、仲裁、行政处理"等基本形式要素组合而成,并且香港传统替代性纠纷解决方式的金融争端解决机构区分银行、证券、保险等金融业别后再分机构处理争端投诉的做法与内地在"一行三会"格局下对金融争端投诉分部门的行政处理制度大同小异。笔者在前文就曾指出,"分业处理"金融争端的方式是不能顺应现代金融混业经营发展趋势的。于是,香港在传统替代性纠纷解决方式的金融争端解决机制既有框架下进行了一些变革,出现了另一类新型替代性纠纷解决方式的金融争端解决机制——香港金融纠纷调解中心有限公司机制。而内地现有的金融争端解决机制系统中没有类似香港金融纠纷调解中心有限公司机制的规则设计。因此,可以说,香港新型ADRC金融争端解决机制(香港金融纠纷调解中心有限公司机制)正是内地和香港金融争端解决机制相比较的差异所在。

那么,香港金融纠纷调解中心有限公司机制中发挥积极作用的规则设计就可以作为内地金融争端解决机制构建中值得借鉴的经验。

首先,尽管在有关细则上仍需调整和修正,但香港金融纠纷调解中心有限公司机制在处理金融争端的过程中还是注重了对个人金融消费者的倾斜性保护。例如在争端调解、仲裁上比金融机构更自主灵活的选择余地,在争端处理的费用收取上比金融机构更优惠的计算标准以及特定情形下金融机构必须参与调解仲裁的义务等。而内地在处理金融争端时的依据主要是监管机构的监察职能和相关法律法规,缺乏对个人金融消费者的倾斜性保护安排;2014 年内地新修订的《消费者权益保护法》正式实施,其在保护金融消费者权益方面也提出了要求。因此,内地金融争端解决机制也应适当借鉴 FDRC 机制对个人金融消费者的倾斜性保护的规则设计。

其次,香港金融纠纷调解中心有限公司机制采用担保有限公司的形式以凸显该机构的非营利性,确保其对金融争端受理和处理的中立性。这种通过政府咨询建议以公司形式设立香港金融纠纷调解中心有限公司,①避免了直接立法对香港金融纠纷调解中心有限公司作出规定,展现出了机制构建者"先组建机构,再研拟立法"的智慧:通过担保公司形式组建金融争端解决机构,展开对金融争端的便捷处理的实践;在实践中发现机构运作制度存在的问题,再逐步以立法指引跟进对问题的解决。这既保证了香港金融纠纷调解中心有限公司作为实体的争端解决机构的运行的稳定性和连续性,又发挥了香港金融纠纷调解中心有限公司机制在解决金融争端中的灵活性和变通性。这类规则设计对内地金融争端解决机制的借鉴意义在于,在内地对金融争端的替代性纠纷解决机制缺乏具体明确全面的直接立法的情况下,可以参照香港做法,以部门规章等非直接立法为依据,来确定对某些金融争端解决的变通规则。

最后,香港金融纠纷调解中心有限公司机制以一整套金融纠纷解决计划来落实对金融争端"先调解,后仲裁"的一站式解决。"先调解,后仲裁"的规则设计通过对 ADR 解决方式的多重化组合,充分发挥调解和仲裁相结合制度的优势,力促对金融争端的快捷、独立、专业处理,保障了金融争

---

① 2010 年 2 月 9 日,香港财经事务库务局发布了《设立投资者教育局及金融纠纷调解中心的建议》的咨询文件,并在同年完成文件的后续修订。2011 年 11 月 18 日,正式成立香港金融纠纷调解中心有限公司,于 2012 年 6 月 19 日开始实际运行。

端当事方的合法权益。鉴于目前内地金融业处于由“政府主导、分业监管”的大环境,“一行三会”主要履行对金融业的宏观调控和微观监管的职能,处理金融争端也只是作为保障金融争端中金融消费者的次要职能来进行的,且对争端处理方式的运用较为单一和保守,可以参考借鉴香港金融纠纷调解中心有限公司机制的经验,引入“先调解后仲裁”一站式争端解决的规则设计,并在条件成熟时设立第三方的金融争端解决非政府机构,实现对金融争端的独立化、公正化、专业化的处理。

第十章 游走于实然与应然之间的金融纠纷非诉讼调解机制

——以上海为研究对象*

一、引论

20世纪以来,纠纷解决机制的多元化逐渐演变为发展趋势,得到迅速发展和广泛认同。① 我国在建设上海国际金融中心的过程中也把调解机制建设作为很重要的内容之一来推进。按照调解与诉讼的关系,可将调解进一步划分为诉讼调解和非诉讼调解。以调解主体为标准,非诉讼调解又可分为人民调解、仲裁调解、行政调解、行业协会调解、第三方专业调解,等等。这些非诉讼调解机制都可被用来解决金融纠纷。但是,国外的金融纠纷调解机制形成经验表明,金融纠纷调解机制更多地依靠行业协会或者第三方专业调解等自主调解。② 因此,本章讨论的非诉讼调解是指行业调解和第三方专业

---

* 本文曾刊载于《上海财经大学学报》2016年第1期。

① 参见范愉著:《司法制度概论》,中国人民大学出版社2004年版,第397页。

② 在金融混业经营与混业监管的趋势下,原有的行业性调解机制被相应地整合为统一的金融纠纷调解机制。最为典型的是英国的金融申诉专员制度,在整合保险业、银行业、证券业调解机制基础上形成一种综合性的金融纠纷解决机制。独立的第三方专业性调解机制以2011年成立的香港金融纠纷解决中心为代表,实质上是在金融纠纷市场中建立的一种偏市场化的金融纠纷解决机制,为金融消费者提供有偿的金融解纷服务。

调解。上海金融纠纷非诉讼调解机制建设的重心也在这两种调解机制之上。[①]

总体上看，我国学界对金融纠纷非诉讼调解机制的研究主要聚焦于应然层面的制度解释，缺少实然层面的针对制度运作现实的分析和解读，由此导致的问题表现在以下三方面：

首先，应然的视角决定了金融纠纷调解机制的设计主导和建设推力主要来自公权力机构或准公权力机构，而非当事人的真实需求。这主要是因为调解的合法性源自作为公权力的司法权的让渡和承认，以及调解的功能性在于弥补司法权的缺失和有效应用。例如，保险纠纷非诉调解自2004年诞生以来，从全国性的保险业协会到区域的保险同业公会，都建立了比较全面的纠纷调解机制。保险纠纷非诉调解机制兴起的一个深刻背景就是国际社会上对替代性纠纷解决机制的重视与强调。[②] 我国学界在制度安排和设计的供给逻辑下，通常的研究路径是在做简要的国别制度比较研究之后，无一例外地认为我国应该引入国外的先进经验。[③] 同时，由于后现代主义与我国古代调解传统的耦合，进一步加剧了学界对调解文化的盲目信任和崇拜。[④] 这种纯理论推演忽略了保险纠纷非诉调解的现实状况，尤其忽视了当事人对非诉调解规则的内生性需求。时至今日，尚无学术成果对保险纠纷的实际运作效果进行实然层面的检验。但与保险纠纷诉讼

---

① 2010年6月，中国银行业协会制定了《关于建立金融纠纷调解机制的若干意见（试行）》，要求各会员单位参照执行。上海银行同业公会随后成立了金融消费者权益保护专委会，专门负责本区域内的银行纠纷调解机制的建设与运行工作。2011年1月，上海经贸商事调解中心成立，为当事人在贸易、投资、金融、证券、知识产权、技术转让、房地产、工程承包、运输、保险等领域的各类纠纷提供解纷服务。2012年12月，最高人民法院和中国保险监督管理委员会联合发布《关于在全国部分地区开展建立保险纠纷诉讼与调解对接机制试点工作的通知》。2016年7月，最高人民法院、中国证券监督管理委员会联合发布了《关于在全国部分地区开展证券期货多元纠纷解决机制试点工作的若干意见》。上海市保险业建立了上海市保险合同纠纷人民调解委员会。除了上海经贸商事调解中心是第三方专业调解机制之外，其余的都是行业性的纠纷调解机制。

② 参见唐力、毋爱斌：《法院附设诉前调解的实践与模式选择——司法替代性纠纷解决在中国的兴起》，载《学海》2012年第4期。

③ 参见程金华：《中国行政纠纷解决的制度选择——以公民需求为视角》，载《中国社会科学》2009年第6期。

④ 参见姚志坚：《法制现代化进程中的法院调解——对我国法院调解重兴现象的法理分析》，载《南京社会科学》2005年第6期。

调解制度建设类似的制度设计和理论思路却扩展到银行、[①]证券[②]等领域，重复着在保险纠纷领域上演的制度供给逻辑以及后现代主义所带来的虚无的文化自信。

其次，学者惯于从应然角度当然地认为对非诉调解协议进行司法确认"有效解决了以人民调解协议为代表的非诉调解协议缺少权威性、确定性和强制性的问题"。[③] 这里的逻辑仍然是司法机构对调解让渡司法权，调解分享司法权。事实上，在我国法律语境中，仅有《人民调解法》项下的人民调解协议才能被司法确认。而对人民调解协议的司法确认仍然为人诟病，原因是对调解协议加以司法确认的目的在于对协议效力的保证，而非对调解的替代。[④] 同时，对非诉调解协议进行司法确认的成果没有及时借鉴和吸收"司法确认"制度在设计和运作中存在的教训。实际上，对非诉调解协议进行司法确认的做法必须建立在对司法的强制性和调解的自愿性有机结合和准确把握之上。抛开对非诉调解协议的教义学依据不论，司法与调解基本原理的异质性就决定了不能对非诉调解协议进行简单的司法确认，强制性与自愿性的张力不仅会扭曲调解的一般规律，而且会成为不当调解案件的大量出现的原因，更会违背利用非诉调解方式实现诉讼分流的原初目标，对非诉调解协议的司法确认只不过是将矛盾打包转移至法院的强制执行程序，并未在实质上减少法院的压力。对于当事人来说，从形式上似乎是降低了"获取正义"的门槛，提高了纠纷解决效率，但实际上这种将矛盾从左口袋放入右口袋的做法，又变异为当事人获取正义的障碍，影响了纠纷解决的效率。

最后，对金融纠纷诉讼调解的研究呈现出两极化的趋势。其一，研究相对滞后，通常以国外制度作为研究对象和参照系，多数作品处于对国外相关经验进行译介性介绍[⑤]或者论证金融纠纷非诉调解意义和合理性的

---

① 参见朱小川：《银行业消费者投诉途径及非诉争端解决机制——以英美等国为例》，载《金融理论与实践》2013 年第 8 期。

② 参见胡改蓉：《证券纠纷解决机制多元化的构建》，载《华东政法大学学报》2007 年第 3 期。

③ 王俊友、常志峰：《大调解视野下非诉调解协议司法确认机制的定位与进路》，载《公民与法》2012 年第 12 期。

④ 参见潘剑锋：《论司法确认》，载《中国法学》2011 年第 3 期。

⑤ 参见李婧：《我国台湾地区金融消费者保护制度的最新发展及启示》，载《政治与法律》2011 年第 12 期；刘颖：《日本金融替代性纠纷解决制度：发展与评价》，载《现代日本经济》2012 年第 4 期；柳鸿生：《澳大利亚金融消费纠纷非诉调解机制借鉴》，载《中国经济周刊》2015 年第 4 期。

阶段。[①] 其二，研究过于超前，这主要表现为基于自由市场理念利用非诉调解机制对“金融消费者”权益保护的研究方面。[②] 目前，金融消费者仍是一个内涵及外延都模糊不定的政策性概念，很难被纳入以金融抑制为理论框架的金融法律体系之中。这种既有滞后又有超前的矛盾主要可以归因于对金融纠纷非诉调解机制的研究脱离了中国金融纠纷非诉调解的现实，未能对金融纠纷非诉调解的“实然”状态予以准确把握。不当的超前或滞后的研究加大了成果转化的难度，使得学术研究重复集中在应然层面，而忽视实然效果。

本章试图对这一研究视角的失衡做实然回归，强化金融纠纷解纷机制理论研究的本土色彩，坚持实证方法，对上海金融纠纷非诉调解机制运行中所存在的问题进行宏观上的诊断，并提出具有应对性的纠偏对策。本章选择上海作为研究对象的主要原因在于上海是中国的经济中心，金融生态最为发达，上海金融纠纷非诉讼调解机制所存在的问题基本上可以比较准确和全面地反映我国金融纠纷非诉讼调解机制已经存在或者可能存在的问题。因此，这些问题的解决，对于建立起全国性的或者区域性的金融纠纷非诉讼调解机制具有重要的示范意义。

二、上海金融纠纷非诉讼调解机制所存在的问题

（一）第三方调解机制的虚置

上海经贸商事调解中心[③]自 2011 年 1 月成立至 2012 年 2 月的一年间，“共接待各类商事调解纠纷案件 10 起，咨询 5 起，其中出具咨询意见书

---

① 董新义：《论金融纠纷的行业与诉讼联动调解》，载《法律适用》2011 年第 12 期。

② 参见杜晶：《“金融消费者”的界定及其与金融投资者的关系》，载《中国青年政治学院学报》2013 年第 4 期；杨东：《论金融服务统合法体系的构建——从投资者保护到金融消费者保护》，载《中国人民大学学报》2013 年第 3 期；马建威：《金融消费者法律保护：以金融监管体制改革为背景》，载《政法论坛》2013 年第 6 期；吴弘：《金融纠纷非讼解决机制的借鉴与更新——金融消费者保护的视角》，载《东方法学》2015 年第 4 期。

③ 上海经贸商事调解中心经上海市商务委、上海市社团局批准，于 2011 年 1 月 8 日正式成立，是独立的第三方商事调解机构。根据 2014 年 6 月 6 日上海市社会团体管理局对调解中心变更登记决定书回复可知，调解中心在法律性质上属于“非营利性社会服务活动的社会组织”。但是，考察调解中心的运作模式，尤其是收费模式后，我们认为调解中心属于市场化的调解机构，其“非营利性”的性质使其区别于一般的公益性组织。

3起；正式立案3起，其中办结1起，尚在办理1起，申请人撤回申请1起；协助法院工作2起”。[①] 调解中心没有披露2012年和2013年收案数等情况。2014年全年，调解中心总共受理109件案件，其中金融借款合同纠纷58件。[②] 调解中心没有披露2015年的数据。2016年调解中心正式受理120件案件。[③] 2017年和2018年的数据缺失。截至2016年，到中心调解的案件主要是法院的诉前调解。[④] 这说明，促使调解中心收案数增长的原因并非是纯市场因素（在没有任何外力作用下，由当事人主动选择将纠纷诉至调解中心），而是在法院的介入或帮助下，才使得该机制的收案数有所增长。换言之，如果没有法院的干预，调解中心的市场接受度将面临严峻挑战。作为一个“始终遵循市场规律，自收自支，自负盈亏”的“民非”机构，调解中心在2014年共“收取调解费用共计111万元人民币，接受捐赠220.1万元人民币”。[⑤] 如此规模的营收与“遵循市场规律，自收自支，自负盈亏”的定位有很大反差，这进一步说明了调解中心利用率低的现状。当初的构想——“它将为国内企业组织以及在沪的国际企业组织和机构的商事纠纷提供快捷、高效、经济、灵活的服务，与当事人双方制定‘案结事了’的解决方案”[⑥]——因实务界对该平台需求不足而未能实现。

即便如此，仍有学者呼吁要建立上海金融调解中心。[⑦] 上海市人民政府在《关于本市进一步促进资本市场健康发展的实施意见》中更强调，要在上海“设立第三方金融纠纷调解中心，建立公平、公正和高效的纠纷解

---

① http://stj.sh.gov.cn/Info.aspx?ReportId=1d6cf938-e9c4-43ec-870f-4a559045e12f，2019年6月30日访问。

② 参见王凤梅、谢珊娟：《上海经贸商事调解中心已成“中国经验”》，载上观网，http://www.jfdaily.com/zt/2040_781/114/201505/t20150520_1524244.html，2019年6月30日访问。

③ 参见《上海经贸商事调解中心2016年度工作会议暨新聘调解员颁证仪式圆满落幕》，载上海经贸商事调解中心官网，http://www.scmc.org.cn/page67?article_id=257，2019年6月30日访问。

④ 参见王凤梅、谢珊娟：《上海经贸商事调解中心已成“中国经验”》，载上观网，http://www.jfdaily.com/zt/2040_781/114/201505/t20150520_1524244.html，2019年6月30日访问。

⑤ 《上海经贸商事调解中心：填补商事纠纷调解空白》，载微头条网，http://www.wtoutiao.com/p/s10CjC.html，2019年6月30日访问。

⑥ 上海经贸商事调解中心官网，http://www.scmc.org.cn/，2019年6月30日访问。

⑦ 详见上海市人民政府官网，http://www.law-lib.com/hzsf/lw_view.asp?no=12465&page=2，2019年6月30日访问。

决机制,多元化解决资本市场纠纷”。[①]

(二)证券调解机制违反了供求关系理论

我国证券纠纷诉讼经历了驳回起诉、暂不受理、有条件受理等阶段。[②]因为法院各种公开或不公开的“司法政策”而得不到受理的案件,不见得比诉至法院的案件数量少,[③]所以,在诉讼渠道不畅通的情况下,非诉调解机制应该蓬勃发展,以弥补诉讼机制的缺位。然而,直至 2012 年 6 月,中国证券业协会才发布《中国证券业协会证券纠纷调解工作管理办法(试行)》。2013 年 12 月,上海证监局指导上海市证券同业公会设立证券纠纷调解专业委员会,旨在解决证券纠纷。证券纠纷调解机制对证券纠纷解决市场需求的迟钝反应,至少说明调解并不是市场主体最为迫切的制度需求;更何况中国国际贸易促进委员会调解中心以及上海经贸商事调解中心可以为证券纠纷提供调解服务,如果这两个纠纷调解中心再与上海市证券行业调解机制竞争案源的话,那么后者的实际功用将会被进一步削弱。

上海市证券业协会为何建立证券纠纷调解机构呢?可能的解读是上海市证券行业调解机制的设计由某些非市场的力量主导,因为“通过自上而下的命令强制推行调解制度肯定是中国当前调解制度发展的直接动力”。[④] 这种制度设计的内在逻辑表明上海金融纠纷调解机制的建设正在上演某种有利于制度设计者的资源争夺战,而置市场需求于不顾。

(三)司法确认非诉调解协议的法理缺失

我国法律和司法解释仅规定了对人民调解协议可以进行司法确认。2002 年最高人民法院颁布的《关于审理涉及人民调解协议的民事案件的若干规定》第 1 条规定:“经人民调解委员会调解达成的、有民事权利义务内容,并由双方当事人签字或者盖章的调解协议,具有民事合同性质。当事人应当按照约定履行自己的义务,不得擅自变更或者解除调解协议。”

① http://www.shanghai.gov.cn/nw2/nw2314/nw2319/nw2404/nw32611/nw32612/u26aw40378.html,2020 年 5 月 18 日访问。

② 参见于寅生:《论证券集团诉讼与我国证券诉讼制度的完善》,载《经济研究导刊》2015 年第 9 期。

③ 参见黄韬:《中国法院受理金融争议案件的筛选机制评析》,载《法学家》2011 年第 1 期。

④ 王福华:《译者序:调解发展的国际潮流与中国机遇》,载[澳]娜嘉·亚历山大主编:《全球调解趋势》(第 2 版),王福华等译,中国法制出版社 2011 年版,第 1 页。

2010年施行的《人民调解法》第33条第1款规定："经人民调解委员会调解达成调解协议后，双方当事人认为有必要的，可以自调解协议生效之日起三十日内共同向人民法院申请司法确认，人民法院应当及时对调解协议进行审查，依法确认调解协议的效力。"到目前为止，《民事诉讼法》及其他法律并未规定法院可以对第三方调解协议和行业调解协议进行司法确认。

2009年最高人民法院颁布的《最高人民法院关于建立健全诉讼与非诉讼相衔接的矛盾纠纷解决机制的若干意见》第20条规定："经行政机关、人民调解组织、商事调解组织、行业调解组织或者其他具有调解职能的组织调解达成的具有民事合同性质的协议，经调解组织和调解员签字盖章后，当事人可以申请有管辖权的人民法院确认其效力。"第25条规定："人民法院依法审查后，决定是否确认调解协议的效力。确认调解协议效力的决定送达双方当事人后发生法律效力，一方当事人拒绝履行的，另一方当事人可以依法申请人民法院强制执行。"2012年最高人民法院发布的《关于扩大诉讼与非诉讼相衔接的矛盾纠纷解决机制改革试点总体方案》第11条规定："落实调解协议的司法确认制度。经人民调解委员会调解达成协议的，当事人根据《中华人民共和国人民调解法》第33条的规定共同向人民法院申请确认人民调解协议的，人民法院应当依法受理。经行政机关、商事调解组织、行业调解组织或者其他具有调解职能的组织调解达成的协议，当事人申请确认其效力，参照《最高人民法院关于人民调解协议司法确认程序的若干规定》办理。"2012年最高人民法院、中国保险监督管理委员会联合发布的《关于在全国部分地区开展建立保险纠纷诉讼与调解对接机制试点工作的通知》规定了当事人可以申请法院对保险纠纷调解协议进行司法确认。这些规范性文件说明最高人民法院等有扩大适用司法确认范围的倾向和趋势。

《最高人民法院关于司法解释工作的规定》第6条规定："司法解释的形式分为'解释'、'规定'、'批复'和'决定'四种。"这说明，前述"意见""方案"和"通知"等规范性文件并不属于司法解释的范畴。《最高人民法院关于司法解释工作的规定》第5条规定："最高人民法院发布的司法解释，具有法律效力。"这种有限列举的方式，否定了此处"意见""方案"和"通知"的法律效力。所以，对行业调解协议和第三方专业调解协议进行司法确认的做法并无法条依据，其法理基础存疑。

三、上海金融纠纷非诉讼机制失灵的原因

(一)金融消费者对非诉调解机制的主动接受度较低

图10-1表明,自2010年至2014年,金融商事案件的调撤率逐年下跌。剔除客观调解不能(如缺席判决等)之外,"诉调对接制度的不断推进和完善,使得部分案件在诉前即获解决"。这里有一个不可忽视的因素是:法院等其他机构对金融消费者选用非诉调解机制具有的决定性影响。如果剔除各种"诉调对接"和"委托调解"机制的影响,那么当事人主动选用非诉调解机制的情况可能就少之又少了。比如,据公开数据显示,上海市法院2012年受理证券纠纷类一审案件仅有49起,2013年有76起,2014年为246起。① 这说明,证券诉讼在上海市仍极为小众,按理说因为证券诉讼压抑的大量证券纠纷会导致调解机制的受案数"井喷式"发展。然而,2013年上海证券纠纷调解机制年办案量仅为3起案件,而且其中2起还是中证协纠纷调解中心转办案件,只有1起是投资者来电投诉。② 造成这种反差的合理解释就是金融消费者对非诉调解机制的主动接受度较低,进入非诉调解的金融商事纠纷案件主要是通过法院等渠道接入的,而非当事人的主动选用。

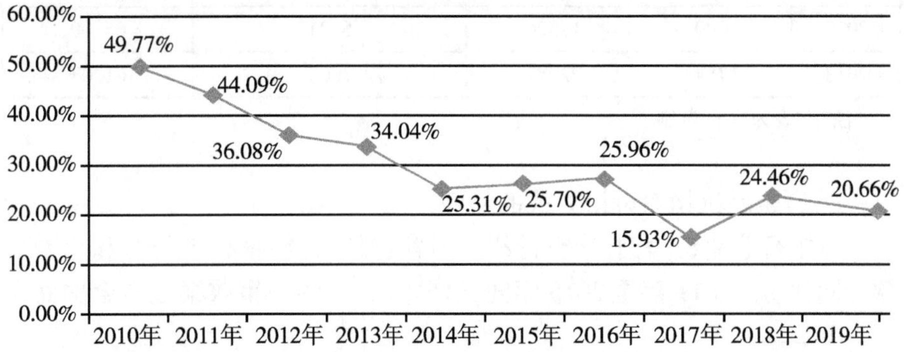

图10-1　2010年至2017年上海法院一审金融商事案件调撤率情况③

① 参见《2012~2013上海法院证券、期货、信托纠纷案件审判情况通报》和《2014年度上海法院金融商事审判情况通报》。

② 参见《稳步推进证券纠纷调解工作 成功调解3起证券纠纷》,载上海证券同业公会网,http://www.ssacn.org.cn/SSACN/SSACN_SITE/ViewArticle.aspx?id=6159,2019年6月30日访问。

③ 参见2014年、2015年、2016年、2017年《上海法院金融商事审判情况通报》。图为作者自制。

（二）金融消费者对诉讼方式的偏好压制了非诉调解的生长空间

据下表10－1可知，2010年至2013年间，上海市金融消费者①作为原告的一审纠纷收案数的绝对数量逐年上升，年均增长率为51.4%。一审原告为金融消费者案件数量相对于一审金融纠纷案件总量的相对数量也呈上升趋势。金融消费者作为原告的一审纠纷收案数的绝对量和相对数量逐年增长的现实说明金融消费者选择诉讼途径维护权益的意识逐渐加强。

金融消费者对诉讼的偏好与对非诉调解的低接受度形成了鲜明对比。金融消费者越来越强烈的诉讼维权意识，压制了原本就比较薄弱的非诉调解的生长空间。

表10－1　2010年至2013年一审原告为金融消费者的案件情况统计②

年份	类别			
	一审原告为金融消费者的案件数量（件）	一审金融纠纷案件收案数量（件）	一审原告为金融消费者的案件占一审金融纠纷案件收案数的比例（%）	一审原告为金融消费者案件的年增长率（%）
2010	515	8850	5.82	—
2011	660	9818	6.72	28.16
2012	1089	17526	6.21	65.00
2013	1754	22987	7.63	61.07

注：上表为笔者自制。

（三）金融机构对诉讼方式的偏好

以银行业纠纷为例，涉银行纠纷通常包括两类：银行卡纠纷和金融借款合同纠纷。2011年至2015年间，这两类纠纷的一审收案数占金融商事

① 金融消费者在中国是一个尚有争议的概念。借用消费者保护的概念，界定金融消费者应坚持的核心理念是倾斜保护。由于金融交易双方存在巨大的信息不对称以及“金融抑制”，交易双方的地位处于不平等状态，金融消费者处于交易劣势地位。以金融消费者保护作为金融规制依据和政策出发点在中国金融语境中存在难以克服的实现障碍。参见马建威：《金融消费者法律保护：以金融监管体制改革为背景》，载《政法论坛》2013年第6期；杨东：《论金融服务统合法体系的构建——从投资者保护到金融消费者保护》，载《中国人民大学学报》2013年第3期；李婧：《我国台湾地区金融消费者保护的最新发展及启示》，载《政治与法律》2011年第12期。

② 据《2010～2013年上海法院涉金融消费者权益纠纷案件审判情况通报》整理而成。

案件一审收案数的比例分别是 80.45%、83.98%、89.27%、90.64% 和 92%。[①] 2016 年至 2019 年间,该比例分别为 98.78%、92.79%、91.16%、98.61%。

以银行业为例进行说明,是因为涉银行纠纷占据了金融商事纠纷的绝大多数,具有代表性。对占据金融商事纠纷绝对比例的涉银行纠纷的当事人之一——银行的态度进行分析,基本上代表了金融机构对诉讼的态度。

有实证研究以 48 家银行或其分支机构为调研对象,以问卷调查方式研究了银行的解纷机制选项,调查结果详见表 10-2。

表 10-2　银行选择解纷方式的比例(偏好)[②]

解纷方式	协商[③]	调解	仲裁	诉讼	协商与仲裁	协商与调解	协商与诉讼	三种以上的方式
选择解纷方式的银行数量/家	7	1	1	13	1	5	6	14
选择不同解纷方式的银行占银行总数的比例/%	14.58	2.08	2.08	27.08	2.08	10.42	12.5	29.17

注:上表为笔者自制。

表 10-2 说明,只有极少数银行选择采用调解的解纷方式,大多数银行更倾向于用诉讼的方式解决纠纷。调解在银行业纠纷中并不受欢迎,[④]不是金融机构的制度需求,这在一定程度上影响或限制了调解机制功能的发挥。

① 参见 2014 年、2015 年、2016 年、2017 年、2018 年、2019 年《上海法院金融商事审判情况通报》。

② 参见于朝印:《商业银行金融仲裁:困境与出路——基于山东省调研案例》,载《西部金融》2013 年第 4 期。

③ 这里的"协商"实际上就是"和解"。

④ 本处虽然引用的基于山东省的调研数据,并不能完全代表上海市的情况。但是因为我国商业银行基本都是遵循"总行—一级分行—二级分行—支行"的运作模式,这种运营网络覆盖全国。各银行内部都有严格的汇报制度,具体的涉诉、纠纷解决情况等都须上报。上级银行再根据下级银行反映的情况制定出统一的应对规则。在这样的架构中,银行在应对纠纷解决的规则选择上具有趋同性。因此,山东银行业的纠纷解决取向基本上可以代表或者至少反映上海银行业的纠纷解决态度。

（四）我国法制建设经验主义合理性传统促使对调解进行大规模的司法确认

非诉调解协议履行与否，主要依赖于当事人的自愿。为了提高调解协议的履行率，实践中的普遍做法就是对其进行司法确认，以赋予其强制执行力。[①] 对非诉讼调解协议进行司法确认的做法虽然没有明确的法律依据，但是我国有权机关又没有完全禁止这种做法。这主要是因为我国有法律试行和制度试点的传统。法律试行和制度试点的意义在于，一方面它能预先测定社会上各方面的利益要求，保证我国社会秩序的相对稳定性；另一方面能估量法律公布后的社会影响和实施，便于立法和执法机关就种种反馈信息（意见）做出积极地回应，收集必要的立法和执法信息。[②] 对非诉讼调解协议进行司法确认的正当性基础不在于制度的合法性，而在于我国自改革开放以来所坚持的制度建设的经验主义合理性。邓小平同志曾说："有些问题，中央在原则上决定以后，还要经过试点，取得经验，集中集体智慧，成熟一个，解决一个。"[③]早在 1987 年，深圳特区就尝试土地使用权有偿转让制度，而当时我国 1982 年《宪法》是禁止对土地使用权进行转让的。由于这种试探性的做法带了巨大实益，在 1988 年修宪的时候，我国明确承认了土地使用权可以依法转让。[④] 现今对非诉讼调解协议进行司法确认的做法，正是秉承了我国改革开放以来，制度建设边干边学、不断改进的经验主义路径。深谙中国法制建设规律的"制度企业家"们，为了追求制度创新收益，都争先恐后地推进了对非诉讼调解协议进行司法确认的实践。

四、解决上海金融纠纷非诉调解机制失灵的路径

（一）整合现有制度资源以提高利用率

上海金融纠纷非诉讼调解机制的建设不应该把重心放在建立新的调

---

① 参见刘敏：《论诉讼外调解协议的司法确认》，载《江海学刊》2011 年第 4 期。

② 参见谢乃煌、丘国中：《法律试行的成本效益分析》，载《政法学刊》2011 年第 1 期。

③ 《邓小平文选》（第 2 卷），人民出版社 1994 年版，第 341 页。

④ 参见张建伟：《"变法"模式与政治稳定性——中国经验及其法律经济学含义》，载《中国社会科学》2003 年第 1 期。

解机制或平台上，而应该把重心放在如何整合和重配现有的平台资源，提高现有调解机制的利用效率。理论界及实务界对诸如建立上海金融纠纷调解中心之类的建议应该保持克制。具体来说，可行的路径包括：

第一，不要急于建立新的独立的第三方纠纷调解机制或平台，充分发挥上海经贸商事调解中心的作用。调解中心的调解范围包括当事人之间在贸易、投资、金融、证券、保险、知识产权、技术转让、房地产、工程承揽、运输以及其他商事等领域的争议。① 按照这样的设计，现有的金融纠纷基本都可以在该中心得到解决。正如前文所述，上海经贸商事调解中心并没有发挥预想的效用，造成了资源的浪费。上海市当下金融纠纷调解工作的重点之一应该是由监管机构适当地将金融纠纷引导至该中心进行解决。

第二，不要急于建立新的行业类的纠纷调解机制，重点利用和发展已建成的保险纠纷、银行纠纷以及证券纠纷调解机制。一方面，这可以逐步改变既有制度规则供过于求的现状，提高现有制度的运行效率，以降低制度的运行成本；另一方面，也可以在这三个比较成熟的领域进行纠纷调解机制的试验，摸索出一套兼具效率与公平的纠纷调解机制，为期货、信托等其他纠纷调解机制的建立积累经验。当然，保险、银行以及证券纠纷也可以提交至上海经贸商事调解中心进行解决。有些学者建议应先在我国各金融领域建立起行业性的申诉专员制度，在时机成熟时过渡到统合型的申诉专员制度。② 金融申诉专员制度包括了调解制度。按照这一逻辑，该建议支持我国建立行业性调解机制。但是，这种思路仍然罔顾了我国金融纠纷解决机制效率低下的现实，故不可取。

（二）金融纠纷非诉讼调解激励机制的设置

1. 行业性调解机制的激励及其误区的避免

市场性的调解机制应该有市场性的激励方法。行政性的调解机制，则应该有行政性的激励方法。“我国行业组织历史悠久，但近代以后的发展

---

① http://stj.sh.gov.cn/Info.aspx?ReportId=6e31dfab-8366-4052-aca4-2b1642dd08c9，2019年6月30日访问。

② 参见杨东：《论我国证券纠纷解决机制的发展创新——证券申诉专员制度之构建》，载《比较法研究》2013年第3期。

不如欧洲那样具有自治性，而是在官府的控制下发挥作用。”①不论是从人员配置还是经费来源来讲，我国行业组织遵循的基本是行政化的运作规律。对行业协会性的金融纠纷调解机构的考评也体现了行政化的考评模式，最主要的表现就是行业协会性的金融纠纷调解机构所提供的调解服务相当于是一种公共产品，这种服务的价格不能根据市场机制决定。监管部门需要保证行业性纠纷调解机构有充足的经费、人员配备等。由于我国行业协会的行政化特性，这些协会通常背负了行政机构的某些功能使命。因此，我国行业协会性的调解机制的工作目标至少有二：

其一，为金融消费者提供调解服务。该目标所遵循的基本准则是尊重与维护调解的基本原理和规律，严格依照调解的自愿性和处分性原则为当事人提供调解服务。在具体的制度规则方面，行业性的纠纷调解机制一方面要坚持金融消费者启动纠纷调解机制的免费原则，另一方面则应采取调解机制启动和终止的单方强制原则。换言之，启动和终止都应由金融消费者单方决定，金融机构必须接受。就裁决结果而言，应对金融机构有单方约束力，只要金融消费者接受调解结果，则金融机构必须接受；金融消费者不接受调解结果，可以继续启动其他救济机制。这种制度设计是贯彻对金融消费者倾斜保护理念的重要体现。②

其二，贯彻落实政府的社会管理目标。该目标所遵循的基本逻辑是必须上命下效地维护政府社会管理目标的实现，将国家的大政方针落实到具体的调解实践中。实际上，这两个目标在特定的条件下可能会相互冲突。尤其是在我国强力维稳、建设和谐社会的大环境下，前一目标极容易被后一目标所裹挟。调解的过程实际上就是纠纷当事人双方达成合意的过程。通常，纠纷解决者对合意的结果更为期待，也更为主动，而纠纷另一方当事人却常常处于被动的状态，以勉强的甚至消极的态度去接受纠纷解决者的这种“偏好”。③ 如果行业性的调解机构被赋予维稳等目标，则会进一步强化其对当事人达成调解合意的期待，纠纷当事人在调解的过程就会显得更

---

① 孙笑侠：《论行业法》，载《中国法学》2013 年第 1 期。

② 参见杨东：《论我国证券纠纷解决机制的发展创新——证券申诉专员制度之构建》，载《比较法研究》2013 年第 3 期。

③ 参见赵旭东：《民事纠纷解决中合意形成机制的检讨与反思——以当事人视角下的合意为中心》，载《法学家》2014 年第 1 期。

加被动。这有可能危害调解的任意性和处分性原则,最终扭曲调解的基本原理。因此,对行业性的纠纷调解机制的激励更应该注重服务对象的评价,而不应该把社会管理目标的实现作为其主要的考核标准和激励机制。

2. 市场化调解机制的激励及政府的适度干预

上海经贸商事调解中心是上海目前最主要的市场化的纠纷调解机构。该中心之所以"空转",根本原因就在于这种制度缺乏应有的市场基础,并没有形成调解作为一种优化选择机制的运作环境。在金融纠纷调解市场,最主要的两个主体是服务提供者和金融消费者。要解决金融纠纷调解市场疲软的问题,应该从这两个主体着手。

第一,市场对服务提供者的最大激励莫过于能够从其所提供的服务中赚取相应的利润。《上海经贸商事调解中心收费办法》(试行)详细规定了案件登记费以及调解费的收费方式和标准。这实际上是服务提供者提供相应调解服务的价格指引,也是促使服务提供者进入调解市场的核心动力所在。上海经贸商事调解中心的收费方式与2011年在香港成立的香港金融纠纷解决中心的收费方式极为相似,例如,香港金融纠纷解决中心向金融消费者提供解纷服务的价格大约是在4小时以内的,收取1000港元或者2000港元,超出4小时的则以每小时750港元或1500港元的标准收取,[①]而上海经贸商事调解中心则是每小时最低收费在3000元人民币以上。[②] 就服务价格来看,上海的要比香港贵。有学者跟踪考察了香港金融纠纷解决中心自其成立后的半年内的运行情况,发现中心收案量偏少,主要原因之一就是服务费用的价格定得过高。[③] 价格机制在调解资源配置与利益分配功能上的失灵,必须由政府采用法律、行政等非价格手段对价格进行管制和调整。[④] 上海经贸商事调解中心收案量过小的原因之一也是因为服务价格太高,金融消费者的调解服务需求与制度供给之间出现了偏差。因此,政府对于上海经贸商事调解中心服务定价机制要有适度干预,对

---

① 参见杨东、文诚公:《香港金融纠纷解决机制的新发展及其对内地的启示》,载《首都师范大学学报》(社会科学版)2013年第3期。

② 详见上海经贸商事调解中心官网,http://www.scmc.org.cn/application.aspx?CID=13,2019年6月30日访问。

③ 参见杨东、文诚公:《香港金融纠纷解决机制的新发展及其对内地的启示》,载《首都师范大学学报》(社会科学版)2013年第3期。

④ 参见赵凌云主编:《经济学通论》,北京大学出版社2005年版,第97页。

调解服务收费实行价格上限管制，以激励金融消费者对该平台的选择。

第二，金融消费者的主要目的是能够从调解市场中购买到质优价廉的调解服务，高效地解决纠纷。但是，在金融纠纷调解市场形成的初期，金融消费者对这种新型的市场化的解纷方式尚难接受，金融消费者的纠纷服务消费意识尚没形成，在一定程度上影响了上海经贸商事调解中心的运行。上海经贸商事调解中心完全市场化运行的前提条件并不成熟，市场机制的失灵应该由政府之手予以矫正。具体的做法是：其一，该机制的初创运行阶段不能完全靠服务收费制度支撑，中心应该适当降低服务费率，监管机构为中心向市场化过渡提供一定的资金支持。比如香港金融纠纷解决中心成立费用及前三年(2012 年 1 月 1 日至 2014 年 12 月 31 日)的运营经费由政府、金管局和证监会提供；2015 年 1 月 1 日起，中心运营经费由金融机构提供，并按公平及公正的方式进行分担。① 其二，监管机构、行业协会等应加强对市场化的调解机制的宣传，有意识地引导和鼓励金融消费者进入市场化的解纷市场，培养金融消费者的调解服务消费意识，提高金融消费者对该机制的认可度。

(三)对接调解协议与仲裁裁决是强化调解协议效力的有效途径

1. 调解协议与仲裁裁决对接的先例

为了克服履行调解协议自愿性低的缺陷，现实中发展出了调解协议与仲裁裁决相对接的做法。深圳证券期货业纠纷调解中心《调解规则》第 17 条规定："当事人达成调解协议的，为使调解协议的内容具有可强制执行的法律效力，任何一方当事人可依据调解协议中的仲裁条款，申请深圳国际仲裁院根据其仲裁规则的规定，按照调解协议的内容依法快速作出仲裁裁决。"深圳证券期货业纠纷调解中心的特色就在于通过仲裁裁决的形式来保证调解协议的强制执行效力，这不仅保证了调解协议在国内通过法院的力量得到强制执行，而且可以依照联合国《关于承认及执行外国仲裁裁决公约》在 149 个国家得到强制执行。②

深圳证券期货业纠纷调解中心与一般的调仲对接模式都将调解作为

① 参见孙天琦：《港台加拿大金融消费纠纷第三方调解机制及启示》，载《西部金融》2013 年第 8 期。

② 香港金融纠纷调解中心，http://www.fdrc.cn/CN/DetailPub.aspx?NodeCode = 101036002&id = 100000063291129，2019 年 6 月 30 日访问。

仲裁的前置性程序，无法达成调解协议的，则直接转入仲裁模式。这与一般的调仲结合模式的根本性区别在于仲裁机构对待成功的调解协议的态度，深圳模式可以直接根据调解协议的内容制作仲裁裁决书；而一般的调仲结合模式中并不能根据调解协议的内容制作仲裁裁决书，如果一方当事人反悔，则另一方当事人只能请求法院对调解书进行司法确认或者重新通过仲裁、诉讼等其他途径维权。显然，仲裁机构直接依据调解协议的内容制作裁决书的方式能够制止当事人在解纷过程中出现的反复，进而提高了解纷效率。

2. 调解协议与仲裁裁决对接的法理解读

深圳证券期货业纠纷调解中心将调解协议与仲裁裁决对接起来的前提是尊重当事人的意思自治并不违背金融调解的基本运作规律：首先，就调解协议与仲裁裁决的对接时点来看，调解中心制作调解协议后，直至当事人协议内容履行完毕之前，当事人都可以在平等协商的基础上，提请深圳国际仲裁院依据调解协议的内容制作仲裁裁决。在提请深圳国际仲裁院依据调解协议的内容制作仲裁裁决书的整个过程中，当事人的履行合意并没有破裂。而对调解协议的司法确认是在当事人的履行合意破裂之后，司法权才强势介入，此时当事人对调解协议的履行已经完全没有共识了。换言之，调解协议与仲裁裁决的对接是在当事人合意的基础上进行的，而法院对调解协议的司法确认是在当事人合意破裂之后进行的。

其次，就纠纷当事人在对调解协议和仲裁裁决相对接以及对调解协议进行司法确认中所扮演的角色来看，当事人的充分合意在前一情况下起到了决定性作用，如果没有当事人的合意，调解协议是不可能成为仲裁裁决书依据的，在这一过程中，当事人的自愿性和处分性得到了充分尊重；而在后一情况下，只有当事人不履行或者不完全履行协议内容时，才能提起司法确认，提请司法确认的往往只是纠纷当事人一方的单方行为，并不存在当事人双方的合意，也就是说仅仅由当事人一方的行为即可启动国家强制力的介入。

最后，现代商事仲裁与调解的趋同性为两者在制度机理方面的嫁接提供了天然的便利条件，但又不会因此而混同两者的基本制度价值和运作机理。在国际商事仲裁领域，仲裁意思自治原则的适用范围不断扩大：选用准据法解决仲裁协议的有效性（当事人行为能力问题除外）以及决定仲裁适用的程序法。当事人享有高度的意思自治是当代国际商事仲裁发展的重要趋势。[①] 调解和仲裁的共同特点就在于高度的意思自治性。调解的意思自治性贯穿于整个调解过程，包括调解协议的履行与否，都由纠纷当事人自我决定；仲裁意思自治与调解意思自治的本质差别就在于仲裁方式的一裁终局性和仲裁裁决的强制性。调解和仲裁解纷过程的趋同性越来越强，解纷结果的性质将在根本上决定调解与仲裁的区别。将调解协议与仲裁裁决进行对接，也仅仅是基于纠纷当事人的自我处分权，给纠纷当事人提供了一种新的可选的解纷方式，实际采取何种解纷方式，当事人仍有最终的决定权。

对非诉讼调解协议进行司法确认的做法虽然有经验主义的合理性，但缺陷也很明显，即多元立法主体（包括最高人民法院、银保监会、证监会等）的利益存在多元化，"可能会造成法律冲突和互相矛盾，并且各地方、各部门有可能形成地方保护主义，破坏法律的统一性、完整性，造成公众预期混乱，进而造成一些跨地区、跨部门的交易因规则混乱而无法达成契约。"[②]本质上，这说明非诉讼调解协议的司法确认欠缺合法性。将调解协议与仲裁裁决相对接的做法可以避免这种合法性缺失，提升调解协议的法律效力。

3. 调解协议与仲裁裁决对接的现实基础及路径

将金融纠纷调解协议与仲裁裁决对接起来，一方面借助仲裁方式的一裁终局性和仲裁裁决的强制性解决调解协议效力软弱的问题；另一方面顺应纠纷解决国际化的需求。在上海建设国际金融中心的进程中，金融纠纷也必然呈国际化趋势。上海应建立起有效的国际化的纠纷解决机制顺应现实的需求。上海可以考虑建立起调解协议与仲裁裁决对接制度。在硬件方面，上海国际仲裁中心已经建立了一套成熟的运行规则，基本可以保证相应的制度供给。此外，可以借助上海经贸商事调解中心的既有构架，在其调解规则中增添依据调解协议的内容提请上海国际仲裁中心制作仲裁裁决书的条款即可。在软件方面，经过 20 多年的发展，上海国际仲裁中心"以独立、公正、专业、高效的仲裁服务为当事人

① 参见杜新丽主编：《国际民事诉讼与商事仲裁》，中国政法大学出版社 2009 年版，第 152 ~ 153 页。

② 张建伟：《"变法"模式与政治稳定性——中国经验及其法律经济学含义》，载《中国社会科学》2003 年第 1 期。

解决争议,在国内外享有较高的声誉”。[①] 总之,上海具备建立调解协议与仲裁裁决相对接的条件。

五、结语

一项制度的设计和建立,必须考虑不同价值之间的有效平衡。金融纠纷调解机制的建立也应处理好制度效率价值和公正价值的关系。效率价值主要表现为要有一定数量的调解机制以供纠纷当事人进行选择。公平价值主要表现为调解机制的建设必须着眼于纠纷解决的效果。具体来说,金融纠纷调解机制的建立应遵循如下四个标准:第一,有多种解纷方式可供金融消费者选择适用;第二,金融消费者能够很方便地启动解纷机制;第三,解纷机制能够低成本且高效率地运行;第四,解纷效果能获得金融消费者的认同。前三个标准可称为形式标准,主要是为了制度效率价值的实现,最后一个标准可称为实质标准,主要为了保证制度公平价值的实现。从理论上看,上海市金融纠纷非诉调解机制在数量上基本可以做到为金融消费者提供了足够的解纷渠道,也考虑到要使金融消费者能够便利地启动相应的救济机制。但是,现有的调解机制忽略了对后两条标准的追求。目前的解纷机制和平台占用了大量的公共资源,但却起不到解纷的实际作用,究其原因是制度设计忽略了供求规律的基本逻辑,导致制度平台虚置和空转。

正如本章的分析,应然的逻辑是权力配置,而实然的逻辑是市场资源配置。上海金融纠纷调解机制的总体供应远大于市场对其的需求。现实需求的不足至少说明制度供求过剩,已有机制的运行成本比较高,制度资源浪费情况比较严重。上海市金融纠纷非诉调解机制处于初创期,制度运行效果如何还有待日后的跟踪评估。上海市金融纠纷非诉调解机制在现阶段急需解决的问题是整合现有制度资源,提高现有制度的利用效率,同时要采用调解协议与仲裁裁决相对接的方式避免公权力对调解机制运作机理的异化。

---

① 上海国际仲裁中心官网,http://www.cietac-sh.org/About.aspx?tid=2,2019年6月30日访问。

第十一章　金融自由化的逻辑和金融“边缘”变革的局限性

——以三个金融试验区为样本*

1978年中国共产党第十一届三中全会召开之后，中国政府出台了一系列经济改革措施，其中包括：1979年设立了4个“经济特区”，把“发展沿海地区”作为国家政策列入第六个五年计划（1981—1985年），[①]并在1984年开放了14个沿海开放城市，设定沿海地区的一些市、县、沿海开放城市所辖县等为“沿海经济开放区”；确立三个三角洲地区为沿海经济开发区，即长江三角洲、珠江三角洲、闽南三角洲（厦门—漳州—泉州）；确立海南省为省级经济特区。[②] 此外，国家还设立了一些“开发区”和“高新区”，并允许20多个副省级城市实施更加自主和优惠的经济政策。这些地区的开放管理政策，是推进改革开放战略的产物，带有地方试验的特点。

---

* 本部分曾发表在《东方法学》2017年第5期。

① The Sixth Five-Year Plan of the People's Republic of China for Economic and Social Development (1981 – 1985) (Beijing: Foreign Languages Press 1984).

② 中国有许多经济技术开发区、保税区、高科技园区、国家旅游度假区、出口加工区。它们扮演着不同的角色。例如，高科技园区致力于电子、机械和生物化学等制造业，这些产品更多地用于国内销售和技术转让。国家旅游度假区有权为该区的旅游企业提供较低的税率（24%），并审批高尔夫球俱乐部、外商投资的百货公司项目。

经济特区是中国经济转型过程中的制度创新,有机融合了政府在促进技术和投资中的政策作用和市场在计划经济改革中的自由化力量。设立经济特区的主要目的是吸引外国投资、资本和技术。在四十余年时间里,这些特区享受了优惠政策,吸引了国外投资、先进技术以及管理经验,其模式原理是采取“先局部试点,后推广经验”的渐进式策略。这是一种“涓滴效应”——从沿海地区向其他地区辐射经济增长、治理与政策制定方面的经验。因此,这些经济特区既被视为实施更自由、宽松经济政策的“窗口”,也被当作向其他地区传递理念和经验的“通道”。设立经济特区也符合地方分权理论。通过经济特区实现合理的权力纵向配置,以便满足地方偏好和地方需求。① 在地方政府政策选择和制定过程中引入竞争机制,②从而鼓励制度创新,③为其他地方和中央政府的制度创新提供制度实验和经验。④ 地方放权可以有效促进地方政府履行职责方面的竞争、质量和效率,从而促进社会福利的增加。⑤经济特区是中国产业政策的重要组成部分,是经济改革重要的制度设计。实证研究表明,设立经济特区对于经济增长有促进作用,能够显著提高人力资本并且增加人口数量。设立经济特区的溢出效应具有双重性。一方面,特区的知识传播和市场扩张会对其他城市产生积极影响;另一方面,特区的成立会在投资和劳动力方面从其他城市吸入资源,对其他城市造成负面效应。实证研究表明,设立经济特区对其他城市或周边地区的负面溢出作用不明显。⑥

全球金融危机爆发后,中国相继在浙江温州、深圳前海、上海浦东新区设立了 3 个试验区,即温州市金融综合改革试验区、深圳前海经济区和上海自由贸易区。和其他经济特区不同的是,这三个试验区肩负着深化金融改革的重任。从金融治理角度看,这是典型的地方性试验。理论上讲,地

① See Friedrich Hayek, “The Use of Knowledge in Soceity”, (1945) 35 American Economic Review 519 - 530.

② See Wallace E. Oates and Robert M. Schwab, “Economic Competition Among Jurisdictions: Efficiency Enhancing or Distortion Inducing?”, (1988) 35 Journal of Public Econoimcs 333 - 354.

③ See Justice Brandeis, “New State Ice Co. V. Liebmann”, (1932) US Supreme Court 285.

④ See Keith Boechelman, “The Influence of States on Federal Policy Adoption”, (1992) 20 Policy Studies Journal 365 - 375.

⑤ See Jonathan Rodden, “Comparative Federalism and Decentralization: On Meaning and Measurement”, (2004) 4 Comparative Politics 482.

⑥ See Simon Alder, Shao Lin and Fabrizio Zilibotti, “Economic Reforms and Industrial Policy in a Panel of Chinese Cities”, (2016) 21 (4) Journal of Economic Growth 305 - 349.

方监管部门和金融市场的亲密度更高，政策制定者无疑希望利用这种亲密度，更好地发挥地方在金融市场建设和开放方面的重要作用，通过地方性试验的先期改革，推进某些改革措施，同时收窄这些措施可能引发的负面效应。本章着眼于这三个试验区新施行的具有差别化和不同侧重点的金融政策，并就政策实施产生的缺陷展开分析。

一、温州金融综合改革试验区

温州素以其广泛存在的基于家族和人脉而成功经营的私营企业闻名。2012年初，温州地下银行体系的系统风险转变为一场“跑路”债务危机。[①] 借款人不能偿还贷款，地下银行无法兑付储户存款，导致至少80%的商人失踪、自杀、宣告破产。[②] 这场债务危机凸显了国内民间金融和影子银行体系的脆弱性。

浙江省是一个经济发达地区，私营企业在经济结构中的占比高。例如，2010年，私营企业贡献了浙江省GDP的73.7%，这个比例在全国所有省份中是最高的，甚至高于上海（47.8%）和广东（41.1%）。[③] 在温州私营经济中，影子银行系统扮演着重要角色，为温州赢得了中国私营企业中心和私营企业家摇篮的美誉。根据官方统计，温州地下银行未偿付贷款余额达1100亿元，[④]温州金融机构的不良贷款率在2011年8月和9月之间上升了0.18个百分点而达到0.55%，[⑤]2011年10月当地金融机构不良贷款余额约人民币11亿元，[⑥]这些数字凸显了私营企业的融资难题。

---

① 参见郑荷芬：《由温州民间借贷危机引发的地方金融创新思考》，载《浙江金融》2012年第5期。

② See Jane Cai, “Bad Loan Rate Adds to Woes in Wenzhou”, South China Morning Post, 5 November 2011, B3.

③ Bureau of Statistics of Zhejiang Province, A Comparative Study of the Development of Privately Owned Enterprises in Zhejiang Province (24 February 2011).

④ See Daniel Ren, “Zhejiang Helps Lenders Aid Small Firms”, South China Morning Post, 9 November 2011, B1. 参见刘少华、张赛萍：《民间借贷效应分析与地方政府监管途径选择——以温州“民间借贷危机”为例》，载《财经理论与实践》2013年第1期。

⑤ 据报道，温州不良贷款率是全国平均水平的三倍。“China's Leadership-Appearance and Reality”, Financial Times, 16 November 2012 (online).

⑥ See Jane Cai, “Bad Loan Rate Adds to Woes in Wenzhou”, South China Morning Post, 5 November 2011, B3.

随着中国推出4万亿的经济刺激计划,2009年货币增发量超过13.1万亿元,为民间融资创造了条件。但因为缺乏抵押物,私营企业很难从国有银行筹集资金,于是他们选择支付高昂利率从地下借贷市场获得资金。受到存款负利率影响的个人储户,开始选择在地下金融市场直接放贷,或投资于有着更高回报率的结构性票据和影子银行金融产品。

此外,借款成本的提高(包括飙升的黑市利率)、运营成本的增加(包括租金、原材料价格和劳动力成本)、[①]人民币的升值、外部需求的疲软(如对美国和欧洲市场出口的下降)、货币政策的骤紧,都直接导致地下金融市场的根本崩溃。全球金融危机后,温州出口贸易受困,制造业一蹶不振,资金链断裂,民间借贷市场崩盘,[②]企业开始纷纷倒闭,“影子银行”系统遭受严重打击,最终引发金融体系混乱,威胁社会稳定。

中国商人有向亲人和朋友借款的悠久传统。非正式的借贷市场满足了很多私营企业的资金需求,而这些企业通常因为达不到官方的资信要求而无法从银行获得资金,因此,协会组织在中国很受欢迎。例如,银行系统1998年发放的所有贷款中,给予私营经济的占比仅0.4%。如果将官方认可的非银行金融机构给私营和个体经济提供的资金包含在内,这一比例也仅是略微地上升至0.8%。[③] 实证研究指出,小额融资组织相对受欢迎是因为当地的经济结构和人口结构变化的趋势。改革时期,这些地方通常取得了一定的经济成就,并且发展了乡镇企业。故这些南部沿海城市的共同之处在于它们有强大的私营经济。

由于那些因得不到银行帮助而资金匮乏的企业的融资需求,以及资本雄厚企业和个人的闲置资金充足,地下借贷兴起。然而,这些私人贷款机构或资金池在中国的合法性是不确定的,主要取决于资金来源和贷款利率的设计。资金池里的资金不断更新以偿付投资者的利息。

与传统的银行贷款相比,地下借贷市场存在更高的系统性风险。存贷

---

① 高通货膨胀率使出口行业面临巨大压力。劳动力成本、租金和原材料价格上涨将使制造商在接受外国买家的订单时遭受10%至20%的损失。其他出口导向型地区,如广东省也遇到类似的问题,出口下滑、利润率低、经济增长速度缓慢。He Huifeng and Fiona Tam,“Slowdown in Shenzhen Mirrors National Gloom”,South China Morning Post,29 March 2012,A7.

② 参见徐滇庆:《温州民间借贷危机与金融改革——温州金融改革启示之一》,载《武汉金融》2012年第9期。

③ See “Fourth Quarter Financial Statistics”,Jinrong Shibao,25 January 1999,p.1.

款人之间的现金流可以被监控，从而普通银行贷款的系统性风险易于控制。然而，民间借贷隐蔽性强且缺乏契约规范，存在更大的潜在风险。由于借款人会不断地将资金贷给下一个借款人从而形成一条很长的债务链，贷款人会失去对现金流的掌控。任何一个借款人无法偿还贷款都可能给整条债务链打开潘多拉魔盒。此外，非正式贷款业务中的出借人（汇集当地的居民和企业），以互联互信的立体网络为基础，以套利为目的，从银行和其他私人贷款方手中借来资金这些贷款人追求更高的回报率。地下借贷的贷款人通常要求20% ~40%甚至更高的年利率，而很多时候官方的贷款年利率仅为6.56%。在新增银行贷款减少时，地下借贷利率更会飙升。为了偿还贷款，借款人可能被迫去进行新的借贷用以偿还利息，而本金展期。

温州的信贷紧缩和房价下跌进一步引发了抵押贷款的违约潮。据报道，截至2013年7月底，温州抵押贷款的规模为2477亿元，其中不良贷款为52.9亿元。[①] 投机行为助推了温州当地房价的飙升，最终迫使政府为了保持房价稳定而不得不出台抑制措施。前些年宽松的信贷环境导致过度杠杆化。根据官方数据，中国70个城市在2013年8月房价增速创下2011年1月以来最高水平。巅峰时期，温州房价比二线城市房价高出160%，并以基于信任关系的融资网络形成了大量无担保借贷。2011年8月以来，受流动性枯竭和政府限购政策影响，房价逐月下跌，成为官方调查的70个城市中唯一房价在过去几年下跌的城市。下跌的房价导致当初大举借贷投资房市的人放弃房产，并增加了贷款违约。

温州的问题在中国其他地区也切实存在，私营企业严重依赖地下借贷而不是银行贷款。据估计，中国内地个人贷款余额达到4万亿元，占中国总贷款余额的8%。[②] 2011年温州89%的家庭和个人以及59%的企业参与了民间借贷。[③] 截至2013年3月末，全国共有小贷公司6555家，贷款余

① See Esther Fung, "Debt-Laden Homeowners Bolt in Chinese City", The Wall Street Journal, 27 September 2013, C3.

② See Bloomberg, "A City Built on Borrowed Time", South China Morning Post, 11 November 2011, B10.

③ 参见梁亚、赵存耀：《"民间借贷"的法律边界——以温州"跑路潮"为背景》，载《南方金融》2012年第1期。

额6537亿元。[①] 随着房地产市场政策的收紧，大部分民间借贷涌入房地产投资热潮，而现在正显现出放缓迹象。由于风险控制较为松散，并且更多的资金贷给了小型公司，民间借贷公司的不良贷款问题远比银行严重得多。在经济增长放缓和市场流动性匮乏时，小贷公司的经营便遭受沉重打击。它们怠于或者无力为中小企业提供新的贷款，危及这些企业的生存并导致失业。民间放贷者之间不信任的加剧，可能会助推信贷的紧缩并最终导致更大范围的小企业破产。

温州“影子银行”体系的崩溃和企业的大规模破产倒闭影响了社会的稳定。尽管私营企业的规模和经济意义都较小，但实际上创造了60%的经济产出和80%的就业。[②] 防止私营经济的崩溃对于中国的经济来说至关重要。中国政府已经向困境之中的企业伸出了援助之手。前国务院总理温家宝于2011年4月在视察温州时承诺给予困难企业更强大的资金支持，敦促银行向中小企业发放更多贷款，[③]并在2012年4月批评“国内的银行获利太容易了”。[④] 随后，国务院开始着手改革甚至彻底整顿银行业，在温州试点如何引导更多资金流向私营经济，以抑制“影子银行”。比如，避免大额国内存款通过银行贷款的形式流入不透明且充满风险的表外业务。[⑤]

温州成为中国金融改革的一个新试验区。2012年3月，国务院批准其作为金融改革的试点城市，开展金融综合改革，以切实解决温州经济发展存在的突出问题、规范民间借贷行为、治理地下借贷市场，并将其作为全国金融改革的试验地。[⑥] 自此，温州致力于推进建设金融综合改革试验

① Jane Cai, “China Microlenders Get Death Threats as They Try to Recover Bad Loans”, South China Morning Post, 8 June 2013 (online).

② 参见刘磊：《温州民间借贷探析——兼析温州金融综合改革试验》，载《西南民族大学学报（人文社会科学版）》2012年第10期。

③ “Fearful Symmetry”, The Economist, 19 November 2011.

④ Simon Rabinovitch, “Chinese Banks Face Scrutiny Over Profits”, Financial Times, 31 October 2012 (online).

⑤ Reuters, “Shadow Bank Reform Needed to Fight Bubbles”, South China Morning Post, 12 January 2012, B3.

⑥ 参见刘磊：《温州民间借贷探析——兼析温州金融综合改革试验》，载《西南民族大学学报（人文社会科学版）》2012年第10期。

区，促使当地地下银行系统朝着合法化的方向发展。[①]

治理温州民间金融的路径在于正规化和制度化，使民间金融能尽快从无序走向有序。可供采用的政策选项包括：鼓励当地企业家设立小型金融公司、注资本地银行、投资其他金融产品（私募股权公司）；[②]为防止不良贷款激增，引导民间资金通过以小贷公司为主的正规机构流入当地企业；实施试点方案，允许个人用人民币进行海外直接投资；提供更容易获取的银行贷款，对温州的民间借贷利率设定上限，并严厉打击高利贷行为。此外，温州计划设立一个金融交易所，为借贷双方提供一个对接平台。温州政府启动了5亿元应急资金助力私营企业。[③] 另外，允许民间资本设立银行，规范当地大量非法地下银行。[④] 这些措施一定程度上缓和了金融市场的供需失衡，促进了金融市场的有效竞争，打破了高度垄断的金融体制。[⑤]

2012年12月开始发布的温州指数，即民间融资综合利率指数，有助于增加民间借贷市场的透明度，使温州民间借贷利率更容易被比较和监测。温州指数会每周进行更新。根据监测，2012年11月最后一周的民间融资利率是21.43%，[⑥]2013年12月利率则是19.91%，比年初下降了1.12个百分点，其原因在于民间借贷市场竞争加剧，银行加强了对小微企业的支持。

根据国务院下达的温州金融改革方案，民间借贷从业者作为自负盈亏的私营借贷机构需要通过登记注册成立民间借贷资产管理公司，将民间借

---

① 温州民间借贷危机发生后，浙江出台了国内首个《关于加强和改进民间融资管理的若干意见（试行）》，引导民间资本回归实体经济，试点推行民间融资备案管理制度。温州出台了《规范引导民间借贷市场健康有序发展的实施意见（暂行）》，规范引导民间借贷市场有序发展。

② See Daniel Ren, "Fears Wenzhou Reforms Could Increase Risks", South China Morning Post, 30 April 2012, B3.

③ See Daniel Ren, "Zhejiang Helps Lenders Aid Small Firms", South China Morning Post, 9 November 2011, B1.

④ See Simon Rabinovitch, "China's Stores Check out Chance to Try Banking", Financial Times, 15 October 2013, p. 18.

⑤ 根据国务院《关于鼓励和引导民间投资健康发展的若干意见》，政府应该积极引导民间资本参与农村信用社、城市合作银行等正规金融组织改组改制，收购那些效益差、资产质量低的正规金融机构，同时选择部分市场化程度高、自我约束能力强和适应利率市场化冲击能力高的商业银行，进行利率市场化的试点，平稳减少管制下的存贷利率在金融市场的所占的比例，推进利率并轨。

⑥ See Reuters, "Wenzhou Launches Private Lending Index", South China Morning Post, 10 December 2012 (online).

贷引入公开注册的民间资产管理公司。通过专业的融资信息搜集技术，进行分析评估，搭建连接资金供需双方的桥梁，为投资者提供安全的投资渠道，为需要资金的企业提供合法资金来源，以避免地下民间借贷风险扩大。[①] 另外，温州民间借贷登记服务公司，通过对资金的需求信息进行统计，将中小企业的资金需求与民间资本供给信息透明化；并通过合同和借贷手续实现中小企业和民间资金对接，提升民间借贷市场信息的透明度和对称性，最终改善监管。[②] 温州还成立了地方金融监管服务中心，对股权投资公司、民间资本管理服务公司、寄售行和其他各类投资公司进行监督和管理。[③]

浙江省采取了更具体的措施，放宽对小贷公司的限制，以更好满足资金匮乏的中小企业的融资需求。同时，当地政府逐步允许小额贷款的提供者筹措更多的资金以满足放贷业务需要。小贷公司的融资比例可放宽至资本额的100%。[④] 这些措施旨在放宽对小贷公司的管制，维持健康的金融体系。然而，这些举措并不足以化解小贷公司的困境。银监会早在2006年就已允许国内公司和个人设立小贷公司，为客户提供小额贷款服务。根据央行的数据，截至2011年6月底，中国大陆共有小贷公司3366家，贷款总余额为2875亿元。[⑤] 不过，小贷公司实际上仍然需要遵守一些硬性规定。例如，注册资本不少于5000万元，不能向公众和公司吸收存款，发放贷款的利率不能超过央行规定的银行同类贷款利率的4倍。这些规定使得浙江省内134家小贷公司(净资产总额230亿元)[⑥]的运营面临困难。而在更宽松的政策之下，小贷公司可以借入115亿元以满

① 参见刘磊：《温州民间借贷探析——兼析温州金融综合改革试验》，载《西南民族大学学报(人文社会科学版)》2012年第10期。

② 参见冯辉：《论“嵌入式监管”：金融监管的理念创新及制度应用——以民间借贷的法律监管为例》，载《政治与法律》2012年第8期。

③ 参见刘少华、张赛萍：《民间借贷效应分析与地方政府监管途径选择——以温州“民间借贷危机”为例》，载《财经理论与实践》2013年第1期。

④ See Daniel Ren, “Zhejiang Helps Lenders Aid Small Firms”, South China Morning Post, 9 November 2011, B1.

⑤ See Jane Cai, “Banks Warned on Risk of Underground Lending”, South China Morning Post, 15 September 2011, B3.

⑥ See Daniel Ren, “Zhejiang Helps Lenders Aid Small Firms”, South China Morning Post, 9 November 2011, B1.

足放贷业务的需要。①

此外，温州还出台了金融综合改革试验区指导方案。根据新规，温州将为民间资本建立登记体系，私人企业和个人可以参与“阳光民间借贷”计划，这将有助于改善资本市场的流动性，使更多的民间资本可以出借给个人或企业。② 温州市政府设立了中介公司，这一实质性措施破除了只有金融机构可以开展吸纳存款和发放贷款业务的规定。同时在资本管制方面，鼓励更宽松的外汇管制和海外直接投资。如果这些制度可以得到有效执行，温州将成为全国的金融服务中心，温州在影子银行合法化方面的成功经验将有助于中国加快民间借贷的立法进程。

这些措施和目前欧盟正在开展的工作有相似之处。一些欧洲银行，例如，瑞银集团和苏格兰皇家银行，已经在和专业贷款基金探讨如何将这些资金推介给公司客户群。鉴于欧盟银行业可能出现大幅度“去杠杆化”的现象，欧洲的银行在贷款业务中只会扮演中介的角色。换言之，这些银行会帮助贷款基金汇集有贷款需求的中小企业的资金，并提供信用评估服务，收取最高3%的服务费。随后这些贷款基金为中小企业提供优先贷款和价格较高的夹层贷款的组合，以满足借款人低融资成本需求和贷款基金期望收益之间的平衡。③

然而，经济学家和法学家怀疑这些措施的效果，认为对放宽金融领域管制所做的努力也会助长资金在房地产市场的投机，而不是对实体经济进行生产性投资，即所谓的“脱实向虚”。金融改革能否拯救于水火之中的温州或者引领全国范围的改革仍不确定。④ 事实上，试点计划已经因为欧债危机而受到一定程度的阻碍。⑤ 为积累更多的经验，并为未来金融领域的进一步深化改革作试点，中国指定上海、天津、珠三角等地区对金融服务

① See Daniel Ren, “Zhejiang Helps Lenders Aid Small Firms”, South China Morning Post, 9 November 2011, B1.

② See Daniel Ren, “Underground Baning May Become Thing of the Past in Wenzhou”, South China Morning Post, 24 November 2012 (online).

③ See Daniel Schafer and Patrick Jenkins, “Banks Look to Farm out Portion of SME Loans,” Financial Times, 4 May 2012, p. 13.

④ See Daniel Ren, “Fears Wenzhou Reforms Could Increase Risks,” South China Morning Post, 30 April 2012, B3.

⑤ See Bloomberg, “More Convertible Yuan Next Goal, China's Central Bank Chief Says”, South China Morning Post, 18 November 2012 (online).

行业进行试点改革。[①] 中央政府计划在评估地方政府改革措施的基础上再制定全国范围的整体改革方案。

二、深圳前海特别金融试验区

深圳前海于 2012 年 6 月设立特别试验区，试点人民币自由兑换。[②] 2012 年 6 月 27 日，《国务院关于支持深圳前海深港现代服务业合作区开发开放有关政策的批复》中，明确支持前海在金融改革创新方面先行先试，建设我国金融业对外开放试验示范窗口。[③] 2012 年国家发改委印发的《深圳前海深港现代服务业合作区产业准入目录》中的金融业条目达 23 条，包括银行业金融机构、非银行金融机构、证券、保险、基金、要素交易市场、融资租赁、融资担保服务、离岸金融服务，以及其他创新金融服务等。前海改革的措施包括支持香港金融中心和人民币离岸中心建设、有效解决香港人民币资产投资渠道不足的问题、对接香港金融资源和内地产业资源，[④]因此，也被称为深港现代服务业合作区。深港现代服务业合作区注册资本总额超过 372 亿人民币，截至 2013 年 1 月已有 302 家企业获批进入前海。深圳前海、珠海横琴、广州南沙是中央政府支持的促进广东经济发展和粤港澳合作的三个重点项目。按计划，前海被设计为以人民币国际化为重点的金融改革试验地，将被打造成一个高水平、高质量、高附加值的现代服务产业区。[⑤]

尽管中国在 1994 年对外汇制度进行重大改革，人民币仍然不能在国际外汇市场上进行自由兑换，[⑥]外汇或人民币的资本流动仍然受到严格的

---

① See Bloomberg, "More Convertible Yuan Next Goal, China's Central Bank Chief Says", South China Morning Post, 18 November 2012 (online).

② 开发前海的起点是深圳市人大在 2006 年批准的《深圳 2030 城市发展策略》，重点建设前海地区、构造城市中心服务体系。参见张燕、冯邦彦：《制度创新视角下深圳前海的功能和定位分析》，载《南方金融》2011 年第 8 期

③ 参见王楠：《前海深港现代服务业合作区港资银行准入法律问题探讨》，载《特区经济》2012 年第 10 期。

④ 参见国家发展与改革委员会发布的《前海深港现代服务业合作区总体发展规划》（发改地区[2010]2415 号）；汪云沾、张善伟、喜鹏：《前海金融战略定位及深港证券业合作探讨》，载《证券市场导报》2013 年第 2 期。

⑤ See Minnie Chan, "Qianhai Experimental Zone Won't Be Expanded, Says Shenzhen Mayor", South China Morning Post, 28 January 2013 (online).

⑥ 在外汇管制制度中，中国区分了两种类型的交易：经常项目和资本项目。1996 年，中国正式满足国际货币基金组织关于经常账户可兑换性的第八条规定。

管控。在此次全球金融危机之后推进的汇率改革中，[①]中国已经在推进人民币国际化的道路上采取了更多的实质性措施。中期策略是让人民币地流入和流出更加容易，并促进人民币在国际贸易和金融交易中更为频繁的使用，以减少对美元的依赖。实现这个中期目标的方法是扩大人民币在国际投资者间的使用，以推动人民币国际化。

根据2012年中国人民银行发布实施的《前海跨境人民币贷款管理暂行办法》，在前海注册成立并在前海经营或投资的企业可以从香港银行借入人民币资金。[②] 2013年1月下旬，15家香港银行获批和前海的15家企业签订26个贷款协议，发放总额为20亿人民币的贷款用于工程建设。[③]与内地银行必须遵守官方规定的贷款利率不同，前海跨境贷款利率可由借贷双方协商确定，这也是大陆利率改革的一项尝试。考虑到目前香港的银行只能向香港的企业贷款，而不能向大陆的企业发放贷款，这些改革将进一步推动跨境人民币借贷业务，并有助于开拓境外人民币资金回流大陆的新渠道。

前海试行人民币资本项目在一定范围内可自由兑换，探索汇率市场化。在资本项目逐渐开放的情况下，提高汇率灵活性，防止大量热钱流动。[④] 这些措施是中国放松严格的资本账户管制的开始。对于香港的银

---

① 中国根据“改革和发展的需要”，采用了一种“以市场供求为基础的”、参考“一篮子货币”进行调节的新型浮动汇率制度。这个政策的制定远早于2005年，中国在1993年就开始逐步放开外汇政策，使人民币自由兑换。详见《中共中央关于建设社会主义市场经济若干问题的决议》，载《人民日报》1993年11月15日。2003年，中国进一步计划在有效防范风险的前提下“选择性地，逐步地放松对跨境资本交易的限制，并逐步建立人民币在资本项目上的可兑换性。参见《中国共产党中央委员会关于建设社会主义市场经济若干问题的决议》，载《人民日报》2003年10月22日。这是中国第一次特别提到将资本项目可兑换作为其官方目标。

② 包括汇丰银行、恒生银行、东亚银行、新鸿基金融、东京三菱UFJ银行、三井住友银行和工商银行在内的37家香港和日本的银行及金融公司于2012年7月签署了前往前海投资的协议。Sandy Li, “Hong Kong Banks May Extend Yuan Loans to Firms in Shenzhen’s Qianhai Zone“, South China Morning Post, 28 December 2012(online).

③ 这15家银行包括汇丰银行、渣打银行、中国银行(香港)、东亚银行、永隆银行、南洋银行、恒生银行和中国工商银行香港分行、中国农业银行香港分行和中国建设银行香港分行。Enoch Yiu, “Banks Get Green Light for 2b Yuan in Cross-border Loans for Qianhai”, South China Morning Post, 29 January 2013(online); Reuters, “Qianhai Cross-border Loan Scheme Starts with 2b Yuan”, South China Morning Post, 29 January 2013(online)。同时，香港券商催促深圳市政府允许它们与内地对口公司在前海建立合资企业。

④ 参见李勋：《前海深港现代服务业合作区金融业发展的法律研究》，载《暨南学报(哲学社会科学版)》2011年第5期。

行而言,这是配置人民币资金和推动人民币跨境双向流动的新商机。同时,这项试验也是中国政府放开资本管制和推动人民币国际化,并最终使其成为可自由兑换货币所采取的进一步措施。在过去的几年里,中国企业已经可以用人民币进行大多数的国际贸易活动,并可以将大额的人民币汇往海外。同时,外国机构也有机会将其持有的人民币存款投资于点心债券和购买中国证券。

前海是中国大陆尝试取消资本管制的金融试验区,促进了资金的双向流动,提升了人民币的可兑换性。政府支持香港离岸人民币业务的发展,鼓励跨境人民币业务的创新,允许在前海经营的银行跨境开展人民币贷款业务和发行人民币债券。前海实施的任何措施都会给香港的银行更多开展现有业务的机会,如同业拆借和点心债券投资以外的其他人民币贷款业务。合格境内个人投资者(QDII2)和合格境内机构投资者计划(RQDII)使得香港人民币存款总额快速增长。前海特别经济区的金融改革有效地刺激了香港人民币存款从占城市存款总额的10%上升至30%。[①] 基于特别经济区产生的巨大溢出效应,前海的影响将会扩散至所有与之相连的地区。

香港金融界人士建议中国政府批准在前海注册的公司投资香港市场,以促进跨境证券交易。其中一个可能是,前海合格境内机构投资者计划(QDII3)会有助于从前海进行交易。在合格境内机构投资者计划(QDII,即取消资本管制)下,内地投资者可以通过购买大陆银行和基金公司推出的基金产品进行海外投资,这些产品获得了在香港或海外市场投资的配额。[②] 中国的监管机构于2012年考虑引入QDII2,允许个人投资者直接交易香港的证券。然而,该计划尚未开始实施。QDII3计划可能允许在前海设立的公司在香港证券市场投资一定金额。QDII3是一个新概念,使前海成为内地居民投资海外的门户。然而,前海特别试验区的成功更多取决于中国进一步放宽其对利率的管制,以及在应对放开资本账户管制所带来的风险时不断深化国内债券市场改革。[③] 中国内地对资本进行规范管理,只

① See Jeanny Yu, "Hong Kong RMB Deposits Seen Surging on Qianhai Reforms", South China Morning Post, 20 July 2013 (online).

② See Enoch Yiu and Jeanny Yu, "Industry Players Want Qianhai Trade Zone Firms to Invest in Hong Kong", South China Morning Post, 13 July 2013 (online).

③ "China State Council Approves Special Financial Test Zone in Qianhai", available at http://english.caijing.com.cn/2012-07-04/111927931.html

有机构投资者可以进行海外投资,并且只有通过原始的QDII计划,给予地方机构投资境外股票和固定收益产品的额度。近几年,QDII基金在努力吸引资产,[①]其回报超过了境内市场。

前海作为金融改革开放试验区,为内地和香港证券业的发展提供了机遇。深港通的开通有利于开拓跨境经营、融资和投资渠道,扩大市场发展空间和容量,提升证券行业服务实体经济的能力。整合利用银行、证券公司、保险公司的资源,形成信息共享、损益互补机制,取得范围经济的合成效应和边际效应。[②] 2010年8月26日,国务院正式批复了《前海深港现代服务业合作区总体发展规划》,建立股权交易所、石化交易所、排放权交易所等要素交易市场。前海可以进一步拓展跨境人民币投融资渠道,进一步降低深圳企业境外发行人民币债券门槛,允许前海注册券商发行人民币股票;并推动前海财富管理中心建设,将海外金融产品引入国内,配置全球资源,推动人民币跨境业务发展。[③]

深圳政府确立了2020年前海试验区GDP达到1500亿元的目标。最新近况表明中国政府将前海定位为人民币自由兑换试验场。不同于上海自贸区,前海只是一块空地。前海另一个低效率的表现是,其政策覆盖面太窄,无法为外国投资者带来显著的利益。对于大多数渴望进入前海的国际企业来说,它们需要更清晰地了解如何实现资金的流入和流出。中国封闭的资本账户制度意味着资金无法实现自由流入和流出。除了以贷款的形式进行人民币的自由兑换外,私募股权基金可以投资于前海的公司。[④] 不过,有些细节仍不明确。前海之外的私募股权基金能否获得政策规定的特权基金地位?如果不能,那么在前海注册的境外基金是仅仅可以在前海实现资金的自由流动和兑换,还是也可以进入中国其他地区?基金公司还想知道,其投资后何时可以并且以何种方式将资金转移出中国?

---

① See Ellen Kelleher, "Shanghai Free-trade Zone Lifts Expectations", Financial Times, 29 September 2013(online).

② 参见汪云沾、张善伟、喜鹏:《前海金融战略定位及深港证券业合作探讨》,载《证券市场导报》2013年第2期。

③ 参见韩汉君:《上海自贸区与滨海、前海的金融创新比较》,载《浦东开发》2014年第8期。

④ See Enoch Yu, "Investors Want More Details on Qianhai", South China Morning Post, 19 July 2013, B3.

三、上海自由贸易区

中国政府于2013年9月在上海成立了自由贸易区,这是中国为将上海打造成领先的国际贸易和金融中心而迈出的重要一步。[①] 上海自由贸易区原先占地28.78平方千米,横跨外高桥、洋山港和浦东新区,2015年3月1日,自贸区的范围扩展到陆家嘴金融贸易区、张江高科技园区和金桥出口加工区。

商界将自由贸易区视为中国政府十多年来最重要的经济改革政策。国内外的因素,尤其是中国经济增长模式的重大变革,推动着中国进行法律和监管制度改革。在国内,工资攀升和劳动力老龄化迫使中国走向"中等收入"陷阱。在国外,竞争对手纷纷撇开中国建立区域自由贸易区,如跨太平洋伙伴关系和跨大西洋贸易与投资伙伴关系。这两方面的因素促使中国必须进一步开放效率低下并受过度保护的金融行业。如果中国想继续做一个值得信赖的贸易伙伴,就必须考虑如何确保经济模式的安全以及实现发展成果的共享。正如建立深圳经济特区,上海自由贸易区的建设被视为邓小平开展深圳经济特区市场化试验的延续。上海自贸区作为一个受控制的试验场,区内开展包括放松利率管制、外商投资审批等在内的关键经济改革措施,自由贸易区在地域上的扩大是实现贸易自由化的有效方式。如果能够取得成功,该区域将承担更广泛的市场改革和试验的使命。[②]

(一)自由贸易区的重点改革措施

上海的目标是建设成为国际金融中心,特别是人民币产品中心,即人民币产品创新、交易、定价和清算中心,最终建成与我国经济实力及人民币国际地位相适应的国际金融中心。[③] 国务院强调自由贸易区建设的6个

---

① 目前,在上海有六个保税区:1个保税区(外高桥保税区)、1个保税物流园区(外高桥保税物流园区)、1个洋山保税港区、3个综合保税区(浦东机场、漕河泾、奉贤)。2012年,三个保税区贸易额达到1000亿美元。Alice Yan and Enoch Yiu,"Shanghai Plans Free-trade Zone",South China Morning Post,28 January 2013 (online). 参见中国新闻网,http://www.chinanews.com/cj/2019/03-20/8785645.shtml,2020年5月5日访问。

② 参见郑杨:《上海自贸区的金融改革》,载《中国金融》2014年第5期。

③ 参见《"十二五"时期上海国际金融中心建设规划》;闫海洲、郑爽、黄诗晖、王安颖、赵星印:《国际离岸金融市场发展对上海自贸区建设的借鉴意义》,载《上海经济研究》2014年第10期。

重点领域：金融服务、航运服务、商贸服务、专业服务、文化服务、社会服务，并在3年内开放，如表11－1所示。

表11－1　上海自由贸易区开放的重点投资领域

领域	行业
金融服务	银行服务；专业健康医疗保险；融资租赁
航运服务	远洋货物运输和国际船舶管理
商贸服务	增值电信业务；游戏机、游艺机销售及服务
专业服务	律师服务；资信调查；旅行社；投资管理；建筑服务；人才中介服务；工程设计
文化服务	娱乐场所；演出经纪
社会服务	教育和职业技能培训；医疗服务

拟议的规则包括21项旨在吸引外国投资的举措，涵盖金融服务、商品贸易、文化产业等多个行业领域，其中18项政策举措减少了对上述6个重点领域的限制。总体目标是促进贸易，提升金融服务和行政管理水平，以及鼓励外商投资18个受严格监管的服务行业，如航运服务，工程服务和法律服务。

1. 贸易和物流

自由贸易区初期主要针对物流行业，如经由自贸区进出口的商品将享受较低的关税，以利于商品和原材料的保税仓储，并可为交易或抵押贷款和出口制造商之用。[①] 已公布的计划充分表明了上海自贸区进行广泛改革试验的决心，即把自由贸易区打造成香港那样的地方，或是一个允许货物零关税进口的自由贸易港，从而促进跨境商品流动和资本流动。在保税免税区，货物可以进口、加工、制造、改造和再出口而不受海关影响，并且预计不征收进口关税和增值税。

上海自由贸易区最终会通过简化和减少行政审批程序加快进出口贸易。这不仅可以节省公司的交易成本，而且可以使上海成为亚洲零售市场的区域性交易中心。然而，上海的地理位置将影响甚至限制该目标的实现，只因计划的重点似乎有利于服务行业，以体现对高附加值企业（外国

① 2013年9月29日上海市人民政府令第7号颁布的《中国（上海）自由贸易试验区管理办法》第16条（航运枢纽功能）。

人力资源公司和国际贸易代理）的重视。

自由贸易区允许外国公司参与商品交易。外国商品交易所和贸易公司可以拥有仓库。[①] 在上海自由贸易区设立期货交割仓库可以很大程度上取代韩国釜山和新加坡的类似功能，帮助中国企业降低交易成本。由于上海自贸区内的商品交易将被视为境外交易，在该区建立期货交割仓库不会对国内期货交易、交割和定价系统产生影响，也不会对国内金融市场的稳定产生任何负面影响。

2. 税务

一般来讲，位于自由贸易区的企业可以享有就货物免关税的优惠待遇，因为它们虽然位于东道国的国土之上，但却在该国的关税区域之外。自由贸易区应该提供更优惠的税率。上海自贸区一度传出消息称将符合条件投资者的企业所得税降低为 15%，[②]这比香港 16.5% 的企业所得税税率更为优惠。其他举措包括降低个人所得税的税率，目前，中国个人所得税的最高档为 45%。但国家税务局最终并没有采取这一举措，上海自贸区内的企业所得税仍然和中国其他地区一样维持在 25%，而非香港的 16.5%。

中国目前实施了一些有限的税收优惠政策。投资者以非货币性资产的形式将资本注入他们在自由贸易区内的公司，可以就其资产溢价在 5 年内分期缴纳企业所得税和个人所得税。在北京的高新技术开发区中关村，专业人员就其在自由贸易区实施的股份期权计划所得到的收益，可以享受个人所得税优惠待遇。在天津滨海新区的自由贸易区，金融租赁公司将享受增值税出口退税优惠。税收优惠政策的有限范围表明自由贸易区并不完全是激励出口导向型产业的试验区。

中国经济改革的历程证明，地方经济蓬勃发展的历史就是一部减税史。深圳等四大经济特区和上海浦东新区的经济发展都有减税的影子，通过减税吸引物流和人流，从而实现经济的跨越式发展。典型的减税措施包括两免三减半和对外企特别适用的优惠所得税税率。得当的减税措施可以降低企业税费负担，鼓励企业技术创新，提高供给侧质量，降低中产阶层

① See George Chen, "Shanghai Free-trade Zone May Just be the Start of Something Bigger", South China Morning Post, 4 September 2013 (online).

② See Benjamin Robertson, "Shanghai Free-trade Zone a Proving Ground for Wider Reforms", South China Morning Post, 29 September 2013 (online).

的税负。①

3. 外商投资

自由贸易区计划向外国投资者开放更多的行业领域,允许设立外商独资演出经纪机构和医疗机构。经主管部门批准后,在中国禁止销售的视频游戏机也允许进行销售。另外,还允许中外合作设立人才管理机构。以上开放措施适用于在自贸区内注册的公司。② 自由贸易区欢迎国外电信公司竞投区内互联网服务牌照。目前,中国通信市场由三大运营商共享支配地位,即中国移动、中国联通、中国电信。但出于国内的政治压力,该项工作至今进展寥寥。2000 年中国政府曾以担心暴力视频游戏可能对国内青少年产生有害影响为由实施该禁令。中国废除销售外国游戏机的禁令,放宽对其限制的措施于 2014 年 1 月 7 日正式实施,允许外商投资企业将他们游戏产品运输到上海自由贸易区。该措施让微软、任天堂、索尼等有机会进入中国数十亿美元的潜在视频游戏市场。③

作为自贸区规划蓝图的一部分,中国东方航空公司被批准在自贸区内从事跨境电子商务,并可以直接向消费者出售高档商品和食品。东方航空公司电子商务业务的服务对象就是自贸区内的 B2C(Business-to-Customer)客户群。④

---

① 供给学派认为税收能够直接影响商品和劳务的供给。较低的税率能够对工作、储蓄、承担风险和投资有更大的刺激。供给学派不关注需求侧和税收对政府开支的影响。里根实施的以大幅度减税为核心的"经济复兴计划"削减政府开支、减少政府对经济的干预,同时减少货币供给,扩展自由贸易和推进经济全球化。里根减税计划的重点是削减个人所得税率和资本利得税率,刺激了储蓄、投资和工作效率,使得美国经济在 1982 年到 1999 年经历了超级扩张期,被称为"20 世纪最持久的繁荣阶段"。除了在 2001 年出现过 8 个月的短暂紧缩之外,经济的强劲增长实际上一致维持到 2007 年才告段落,前后持续了 25 年之久。这 25 年创造的财富超过了前两百年的总和,经济总规模几乎是 70 年代后期的两倍,是一个重要的财富创造期。[美]阿瑟·拉弗等:《一张餐巾纸改变了世界》,繁星多媒体股份有限公司 2009 年版;[美]保罗·克雷·罗伯茨:《供给学派革命:华盛顿决策内幕》,格致出版社、上海人民出版社 2011 年版。

② See Associated Press, "China Launches Its First Free-trade Zone in Shanghai", South China Morning Post, 29 September 2013(online).

③ 这项禁令未能阻止电脑、互联网和手机游戏在中国的迅速崛起,市场的参与者基本规避了现有的禁令。由于产品的走私,中国买家能够买到微软的 Xbox、任天堂的 Wii 和索尼的 PlayStation 游戏机。联想推出了自己的家庭娱乐游戏设备,并将其作为家庭锻炼设备或"运动机"销售来规避设备进口禁令。该设备售价超过 600 美元,是 Xbox 价格的两倍。全球备受欢迎的大多数游戏机通过合同制造商在中国制造并出口,这为它们提供了另一个进入中国市场的潜在渠道。

④ 目前,电子商务行业主要由阿里巴巴、腾讯等民营企业主导。

由于国内高昂的进口关税抬高了商品价格，中国居民的奢侈品消费有一半在国外进行，[①]因此空运或将成为综合物流链中的一环。中国东方航空公司从外国购买商品运往大陆，再通过电子商务平台向内地消费者出售，[②]这一电子商务模式极具商业潜力。[③]

中国政府正考虑在自由贸易区内对国外社交网站 Facebook、Twitter 以及新闻网站（如纽约时报）解禁，以吸引外国投资者和专业人士。同时，公安部门负责“中国防火墙”的金盾项目以控制媒体，并封锁一些互联网网站的访问。

中国政府已经公示了一份备受期待的行业“负面清单”，列明在自贸区内的外资企业不得从事哪些商业领域，而其他领域都向外国投资者开放，此举有望给外国投资者更多的投资自由。其中，关于禁止枪支、毒品和色情的简短清单理论上是在向投资者示好。2019 年版外资准入负面清单保持了 2018 年版的体例结构，进一步精简了负面清单，全国外资准入负面清单条目由 48 项措施减至 40 项，较 2018 年压减 16.7%。[④]

作为自由贸易区投资方案试点的一部分，中国监管机构决定向 Citadel、Man Group、Oaktree、Och-Ziff、Winton Capital 和 Canyon Partners 各提供 5000 万美元的配额。其他外国基金经理正积极运作以获得“合格境内有限合伙人”（QDLP）的身份资格。QDLP 是四个主要跨境投资计划之一，允许中国境内投资者向境外投资或者境外投资者向中国境内投资。据悉，在深圳前海也将有类似项目计划，该计划是为了打开中国资本账户及打破与全球市场相脱离的困境，也为政府向人们开放投资渠道提供了一条路径。例如，中国的一些机构就可能有机会投资一些对冲、期权和做空等替代投资产品。

一直以来，在中国设立在岸业务对外国经理人来说都具有挑战性。因

① 目前，奢侈品在中国大陆的售价，较之于欧洲高出 40%。

② Daniel Ren, “Shanghai Free-trade Zone Spurs China Eastern’s Plans”, South China Morning Post, 12 September 2013 (online).

③ 根据麦肯锡发布的《中国奢侈品报告 2019》，2018 年，中国人在境内外的奢侈品消费额达到 7700 亿元人民币，占到全球奢侈品消费总额的五分之一。

④ 刘萌：《自贸区“负面清单”6 年 5 次“瘦身”》，载人民网财经频道，finance.people.com.cn/nl/2019/1111/c1004-31447983.html，2020 年 5 月 5 日访问。

此，“合格境内有限合伙人”（QDLP）将对西方基金经理产生巨大吸引力，因为它消除了他们在中国设立营业机构时所要面临的部分障碍。比如，外国经理人与国内合伙人合作开办合资企业时，被要求持有49%的股份。“合格境内有限合伙人”为外国基金公司提供便利，使其能更灵活地控制基金分配。投资范围扩大的另一个推动因素是中国面临着18.3万亿人民币的养老资金缺口。如果将一系列替代投资产品添加到资产组合中，这一问题可能会得到更好的解决。

4. 金融自由化

自由贸易区的开发远不止于贸易自由化，还包括投资和金融服务，并将在长期保护的经济领域直接引入全球竞争者。自由贸易区需要更好的金融服务，如跨境融资和国际贸易结算业务。根据《“十二五”时期上海国际金融中心建设规划》，要抓住加快人民币跨境使用进程的历史性机遇，增强上海金融市场的国际内涵和全球影响力，力争2015年基本建成上海全球人民币产品创新、定价和交易、清算中心的地位。因此，金融领域的改革包括以外币计价的离岸银行账户和融资租赁，试验的关键是开放外汇市场并使国内汇率自由化。

自贸区要在集聚和配置全球资源方面发挥引领作用，金融市场必然要和国际接轨。金融服务功能的拓展离不开金融主体的多元化。扩大金融市场的开放，相关交易、服务和产品不仅要对境内、境外机构开放，也要对机构和个人开放。金融主体多元化牵涉到市场准入机制的改革，营造平等的市场竞争机制。通过促进国外和国内投资者开展双向境内外金融市场的投融资行为，自贸区可以为人民币国际化创造和提供市场基础。自贸区可以推动跨境交易人民币计价和人民币在岸市场深化，使境内外企业和个人在使用人民币进行跨境交易和投资时更加灵活。①《自贸区总体方案》提出了“探索在试验区内设立国际大宗商品交易和资源配置平台”。中国作为最大的大宗商品消费国，国内大宗商品市场和国际市场处于分割状态。上海的目标是设立石油天然气、铁矿石、有色金属等8个国际交易平台。打造大宗商品交易平台，不仅可以使中国掌握主要大宗商品的定价权

① 参见杨帆：《上海自贸区意义究竟何在》，载《南方经济》2014年第4期。

和规则制定权，而且可以推动人民币国际化。上海市发布的《自贸区大宗商品现货市场交易管理暂行规定》为大宗商品电子期货市场运行提供了制度保障。

自贸区推行的主要政策措施包括允许外国银行在自由贸易区设立全资子公司或合资企业，有资质的外国银行被批准在自贸区内直接经营业务。目前，外国银行想要短时间内在自贸区设立分支机构、全资子公司或与国内合伙人创办控股子公司，必须满足在中国设立办事机构两年以上的条件。鉴于外资银行的资本规模和银行零售业务规模，它们目前对国内银行系统的影响非常有限。

汇丰银行和东亚银行获准在自贸区设立营业场所。两家银行在自贸区内设立了支行。汇丰银行最初专注于为自贸区内的企业客户提供国际银行服务。随着自由贸易区试点的监管改革的发展，汇丰银行也可能扩大其服务范围，[①]其他银行仍在等待公布更明确的细则。目前的方案是允许外国银行在自由贸易区设立全资子公司时，省略烦琐的行政程序。外国银行过去经常需要花费几年时间先在中国设立一个象征性的代表处，然后才能将其升级为一个全面的服务机构。现在，外国银行和保险公司在自贸区内开设分支机构有一条快速通道。

另一个核心计划是允许所有国内银行在满足一定资本要求的情况下，在自贸区内提供部分离岸银行服务。截至目前，上海浦东发展银行已经获得了进行试点的离岸银行牌照。自由贸易区欢迎民营金融机构。[②] 该区域可以作为中国商业银行的试验场，探索如何管理离岸银行的风险并建立一个体系。自贸区显然希望通过发展在岸人民币产品中心和离岸金融中心共同驱动的方式，以加快金融中心建设。[③]

自由贸易区最有价值的计划是允许个人直接投资海外资本市场，这些投资将不再受限于“合格境内机构投资者计划”的配额。目前，中国国民

---

① See Kanis Li, "HSBC and BEA Approved to Operate in Shanghai Free-trade Zone", South China Morning Post, 13 October 2013 (online).

② See Agence France-Presse, "HKMA Chief Warns Against Complacency Over Shanghai Trade Zone", South China Morning Post, 6 September 2013 (online).

③ 参见闫海洲、郑爽、黄诗晖、王安颖、赵星印：《国际离岸金融市场发展对上海自贸区建设的借鉴意义》，载《上海经济研究》2014 年第 10 期。

只能在经监管部门批准后，将特定数额的人民币兑换成外汇基金进行投资。此举将改变海外投资制度，即中国人民银行公布了一个计划，通过放宽对中国其他地区的投资流限制，以使自贸区内的企业和个人对海外投资更为容易。该措施可以一定程度上增加人民币的流入与流出。虽然央行称此举具有“改革和创新意识”，并希望在自贸区进行试验，但同时明确表示不会让自贸区成为绕过中国金融管制的后门。央行将在自由贸易区周围竖起一堵“墙”，以防止货币从自贸区渗入中国其他地区。在自贸区内，央行将继续严格管理人民币价值，任何有关利率的试验仅限于外币账户。

央行最重要的改革是涉及证券投资的改革。目前，央行限制流入和流出用于金融投资的资金。外资能在自贸区内投资内地证券。在自由贸易区内具有自由贸易账户的外国金融机构也能在上海证券交易所或上海期货交易所进行投资或交易，免予“合格境外机构投资者”（QFII）计划的配额要求。

央行精心制定了自贸区内管理跨境人民币业务的指导方针，鼓励自贸区内的银行通过简化业务流程方便客户设定贸易协议。企业将能够集中经常账户项目下的人民币支付业务，促进使用人民币进行结算。该计划表明，越来越多的中国公司在香港寻求人民币借款。

从2009年推动跨境人民币结算试点以来，人民币跨境结算额和人民币跨境直接投资数额上升。虽然人民币国际化程度越来越高，但是目前人民币结算的种类相对较少，主要是股权类、债券类和衍生品，并且后两者品种少，登记率低。人民币产品中心的发展还受到利率汇率制度、资本项目开放程度、交易清算系统等因素的制约。上海与建成产品生产型的金融中心还有距离。在衡量金融中心分类和排名的各个金融变量中，一项重要的内容是能够提供必备的金融及其辅助性产品和服务的能力。在人民币产品中心建设的过程中，上海可以通过自贸区发展渗透隔离型、以产品交易为主的离岸金融中心。①

自由贸易区内的国外金融机构将被允许从海外借入人民币，这不同于中国的其他地区对此实施的严格配额限制。这种放宽措施使得自贸区内

① 参见郑杨：《上海自贸区的金融改革》，载《中国金融》2014年第5期；武剑：《中国（上海）自贸区金融改革展望》，载《新金融》2013年第11期。

的外国银行与国内银行能同台竞争。自由贸易区境外人民币借款的规定，预示着人民币资本账户将在自贸区内长期开放。根据新规，自贸区允许中国企业从事离岸人民币借款业务，这是大陆为进一步经济改革在试验区内朝着深层次金融自由化迈出的第一步。自贸区内的公司可以从国外借款的额度是其注册资本的1.5倍。批准离岸人民币借款不是一个开创性的举措，早在2013年央行便准许前海开展此类业务。

中国政府承诺实现人民币在自贸区内完全可兑换，促进跨境资金流动，并努力推进上海的国际金融中心建设。在风险可控的情况下，企业可以在自贸区内按照首次实行和尝试的方式在资本账户上兑换人民币。[①]按规划，自由贸易区将开创更广泛的货币可兑换性和更为自由的市场化利率。提高人民币在资本账户上的可兑换性是恰当的，可以引导外汇进入中国，并以人民币市场汇率进行兑换；反之亦然。

贸易投资便利化要求资金自由流动、支付结算便利并减少汇率风险。在自贸区先行资本项目可兑换，应在实行分账核算管理的前提下，有序提高跨境资本和金融交易可兑换程度，建立宏观审慎管理框架下的外债和资本流动管理体系。资本账户放开有助于促进人民币在国际计价、结算、投资中的使用和建设人民币产品中心。自贸区区内个人的税后收入可以向境外支付，进行证券投资，也可以在上海等地区进行证券和期货投资。符合条件的境外个人可以在境内投资。自贸区区内企业境外母公司可以在境内资本市场发行人民币债券。自由贸易账户对企业有重要意义，能够实现区内企业和境外的自由汇兑以及境外企业准入前国民待遇，使得自贸区与国际金融市场互相融通，实现资源有效配置。目前，自由贸易账户可以办理经常项下和直接投资项下的跨境资金结算。自贸区和境外企业可以开立人民币自由贸易账户，办理经常项目和直接投资项下的自由兑换业务，区内企业境外股权投资操作流程得到简化，投资效率得以提高。但是，目前区内个人自由贸易账户只能办理基于经常项下的交易，不能投资境外资本市场。[②]

---

① See George Chen, "Shanghai to Lead on Yuan Reform", South China Morning Post, 6 September 2013 (online).

② 参见武剑：《中国（上海）自贸区金融改革展望》，载《新金融》2013年第11期；孙达新：《中国（上海）自由贸易试验区金融政策解读及其影响分析》，载《现代商业》2014年第9期。

对中国金融体系来说,资本账户的自由化非常重要。国家外汇管理局通过放宽外商直接投资外汇兑换的控制,吸引跨国公司在自贸区内建立外汇资金池,为实现自贸区内人民币资本账户自由化迈出第一步。根据新规,外国投资者在明确资金是用于进一步直接投资中国大陆之前,可事先在自贸区内储存外汇。在自贸区内有银行账户的投资者有权在人民币和外币之间自由兑换。这不同于现行的规定,即对外商直接投资有严格的审批程序,除非投资者在使用外汇建立生产设施或购买地方资产之前得到国家外汇管理局的批准,否则不能将外汇兑换成人民币。投资者在通过国家外汇管理局的审查程序之前,被要求清楚地说明资金的用途和每个投资项目的确切投资金额。此举标志着在资本账户下进行人民币兑换的改革。虽然,这些措施不必然使人民币变为完全可兑换。

许多经济学家认为,中国政府放宽对利率管制是人民币自由交易的前兆。因为在国内施行这些政策后,当资本账户完全开放并遭遇全球市场波动时,银行才能更好地加以应对。然而,出于对资本账户完全可兑换性和随之过量的资金流入和流出的过度关注,中国政府对在自贸区内开放人民币更广泛的可兑换性风险持谨慎态度。从 2014 年 3 月起,央行允许自贸区内的银行对外汇存款价值不超过 50 万美元的企业和个人客户放开利率上限。在中国其他地区,少于 50 万美元的外汇存款受央行制定的最高利率限制。取消外汇存款上限是实现完全基于市场设定利率的系统迈出的重要一步。考虑到潜在的风险,央行对执行这一政策持谨慎态度。表 11－2 总结了上海自由贸易区金融自由化最为关键的领域。

表 11－2　上海自由贸易区金融自由化计划表

领　域	现　状	目　标	效　益
利　率	存款利率存在上限贷款利率存在下限	废除利率上限与下限；风险定价(利率市场化)	为外国银行吸纳存款创造平等平台
人民币可兑换性	不能自由兑换	在自贸区内完全可兑换,至少对外国银行完全可兑换	允许外国银行吸引需要的存款并扩大其产品范围
准备金比率	外国金融机构的准备金率较高	同样的准备金比率要求	能够消除外币债务和投资配额

如果所有这些政策措施都得到执行，就等于全面开放资本账户，至少在自由贸易区内能有效地使国内外的银行保持公平竞争。自由贸易区金融自由化肩负的重任在两个关键领域与中国其他类型的经济发展区有别。首先，它更像是一个金融实验区，旨在开放紧缩的金融行业和市场。虽然国务院列出了市场开放的六个关键领域，但重点还是金融改革，而中国和海外大多数经济特区实施的是促进出口型产业和国际贸易的长期战略。进一步的金融自由化是中国单方面的宽松措施，为外国投资者提供更多优惠及灵活的市场准入条件。而其他区域经常实施不符合世贸规则的激励措施或政策，尤其是进口补贴、出口替代补贴或国内成分补贴。根据世贸组织的《补贴与反补贴措施协议》，这些激励措施或政策将被直接禁止或面临挑战。① 原则上，自由贸易区将率先进行中国市场期待已久的外汇和利率改革，可以适应实质性的利率自由化和汇率结构调整。这可能改变人民币的国际化进程。

（二）实施自贸区计划的障碍

自由贸易区方案折射出中国政府进一步深化和融入全球化的意图，以期建设具有国际水准的促进贸易和投资、货币可兑换性、高效和便利的监管以及规范化的法治环境。中国政府期望看到自贸区成为更广泛和更深层次金融改革试验区。如果自贸区取得成功，中国政府希望将上海模式复制到国内其他地区。然而，迄今公布的自贸区计划只是勾画出改革的主要框架，仍留下许多尚未回答的问题。上海没有出现"大爆炸"式改革的迹象，很多具体规则仍然模糊。在国内，政府面临来自利益集团公开且根深蒂固的抵制。

自由贸易区促进了金融行业更深层次的自由化，但是流入和流出自贸区的现金流难以监测。鉴于货币的可替代性，自贸区需要控制与中国其他地区之间的资本流动。如果实现了资本账户自由化，不同的利率和汇率将给自贸区内外的经营者创造贸易扭曲和套利机会。② 若不对中国的银行体系进行有效控制和改革，自由贸易区的漏洞就存在破坏国家金融稳定的

① 经济特区采取的一些措施和激励手段，如免除特区内出口货物的关税和税收，符合世贸组织的规则。

② Dubai and Hong Kong succeeded in part because they do have defined controls and regulatory structures.

风险。一些分析人士警告，急于实现金融自由化可能引发类似于 1997 年的亚洲金融危机。因为两种金融环境会相互联系又互相排斥。[①] 在目前阶段，银行还需要建立控制系统，以确保资金不会在自贸区外被滥用。

自由贸易区将成为内地资本账户和金融服务进一步自由化的试验地。改革包括利率改革和汇率可兑换性改革。[②] 计划对中国严格控制的货币进行可兑换性试验，并让市场力量，而不是监管机构设定利率。人民币完全可兑换改革没有固定的时间表，自贸区内的规定可能将在三年内公布，并一同对“投机”资本流动和短期外国借款进行规制。鉴于国民经济放缓和全球经济复苏的不确定性，中国不太可能在近期实施“大爆炸”式的改革。[③] 也就是说，完全整合可能无限期的延迟。考虑到金融“改革开放”对中国和世界的好处与风险，打破国家对互联网、数据传输和存储业务的垄断仍在探讨中。

央行正在制定自贸区内关于金融自由化的详细操作指南，包括人民币的完全可兑换性和以市场为基础的利率机制。[④] 银监会还可以调整贷款存款比率和其他监管要求，使银行能够更为自由的运营。自贸区内的银行可以从国外接收存款。[⑤] 政府在阐述计划时，留下了大量回旋的余地。计划声明实行资本账户可兑换性和利率自由化的先决条件是风险可控。然而，中国政府并不承诺能实现完全可兑换性或利率自由化。央行尚未宣称在自贸区内实行人民币资本账户的长期自由化。相反，该计划声称只有自贸区可以在中国其他地区之前尝试这些改革。

存款利率市场化在自贸区推广，小额外币存款利率上限改革复制推广到上海市。中央人民银行金融支持自贸区建设的意见提到了利率市场化的三个目标——外币利率市场化（包括外币存款）、本币市场化（大额存

---

① See Carmen M. Reinhart & Kenneth S. Rogoff, This Time Is Different: Eight Countries of Financial Folly (Princeton and Oxford: Princeton University Press 2009) 242 – 247.

② 马来西亚的纳闽也是一个独特的地区，与该国其他地区相比，前者有独立的货币政策。

③ See Simon Rabinovitch and Robert Cookson, “China Unlikely to Impose ‘Big Bang’ Reforms”, Financial Times, 24 February 2012, p. 3.

④ See Daniel Ren, “Beijing Reassures Hong Kong on Shanghai Free-trade Zone”, South China Morning Post, 30 September 2013 (online).

⑤ See Daniel Ren, “Beijing Reassures Hong Kong on Shanghai Free-trade Zone”, South China Morning Post, 30 September 2013 (online).

单)、人民币存款利率市场化。[①] 自贸区的汇率改革需要发挥市场供应在配置金融资源中的决定性作用,在自贸区外发展外汇市场,丰富外汇产品,拓展外汇市场的广度和深度。[②]

首批36家公司(包括花旗银行和星展银行)已获批在贸易内开展业务。[③] 然而,海外银行对自由贸易区的反应冷淡。花旗银行和星展银行是目前将在新区开始经营并设立支行的外资银行。花旗银行计划在自贸区设分行,为客户提供贸易金融和现金管理业务。支行可能受益于两个最大的改革承诺——人民币可兑换性和利率自由化。据报道,提交申请的银行很少,且接受了几乎所有的申请。迄今为止,外国金融机构的回应反映出它们普遍对于自贸区如何运作存有疑惑和不确定性。许多外国银行已经开始进行咨询,试图了解自贸区涉及什么项目,以及是否值得在自贸区设立分支机构。一些外国银行疑虑的是,申请建立分支机构需要关联它们在中国的现有业务,或者将它们合并组建成新的子公司。由于在中国拥有更多的资源而其他公司相关经验较少(它们可能只有在国内设立分支机构的经验),较大的子公司更愿意进入比较不确定的监管环境。

在金融服务领域,自贸区将提供广泛的银行服务,因此区内将实行更自由的外汇制度和市场导向的利率改革。为鼓励外国银行在自由贸易区开设分行,中国政府取消官僚化的批准程序。但仅有两家外国银行申请并被批准在自贸区开设分行,外国银行主要关注它们是否需要在自贸区内设立独立的分支机构。中国银监会则要求自贸区内的外资银行应该拥有和它们目前在中国内地其他地区所完全不同的内部合规、风险管理和人力资源系统。这一要求会增加额外的成本,汇丰银行、渣打银行和大华银行都在等待更详细的规则公布。[④] 特别是关于资本如何流入和流出自贸区,以

---

① 参见斯文:《关于建立我国人民币外汇期货市场的思考——兼论境外人民币外汇期货市场的演进》,载《海南大学学报》2014年第4期。

② 参见孙达新:《中国(上海)自由贸易试验区金融政策解读及其影响分析》,载《现代商业》2014年第9期;陈希、徐卫刚:《自贸区建设中的外汇改革》,载《中国金融》2014年第9期。

③ 参见孙达新:《中国(上海)自由贸易试验区金融政策解读及其影响分析》,载《现代商业》2014年第9期;陈希、徐卫刚:《自贸区建设中的外汇改革》,载《中国金融》2014年第9期。

④ See George Chen and Jeanny Yu, "Foreign Banks Shun China's Shanghai Free-trade Zone Amid Uncertain Rules", South China Morning Post, 10 October 2013 (online).

及允许区内的银行如何设定与区外地区利率不同的利率等细则规定至关重要。[①]

然而,为自由贸易区起草的一些规定似乎不符合当前中国的金融法律、法规。国家立法机构需要批准对现行法律进行修订,使一些实验性政策合法化。曾经有意见公开反对上海自由贸易区带头开放人民币银行存款利率,以避免投机者利用自贸区内外利率差额牟利。[②] 为了避免外国投资者利用这些漏洞挑战政策措施的合法性,或使政府陷入适用国家法律和自贸区规则的冲突困境,中国政府正在努力填补漏洞。但是,自贸区的法律体系和监管结构尚不成型。在监督和管理方面,自贸区可以作为提高监督和管理质量及可预测性的试验场。自由贸易区的管理委员会应该协调不同监管机构的监管活动,确保以透明的、可预测的和协调的方式管理区内活动,并督促监管者克服监管失效。

根据上海市政府统计,自贸区 2013 年 9 月设立到 11 月的两个月里,在自贸区注册的公司中,外资公司的比例不到 3%,国内企业占绝大多数。[③] 因为外国公司在采取行动之前想了解为什么他们需要进入自贸区,而起初的自贸区运作规则是模糊不清的。

据上海政府称,自由贸易区内的公司获得营业执照的时间,将从通常的 29 天缩减到 4 天,在自由贸易区注册的外国公司也可出售其股份筹集资本。这使得公司有机会通过资本化开发出世界第四大股票市场。自贸区平台能够成为一个场外交易市场,将是上海证券交易所期待已久的国际板的测试,[④]类似于由上海证券交易所持有 29% 股权的上海股权托管交易中心。如果在自由贸易区试行完全可兑换的人民币资本账户,则可以在该区域放宽对外国公司通过 IPO 募集资本的限制。国务院为了在自贸区内打造一个全方位的金融服务平台,计划支持非上市公司的股权交易。如果中国允许本国货币在自由贸易区内完全可兑换,那么将允许在自贸区注册

① 参见陈希、徐卫刚:《自贸区建设中的外汇改革》,载《中国金融》2014 年第 9 期。

② See Jane Cai, "Ex-central Bank Official Wary of Interest-rate Deregulation", South China Morning Post, 15 September 2013 (online).

③ See Daniel Ren, "Foreign Firms Shun Shanghai Zone," South China Morning Post, 29 November 2013 (online).

④ 地方政府希望提高就业率,建立场外股票交易市场。这些市场使不符合上交所和深交所上市要求的小企业能够筹集资金。

的国内外公司通过私人股票配售或通过有计划的股票销售平台进行衍生品交易来融资。然而,中国在外国公司通过平台出售股份之前,需要制定平台股东结构、平台注册资本金额和市场运作管理方面的规则。

经济学家、法学家和政策制定者将自贸区描绘为一个独特的试验区,自由贸易区到底如何运作整体上仍然是未知的,投资界的高期望值和监管的低透明度之间并不匹配。例如,当投资者注册一家公司时,他必须提出一个有三个汉字的公司名称。如果三个字中任何两个字在上海另一家已经注册的公司名称中出现,注册机构可能就会驳回这一名称。上海市政府报告说,第一个月许可服务中心接待了36314名申请人,其中3172人检索到存在可能重复的姓名,最终只有218家公司注册。注册还需要一个商业地址,业主可以3380美元的价格提供一个“虚拟”地址。[①] 对自由贸易区外的普通公司来说,这种注册程序似乎很常见。

海外制造商必须将工厂建在自由贸易区的要求,意味着它们不能将当前的产品输出转向中国的国内市场以及利用现有的规模经济优势。同时,国务院表示,禁令属于临时性的,自贸区内制造的游戏机将接受文化部门的“内容”审查。这些因素可能使外国投资者对自贸区避而远之。如何获得文化部门的批准是最具挑战性的障碍。中国人民银行最近一次于2015年10月在上海自由贸易区对金融实验表示新的支持。新的改革举措包括允许一些公司和个人在国内外市场交易衍生品和期货,并允许更多的外资和民间资本投资金融服务行业,以及使自贸区内的公司更便利地进行境外投资[②]和在境外发行境内人民币债券。一些投资公司,特别是对冲基金公司可以利用更便利的注册环境创设公司,从而能在中国募集资金并与国内的合作伙伴在中国交易所进行交易。因此,金融监管机构开始加快对外汇市场和资本账户自由化改革的进程。

四、初步结论

中国的经济正以一种失调的方式增长和发展,且受到货币不平衡模式的严重阻碍。“中国的负存款利率造成了对家庭的高‘隐性税收’,而

① See James T. Areddy, “Name Game in Shanghai Trade Zone”, The Wall Street Journal, 12 December 2013, A11.

② 国民目前只能通过第三方(包括银行和证券公司)进行海外投资。

家庭是银行体系中的净储户，负利率也导致了对住宅性房产的过度投资。负的实际贷款利率补贴资本密集型产业的投资，从而破坏经济结构调整中发展轻工业和服务业的目标。”①中国金融市场和监管机制的扭曲，产生了广泛的副作用，包括消费抑制、借贷失衡、税收增长高于经济增长，这些都反过来触发了政府对外汇市场和大量外汇储备的强烈干预。中国和世界都对中国经济是否能够健康、渐进向平稳增长模式转变抱有很大兴趣。中国的经济和货币政策不单单对中国来说很重要，同时也是全球利益所在。

中国经济发展中的新“区”名称和设计功能各不相同，但是开发逻辑相似即定位、规划、建设、引资，通过特殊优惠政策，形成差别优势，拉动经济发展，或者通过大规模投资和直接减税刺激市场，促进后发优势。特区或新区既是一种“地方主义”的行政模式，②也是一种试验主义的治理模式，③为各项改革提供了试验载体，有助于在特定区域内增进试验性的治理。但是，这类地方行政增添了新的制度性变量。由于差别政策，特别是长期改革政策的不确定性，社会和经济的长期发展并没有合理预期。“新区”政策已经无法解决社会、政治和经济等诸多深层次问题，特别是破解一些制度上的瓶颈。中国先后设立过近二十个“国家级新区”，以期通过新区的建设带动区域发展，成为一个区域的增长极。从政府管理、社会治理、市场发展、经济调整综合入手，探索社会和经济的发展新模式，拉动整个区域的经济发展，产生更加强势的辐射效应。但是，由于中国区域间的差别优势不再明显，新区、保税区、开发区、高新区的概念和定位已经没有太多独到之处。

与中国其他经济特区不同，本文所讨论的三个金融试验区更多侧重于金融改革，更加强调金融自由化，而不是制造业或出口业。这三个试验区肩负不同的任务和目标。温州金融综合改革试验区是为应对紧迫的影子银行危机而建立的，而前海试验区和上海自由贸易区则更加关注金融自由

① Nicholas Lardy, “Sustaining China's Economic Growth After the Global Financial Crisis”, Peterson Institute for International Economics 2012.

② See Nestor M. Davidson, “Localist Administrative Law”, (2017) Yale Law Journal 564.

③ See Charles F. Sabel & Jonathan Zeitlin (eds), Experimentalist Governance in the European Union: Towards a New Architecture (Oxford: Oxford University Press 2010).

化改革,尤其是资本账户、利率和汇率改革。显然,这三个试验区的改革、功能和规模也不相同,上海自由贸易区要进行更加综合的金融改革,而前海试验区则着重于人民币跨境流动,如表11－3所示。

表11－3 对比温州、前海和上海的改革试验区

项 目	温 州	前 海	上 海
共同点	进一步放开银行业与金融市场,人民币国际化		
对 象	地下借贷市场	人民币国际化	金融自由化 繁冗的管理制度
政 策	使地下借贷市场部分合法化; 设立"紧急基金",以挽救破产私营企业; 允许私人企业投资银行业; 取消对小额信贷公司经营的限制	放宽对前海和香港之间资本流动的限制; 允许香港银行直接向大陆借款人贷款	进一步向外国投资者开放银行业; 开放资本账户交易; 利率市场化; 进一步向外国投资者开放资本市场; 允许国内投资者在海外投资
挑 战	国有银行对私营企业严格的贷款政策; 紧缩的信贷贷款政策; 经济放缓; 全球经济衰退	金融改革的目标范围比上海自由贸易区小,有可能"空心化"	自贸区内外的系统性风险; 不能自由兑换货币
	半封闭式的金融市场; 严格的行政和管理系统; 私人投资较少的宏观经济环境		

从开放国家封锁的资本账户到放宽严格的互联网审查制度,上海自由贸易区给人们带来了"大爆炸"式的改革。作为促进服务经济和减少出口依赖计划的一部分,自由贸易区是重大政策改革的试验场。这就有力地解释了为什么自贸区与其他经济特区不同,需要引入更宽松的政策和监管举措。这些举措将使长期保护的经济领域直接引入有效率的全球竞争者,更自由的经济环境将减少经济对投资的依赖,促进消费。同时,政府还将减少对关键性生产资源分配的控制。如果所有这些改革都能实施,自贸区无

疑将为中国金融、经济和社会改革进程揭开新的篇章，为中国的经济内核带来更大的灵活性。建立自由贸易区也将促进跨境资本和商品流动更加自由，中国将进一步融入全球经济。

但是，所有这些改革都不是零风险的。这解释了为什么针对人民币完全可兑换没有详细计划，以及为什么自由贸易区只采取零敲碎打的方式来解决各种紧迫问题。就控制热钱而言，自由贸易区里的计划只有当自贸区和中国其他地区之间有紧密的界限时才起作用。从这个角度看，央行谨慎计划，逐步放松资本管制制度很有必要。资本外流越多，外汇储备就越少。相反，较高的利率将意味着可能有更多的储蓄和经常账户盈余，但最终将加剧中国的外部失衡。这些挑战提醒我们要从两个相对方向采取措施：一种是把在自贸区进展顺利的改革推广到其他地方；另一种是建立自贸区的整体设想是激发更广泛的自由化改革，否则改革成效不显著而得不到市场参与者的呼应。不管哪种观点更正确，毫无疑问，自贸区的改革与国家经济自由化计划不可逆转地联系在一起。从更大的背景来看，上海自由贸易区标志着中国新领导层决心深化经济改革。

这三个金融试验区所设定的都是高难度目标。但是，以特区为载体的"边缘"变革方式未必最终能取得政策制定者预设的目标。中国近四十年来实行的特区改革策略尽管在很大程度上促进了经济增长和政策变革，整体抑制性金融市场和监管体系需要整体性的"核心"变革，以彻底舒缓和扭转金融抑制实践，使得中国的金融市场向自由化市场转变。地方分权理论中的结构性背景，特别是分权范围和分权程度的理论，很好地解释了"边缘"变革和"核心"变革两分法的重要性。金融市场从抑制性向自由化方向的转变具有公共服务外溢至整个社会的效应，这样的改革具有"核心"性，由中央政府操刀更为恰当。最为关键的是，通过自贸区等进行的地方性试验同抑制性金融市场反映出来的中央集权性和定型固化的传统治理范式之间存在明显的张力。[①] 理想的地方制度应当以自治原则为根基。但是，自贸区等地方性的金融试验区缺乏"核心"变革所需要的主动性和积极性，缺少变革抑制性金融市场的地方自治体系和激励相容制度的

① See Malcolm Campbell-Verduyn & Tony Porter, "Experimentalism in European Union and Global Financial Governance: Interactions, Contrasts and Implications", (2014) 21 (3) Journal of European Public Policy 408 - 429.

转型。地方分权和试验受到地方政治和社会因素的影响，很难实现整体性变革，影响地方分权和试验的整体性效果。这也是为什么地方分权的实践表明地方专属事项一般涉及的都是“边缘”变革的事项，也就是地方性或专门性的事项，而非全局性或整体性的事项。[①] 目前的分权式威权制轻在分权而重在威权，[②]涉及全局性的金融市场改革也需依赖整体性的变革。地方发展需要从压力型模式转变为规则型治理结构，通过规则基础上的竞争形成正效应的激励机制，从而实现良性运转，释放创新潜力。[③]

中国金融体系需要更加市场化的改革方向，构建更加开放和规范的市场、透明的治理体系和坚实的银行系统。中国必须有深入、多元和监管良好的资本市场，并对外国投资者自由开放。资本市场还必须有可信、透明的治理结构，以及决策者可以证明治理结构取得金融管理和改革成功的良好记录，同时还需要强大、稳定的金融系统和坚实的经济前景。如果中国的金融市场在很大程度上仍然是抑制性的，并且与国际标准不相一致，人民币就无法成为真正意义上的国际贸易结算、投资和储备货币。对外界而言，中国的金融市场和治理更像是一个黑箱，银行体系和经济实际上也很脆弱。中国宏观经济治理和监管制度的深度变革将会影响中国经济增长的未来轨迹。上海自贸区等三个金融试验区全面改革实现之时，就是金融市场构建完成之际。

---

① See Charles Tiebout, “A Pure Theory of Local Expenditures”, (1956) 64 The Journal of Political Economy 416 – 424; Keith Boechelman, “The Influence of Stetes on Federal Policy Adoption”, (1992) 20 Policy Studies Journal 365 – 375.

② See Chengguang Xu, “Institutional Foundations of China's Structural Problems”, in Masahiko Aoki and Jinglian Wu (eds), The Chinese Economy: A New Transition, International Economic Association World Congress (Palgrave Macmilla 2012); Chengguang Xu, “The Fundamental Institutions of China's Reforms and Development”, (2011) 49 (4) Journal of Economic Literature 1076 – 1051.

③ 参见周尚君:《地方法治竞争范式及其制度约束》，载《中国法学》2017 年第 3 期。

第十二章　探索构建“上海金融法律特区”

——上海金融法院的逻辑起点和实施难点*

一、引言

2009年4月国务院在《关于推进上海加快发展现代服务业和先进制造业建设国际金融中心和国际航运中心的意见》中明确要求：“完善金融执法体系，建立公平、公正、高效的金融纠纷审理、仲裁机制，探索建立上海金融专业法庭、仲裁机构。”①中央全面深化改革委员会第一次会议于2018年3月28日通过《关于设立上海金融法院的方案》，决定在上海设立金融法院。十三届全国人大常委会第二次会议于2018年4月27日表决通过《全国人民代表大会常务委员会关于设立上海金融法院的决定》（以下简称《决定》），决定在上海设立金融法院，并由上海市高级人民法院根据授权承担具体设立工作。②

根据《决定》，上海金融法院将专门管辖设立之前由

---

* 本章曾以《法与金融理论视阈下的上海金融法院：逻辑起点和创新难点》为题，刊载于《东方法学》2018年第5期。

① 《国务院关于推进上海加快发展现代服务业和先进制造业建设国际金融中心和国际航运中心的意见》（国发〔2009〕19号）。

② 参见新华社：《习近平主持召开中央全面深化改革委员会第一次会议》，载新华网，http://www.xinhuanet.com/politics/2018-03/28/c_1122605838.htm?baike，2018年4月14日访问。

上海市中级人民法院管辖的金融民商事案件和涉金融行政案件。上海金融法院第一审判决和裁定的上诉案件,由上海市高级人民法院审理。上海金融法院审判工作受最高人民法院和上海市高级人民法院领导,受人民检察院监督。①

从国际金融市场发展看,中国金融业的运行机制和监管体制必须与国际接轨。国际金融纠纷解决趋势,特别是后发国家的金融审判机制创新对于深入理解上海金融法院具有借鉴意义。本文以法与金融理论为起点,以法律制度与金融发展的关系为视角,认知上海金融法院制度设计的法理逻辑;结合国内金融市场发展需求和现有法治环境,以金融纠纷的属性为着眼点,分析上海金融法院的内生动力;以后发国家金融法治建设实践为参照,论证设立上海金融法院的国际竞争维度。在理论和现实分析的基础上,本文探讨了上海金融法院管辖权等方面的创新难点。

二、上海金融法院建设的理论基础:法与金融的理论框架

包括立法、司法、监管、执法在内的法律制度与金融、经济发展的相互关系一直是法学界和经济学界争论的重要议题。新制度经济学将成本—收益分析框架延伸到制度领域。罗纳德·科斯通过研究发现,投资、技术和制度是经济增长的三大变量,制度是促使技术进步和投资增长的重要因素,②在交易费用大于零时,产权和制度安排会影响经济增长。③

20 世纪 90 年代中后期,法律金融学作为新兴交叉学科逐渐兴起,法律和经济学者着力研究法律金融理论,运用经济学和计量经济学分析工具分析金融法问题,推动法学和金融学的融合。④ 美国经济学家拉波特(La

① 参见新华社:《习近平主持召开中央全面深化改革委员会第一次会议》,载新华网,http://www.xinhuanet.com/politics/2018-03/28/c_1122605838.htm?baike,2018 年 4 月 14 日访问。

② Eirik G. Furubotn and Rudolf Richter, Institutions and Economic Theory (Ann Arbor, MI: University of Michigan Press 1997) 31-33.

③ Lance E. Davis and Douglas C. North, Institutional Change and American Economic Growth (Cambridge: Cambridge University Press 1971).

④ 参见张建伟:《法律、投资者保护与金融发展——兼论中国证券法变革》,载《当代法学》2005 年第 5 期。

Porta)、西拉内斯（Lopez-de-Silanes）、施莱佛（Shleifer）和维世尼（Vishny），四者并称“LLSV”，在1997—1998年间通过实证研究方法创造性地提出“指标量化法”以衡量一国股东权利保护程度，比较分析不同法系国家间股权集中程度，进而衡量和比较不同国家的金融市场强弱程度，发表了《法律与金融》①一文，开创“金融与法律”研究的先河。②

以LLSV研究为基础的法和金融理论有微观和宏观两个维度。微观法律金融理论主要关注法律和投资者保护程度之间的关系，认为投资者保护程度越高，企业绩效越好，公司价值越高。③ 法律传统在投资者保护方面的作用并非一成不变，而是市场主体的行为及其策略性反应之间互动的过程，法律和市场之间也存在一种螺旋式上升关系。④ 宏观法律金融理论则研究法与金融发展、法系与金融发展、法律移植、法律起源与金融发展、投资者保护、债权保护与金融发展等更为宏大的主题。⑤ 这一理论提出了金融发展的“法律重要”或“制度重要”⑥论，认为制度环境决定金融效率，⑦进而决定金融市场的发展。法律制度的不断完善会促进金融中介的增长和金融市场效率的提高，从而有助于金融市场的竞争和深化。⑧ 有效率的经济组织和制度变迁是经济增长的关键。制度变迁的重要原因之一是节约交易成本，

① See Rafael La Porta, Florencio Lopez-de-Silanes, Andrei Shleifer & Robert Vishny, “Law and Finance”, The Journal of Political Economy (1998) 106 (6), pp. 1113 - 1155.

② 参见缪因知：《法律与证券市场关系研究的一项进路——LLSV理论及其批判》，载《北方法学》2010年第1期。

③ 参见张建伟：《法律、投资者保护与金融发展——兼论中国证券法变革》，载《当代法学》2005年第5期。

④ See Michael Dorf & Charles Sabel, “A Constitution of Democratic Experimentalism”, Columbia Law Review (1998) 98 (2), pp. 267 - 473.

⑤ 参见余保福：《法律、金融发展与经济增长：法律金融理论研究述评》，载《财经理论与实践（双月刊）》2005年第136期。

⑥ See Joseph Alois Schumpeter, A Theory of Economic Development (Cambridge, MA: Harvard University Press 1911); Robert G. King & Ross Levine, “Finance and Growth: Schumpeter Might Be Right”, Quarterly Journal of Economics (1993) 108, pp. 717 - 738; Raghuram G. Rajan & Luigi Zingales, “Financial Dependence and Growth”, American Economic Review (1998) 88, pp. 559 - 586.

⑦ 参见宾国强、袁宏泉：《法律、金融与经济增长：理论与启示》，载《经济问题探索》2003年第5期。

⑧ 参见皮天雷：《转型经济中法律与金融的发展》，载《财经科学》2007年第7期。

减少交易的负外部性，提高制度效益，[①]进而促进经济增长和社会发展。[②]法律制度作为一项制度安排，对交易安全和交易利益的保护至关重要。有效的法律制度有利于降低代理成本和金融市场运行成本，维护金融市场的契约自由和诚实信用，[③]并决定了一个法域金融市场发展的广度和深度。[④]例如，对投资者利益的法律保护程度越高，社会资本将越会投向市场中效率更高的企业。因此，良好的法律保护，不仅可以使资本得到更有效率的配置，而且有利于金融市场的健康发展。[⑤] LLSV 实证研究的基本观点是，法

---

① Douglass C. North, Institutions, Institutional Change and Economic Performance (Cambridge: Cambridge University Press 1990); Douglass C. North, Understanding the Process of Economic Change (Princeton University Press 2005).

② 参见叶凡、刘峰：《方法·人·制度——资本结构理论发展与演变》，载《会计与经济研究》2015 年第 1 期。

③ 普通法系国家的金融市场通常具有以下特征：①市值更高的股票市场；②人均更多的上市公司数量；③人均更多的 IPO 数量；④更大的借贷市场。保护投资者有利于企业筹集资金，从而金融市场比较发达。冯旭南：《法律、经济转轨和金融发展——法和金融学研究综述》，载《当代会计评论》第 4 卷第 1 期。研究表明投资者保护与股票市场效率之间存在相关性。在对投资者权利法律保护较好的条件下，股价变动的同步性比较低，股价变动反映公司具体信息的有效性就越高，股票市场的效率就比较高。Randall Morck, Bernard Yeung and Wayne Yu, "The Information Content of Stock Markets: Why Do Emerging Markets Have Synchronous Stock Price Movements", Journal of Financial Economics (2000) 58, pp. 215 - 260.

④ Rafael La Porta, Florencio Lopez-de-Silanes, Andrei Shleifer & Robert Vishny, "Legal Determinants of External Finance", Journal of Finance (1997) 52, pp. 1131 - 1150; Rafael La Porta, Florencio Lopez-de-Silanes, Andrei Shleifer & Robert Vishny, "Law and Finance", Journal of Political Economy (1998) 6, pp. 1113 - 1155; Rafael La Porta, Florencio Lopez-de-Silanes, Andrei Shleifer & Robert Vishny, "Investor Protection: Origins, Consequences, Reform", available at http://www.worldbank.org/finance/assets/images/Fs01_web1.pdf; Rafael La Porta, Florencio Lopez-de-Silanes, Andrei Shleifer & Robert Vishny, "Investor Protection and Corporate Governance", Journal of Financial Economics (2008) 58, pp. 3 - 27; Rafael La Porta, Florencio Lopez-de-Silanes & Andrei Shleifer, "What Works in Securities Laws?", The Journal of Finance (2006) 61 (1); Bernard Black, "Is Corporate Law Trivial? A Political and Economic Analysis", Northwestern University Law Review (1990) 84, pp. 542 - 565; John C. Coffee, Jr., "Privatization and Corporate Governance: The Lesson form Securities Market Failure", The Journal of Corporation Law (1999) 25 (1) pp. 1 - 39; John C. Coffee Jr., "The Rise of Dispersed Ownership: The Roles of Law and the State in the Separation of Ownership and Control", Yale Law Journal (2001) 111, pp. 1 - 82. Thorsten Beck and Ross Levine, "Legal Institutions and Financial Development", in Claude Menard & Mary Shirley (eds), Handbook of New Institutional Economics (Heidelberg: Springer, 2008), pp. 251 - 278; Edward Glaeser and Andrei Shleifer, "Legal Origins", Quarterly Journal of Economics (2002) 117, pp. 1193 - 1222.

⑤ See Jeffrey Wurgler, "Financial Markets and the Allocation of Capital", Journal of Financial Economics (2000) 58 (1 - 2), pp. 187 - 214.

律体系对投资者利益的有效保护有助于金融市场的发展和经济长期增长。[①] 这一成果得到大多数学者认可。[②]

(一)“法律重要”论和投资者保护

LLSV 研究发现投资者保护机制来源于法律及其执行的实效性,不同法系对投资者和产权保护的程度具有系统性差异。

1. 不同法系对投资者保护的程度不同

LLSV 比较了不同法律传统中法律实施质量和会计准则等具体微观指标,证实投资者保护程度等不同变量与股票市场规模、资本市场发达程度和金融市场深度之间存在的正相关关系,[③]进而得出结论——金融市场发展水平和模式的差异取决于该法域法律和法制对投资者保护及有效实施的程度。[④] LLSV 研究了 49 个国家在股东和债权人保护方面的有关规定,通过建立各国股东和债权人权利指数衡量各国在投资者保护方面的规则差异,发现普通法系国家对投资者和债权人的保护更为完善。

具体来说,LLSV 把样本国家分为英美普通法、德国民法、法国民法和斯堪的纳维亚法四类,发现在投资者保护方面,普通法系对投资者保护最强,德国民法和斯堪的纳维亚法体系居中,而法国民法体系最弱。[⑤] 首先,股权集中度与小股东保护程度有一定的相关性。大公司的股份所有权集中程度与投资者保护负相关,在股东权利不受保护的国家,多元化的小股

① 参见张建伟:《比较法视野下的金融发展——关于法律和金融理论的研究述评》,载《环球法律评论》2006 年第 6 期。

② 实证研究表明,在对政治环境特征指标和资源禀赋进行控制后,法系渊源可以很好地解释国别金融市场发展的差异。Thorsten Beck, Asli Demirguc-Kunt & Ross Levine, “Law, Endowments and Finance”, Journal of Finance Economics(2003)70, pp. 137 – 1811. 在对文化宗教因素进行控制后,也是如此。René M. Stulz & Rohan Williamson, “Culture, Openness and Finance”, Journal of Finance Economics(2003)70(3), pp. 313 – 349.

③ 参见张建伟:《法律、投资者保护与金融发展——兼论中国证券法变革》,载《当代法学》2005 年第 5 期。

④ 参见张建伟:《比较法视野下的金融发展——关于法律和金融理论的研究述评》,载《环球法律评论》2006 年第 6 期。

⑤ 参见宾国强、袁宏泉:《法律、金融与经济增长:理论与启示》,载《经济问题探索》2003 年第 5 期。

东未能发挥重要作用。① 就投资者保护与股权集中程度而言,法国法系国家的股权集中度最高,平均为55%(哥伦比亚、希腊为68%,墨西哥为67%,巴西为63%)。其次,投资者保护较好的国家,资本市场融资规模占GDP的比例最大,而法国民法法系国家的资本市场规模最小。不仅如此,各国金融市场的表现也存在差异。以上市公司覆盖率为例,平均每百万英国人有36家上市公司,每百万美国人有30家上市公司;而每百万法国人只有8家上市公司,德国人只有5家。就上市公司市值占GDP比重而言,英美两国上市公司总市值不低于本国GDP的规模,欧陆国家却只占35%左右。最后,投资者保护水平和债务市场也有类似关系。就债务占GDP的比例而言,法国民法系国家为45%,北欧国家为57%,普通法系国家为68%,德国民法法系国家为97%,拉美国家只有29%。以此推断,德国民法法系国家对债权人保护程度较高,银行等间接融资是企业融资的重要方式,较强的债权人保护制度也为德国全能银行制度(universal banks)的成型提供了制度土壤。少数股股东获得较好保护的国家,控股股东有较高现金流所有权(cashflow ownership),公司价值更高。②

法律对股东和债权人保护的差异对金融市场的发展产生很大影响,直接造成了金融结构的差异,形成了以银行为主要中介的以信贷为主导融资规模式的“银行主导型金融体系”和以证券市场直接融资为主要方式的“市场主导型金融体系”。③ 前者,银行作为间接融资的中介在动员储蓄、配置资金、公司治理和风险管理中扮演主要角色。后者,证券市场是企业融资的主要渠道。英美的金融市场是市场主导型,而德日法的金融市场是银行主导型。德国、日本和法国银行主导的借贷市场在金融市场的占比较大,美国和英国的证券和债券市场相对值更大。在市场主导型的金融市场里,企业的短期利润压力更大,因为股东和

---

① See Rafael La Porta, Florencio Lopez-de-Silanes, Andrei Shleifer & Robert W Vishny, “Law and Finance”, Journal of political economy(1998)106(6), pp. 1113 – 1155.

② See Rafael La Porta, Florencio Lopez-de-Silanes, Andrei Shleifer & Robert W Vishny, “Investor Protection and Corporate Valuation”, Journal of Finance(2002)57(3), pp. 1147 – 1170.

③ See Ross Levine, “Bank-based or Market-based Financial Systems”: Which is Matter?” Journal of Financial Intermediation”, (2002)11, 1 – 30; Franklin Allen, Douglas Gale, Comparing Financial Systems, MIT Press 2001, 3 – 25.

债券持有者对自己拥有或者投资企业的投入与银行相比更有限，[①]股东只承担有限责任，而银行通过契约或抵押等安排对借款的企业有更多约束性投入。

投资者保护法律制度和投资者需求之间存在交互作用。在普通法系，保护小股东的法律是司法发展的结果。投资者在制度发展过程中获得相当程度的保护，进而积累了推动相应法律规则制定的能力，使其权利得到更为有效的保护。以美国为例，美国公司法最重要的法律渊源是特拉华州公司法。特拉华州是美国众多上市公司的注册地，该州的公司法对美国其他州的公司法有重要的示范作用。特拉华州的公司法以不确定性而著称于世，这一特性使其成为美国公司法修改的中心。但是，特拉华州又拥有一套设计精良的案例法体系，数量众多的公司法案例构成了该州的公司法案例系统，这在一定程度上弥补了其公司法的不确定性。[②] 有着不确定性的公司立法和有着相对确定性的案例法系统，[③]很好地平衡了法的确定性与现实易变性的关系。在这一独特的设计中，法院发挥了很大的作用。在一般经验中，立法是实现法确定性的基石，案例则是实现法灵活性的途径。对后发国家而言，政府强力推动的"诱致性变迁"也是可行的路径，[④]司法在其中的作用不可或缺。司法体系对投资者的产权保护可以有机制性倾斜，进而形成有效的产权保护制度和投资牵引。

LLSV 理论也饱受批评，如数理研究方法缺陷、[⑤]与诸多国家发展事实

---

① See Ha-Joon Chang，Economics：The User's Guide（London：Penguin Books 2014）287 -288.

② 参见王佐发：《重思"特拉华迷思"》，载《西南政法大学学报》2011 年第 1 期。

③ 参见罗培新：《特拉华州公司法的神话与现实》，载《金融法苑》2003 年第 4 期。

④ 参见缪因知：《法律与证券市场关系研究的一项进路——LLSV 理论及其批判》，载《北方法学》2010 年第 1 期。

⑤ 有学者指出，LLSV 研究中存在的最根本问题是："第一，罔顾具体法律规则生成的社会背景，将公司治理制度抽象为纯粹的技术规则，认为其可以随便地移植和转让；第二，在为指标赋值的过程中，只看到法律的纸面规则，却忽视了法律作用于市场的动态过程。有些规则虽然言之凿凿，但实际上可能被虚置，而另外一些不成文的规则却发挥着重要作用。这两类规则均极难赋值。"参见缪因知：《法律与证券市场关系研究的一项进路——LLSV 理论及其批判》，载《北方法学》2010 年第 1 期。学者批评 LLSV 的研究方法存在"普通法偏爱"倾向，李荣林、阮铃雯：《法与金融理论面临的挑战》，载《天津师范大学学报（社会科学版）》2006 年第 4 期。

不完全契合、[1]法律的重要性被夸大或扭曲、[2]对法律移植过程重要性的忽视、[3]法律作用于市场动态过程的偏颇[4]及政府管制对法律体系的补充作用被忽视[5]等。以相同法律起源的英美澳加等国为例，尽管都是普通法系国家，这些国家的股东中心主义和股东治理权也有实质性差异。LLSV 理论无法精细化地解释这些相同法律渊源国家的产权保护差别的制度机理。政治视角的研究指出，他们之间的差别与社会福利国家保障的水平有关。社会福利国家保障的水平低，公司治理体系承受更多来自利益攸关者的政治压力，承担更多的社会责任，股东中心主义的发展就不够强劲。当公司和利益攸关者之间发生冲突，公司不愿意以股东利益为先，实质上承担了大量的社会政治费用。反之，如果雇员的社会福利可以通过外部监管实现，公众公司就得到了解放，可以更加专注于股东效益。[6] 但是，总体而

---

① 科菲在考察美国和英国公开证券市场的发展历史后发现，尽管美国和英国在 19 世纪末并没有为中小投资者提供有力的法律保护，但成功发展了发达的证券市场。法律变革总是滞后而非领先于金融发展，金融发展实践是因，法律变革是果。LLSV 范式的因果关系则相反。John C. Coffee, Jr.,“The Future as History: The Prospects for Global Convergence in Corporate Governance and its Implications”,(February 1999), Columbia Law School Center for Law and Economic Studies Working Paper, No. 144.

② 柴芬斯对英国证券市场的历史研究发现，制度在 20 世纪前期并没有为中小投资者提供良好的保护，法律对所有权和控制权结构发展的影响并不像 LLSV 所强调的那样重要。Brian R Cheffins,“Does Law Matter? The Separation of Ownership and Control in the United Kingdom”, Journal Legal Studies(2001)459(30). 罗伊从政治学和法学的角度提出了对 LLSV 结论的质疑：一国政府是否愿意建立并发展资本市场这一政治因素是各国金融市场发展不同的重要原因，而非法系归属所导致。20 世纪 70 年代大陆法系国家的股市开始复苏，到 20 世纪末两大法系国家股市的发展趋向一致。Mark J. Roe,“Legal Origins and Modern Stock Markets”, Harvard Law Review(2006)120(2), p. 460. 虽然计量分析表明普通法系地区的金融市场和经济发展水平相对于大陆法系国家更高，但原因究竟是强有力的投资者保护，还是政府对市场干预的节制，抑或有效独立的司法，学界仍有争议。纯粹地以法系这样一个正在发展的概念取代复杂的法律、经济、社会、政治与历史的互动机制，似乎有过度简化之嫌。参见李清池：《法律、金融与经济发展：比较法的量化进路及其检讨》，载《比较法研究》2007 年第 6 期；张勇：《法律还是社会规范：一个关于投资者保护的比较分析》，载《经济社会体制比较》2006 年第 3 期。

③ 参见缪因知：《法律与证券市场关系研究的一项进路——LLSV 理论及其批判》，载《北方法学》2010 年第 1 期。

④ 参见罗培新：《走出公司治理的唯“美”主义迷思》，载《中欧商业评论》2009 年 12 月。

⑤ 参见张钰新：《法律、投资者保护和金融体系的发展》，载《经济评论》2004 年第 3 期。郁光华、邵丽：《论 LLSV 法律来源论的缺陷性》，载《上海财经大学学报（哲学社会科学版）》2007 年 4 期。

⑥ 参见［美］克里斯多夫·M. 布鲁纳著：《普通法世界的公司治理：股东权力的政治基础》，林少伟译，法律出版社 2016 年版，第 283－284 页。

言，LLSV 理论作为法与金融的重要学说，其强调法律制度与产权保护之间、法律制度与金融市场之间存在多元且互为影响的复杂关系的基本结论，[①]对特定法域金融市场的制度构建和法制建设仍有重要学理意义。

2. 保护投资者的法律机制

法律起源决定一国投资者的保护程度，而后者会影响该国金融市场和体系的成型与发展。融资方式和股权结构集中程度决定公司治理结构，而公司治理结构影响公司表现和社会经济的整体发展。随着法制建设及实施，投资者保护力度逐步增强，原本依赖市场保护的风险溢价和交易成本降低，[②]使投资者投资预期和投资欲望增强。法律对投资者保护的具体机制包括改进公司治理结构、完善所有权结构和加强产权保护。[③]

（1）改进公司治理结构

LLSV 将公司治理定义为中小股东利益免受大股东攫取的一系列制度性安排。[④] 改进公司治理结构以优化投资者保护规则的内在逻辑是通过降低代理成本，克服代理问题，减少公司融资成本，进而促进公司业绩提升，吸收更多股东投资。[⑤]

受 LLSV 理论的影响，已有的研究主要从内部和外部两个方面探讨上市公司治理水平改善的机制。内部机制分析主要以传统的 Berle-Means 范式为基础，重在分析股东和董事等管理层之间的纵向代理问题，聚焦董事责任和信义义务、公司股权结构及董事会控制权等问题。[⑥] 外部机制侧重解决大小股东之间的横向代理问题，关注法律体系、行政介入、金融监管、

---

① 参见胡继晔：《投资者及债权人法律保护的理论探讨与中国实践》，载《中央财经大学学报》。

② 参见沈艺峰、许年行、杨熠：《我国中小投资者法律保护历史实践的实证检验》，载《经济研究》2004 年第 9 期。

③ 参见缪因知：《法律如何影响金融：自法系渊源的视角》，载《华东政法大学学报》2015 年第 1 期。

④ See Rafael La Porta, Florencio Lopez-de-Silanes, Andrei Shleifer & Robert W. Vishny, "Law and Finance", Journal of Political Economy (1998) 106, pp. 1113 – 1155; Rafael La Porta, Florencio Lopez-de-Silanes, Andrei Shleifer & Robert W. Vishny, "Agency Problems and Dividend Policies around the World", Journal of Finance (2000) 55, pp. 1 – 33; Rafael La Porta, Florencio Lopez-de-Silanes, Andrei Shleifer & Robert W. Vishny, "Investor Protection and Corporate Valuation", Journal of Finance (2002) 57, pp. 1147 – 1170.

⑤ 参见冯旭南：《法律、经济转轨和金融发展——法和金融学研究综述》，载《当代会计评论》第 4 卷第 1 期。

⑥ 参见施东晖：《当代公司治理研究的新发展》，载《中国金融学》2004 年第 9 期。

市场规则对大股东控制地位的限制和小股东利益的保护等问题。例如，LLSV 等学者从信息披露、投资者诉讼权利及股权转让难易程度等方面量化相关指标，分析证券法律制度对投资者的保护程度给证券市场发展带来的影响。① LLSV 还就投资者保护和红利支付的关系对 33 个国家进行了实证研究，发现普通法系国家的红利支付比率的中位值明显高于投资者保护水平较差的民法法系国家，证明了红利支付和其他股东权利激励机制也是投资者保护机制的结果。

(2)影响公司价值和表现

就投资者保护和公司价值的关系，LLSV 对 27 个发达国家大型上市公司的股权结构进行了实证研究，并按是否有股东持有超过 20% 投票权的指标，把公司分为广泛持有型（股权分散型）和最终控股型（股权集中型）两类公司。研究发现，投资者保护程度与所有权集中程度出现负相关，即投资者保护程度递增，股东控制权集中的经济收益递减，股权结构便会呈现分散化和公众化的特点，公司价值增高。② 据此，广泛持有型公司显见于投资者保护程度高的国家。如果法律对投资者保护力度弱，控制权就具有巨大吸引力，进而引发控制权争夺，呈现股权集中化的趋势，给公司价值带来负面影响。

LLSV 通过对比普通法系国家和民法法系国家上市公司运营状态发现，普通法系国家上市公司的 Tobin Q 值显著高于民法法系国家。③ 这意味着投资者保护程度越高，公司内部治理结构越趋合理，资本越能得到有效配置，使公司价值越高，股东权益最大化也越容易实现。相反，投资者保护力度越弱，公司股权越集中，导致公司绩效越低，股东权益越难最大化。同时，公司股权越集中，大小股东之间的代理问题越加恶化，代理成本越发增加。控股股东通常通过“隧道行为”对自己进行利益输送，侵占中小股

---

① See Simeon Djankov, Rafael La Porta, Florencio Lopez-de-Silanes & Andrei Shleifer, “The Law and Economics of Self-Dealing”, Journal of Financial Economics(2008)88, pp. 430 – 465; Diane K. Denis & John J. McConnell, “International Corporate Governance”, Journal of Financial and Quantitative Analysis (2003)38, pp. 1 – 36.

② 参见余保福：《法律、金融发展与经济增长：法律金融理论研究述评》，载《财经理论与实践（双月刊）》2005 年第 136 期。

③ 参见宾国强、袁宏泉：《法律、金融与经济增长：理论与启示》，载《经济问题探索》2003 年第 5 期。

东的利益，以获取控制权私利，导致企业价值下降。[①]

(3)加强产权保护

产权理论为提高司法保护水平和优化司法制度提供了理论基础。经济运行的制度基础——财产权利结构和由此产生的交易成本是经济发展的关键制度性因素。[②] 社会或国家建立各种保护机制由国家通过司法强制实施，以维护复杂交易关系的稳定性和可预见性。[③] 司法保护的经济效益主要通过法律确定的产权制度和执行制度加以实现。产权制度实际上是一套激励和约束机制，[④]能够明确交易主体的权利范围和边界，降低交易方的交易成本，[⑤]提高资源配置效率，[⑥]为投资者从事生产性投资提供长期稳定的预期，降低投资风险，保证投资收益，从而可以鼓励社会的生产性投资，促进经济发展。[⑦]

LLSV 通过对 92 个国家的实证分析研究法律制度与商业银行中政府产权之间的关系并发现，法律对投资者保护越弱，政府在银行中拥有的产权比重越大，金融市场的发展越差，经济也就越落后。[⑧] 以法律制度与银行利润及价值之间关系为例，研究证实法律对产权保护越到位，金融机构之间竞争越激烈，

① 参见[美]伯利·米恩斯：《现代公司与私有财产》，甘华鸣等译，商务印书馆 2005 年版。

② See Armen A. Alchian, "Some Economics of Property Rights", IL POLITICO(1965)30, p. 816; Harold Demsetz, "The Exchange and Enforcement of Property Rights", Journal of Law & Economics(1964) 7, p. 11; Harold Demsetz, "Towards A Theory of Property Rights", American Economics Review(1967)57 p. 347.

③ See Eirik G. Furubotn and Svetozar Pelovich, "Property Rights and Economic Theory: A Survey of Recent Literature", Journal of Economics Literature(1972)10 p. 1137 n. 4.

④ See World Bank, "Legal and Judicial Reform: Observations, Experiences and Approach of the Legal Vice Presidency"(2002)20.

⑤ 如果没有法治，交易成本（体现为后果不可预期、合同履行面临障碍等）将大幅攀升导致合同无法缔结。参见[美]柯提斯·J. 米尔霍普(Curtis J. Milhaupt)、[德]卡塔琳娜·皮斯托(Katharina Pistor)著：《法律与资本主义：全球公司危机揭示的法律制度与经济发展的关系》，罗培新译，北京大学出版社 2010 年版，第 17 页。

⑥ See Oliver E. Williamson, Markets and Hierarchies: Analysis and Antitrust Implications(Free Press 1975); Oliver E. Williamson, Economic Institutions of Capitalism (Free Press 1985); Oliver E. Williamson, "The New Institutional Economics: Taking Stock, Looking Ahead", 38 Journal of Economics Literature 593(2000).

⑦ See Oliver E. Williamson, "The New Institutional Economics: Taking Stock, Looking Ahead", Journal of Economics Literature(2000)38, p. 598.

⑧ 参见江春、许立成：《法律制度、金融发展与经济转轨——法与金融学的文献综述》，载《南大商学评论》2006 年 6 月。

银行利润越低,企业融资成本也随之降低,有利于促进更多的投资活动。[①]

知识产权保护也是产权保护的重要方面。有学者在研究经济转型国家产权保护制度对企业融资的影响时发现,在转型初期,完善产权保护法律制度能保障企业顺利投资和融资。但是,在产权保护不确定的时候,由于投资预期收益得不到保证,投资者对企业投资的比例和力度会减小,企业家缺乏意愿对外融资。[②] 知识产权保护制度的完善为金融发展推动技术创新效率的提升提供更为充足的动力。完善产权保护制度能够在某种程度上确保研发项目成果的排他性占有,有助于企业获得长期的市场竞争优势,并刺激竞争者提高技术创新活动的效率。[③]

(二)法律制度影响经济发展

法与金融理论不仅揭示了法律和金融、经济增长之间的因果关系,而且剖析了这种关系背后更为深刻的制度逻辑,这对于国家金融和法治发展战略的制定具有重要和现实的政策意义。[④] 这需要政策和制度设计者更全面地理解法治的多重维度。

1. 法制影响金融发展

金融市场的发展受到法律的制约和促进,金融市场的正常运行需要法律制度的保障。LLSV 等人研究法律制度对金融发展的作用,从法律渊源的角度出发,对民法法系和普通法系进行区分,分析不同法律渊源对投资者保护程度的差异,从而导致各国企业外部融资能力的差异,产生金融发展水平的差异。

企业获得外部融资的机会、金融部门之间的竞争与经济增长之间的理论联系不明确,衡量金融业的竞争也很复杂。各国银行体系的竞争激烈,使得经济依赖的行业增长更快,竞争程度成为金融部门运作的重要方面。

---

① See Asli Demirgüç-Kunt, Luc Laeven & Ross Levine, “The Impact of Bank Regulations, Concentration, and Institutions on Bank Margins” (April 15, 2003). World Bank Policy Research Working Paper No. 3030, available at SSRN: https://ssrn.com/abstract=636392.

② See Simon Johnson, John McMillan & Christopher M. Woodruff, “Property Rights and Finance”, (March 2002) NBER Working Paper No. w8852, available at https://ssrn.com/abstract=305078.

③ See James B. Ang, “Financial Reforms, Patent Protection and Knowledge Accumulation in India”, World Development (2010) 38 (8), pp. 1070–1081.

④ 参见宾国强、袁宏泉:《法律、金融与经济增长:理论与启示》,载《经济问题探索》2003 年第 5 期。

法律对产权的保护力度和执行效率不仅影响企业的外部融资总额，而且影响投资者资产之间的分配，从而影响金融发展。[①] 金融发展的政治学理论指出，[②]金融及其他产业的利益集团为了维护既得利益会采取相应的措施以阻碍金融发展，这是导致金融发展差异的内因。例如，可竞争性(contestability)决定了有效的竞争，特别是通过允许(外资)银行准入和减少主体活动限制。银行业的规模大、准入和活动限制少的金融体系更具竞争力。[③] 社会资本也影响区域金融发展的差异性。当一定区域的社会资本和法律制度都处于较低水平时，社会资本和法律制度会相互补充，共同促进金融发展；而当社会资本或法律制度其中一方达到有效水平时，社会资本和法律制度则表现为替代效应。[④] 关于法律制度与金融市场的关系，有学者指出，投资者保护程度会决定资本的有效配置和流向。资本配置效率与中小投资者的法律保护正相关，与国内股票回报中"公司特定"信息的数量正相关，与国家在经济中的持股程度负相关。对中小投资者的权利保护抑制了对衰落产业的过度投资。拥有发达金融部门的国家，比金融部门不发达的国家，有更多对新兴产业的投资，资金会流向市场中效率更高的企业，从而促进金融市场的发展。[⑤]

LLSV 所言的法律传统在投资者保护方面的作用是市场主体行为和策略反应应对性的发展过程。[⑥] 法律制度对金融监管的影响主要表现在信息披露、法律程序及公众私人执行等方面。金融监管效率对股票市场发展有促进作用。[⑦] 有中国学者选取了中国的 30 个省、直辖市和自治区在

---

① See Stijn Claessens & Luc Laeven, "Financial Dependence, Banking Sector Competition, and Economic Growth", (2005) Policy Research Working Paper No. 3481, available at https://openknowledge.worldbank.org/handle/10986/8906.

② See Raghuram G. Rajan & Luigi Zingales, "The Great Reversals: The Politics of Financial Development in the Twentieth Century", Journal of Financial Economics (2003) 69(1), pp. 5 – 50.

③ See Stijn Claessens & Luc Laeven, supra note 60.

④ 参见崔巍、文景：《社会资本、法律制度对金融发展的影响——替代效应还是互补效应?》，载《国际金融研究》2017 年第 11 期。

⑤ See Jeffrey Wurgler, "Financial Markets and the Allocation of Capital", Journal of Financial Economics (2000) 58 pp. 187 – 214.

⑥ See Michael Dorf and Charles Sabel, "A Constitution of Democratic Experimentalism", Columbia Law Review (1998) 98(2), pp. 267 – 473.

⑦ 参见江春、许立成：《法律制度、金融发展与经济转轨——法与金融学的文献综述》，载《南大商学评论》2006 年 6 月。

1997年至2005年的相关数据，分析法治对中国金融发展和银行贷款期限的影响。研究显示，法治是影响中国金融发展和银行贷款长期化的重要因素——法治水平比较高的地区金融发展水平较高、中长期贷款比重较大；法治水平较低的地区金融发展水平较低、中长期贷款比重较小。①

2. 法律执行促进金融发展

法律的执行对促进金融发展更为重要，这一点在经济转型国家尤为明显。因为在经济转型初期，法律制度不完善正好为私有化的受益者剥夺他人财产创造了机会，同时转型国家的法律改革并不一定是帕累托最优，可能会因损害国内既得利益集团的利益而引发政治阻碍，这也使得法律变革举步维艰。就算法律对股东权利的保护规则有很大改善，经济转型国家的法律执行效率一般比较低。因此，法律制度及其执行从根本上决定了整个金融体系的运行情况。

LLSV理论指出，法律执行力度的差异会影响人们参与金融市场的信心。LLSV等人的实证研究显示，债权人保护程度高，能保障出借人在借款人违约时拥有更多讨价还价的能力，这可以提高贷款人的贷款意愿，促进借贷市场繁荣。皮斯托等人在分析24个经济转型国家投资者保护水平与该国证券市场发展规模的关系后发现，制约经济转型国家金融市场发展的一个重要因素是执法效率低下。回归分析表明，执法效率比法律条文的质量对证券市场发展规模在内的金融市场发展水平有更强的解释力。② 与邻国相比，中国证券市场的自由流动股票少，股票的流动性低，整个证券市场的市值也是整个亚太地区偏低的。③ 企业无法利用证券市场实现向个人投资者融资的目的。④ 这样的结果是，整个经济体更加依赖银行业，而同时期的东亚其他国家已经向多

---

① 参见邵明波：《法治、金融发展与银行贷款长期化》，载《世界经济文汇》2010年第2期。

② See Edward L. Glaeser and Andrei Shleifer, "Legal Origins", Quarterly Journal of Economics (2002) 117 (4); Katharina Pistor, "The Standardization of Law and Its Effect on Developing Economies", G-24 Discussion Paper Series, (2000) 6 (4). 参见江春、许立成：《法律制度、金融发展与经济转轨——法与金融学的文献综述》，载《南大商学评论》2006年6月。

③ 参见［美］希尔顿·L. 鲁特著：《资本与共谋：全球经济发展的政治逻辑》，刘宝成译，中信出版集团2017年版，第225～226页。

④ 参见［美］希尔顿·L. 鲁特著：《资本与共谋：全球经济发展的政治逻辑》，刘宝成译，中信出版集团2017年版，第226页。

元化的金融市场转化。[①] 金融市场的特质很大程度上是由一国法律，特别是财产权保护方面的法律决定的。我国证券市场存在的股权融资歧视问题就是产权保护制度不足引起的。尽管盈利能力好的企业应该更容易在证券市场上市和获得股权融资，但是，国有企业比民营企业更容易受到优待，而民营企业即使有更高的盈利率但仍然受到歧视。[②] 债权市场也存在信贷歧视。根据中国人民银行发布的《金融机构贷款投向统计报告》，以 2013 年为例，农户贷款余额为 4.5 万亿元，农业贷款余额为 3.04 万亿元，仅占同年金融机构人民币各项贷款余额的 6.26% 和 4.22% 。[③] 信贷歧视制约了农村金融和经济的发展。

由此可知，我国当前的金融市场法制化建设在加强立法的同时，更要重视法律的执行机制。法律的执行是解释一国营商环境好坏的重要变量之一，尤其是在经济转型国家。经济转型国家从中央计划经济向市场经济转变的一个根本问题是转型成功需要国家完成由经济活动的直接协调者向公正的公断者的角色转变。

3. 法制与金融中心建设

制度建设一直处于国际金融中心建设的重要地位。金融中心同金融法治之间的紧密联系在西方金融中心建设的经验中得到了印证。但法学界和金融学界对法律与金融业发展的内在互动关系一直没有定论。一是“金融地理学说”，强调金融中心地位的确立取决于经济总量和信息聚集度；[④]二是时区理论，即用时区划分金融市场，以便投资者掌握实时信息和产品定价权。

---

① 参见[美]希尔顿·L.鲁特著：《资本与共谋：全球经济发展的政治逻辑》，刘宝成译，中信出版集团 2017 年版，第 226～227 页。

② 参见祝继高、陆正飞：《融资需求、产权性质与股权融资歧视——基于企业上市问题的研究》，载《南开管理评论》2012 年第 4 期。

③ 参见高建平、曹占涛：《普惠金融的本质与可持续发展研究》，载《金融监管研究》2014 年第 8 期。

④ See Xiaobing Zhao, Li Zhang & Tan Wang, “Determining Factors of the Development of a National Financial Center: The Case of China”, Geoforum (2004) 35 (4), pp. 127 – 139; Xiaobing Zhao, “Special Restructuring of Financial Centers in Mainland China and Hong Kong: A Geography of Finance Perspective”, Urban Affairs Review (2003) 38 (4), pp. 535 – 571; Xiaobing Zhao, Jinming Cai & Li Zhang, “Information Flow and Asymmetric Information as Key Determinants for Service and Finance Center Development: A Case on Socialist China”, China Economic Review (2005) 16 (3), pp. 20 – 30.

关于法律在金融中心建设中的作用，通说认为健全的法律制度和强大的执法体系是建设国际金融中心的基本保障。[①] 从对国际金融中心的评价指标来看，健全的法律制度一般是评估国际金融中心时必须具备的要件。国内外关于国际金融中心竞争力的硬指标包括金融机构数量、金融机构资产总额以及金融市场交易量等，软指标则包括人力资源、经营环境、政策环境及体制环境等。[②] 商业环境指标又包括行政管理制度、经济自由度、腐败程度、制度执行情况及企业税率等。有学者在比较研究伦敦、纽约、法兰克福和巴黎四个国际金融中心后，指出人力资源素质、监管环境、商务成本、商务环境、政府效率、税收优惠以及法制环境等应该是国际金融中心竞争力的评价指标。[③] 2009 年《伦敦城全球金融中心指数报告》认为在人、商业环境、市场准入、基础设施、综合竞争力五个指标中，商业环境是最重要的因素，包括法律体系、税收制度、信用环境和监管环境。[④]

从国际上公认的建设国际金融中心的经验看，国际金融中心和法治环境之间存在一定的逻辑关系。良好的法治环境是国际金融资本和市场参与者进入市场的基本条件。良好的法治环境包括健全的法律体系、透明的监管制度、公正的司法体系、高效廉洁的行政执法制度、完善的金融法制、健全的社会信用体系及充分的权利保护机制等，这些要素能够使投资者作出正确的风险评估和投资决策。同时，投资者因为利益驱动，对法律风险的抵御能力和对非最优环境的适应能力也可能降低对法律保护机制的要求。

上海相比伦敦、纽约、香港等金融中心在金融法治环境改善方面有更迫切的需要。首先，上海的金融立法应该跳出“行政主导”的模式，更加关注市场主体和市场活动的需要，完善金融法规特别是完备的交易规则的建构；其次，金融立法要特别为金融资本和金融投资者提供权利救济手段，以降低不确定性带来的金融风险，减少金融业自身发展面临的行业垄断和系统性风险；最后，加强对金融市场投资者的保护，仅仅完善

① 参见王力、黄玉华等编著：《国际金融中心研究》，中国财政经济出版社 2004 年版，第 89 页。

② 参见高洪民：《经济全球化与中国国际金融中心的发展》，载《世界经济研究》2008 年第 8 期。

③ 参见吕炳斌：《上海国际金融中心的法制建设探讨》，载《新金融》2009 年第 6 期。

④ The City of London: The Global Financial Centres Index 5, p. 22. http://www.cityoflondon.gov.uk/business/economic-research-and-information/research-publications/Documents/research - 2009/Global%20Financial%20Centres%20Index_GFCI_5.pdf，2017 年 11 月 1 日访问。

法律条文无法解决全部问题，应确立公平、公正和高效的金融司法体系，为金融类纠纷的解决提供有效的司法保障。[①] 根据世界银行《2018 年营商环境报告》[②]（Doing Business 2018），在中小投资者保护方面，我国仅得 48.33 分，世界排名第 119 位，不仅低于亚太平均水平，而且远逊于印度（第 4 名）、巴西（第 43 名）、俄罗斯（第 51 名）等金砖国家。在投资便利化方面，根据世界银行对全球 190 个经济体营商环境的评价，在“办理施工许可”指标方面，我国的办理时间是 247.1 天，排在第 172 位。李克强总理在 2018 年 5 月 2 日的国务院常务会议上要求将工程建设项目审批时间压缩一半以上，以便优化营商环境，深圳等地决定压缩到 90 天。[③] 我国法院竞争力名列前茅，但是我国判决执行效率并不占优势，这些问题都亟待解决。

三、金融纠纷解决机制之间的竞争

（一）金融审判资源与金融纠纷解决专业化之间的张力

1. 金融纠纷专业性增强

金融案件的审判和执行一般涉诉金额高、诉讼保全多、涉案利益主体多、案件执行难。专业知识和审判经验是金融纠纷有效审理的门槛要求。[④] 国内法院对金融纠纷的分类方法不适应金融纠纷解决的实际情况。比如，上海法院在划分金融案件时，将主体至少一方为金融机构的民商事纠纷案件定性成金融案件，造成各级金融法庭审理银行信用卡或贷款纠纷案，而诸如公司控制权纠纷等理应适用《证券法》的金融案件，则被当作普

① 参见余保福：《法律、金融发展与经济增长：法律金融理论研究述评》，载《财经理论与实践（双月刊）》2005 年第 136 期。

② 自 2003 年开始，世界银行每年均会发布营商环境年度报告，对全球经济体的营商环境进行排名。由于营商环境报告对吸引投资、建设发展、法治形象影响较大，加上评估主体中立权威、评估方法科学合理，也日益受到各国政府重视，并将提升世行排名作为优化营商环境的重要政策目标。其中，“执行合同”领域，包括司法效率、司法成本、审判组织、司法程序、信息化程度、司法改革举措等法院竞争力指标。

③ 参见《深圳经济特区政府投资项目管理条例》。

④ 钛媒体：《为什么要在上海成立首家金融法院？》，载网易财富频道，http://money.163.com/18/0403/10/DEF90J85002580S6.html，2018 年 4 月 15 日访问。

通民商案件进行审理,使案件的裁判结果合理性存疑。[①]

此外,新型储蓄案件、互联网金融案件、银行理财产品案件、资管案件、P2P 网贷案件等[②]给司法审判的专业性带来更高要求。[③] 我国金融立法滞后于金融市场的发展,金融案件审理因缺少法理依据而受质疑。设立上海金融法院有利于保证司法对金融创新的有效支持。专业法院的优势可以强化金融领域的司法能动性,[④]为灵活的司法制度弥补立法空白,健全金融法治。

2. 传统金融审判难以适应现实需要

金融领域模式多、创新快,案件数量激增,案多人少矛盾突出。《上海市高级人民法院工作报告》指出,近五年在维护金融秩序和金融安全方面,上海市共审结一审金融案件 47.8 万件,同比上升 358.3%。但是,上海市金融商事审判人员不足 300 人,年人均办案 250 件以上。[⑤] 不断增加的金融案件仍由一般法院进行审理,导致审理期过长,案件不断累积。[⑥] 专业性金融法院可以更好地应对金融市场发展的新变化。除了防范金融风险,金融法院可以为金融交易提供更为有效和灵活的规则,进而优化金融市场投资者保护的私人执法机制。

相较传统民商事案件,金融案件审判存在特殊性。首先,金融案件的裁判结果对产业发展和市场经济影响深刻,对市场主体尤其是不特定多数的金融消费者、投资人影响重大,最为重要的是为金融活动的参与者提供行为边界,[⑦]案件判决所确立的原则和应用的规则可以影响交易和监管的

---

① 参见包蹇:《上海应适时建立金融法院》,载网易新闻频道,http://news.163.com/10/0125/19/5TT9BN2F000120GU.html,2018 年 4 月 22 日访问。

② 参见刘春彦、刘伯一:《设立上海金融法院 完善金融审判体系》,载《上海证券报》2018 年 4 月 4 日,第 8 版。

③ 参见《上海金融法院获准设立 更好地保护投资者利益》,载网易财富频道,http://money.163.com/18/0329/18/DE384UI2002580S6.html,2018 年 4 月 15 日访问。

④ 参见李思:《护航国际金融中心建设 上海金融法院“先试先行”》,载和讯新闻,http://news.hexun.com/2018-04-10/192801601.html,2018 年 4 月 14 日访问。

⑤ 谢江珊:《从“留作参考”到中央定调 金融法院落地上海台前幕后》,载和讯新闻,http://news.hexun.com/2018-04-10/192799866.html,2018 年 4 月 14 日访问。

⑥ 刘子阳、张晨、董凡超:《设立上海金融法院恰逢其时——专家称凸显金融司法维护国内国际市场规则》,载《法制日报》2018 年 3 月 30 日,第 3 版。

⑦ 张丽:《全国政协委员吕红兵:建议设立上海金融法院》,载新浪网,http://ksina.com.cn/article_1644948230_620beb06020004mhv.html?from=news&subch=onews,2018 年 4 月 14 日访问。

模式。在分散管辖的模式下，不同法院对同类案件的审判周期不一，审理结果缺乏一致性，客观上减小了金融从业者的市场预期。① 其次，金融纠纷除当事人利益之外还涉及第三人利益及社会公共利益。金融市场发展具有相当的公共性，金融市场参与主体的多样化催生了金融体系中的多元利益诉求。② 金融交易的有效性不仅事关契约安排和商业惯例，而且关系到市场行为稳定性、市场规律可塑性和金融交易结构有效性。③ 系统性风险是金融监管的政策制定基点，也是金融审判需要考虑的整体性因素，金融仲裁等替代性争端解决机制通常难以胜任。④ 最后，金融消费者一般处于弱势地位，金融创新和金融混业经营的发展通常以牺牲金融消费者利益为代价。在替代性争端解决机制中，金融消费者的弱势群体特征明显，有利于保护金融消费者合理权益的规则未必能够得到有利于金融消费者的适用。

金融法院的设立能够改善前述失衡问题。⑤ 诉讼双方当事人的程序利益平衡可以保护金融消费者。金融法院集中审理金融案件有利于积累司法实践经验，可以在立法应对之前形成一些比较有效的市场规则和法律规则，⑥提升金融消费者保护水平。

（二）替代性争端解决制度存在不足

金融纠纷的增加催生了替代性争端解决制度的兴起，但是其本身的缺陷和商事仲裁制度的局限性并不利于金融纠纷的解决。

1. 仲裁机构内部矛盾

一方面，仲裁机构不仅介入仲裁程序进行，而且决定仲裁裁决，包括决

---

① 参见桂敏杰：《在上海设立金融法院》，载和讯网，http://news. hexun. com/2015 - 03 - 20/174243199. html，2018 年 4 月 14 日访问。

② 参见冯果：《资本市场为谁而存在——关于我国资本市场功能定位的反思》，载《公民与法》2013 年第 6 期。

③ 参见李思：《护航国际金融中心建设 上海金融法院“先试先行”》，载和讯网，http://news. hexun. com/2018 - 04 - 10/192801601. html，2018 年 4 月 14 日访问。

④ 参见李思：《护航国际金融中心建设 上海金融法院“先试先行”》，载和讯网，http://news. hexun. com/2018 - 04 - 10/192801601. html，2018 年 4 月 14 日访问。

⑤ 愉见财经：《争当制度创新先行者：上海有意向设立金融法院》，载界面网，http://www. jiemian. com/article/1031363. html，2018 年 4 月 15 日访问。

⑥ 愉见财经：《争当制度创新先行者：上海有意向设立金融法院》，载界面网，http://www. jiemian. com/article/1031363. html，2018 年 4 月 15 日访问。

定管辖权和争议实体权利。作为协助仲裁庭管理仲裁程序的组织，仲裁机构对仲裁的干预过多。[①] 另一方面，仲裁庭追求高效解决纠纷的同时，仲裁员不受限制地行使权力也会影响到仲裁的公正性。公权力过度介入，如对仲裁员适用"枉法裁判罪"，会降低仲裁的效率和独立性。[②] 目前，仲裁制度的这些内在矛盾处于无解的状态。

2. 仲裁协议相对性的限制

当仲裁协议涉及第三人时，由于作为仲裁基础的仲裁协议没有第三人参与而无法约束第三人，当仲裁可能损害第三人利益时，第三人需要另向法院寻求救济，导致当事人纠纷解决成本的增加。[③] 多数情况下，仲裁庭不能对第三人权利进行裁决，需要当事人向法院申请，这与争议快速解决，特别是金融纠纷的涉众性之间，存在很大的矛盾。

仲裁庭管辖范围很大程度上取决于当事人在仲裁协议中的约定范围。仲裁庭管辖范围源自双方当事人约定和法律规定，通常不具有强制力，如无权进行证据保全等。而且，仲裁机构对裁决执行没有强制力，如果一方当事人不履行仲裁裁决，当事人只能依赖法院的强制执行，这就增加了商事仲裁的成本和风险。[④]

3. 仲裁司法化严重

仲裁欠缺法的稳定性和可预测性、仲裁员公正性缺乏司法约束、仲裁程序无上诉制度导致仲裁当事人在仲裁后仍要寻求司法救济。[⑤] 审查和紧急仲裁是常用的仲裁救济手段。为了保证仲裁的公正性，法院可以对仲裁启动司法审查，但是，如果司法监督渗透过度，仲裁裁决可以轻易被撤销或者难以获得承认或执行，仲裁的独立性就会受到损害。[⑥]

由于法院频繁介入仲裁程序及仲裁裁决撤销和执行程序，仲裁司法化

---

① 参见杨玲：《仲裁机构法律功能批判——以国际商事仲裁为分析视角》，载《法律科学》2016 年第 2 期，第 175 ~ 181 页。

② 参见刘晓红：《确定仲裁员责任制度的法理思考——兼评述中国仲裁员责任制度》，载《华东政法大学学报》2007 年第 5 期，第 82 ~ 90 页。

③ 参见宋连斌主编：《仲裁理论与实务》，湖南大学出版社 2005 年版，第 19 ~ 21 页。

④ 参见谢俊英：《用仲裁方式解决商事纠纷的成本优势分析》，载《河北经贸大学学报》2013 年第 3 期，第 86 ~ 88 页。

⑤ 参见杨崇森著：《商务仲裁之理论与实践》，台湾省"中央"文物供应社 1984 年版，第 7 ~ 9 页。

⑥ 参见谢俊英：《用仲裁方式解决商事纠纷的成本优势分析》，载《河北经贸大学学报》2013 年第 3 期，第 86 ~ 88 页。

倾向日益凸显。在此背景下，仲裁解决争议的时间变得冗长。因为仲裁周期变长、仲裁程序烦琐，仲裁费用也变得十分高昂，存在解决争议效率低、花费高等多种弊端。①

4. 仲裁行政化及执行难

我国商事仲裁的某些特征已经阻碍了仲裁成为金融纠纷解决的首选方式。首先，我国仲裁制度的发展带有明显的自上而下的特点，具有很强的行政化倾向。仲裁机构隶属于政府导致仲裁机构和仲裁员的中立性和独立性饱受质疑。② 行政过度介入制约了仲裁中的当事人意思自治。例如，当事人选择仲裁员时存在大量的法律限制，我国也不允许使用临时仲裁方式解决纠纷。③

其次，在处理跨境商事争议时，商事仲裁裁决的承认与执行问题备受关注。中国加入《纽约公约》时就对此作出保留，即被执行人证明裁决存在已被仲裁地撤销的情形时，人民法院应当裁定驳回申请，拒绝承认及执行。④ 在国内执行层面，国内法与国际条约也有冲突。⑤ 目前仍需思考并解决如何适用规则既通过法院保障仲裁裁决的执行，又克服仲裁司法审查存在的案件多头审理、司法审查裁判尺度不一的问题。⑥

最后，实证研究显示，金融机构和金融消费者都在金融纠纷解决方式的选择上表现出明显的诉讼偏好。这既反映了金融消费者越来越强烈的维权意识，也说明非诉调解或仲裁在金融纠纷解决中的生长空间事实上比较有限。⑦ 以香港国际仲裁中心为例，在2017年受理的532起案件中，银行与金融服务争议只占6.2%，远低于排在前三位的国际贸易案件的

---

① 参见张萍：《国际商事仲裁费用能控制吗?》，载《甘肃社会科学》2017年第3期，第150~155页。

② 参见刘丹冰：《试论中国商事仲裁法律制度演进中的政府作用与修正——基于仲裁行政化的考察》，载《广东社会科学》2014年第1期，第229~238页。

③ 参见樊堃著：《仲裁在中国：法律与文化分析》，法律出版社2017年版，第182~186页。

④ 参见傅攀峰：《未竟的争鸣：被撤销的国际商事仲裁裁决的承认与执行》，载《现代法学》2017年第1期，第156~169页。

⑤ 参见朱伟东：《中国与"一带一路"国家间民商事争议解决机制的完善》，载《求索》2016年第12期，第4~8页。

⑥ 参见张建、郝梓伊：《商事仲裁司法审查的纵与限——评最高人民法院审理仲裁司法审查案件的新规定》，载《北华大学学报（社会科学版）》2018年第1期，第69~75页。

⑦ 参见余涛、沈伟：《游走于实然与应然之间的金融纠纷非诉讼调解机制》，载《上海财经大学学报》2016年第1期；沈伟、余涛：《金融纠纷诉讼调解机制运行的影响因素及其实证分析——以上海为研究对象》，载《法学论坛》2016年第6期。

31.9%、建筑工程争议的19.2%和公司纠纷案件的13.5%。①

与仲裁等替代性争端解决方式相比，金融法院在解决金融纠纷中的优势明显，主要表现在两个方面：其一，统一的裁判尺度有利于实现审理的专业化、精准化，避免同案不同判。② 对疑难案件、新型金融案件进行统一化审理，有利于集中积累金融审判经验，形成有指导意义的案例和审判原则和规则，进而为整个金融市场的发展和金融机构的活动提供规则③。其二，由于金融领域案件往往涉案人员多或影响大，地方法院在审理时会考虑到地方化的社会稳定及营商环境，出现"大事化小"的司法倾向。这在现实中既损害司法权威，又损害案件当事人的权益，会形成事实上的利益捆绑，金融法院的存在可以防止地方行政保护主义。④

综上，比较仲裁与诉讼和金融纠纷特性的适应性（见表12-1）可知，诉讼更加适合解决金融争议。

表12-1　仲裁和诉讼与金融纠纷适应性之间的比较

项目	仲裁	金融纠纷案件	诉讼
诉讼时效	原则上没有	金融纠纷具有重要性，需要诉讼时效促进当事人及时保护权利。	知道或应当知道之日起，一般2年；身体受到伤害要求赔偿、出售质量不合格的商品未声明、延付或拒付租金、寄存财物损毁或丢失，诉讼时效1年。从权利被侵害之日起，最长诉讼时效为20年。
审判原则	一裁终局	由于涉及重要法律权利和金融市场风险，需要确保法律适用正确，以便确立刚性的强行法，保证市场有序。涉众型的金融纠纷案件需要纠错机制，确保大多数人的利益收到保护。	两审终审（特别情况一审终审）。

① 参见《结案金额翻一番！中国元素爆棚！香港国际仲裁中心2017年数据统计大盘点》，载微信公众平台，http://mp.weixin.qq.com/s/ugNZeHeiBx5SrQ56w3DfAg。

② 参见刘子阳、张晨、董凡超：《设立上海金融法院恰逢其时——专家称凸显金融司法维护国内国际市场规则》，载《法制日报》2018年3月30日，第3版。

③ 参见《第一财经日报》社论：《设立金融法院助推金融法治》，载《第一财经日报》2018年3月30日，第A02版。

④ 参见《第一财经日报》社论：《设立金融法院助推金融法治》，载《第一财经日报》2018年3月30日，第A02版。

续表

项目	仲裁	金融纠纷案件	诉讼
第三方	第三方无法参与； 可以有第三方资助仲裁。	一些金融纠纷的交易关系有涉众性，比如证券期货案件经常会涉及第三方利益或者第三方有相同的诉求。	有独立请求的第三人参加的共同诉讼或者无独立请求的第三人参加的共同诉讼。
行政和刑事案件	无法仲裁行政或者刑事案件，可仲裁性受到限制。	金融纠纷涉及许多复杂、疑难和新型的民事、行政和刑事案件。	可以通过行政或刑事诉讼解决。
是否实行级别管辖和地域管辖及内容	不实行（不按行政区划设立，独立于行政机关，与行政机关也没有隶属关系，仲裁委员会之间也没有隶属关系）。	相较于仲裁，级别管辖虽然损失了效率，但是在合法性判断方面更为可靠，因为级别管辖本身就是一种纠错机制。	实行。级别管辖：大多数民事案件归基层人民法院管辖；地域管辖又分为一般地域管辖（原告就被告）、特殊地域管辖（合同纠纷：被告住所地或合同履行地；保险合同：被告住所地或保险标的物所在地；票据纠纷：票据支付地或被告住所地；侵权行为：侵权行为地或被告住所地）和专属地域管辖；共同管辖和选择管辖。
审判方式	以开庭不公开为原则，以开庭公开为例外。	一些金融纠纷有公众性和同质性，涉及公共利益，需要通过公开性保证法律规则和原则最大限度地传播，也需要对事关重大利益的当事人受到名誉成本的约束。	可以不公开审理，但要公开判决。
审理人员构成	单数，主任1人，副主任2～4人和委员7～11人，法律经贸专家不少于2/3。	将重大利益的案件交由独任制的仲裁庭不利于公共利益的保护，也不利于事关宏观审慎的金融市场的发展。	（合议制度）一审可一人独审，也可组成合议庭，由审判员、陪审员构成或审判员构成，二审时由审判员构成。

续表

项目	仲裁	金融纠纷案件	诉讼
判决	按多数仲裁员意见作出,不能形成多数意见时,按首席仲裁员意见作出。	合议庭作出判决更符合公共利益保护的需要;仲裁员相对来说更具专业性,更符合行业的发展需要。但是,仲裁庭的组成具有临时性,裁决对其他相同或相似纠纷的约束力比较弱。	法院作出。
判决(裁决)生效日期	调解书双方当事人签收后产生法律效力。裁决书自作出之日产生法律效力。和解书、调解书和裁决书三者具有同等的法律效力。	需要有上诉机制确保法律适用的正确性。	判决书送达之日起 15 日内可上诉。第二审法院的判决是终审判决。
执行地	被执行人住所地或被执行的财产所在地法院执行。	被执行人住所或财产所在地非唯一或者最为有效的连结点。	对于发生法律效力的判决、裁定,由第一审法院执行。

(三)争端解决机制、市场与司法之间的关系

市场透明度和争端解决当事方的行为偏好一定程度上与法治程度,特别是司法能力有关。争端当事方偏好非讼解决方式在一定程度说明法院在合同执行和权利保护方面的作用较弱。一方面,由于市场透明度低、契约公平性低,争端当事方更加倾向于自力救济,而非诉讼救济。另一方面,仲裁机构行政化说明争端解决的行政治理甚于法治。这也解释了我国仲裁机构行政化的内在逻辑。在合同执行方面,由于法律执行能

力欠缺，债权人的合法权益不能得到充分保护，行政指令有时会取代法律诉讼和市场合同。[①]

奥尔森在《权力和繁荣》一书中，提出了“市场扩展型政府”(market-augmenting government)的概念。市场经济国家经济繁荣有两个重要的条件：一是有可靠而界定清晰的个人权利；二是不存在任何形式的强取豪夺。对于第二个条件，即使在个人权利界定清晰的社会中，也可能存在另一种形式的强取豪夺：一是通过游说活动，以赢得符合特殊利益集团利益的立法和法规；二是通过卡特尔化或者共谋行为以操纵价格和工资。[②] 协商是最小化负外部性带来社会问题的常用办法。但是，除非产权足够清晰，否则协商不可能有效。[③] 裁定是减少外部性问题的另外一种社会途径。共同的法律和规则约束一个区域的所有人的时候，每个人都可以获益。这也是协作社会和无秩序社会之间的区别。法律和法院可以给人们带来大量收益。[④]

司法系统通过技术进步、投资、效率影响经济增长。有效的司法系统可以使得产权免受行政征用、降低经济政策不稳定性、提高经济政策的灵活性和可信度。[⑤] “法律重要”理论认为，普通法法院在保护私人财产不受皇权侵犯中起到重要作用。事实上，世界上最为强劲的一些经济体采用了中间形态的政府管制，通过监督机构和司法审查有效地约束私人交易和国家所有的社会损失。[⑥] 合同履行需要得到法院的保障，这也是国家提供的公共服务的一部分。加强第三方监督履约的职能，可以减少对理性交易的阻碍。[⑦] 当法律和监管体系能够保护债权人的优先权，金融中介就能够得

---

① 参见[美]希尔顿·L.鲁特著：《资本与共谋：全球经济发展的政治逻辑》，刘宝成译，中信出版集团2017年版，第211页。

② 参见[美]曼瑟·奥尔森著：《国家的兴衰：经济增长、滞涨和社会僵化》，李增刚译，上海人民出版社2018年版。

③ 参见[美]保罗·海恩等著：《经济学导论》，史晨主译，世界图书出版公司2012年版，第201页。

④ 参见[美]保罗·海恩等著：《经济学导论》，史晨主译，世界图书出版公司2012年版，第228～229页。

⑤ See Armando Castelar Pinheiro, “Judicial System Performance and Economic Development”, Rio de Janeiro: BNDES, 1996 (Ensaio n° 2).

⑥ See Geoffrey G. Parker, Marshall W. Van Alstyne & Sangeet Paul Choudary, Platform Revolution: How Networked Markets Are Transforming the Economy and How to Make Them Work for You (New York & London: W. W. Norton & Company 2016) 238 – 239.

⑦ 参见[美]希尔顿·L.鲁特著：《资本与共谋：全球经济发展的政治逻辑》，刘宝成译，中信出版集团2017年版，第229页。

到更好的发展。因而,完善的法律制度是有效地保护投资者和优化金融结构的关键。功能完善的法律体系可以使得金融结构更加符合金融功能的发挥。[①] 当然,也有观点认为,法院的作用被夸大了。特别在中国,宏观经济政策和投资环境的质量对经济发展的影响更加大。[②] 表12－2显示了市场、政府、合同交易、司法和争端解决机制选择诸多方面的复杂关系。

表12－2 两种市场的司法和解纠机理

市 场	透明市场	非透明市场
政 府	市场扩展型政府	市场弱化型政府
院外游说	复杂性的动态过程、[③]产生寻租组织	产生寻租组织
合 同	公平(市场化)契约	关系契约
商人自治	强意思自治	弱意思自治
司 法	司法去行政化	司法行政化
替代性争端解决机制	诉讼救济	自力救济

四、上海金融法院的外在竞争要求

(一)与国际金融监管接轨的现实要求

近年来,以沪港通为标志,上海自贸区首个面向境外投资者的黄金国际板上线运行;上海期货交易所在国际能源交易中心开展原油期货交易,境外投资者可以参与境内原油期货交易,中国加入亚太时区原油定价权竞争;金砖国家开发银行落户上海。[④] 金融纠纷的诉讼主体、法律适用、判决

① See Ross Levine, "The Legal Environment, Banks, and Long-run Economic Growth", Journal of Money, Credit and Banking", (1998) 30, 596－613.

② See Randall Peerenboom, "Conclusion: Law, Wealth and Power in China", in John Garrick (ed.), Law, Wealth and Power in China: Commercial Law Reforms in Context (London and New York: Routledge 2011) 277.

③ See Morris Fiorina and Roger Noll, "Voters, Legislators and Bureaucracy-Institutional Design in the Public Sector", American Economic Review, Papers and Proceedings 68 (1978) 256－260.

④ 参见桂敏杰:《在上海设立金融法院》,载和讯网,http://news.hexun.com/2015－03－20/174243199.html,2018年4月14日访问。

执行等方面呈现跨境化倾向。① 这些发展要求中国的金融运行机制、金融监管体制、金融纠纷解决机制和规则适用必须更加深度地与国际接轨。② 一般法院难以适应和胜任金融案件的国际化和复杂化倾向，分散管辖也无法很好地应对国际金融案件审判的全局性与系统性特性，因此，设立专门金融法院的必要性和紧迫性日益凸显。

（二）后发国家金融专业审判的借鉴：以迪拜国际金融中心法院为例

在世界范围内，金融纠纷案件的审理存在多种模式，如由普通法院的普通法官进行审理、由普通法院的专业审判庭或者专业法官进行审理、由专门金融一审法院或者上诉法院进行审理。③ 除第一种审理模式外，其余的几种模式均可称为金融专业审判模式。目前，世界主要的国际金融中心如英国伦敦、美国纽约等，均建立了与其金融体系特点相适应的专门金融纠纷解决体制机制。④ 值得注意的是，一些后发国家也通过建立专业化法院的方式吸引外资，特别是专业化水平高的金融投资，具体做法主要有两种：一是在地方法院建立刑事、民事、行政“三审合一”的金融审判庭，二是建立金融法院。

上海国际金融中心建设已历经近十年，⑤在上海设立的金融监管部门和金融基础要素市场已经基本齐全。⑥ 设立金融法院是上海金融中心发展到一定阶段，市场对司法保障提出的必然要求。⑦ 上海金融法院的设立

① 参见徐艳红：《金融审判向专业化和国际化迈进——全国政协委员吕红兵谈设立上海金融法院的背景和意义》，载《人民政协报》2018 年 4 月 3 日，第 12 版。

② 参见王兰军：《建立独立的金融司法体系 防范化解金融风险———兼论组建中国金融法院、中国金融检察院》，载《财经问题研究》2000 年第 9 期。

③ 参见《中国首个金融法院为何定在上海?》，载凤凰新闻，http://news.ifeng.com/a/20180401/57237698_0.shtml，2018 年 4 月 15 日访问。

④ 参见张广良：《知识产权法院制度设计的本土化思维》，载《法学家》2014 年第 6 期。

⑤ 目前在上海设立的金融监管机关及相应其他机关包括：人民银行上海总部、人民银行海分行、上海证监局、人民银行征信中心、中证中小投资者服务中心、上海银行业调解中心等。

⑥ 在上海设立的金融基础要素市场包括：上海证券交易所、上海期货交易所及全资子公司上海国际能源交易中心、中国金融期货交易所、国家外汇交易中心、上海清算所、上海黄金交易所、上海票据交易所、上海保险交易所、中国证券登记结算有限公司上海分公司、中国信托登记有限责任公司、国家开发银行上海业务总部、上海石油天然气交易中心等。

⑦ 参见李思：《护航国际金融中心建设 上海金融法院“先试先行”》，载和讯网，http://news.hexun.com/2018-04-10/192801601.html，2018 年 4 月 14 日访问。

有利于提升中国国际金融交易规则话语权,增强中国金融司法的国际影响力。从国际经济治理体系的角度看,金融法院的设立有利于充实我国打造金融司法品牌,满足国家金融战略需求,提升中国金融司法的国际影响力和软实力。①

1. 迪拜国际金融中心法院的设立背景

迪拜国际金融中心(Dubai International Financial Center,DIFC)旨在成为一个金融自由区和区域性金融中心,提供独特且独立的法律和监管架构,其专业分工为建设离岸金融中心,金融服务市场的目标辐射东西方之间的25个国家。②

阿联酋通过修改《阿拉伯联合酋长国宪法》,并通过《金融自由区法》《迪拜国际金融中心法》,明确迪拜金融法院的地位。在民商事领域,也配合专门适用金融中心的《公司法》《合伙企业法》《有限责任合伙企业法》《破产法》《民商事法律适用法》。③

迪拜国际金融中心和迪拜国际金融中心法院制定独立的、基于普通法的、与迪拜和阿联酋联邦法律制度平行的法律制度,④创建的独特且独立的监管框架,促进了迪拜国际金融中心的快速发展。迪拜当局借鉴参考当前世界金融实践,并融入国际金融运作规则和先进的商业通用规则,⑤制定并颁行相关法律,以规制DIFC内的金融机构、公司和个人的日常行为和运营管理,加强打击洗钱。这些法律均由迪拜金融服务管理局(Dubai Financial Services Authority,DFSA)负责监督和管理,即除非经迪拜金融服务管理局许可,公司不能向迪拜国际金融中心提供金融服务。

2. 迪拜国际金融中心法院的特色

(1)迪拜国际金融中心法院系统

迪拜国际金融中心法院包括一审法院和上诉法院。⑥ 一审法院⑦由一

① 参见李楠:《设立上海金融法院恰逢其时》,载《中国城乡金融报》2018年4月11日,第A02版。

② 参见冯邦彦、覃剑:《国际金融中心圈层发展模式研究》,载《国际金融》2011年第4期。

③ 参见吕炳斌:《上海国际金融中心的法制建设探讨》,载《新金融》2009年第6期。

④ See Zain Al Abdin Sharar; Mohammed Al Khulaifi, "The Courts in Qatar Financial Centre and Dubai International Financial Centre: A Comparative Analysis", Hong Kong Law Journal (2016) 46 p. 529.

⑤ DIFC, available at http://www.difc.ae/discover-difc (visited 15 April 2018).

⑥ https://www.difccourts.ae/court-structure/ (visited 19 April 2018).

⑦ Ibid.

名法官组成，并且对下列事项拥有专属管辖权：①涉及迪拜国际金融中心的事件，任一迪拜国际金融中心管理机构或迪拜国际金融中心内任一民商事主体纠纷；②需要在迪拜国际金融中心履行全部或部分合同内容或在迪拜国际金融中心进行的交易或发生在迪拜国际金融中心的事件引起的或与之相关的民事或商业案件和争议；③根据迪拜国际金融中心的法律法规，对迪拜国际金融中心主体机构作出的决定提出异议的；④法院根据迪拜国际金融中心法律法规对于管辖的任何申请。上诉法院[①]至少由 3 名法官组成，由首席大法官或最资深法官担任主席，并拥有下列专属管辖权：①原审法院对判决和裁决提出的上诉；②根据任一迪拜国际金融中心机构的请求，解释迪拜国际金融中心法律的任何条款，条件是该机构在这方面获得首席大法官的许可。这种解释应具有法律效力，上诉法院的裁决不应上诉。

(2)司法人员配置[②]

迪拜国际金融中心法院由至少 4 名法官组成，其中一名法官为首席法官。如果一位法官任职于阿联酋政府承认的任一司法管辖区的高级司法机构，且该法官已获得普通法系律师或法官资格并拥有重要经验，就拥有成为迪拜国际金融中心法院法官的资格。院长、副院长和法官皆需通过迪拜统治者颁布的法令任命。院长负责迪拜国际金融中心法院行政事务的全面管理，主持所有上诉，以及决定建立迪拜国际金融中心法院的巡回法院和分部以及任命其工作人员和司法人员等事宜。

(3)法院管辖范围

迪拜国际金融中心法院的初衷在于建立一个使任何服从 DIFC 法院管辖权的当事人都能使用的法院。然而，法院设立之初只能用于解决其中一方当事人在迪拜国际金融中心或交易本身在迪拜国际金融中心中发生的争议。2011 年迪拜当局确立第 16 号法，即若双方同意由迪拜国际金融中心法院管辖，迪拜国际金融中心法院可以听取争议各方的任何争议，显著扩大了迪拜国际金融中心法院的管辖权。

(4)裁判执行

就阿联酋其他司法管辖区的法院对迪拜国际金融中心法院作出判决

---

① https://www.difccourts.ae/court-structure/(visited 19 April 2018).

② Ibid.

的承认程度，以及败诉方或败诉方的资产位于迪拜国际金融中心以外的辖区如何执行的问题，迪拜金融服务管理局进行了尝试。① 从对外角度，建立世界上最大的执法机制之一，其判决已经在包括英格兰和威尔士商业法院、美国纽约南区地区法院和上海高级人民法院在内的外国法院得到执行；②从对内角度，迪拜国际金融中心法院与阿联酋法院在2009年签署了一项执法协议，旨在简化其他酋长国执行迪拜国际金融中心判决的程序。③ 同时，迪拜国际金融中心法院官员还与阿联酋法院对口单位签署谅解备忘录。迪拜国际金融中心法院于2015年发布迪拜国际金融中心法院实践指导方针，允许迪拜国际金融中心法院的判决在阿联酋执行，而无需遵循执行迪拜国际金融中心判决所需的程序，导致2016年间法院提起的强制执行索赔总额从2015年度的阿联酋迪拉姆10亿8000万（2亿9354万美元）上升至阿联酋迪拉姆27亿5000万（7亿4955万美元），同比增长155%。④

（5）司法手段

迪拜国际金融中心法院利用新兴技术扩大和多样化其司法手段。其一，全球相互关系扩大和测试。迪拜国际金融中心法院与地方和国际法院签署了大量重要备忘录，通过国际公约（如《纽约公约》）进一步加强执法力度。2016年迪拜国际金融中心法院的判决首次在澳大利亚得到认可，迪拜国际金融中心法院2016年执法案件总数增加95%。其二，迪拜国际金融中心通过与当地迪拜法院签订互惠协议，保证所有在迪拜境内执行的强制诉讼程序能够在2个工作日内得到处理。其三，设立智能小额仲裁庭。⑤ 迪拜国际金融中心法院于2016年启用“智能”小额仲裁庭（SCT），配备视频会议技术，提供智能手机和计算机上的远程访问案件的渠道。其

① See Rupert Reed, Simon Atkinson, Harris Bor and Jonathan Chew, "Rules of the DIFC Court 2016", Wilberforce Chambers, available athttp://www.wilberforce.co.uk/publication/rules-difc-courts-2016-fourth-edition/ (visited 18 April 2018).

② Xinhua, "Dubai's International Financial Court Posts Sharp Rise in Case Values", available athttp://www.xinhuanet.com/english/2017-08/15/c_136528741.htm (visited 16 April 2018).

③ Zain Al Abdin Sharar and Mohammed Al Khulaifi, "The Courts in Qatar Financial Centre and Dubai International Financial Centre: A Comparative Analysis", Hong Kong Law Journal (2016) 46 p.529.

④ DIFC Annual Review 2016.pdf, available athttps://www.difccourts.ae/2016/02/27/difc-courts-annual-review-2016/ (visited 19 April 2018).

⑤ Ibid.

四，引入无纸化庭审。[①] 迪拜国际金融中心法庭率先引入安全云技术，允许从世界任何地方都上传法庭文件。迪拜国际金融中心电子打包服务将所有资料汇总到一起，允许法官、律师和法院工作人员以各种方式访问案件信息，与众多用户共享，以更快、更紧密的方式访问案件信息。

同属于后发国家，迪拜设立国际金融法院的经验为我国建立上海金融法院提供了借鉴范本。

五、上海金融法院的制度设计难点

（一）定位

设立金融法院，本质上是法院内部案件审理专业化分工的制度设计和体系调整。但是，金融法院能否得到司法制度的有效支持，使金融法院提升司法灵活性以回应金融市场对司法体系的制度需求，特别是满足金融市场全球化和金融纠纷跨境化发展的现实需要，是一个需要制度回应的重要问题。

以司法判例机制为核心象征的普通法系授权法官在审理个案中创制针对性的金融法律规则，回应了金融市场法律需求，与金融案件审理过程中的司法灵活性紧密联系。以阿联酋为例，其通过修改宪法，授权设立金融法院，聘请判例法系的法官，以普通法来裁判金融纠纷案件。我国法官客观上是处于"政法体制"之中的司法工作人员，而金融纠纷的标的金额较大，涉案人数多，案件敏感性较高，因此，金融法院的法官可能需扮演社会矛盾"化解者"角色，而非"中立的裁判者"。金融案件往往涉及巨大的政治和经济利益，处理金融案件的法院和法官难免受到来自金融监管部门和大型金融机构的"游说"压力。上海金融法院能否形成为法官适当"减负"的有效机制，或许是提升司法体制效能的关键所在。

此外，上海金融法院采用金融案件集中管辖制度，在客观上会削弱或消灭法院与法院之间基于竞争的司法能动性效果。上海金融法院能否在金融案件审理的灵活性和能动性上有所突破，需要制度设计和创新。

---

① https://www.difccourts.ae/2018/02/07/trials-go-paperless-at-difc-courts-in-regional-first/ (visited 19 April 2018).

（二）目标

管辖结合我国深化司法体制改革目标，解决法院地方化和行政化的问题，满足我国金融创新和安全的需要，对比已成立的知识产权法院、海事法院、铁路运输法院的运作模式，金融法院可以定位成专门法院，审理各类金融案件。结合我国设立知识产权法院和海事法院的经验，从审级上讲，上海金融法院应该是中级法院，对金融案件的一审和上诉审逐步进行集中管辖。[①] 对于案件管辖的具体范围，最高人民法院审判委员会 2018 年 7 月 31 日审议通过了《最高人民法院关于上海金融法院案件管辖的规定》（以下简称《规定》），自 2018 年 8 月 10 日起施行。《规定》共 7 个条款，明确上海金融法院管辖上海市辖区内应由中级人民法院受理的第一审金融民商事案件的范围，指出上海金融法院管辖上海市辖区内应由中级人民法院受理的以金融监管机构为被告的第一审涉金融行政案件，管辖以住所地在上海市的金融市场基础设施为被告或者第三人与其履行职责相关的第一审金融民商事案件和涉金融行政案件。当事人对上海市基层人民法院作出的第一审金融民商事案件和涉金融行政案件判决、裁定提起的上诉案件，均由上海金融法院审理。[②]

对于金融法院内部机构设置，《规定》未予明确。按照精简机构、优化效能的原则，金融法院可以设立立案庭、审判庭、审判监督庭、执行庭等业务庭，设立司法警察支队、综合办公室作为司法辅助机构和综合行政机构。[③] 最高人民法院要求各地在中级法院配置破产庭，而破产必然涉及银行等金融机构的权益，所以，也需在金融法院内设立破产庭。[④]

---

① 参见谢江珊：《从"留作参考"到中央定调 金融法院落地上海台前幕后》，载和讯网，http://news.hexun.com/2018-04-10/192799866.html，2018 年 4 月 14 日访问。

② 参见孙航：《最高人民法院出台关于上海金融法院案件管辖的规定——立足金融审判实践 服务金融中心建设》，载中国法院网，https://www.chinacourt.org/article/detail/2018/08/id/3446148.shtml，2018 年 8 月 15 日访问。

③ 智合法律新媒体：《将被改变的行业和城市：上海金融法院来了！》，载百家号网，https://baijiahao.baidu.com/s?id=1596322422746849528&wfr=spider&for=pc，2018 年 4 月 15 日访问。

④ 参见李思：《护航国际金融中心建设 上海金融法院"先试先行"》，载和讯网，http://news.hexun.com/2018-04-10/192801601.html，2018 年 4 月 14 日访问。

《规定》进一步明确了上海金融法院案件管辖的具体范围，[①]其中对于非银行支付机构网络支付，即所谓的“第三方支付”、网络借贷、互联网股权众筹等新型金融民商事纠纷，以金融机构为债务人的破产纠纷，以及金融民商事纠纷的仲裁司法审查案件的管辖是金融法院管辖范围中的亮点。[②] 但在具体案件的管辖问题上，金融法院制度设计还面临诸多困境。首先，《规定》确认了金融法院对金融民商事案件和涉金融行政案件的管辖权，但金融法院内部职能庭方面的协调难问题依然存在，即民商事、行政、刑事案件审理仍然相互独立，没有实现面对金融疑难案件在实质上的专业化。[③] 这是因为传统民商法、行政法、刑法对金融案件的研究和审判是“法律规范隔离”的，因而法院在审判疑难复杂的金融案件时面临“知识储备不够”的困境。金融审判需要既懂审判又懂金融的人才作为司法工作者，这样审判结果才能够更加准确。随着金融创新进一步加速，金融产品层出不穷，金融法院势必紧跟金融创新的脚步，将最新科技的发展成果融入审判当中。金融法院还需要运用人工智能提高办案效率，高效解决金融领域纠纷问题。金融法院可以先行建立金融专家陪审制度，借鉴迪拜国际金融法庭的做法，聘用国内外专家作为非常驻法官参与审理重要和复杂的跨境金融案件。设立金融法院的长远意义在于金融审判知识和规范体系的一体化，帮助法院更有效地审理复杂的金融案件。[④]

其次，金融法院与普通法院管辖权分配也是制度设计的难点。《规定》明确金融法院管辖初审案件需满足中级人民法院受理的级别要求，以及管辖当事人对上海市基层人民法院作出的第一审金融民商事案件和涉金融行政案件判决、裁定提起的上诉案件。这是由于虽然金融案件常具有数量多、标的额大的特点，但案情简单的诉讼占比很大。因此，很多传统的金融案件

---

① 参见孙航：《最高人民法院出台关于上海金融法院案件管辖的规定——立足金融审判实践 服务金融中心建设》，载中国法院网，https://www.chinacourt.org/article/detail/2018/08/id/3446148.shtml，2018 年 8 月 15 日访问。

② 周正：《上海金融法院案件管辖范围终于揭晓：有哪些亮点？律师如何应对？》，载微信公众号，https://mp.weixin.qq.com/s/-2aAHVMw6zEi_8_p2rNHDw，2018 年 8 月 16 日访问。

③ 参见智合法律新媒体：《将被改变的行业和城市：上海金融法院来了！》，载百家号网，https://baijiahao.baidu.com/s?id=1596322422746849528&wfr=spider&for=pc，2018 年 4 月 15 日访问。

④ 参见智合法律新媒体：《将被改变的行业和城市：上海金融法院来了！》，载百家号网，https://baijiahao.baidu.com/s?id=1596322422746849528&wfr=spider&for=pc，2018 年 4 月 15 日访问。

应该继续让基层法院作为一审法院,金融法院作为二审法院。金融法院应该承担专业性强、涉外或影响大的金融一审案件,[①]在整个法院体系中起到承上启下作用。[②] 就现阶段而言,这样的制度安排可以较好地配合司法机构职能调整的前后衔接。从前瞻性的角度看,上海金融法院可以向专门的"上诉审查法院"方向定位。在实践中,初审法院和上诉法院的功能和运作方式区别较大,对法官职业的要求也不同。因此,初审案件审理职能一定程度上削弱了专业性法院的发挥空间。对各类金融商事争议案件,上海各区基层法院已经具有了较好的知识和技能储备,我国《民事诉讼法》所规定的由中级人民法院管辖第一审民事案件的情形在实践中基本上是根据"量化"的标的额来确定的,与法律意义上的重要性没有必然联系。因此,汇集金融司法精英的专业法院成为专门的"上诉审查法院",更加符合"司法经济"的原则。[③] 在《规定》发布之前,上海金融法院的受案范围能否跨区域受到普遍讨论。学者观点基本认为上海金融法院应当打破地域限制,实现跨区域管辖。比如有学者建议,上海金融法院应审理跨上海市各区县的金融案件以及连结点在上海的跨省、跨国金融商事、行政案件。[④] 涉及上海证券交易所产品的交易纠纷,无论原告被告的属地,都应该由上海金融法院来受理。[⑤]

再次,金融法院对金融纠纷案件可以增加调解程序。最高人民法院2016年6月29日发布的《关于人民法院进一步深化多元化纠纷解决机制改革的意见》[⑥]要求发挥仲裁、商事调解机构、行业协会在纠纷解决中的作用。发挥诉讼与调解等纠纷解决机制的衔接,一方面将缓解金融法院的压力,另一方面也会增加金融消费者对法律服务选择的自由度。[⑦]

最后,为推动我国司法在全球金融治理中的影响力,上海金融法院在

---

① 参见倪受彬:《上海金融法院筹建的若干建议》,载《中国基金报》2018年4月16日,第10版。

② 参见金嘉捷:《吕红兵:建议上海金融法院应民事行政刑事全覆盖》,载中国证券网,http://news.cnstock.com/news,bwkx-201804-4205828.htm?from=szkxapp,2018年4月15日访问。

③ 参见黄韬:《如何定位上海金融法院的功能?》,载微信公众平台,https://mp.weixin.qq.com/s/6Gi5k2jjl6lV5g_PWqyJLQ,2018年8月16日访问。

④ 参见倪受彬:《上海金融法院筹建的若干建议》,载《中国基金报》2018年4月16日,第10版。

⑤ 参见金嘉捷:《吕红兵:建议上海金融法院应民事行政刑事全覆盖》,载中国证券网,http://news.cnstock.com/news,bwkx-201804-4205828.htm?from=szkxapp,2018年4月15日访问。

⑥ 《关于人民法院进一步深化多元化纠纷解决机制改革的意见》(法发〔2016〕14号),2016年6月29日颁布。

⑦ 参见倪受彬:《上海金融法院筹建的若干建议》,载《中国基金报》2018年4月16日,第10版。

涉外金融案件的管辖上，需要考虑保留一定的灵活性和裁量空间，可以通过最高院发挥类似指定管辖的作用。在准据法选择上，可以基于当事人同意选择适用国际组织示范文本、国际金融惯例、国际行业协会文件等具有国际法属性的规范性文本，以缓解国内立法不足及对国际标准的内在需求，[①]通过司法审判文书流通，拓宽国际沟通的渠道。[②] 金融法院可以通过程序便利、规则公正和判决有效提升上海国际中心城市的整体竞争力。

(三)核心切入点

综上，上海金融法院需要在五个方面进行制度设计和创新：(1)上海金融法院应当作为专门法院审理各类金融案件，具体包括金融借款纠纷、典当合同纠纷票据权益纠纷、证券权益纠纷、股权投资纠纷等；(2)上海金融法院应当是中级法院，承担基层法院审判的各类金融案件的上诉审，并审理专业程度高、具有涉外因素、影响大的金融一审案件，兼顾级别管辖与专门法院之间的关系；(3)上海金融法院应当在金融民事、刑事及行政审理上“三合一”，克服金融案件审判在民法、商法、行政法、刑法方面的“法律规范隔离”，实现金融审判知识、规范体系和司法实践(政策)的一体化；(4)上海金融法院应当打破地域限制，实现跨区域管辖，审理跨上海市各区县的金融案件，以及管辖连接点在上海的跨省、跨国金融商事、行政案件；(5)上海金融法院应该在我国的司法体系中占有比较特殊的地位，比如，上海金融法院在金融纠纷案件的审理中有可复制和可推广的司法能力和权限，即使上海金融法院无权统一金融案件裁判标准，最高人民法院也可以允许上海金融法院在金融案件审判中的判决优先或当然成为指导性判例，以利于促进法律和审判原则的统一适用，提升金融审判质效，为金融市场的发展提供机制性司法保障。

六、结语：提高司法国际竞争力

上海市辖区内金融机构数量多，金融要素市场齐全，金融市场交易额巨大，是中外金融机构的重要集聚地，金融业占上海 GDP 总值比例超过

① 参见倪受彬：《上海金融法院筹建的若干建议》，载《中国基金报》2018 年 4 月 16 日，第 10 版。

② 参见相思：《护航国际金融中心建设 上海金融法院“先试先行”》，载和讯网，http://news.hexun.com/2018-04-10/192801601.html，2018 年 4 月 14 日访问。

17%，是全球金融要素市场最齐备金融中心城市之一。金融中心地位的形成和巩固离不开良好的金融法治环境，而金融法治环境的营造离不开金融司法审判的定分止争。①

设立上海金融法院的政策目标之一就是通过改革金融审判体系提升司法服务金融的能力。维护金融市场秩序、保障国家金融安全的政策目标是否实现需要通过制度设计变政策愿景为司法现实。② 设立上海金融法院有利于保护金融市场的投资者，保护金融市场投资者的合法权利，需要通过金融纠纷的有效化解，特别是专业、公正、高效、权威的金融审判体系加以实现。上海金融法院应该成为金融司法特区，为金融市场提供高质量的司法公共产品，提升金融市场运行效率，③提高上海国际金融中心的司法竞争力。上海金融法院作为全面推进金融市场法治化的重要一环，需要通过良好的司法机制实现市场在资源配置方面的决定性作用。④

---

① 刘春彦、刘伯一：《设立上海金融法院 完善金融审判体系》，载《上海证券报》2018年4月4日，第8版。

② 参见林强、杨庆炎、许文玲：《组建金融法院 确保金融安全——关于组建中国金融法院的构想》，载《福建金融》2003年第6期。

③ 参见刘春彦、刘伯一：《设立上海金融法院 完善金融审判体系》，载《上海证券报》2018年4月4日，第8版。

④ 参见刘子阳、张晨、董凡超：《设立上海金融法院恰逢其时——专家称凸显金融司法维护国内国际市场规则》，载《法制日报》2018年3月30日，第3版。

后　记

本书所涉及课题的研究最初开始于2012年，经历了漫长的写作和修改过程，名副其实是集体智慧的结晶。本书各章分工如下：

引　言　沈伟
第一章　沈伟
第二章　金洁、熊慧
第三章　苗菁、王明
第四章　高振翔
第五章　丁长瑶、阮芳洋
第六章　李先腾、韩旭
第七章　张会会、魏鹏程
第八章　余涛
第九章　彭瑞驷、沈伟
第十章　余涛、沈伟
第十一章　沈伟
第十二章　沈伟

沈伟修改了第二章到第八章的内容并完成统稿工作。彭瑞驷更新了第二、三、六、七章相关信息。

本书的研究得到了香港特别行政区政府商务局“香港与上海金融发展的战略关系”课题项目以及中国法学会2018年度部级法学研究重点项目“‘一带一路’上的国际金融中心——沪港金融市场规制机制比较研究”

[课题编号 CLS(2018)B09]和 2019 年度中国—上海合作组织国际司法交流合作培训基地研究基金项目“‘一带一路’沿线国家投资风险治理的条约化路径——以上合组织成员为研究对象”(19SHJD004)的资助,特此致谢。

作者感谢上海交通大学安泰经管学院潘英丽教授对本书研究和写作提出的宝贵意见。

特此说明。

沈 伟

2019 年 9 月 22 日

图书在版编目(CIP)数据

国际金融中心因何不同?:港沪金融市场规制比较研究/沈伟著. -- 北京:法律出版社,2020
ISBN 978-7-5197-4960-6

Ⅰ. ①国… Ⅱ. ①沈… Ⅲ. ①金融市场-政府管制-研究-上海、香港 Ⅳ. ①D922.297

中国版本图书馆CIP数据核字(2020)第180139号

国际金融中心因何不同?
——港沪金融市场规制比较研究
GUOJI JINRONG ZHONGXIN YINHE BUTONG?
—GANG-HU JINRONG SHICHANG GUIZHI BIJIAO YANJIU

沈 伟 著

策划编辑 郑 导
责任编辑 郑 导
装帧设计 汪奇峰

出版 法律出版社
总发行 中国法律图书有限公司
经销 新华书店
印刷 北京虎彩文化传播有限公司
责任校对 杨锦华
责任印制 张建伟

编辑统筹 独立项目策划部
开本 710毫米×1000毫米 1/16
印张 22
字数 325千
版本 2020年10月第1版
印次 2020年10月第1次印刷

法律出版社/北京市丰台区莲花池西里7号(100073)
网址/www.lawpress.com.cn
投稿邮箱/info@lawpress.com.cn
举报维权邮箱/jbwq@lawpress.com.cn
销售热线/400-660-8393
咨询电话/010-63939796

中国法律图书有限公司/北京市丰台区莲花池西里7号(100073)
全国各地中法图分、子公司销售电话:
统一销售客服/400-660-8393/6393
第一法律书店/010-83938432/8433　西安分公司/029-85330678　重庆分公司/023-67453036
上海分公司/021-62071639/1636　深圳分公司/0755-83072995

书号:ISBN 978-7-5197-4960-6　**定价**:98.00元
(如有缺页或倒装,中国法律图书有限公司负责退换)